"十四五"高等院校财政与税收专业规划教材
税收学一流本科专业建设规划教材

税收学

（第三版）

闫锐　朱迎春　李艳◎编著

立信会计出版社
LIXIN ACCOUNTING PUBLISHING HOUSE

图书在版编目(CIP)数据

税收学 / 闫锐，朱迎春，李艳编著. —3 版. —上海：立信会计出版社，2021.9
ISBN 978 - 7 - 5429 - 6924 - 8

Ⅰ. ①税… Ⅱ. ①闫… ②朱… ③李… Ⅲ. ①税收理论—高等学校—教材 Ⅳ. ①F810.42

中国版本图书馆 CIP 数据核字(2021)第 170712 号

策划编辑	方士华
责任编辑	方士华
封面设计	南房间

税收学(第三版)

SHUISHOUXUE

出版发行	立信会计出版社		
地　　址	上海市中山西路 2230 号	邮政编码	200235
电　　话	(021)64411389	传　　真	(021)64411325
网　　址	www.lixinaph.com	电子邮箱	lixinaph2019@126.com
网上书店	http://lixin.jd.com		http://lxkjcbs.tmall.com
经　　销	各地新华书店		

印　　刷	上海万卷印刷股份有限公司
开　　本	787 毫米×1092 毫米　　1/16
印　　张	20.25
字　　数	518 千字
版　　次	2021 年 9 月第 3 版
印　　次	2021 年 9 月第 1 次
印　　数	1—2 100
书　　号	ISBN 978 - 7 - 5429 - 6924 - 8/F
定　　价	49.00 元

第三版前言

税收与国家息息相关。在 5 000 年的人类发展史中，税收相当重要。未来，税收只会变得更加重要。在一定程度上，一个国家的税收发展史就是一个国家的发展史。

本书为《税收学》（第三版）。在这一版中，笔者沿用第二版的结构与体例，即始终突出税收领域的基础理论、制度与管理。但为了与《中国税制》内容上不交叉重复，涉及税收制度的内容仍只阐述了"税收要素与税收分类"（书中第二章）的内容，对商品税、所得税和财产税等专门税类不单设章节，不做展开。

自党的十八届三中全会中央提出"落实税收法定原则"以来，各税种的立法工作明显进入了快车道，多个税种原来立法层级低的问题得以解决。税收制度调整速度加快，内容变化大，加之减税降费的持续推进，使一些税种的具体内容变动很大，这从客观上推动了本书第三版的改版工作。

本书中关于税收基础理论的章节，笔者通过原有内容修改完善及增加补充阅读的方式来体现理论上的一些新变化。

书中与我国税制相关的内容变化最大，凡涉及税制的新内容，包括列举说明、补充阅读和习题都根据最新规定作了修改和调整，政策规定更新至交稿时。

书中涉及的一些税收数据，根据需要基本上更新到 2019 年前后。

本书第三版还有一处明显的变化是：突出了课程思政元素，体现专业知识与课程思政的有机结合。课程思政在教材正文中有所体现，在每章的练习题中增加一个题型——案例分析题中也有体现，通过案例资料和问题设置让学生思考税收与国家政治、经济、社会之间的关系，思考企业、家庭及个人等微观经济主体（纳税人）在国内国际形势变化中的选择与应对，思考学生自身的学习、成长与发展，从而激发学生潜在的学习动力与热情，激发他们"少年强则国家强"的家国情怀。同向同行、协同育人是高校专业课程开展课程思政改革需要践行的任务与使命。

本书第三版的编写分工如下：第一章至第五章由闫锐负责编写，第六章至第八章及第十一章由朱迎春负责编写，第九章和第十章由李艳负责编写。全书由闫锐总纂和统稿。第九章"税式支出"的内容原本就参考了李艳老师的专著《税式支出理论与应用》的内容，此次修订由她负责编写第九章顺理成章。

　　本书第三版的出版要特别感谢立信会计出版社方士华副编审。

　　本书为上海市税收学一流本科专业建设规划教材。

闫　锐

2021 年 8 月于上海

第二版前言

税，国之大事，不可不察也。

人类发展的历史长河中，税收与文明发展息息相关，与国家兴亡密不可分。历史上，多少国家、多少政权，因税收而战争，因战争而税收。因税收而兴，因税收而亡。《孙子兵法》开篇讲："兵者，国之大事也，死生之地，存亡之道，不可不察也。"在我眼中，税者更为国之大事。

对于税收这件事，政府关心，纳税人（包括形形色色的企业、个人等）亦关心。政府关心，是因为税收是保证国家正常运行的经济来源。正如马克思曾讲："赋税是喂养政府的奶娘"。纳税人关心，是因为税收是纳税人财富的净损失，对很多纳税人而言，说"关心"可能不如说"担心"或"痛心"更直白。

因税收，政府与纳税人之间形成征纳关系。尽管我们经常可以将这种关系理解为纳税人缴纳税收，政府提供公共产品与公共服务。然而，这种关系毕竟是一种不对等的关系，它是一种强制与遵从的关系。征纳双方的关系处理得好，国家则安定太平、繁荣富强；征纳双方的关系处理不好，社会将出现不和谐的声音，甚至是隐患、危乱。

了解和掌握必要的税收理论、税收制度与税收管理，不仅是执政者的必修课，也是现代社会每一位公民生产、生活的需要。随着国际贸易与国际交往越来越多和越来越密切，我们还要了解和熟悉其他国家的税收制度。作为税收专业的本科生，将来走入社会，将肩负起政府、企业、中介组织等多个领域的税收工作，学好税收理论、税收制度与税收管理，才能够胜任工作，担当重任。

税收学在学科关系上隶属于应用经济学，是一门研究和探索税收理论、税收制度和税收管理的学问。同时，税收学作为财税类专业或者税收学（税务）专业本科生的必修课，是一门综合而系统，但难度并不高的介绍税收理论、税收制度与税收管理的基础课程。学习税收学前，学生们应该已经完成微观经济学、宏观经济学、财政学、管理学、经济法、管理学课程的学习，没有完成也至少应该同时在研修这些课程。完成税收学的学习后，学生们后续还将学到中国税制（税法）、税收管理、国际税收等课程。

本书第一版于 2011 年出版，在教学中已经使用 6 年。时至今日，因为我国政治经济的发展以及税制改革持续进行,第一版中的部分内容已经过时,需要及时更正。新版《税收学》也对第一版《税收学》中的错漏进行了一一更正,还增加了一部分课后练习。

本书共分为十一章。一学期的课程可能不足以讲完所有的内容,任课教师可有选择性地对章节进行详细讲解或略讲,一个建议是:第一章至第八章进行重点讲解,第九章至第十一章进行略讲。学生们在学习过程中,应该掌握专业词汇与专业知识(每章结尾有对专业词汇和重点内容的汇总与概括,专业词汇见练习题中的名词解释,重点内容见本章小结),学会用专业知识对税收问题、税收事件等进行分析与思考。希望学生们在学习过程中可以阅读相关报纸与杂志,关注财经类新闻,尤其是涉及税收的新闻。对教材中不理解或感兴趣的内容,希望可以查阅有关资料进行延伸式阅读。

上海立信会计金融学院税收学课程被列为 2017 年上海高校课程思政教育教学改革试点项目"整体试点校"——专业类课程。

第二版税收学的出版要特别感谢立信会计出版社的方士华副编审。

闫　锐

2017 年 9 月于上海

前 言

我非常钦佩的伟大的发明家、科学家、政治家、外交家、哲学家、文学家、航海家、音乐家、美国独立战争的领导人、《独立宣言》和《美国宪法》的起草人本杰明·富兰克林讲了一句极其经典的话："纳税与死亡一样不可避免"，一针见血地指出了税收与人的关系。后来有人在富兰克林这句话的基础上，又说："虽然纳税和死亡一样不可避免，但我们不必每年去死。"又非常形象地区别了税收与死亡的不同。

"税"和"收"这两个字合并成为"税收"一词，虽然只能追溯到20世纪初，但赋税(等同于税收)本身是一个古老的概念，自从有了私有财产制度，有了国家，就有了赋税。但当代的中国人，普遍对税收知之甚少，或一知半解，这从某一方面正好印证了爱因斯坦所说过的一句话"这世界上最难理解的就是所得税"。但对税收不理解或不了解并不妨碍国家照章征税，纳税人在宪法规定下履行纳税义务。可在现代社会，作为财经类人员，甚至全体公民一点不了解税收却多少有些说不过去。只有做一个明明白白的纳税人，才能既履行纳税义务，也享有纳税人应有的权利。编写本书的目的，一是作为经济类、管理类，尤其是财政、税务专业本科生的教材；二是作为财经类工作人员和公民了解和理解税收的工具书，您可以选择其中对您有用的章节来阅读。

本书共十一章，分别讲述了税收的起源、税收的概念、税收的特征和职能，税收的要素与分类，税收原则，税收的微观效应，税收的宏观效应，税收负担和宏观税负，税收转嫁与归宿，最优税收理论与税制结构，税式支出，税收管理和税收遵从，以及国际税收问题。

本书第一章至第五章由闫锐编写；第六章至第九章由朱迎春编写；第十章和第十一章由孙黎黎编写。全书由闫锐总纂和统稿。

在此，特别要感谢赵迎春教授，正是她的大力支持，才使得本书的编写和出版有了可能；还要感谢许建国教授和薛钢副教授，在5年的税收学教学实践中，我们一直采用他们二位编写的教材，这次自编本书，书中的基本框架和许多观点沿用了他们教材中的思路。本书的出版，还需要感谢我的学生们，是你们敏捷的思维和智慧的灵光让我感觉到了教学的乐趣和编写本书的意义。最后要感谢的是责任编辑方士华先生，没有他的"千叮万嘱"和"千呼万唤"，以及他对本书的认真审阅，就没有本书的最终出版。

　　本书在编写过程中经过了多次修改，但限于时间和作者水平，存在的缺点、错误和不足之处，恳请国内同行和读者批评指正。

　　　　　　　　　　　　　　　　　　　　　　　　　　　闫　锐

　　　　　　　　　　　　　　　　　　　　　　2011 年 9 月于上海

目　　录

第一章 税 收 概 述

【知识要点】

　　税收是一个经济现象，也是一个历史范畴，它伴随着国家的产生而产生。税收是国家为了实现其职能、满足社会公共需要，凭借政治权力，按照法律规定，参与国民收入再分配的一种形式。非直接偿还性、强制性、规范性是税收区别于其他财政收入的三个基本特征。税收的两大职能是取得财政收入和对经济进行调节。

第一节 什么是税收

一、对税收的一些描述

（1）纳税与死亡一样不可避免[①]。

（2）税收是一个古老的概念。

（3）税收与私有制有关。

（4）有国家，才有税收。

（5）最早的税收是实物税。

（6）税收是对私有财产的侵犯。

（7）税收是取得财政收入的主要形式。

（8）赋税是喂养政府的奶娘[②]。

（9）政府征税是为了提供公共商品和公共服务。

（10）税收是纳税人享受公共商品和公共服务的价格。

（11）税收随着经济社会的发展而不断完善。

（12）征税是一种拔鹅毛的艺术，即拔最多的鹅毛，而鹅叫得最少[③]。

（13）税收是文明的对价。[④]

……

[①]　本杰明·富兰克林（Benjamin Franklin，1706—1790），原文为 The only things certain in life are death and taxes。

[②]　卡尔·海因里希·马克思（Karl Heinrich Marx，1818—1883）。

[③]　让-巴普蒂斯特·柯尔贝尔（Jean-Baptiste Colbert，1619—1683），原文为 The art of taxation consists in so plucking the goose as to obtain the largest possible amount of feathers with the smallest possible amount of hissing。

[④]　奥利弗·温德尔·霍姆斯（Oliver Wendell Holmes）（1841—1935）：Taxes are what we pay for a civilized society。

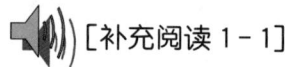 [补充阅读1-1]

国外的几则税收逸闻

关于税收,人们总是很有创造力。

1696年,英国国王威廉三世决定要筹措更多的钱。他不能用所得税,因为这种税当时被广泛认为是对个人自由的践踏。于是他就选择了对窗户征税。比较富有的人,房子也比较大,而大房子的窗户多,所以这种税针对的是比较富裕的人。威廉国王没有想到的是,躲避这种税的方法很简单——把窗户砌上。这种古老的窗户税对英国房子的影响如今仍依稀可见。

18世纪,巴西政府对已完工的教堂征税。为了躲避这种税,当时建造的一些教堂都缺少一个塔楼,保持着未完工的状态。

17世纪,荷兰的一项法律规定,房子按照宽度征税,房子越宽,税额就越大。于是阿姆斯特丹的人就把房子建得又高又深又窄。

在乌克兰,汽车进口商有时把整车拆解后再通关。为什么会有这种奇特的行为?因为零配件比整车的税低。

资料来源:根据哈维·S·罗森,特德·盖业《财政学》(第十版)整理,中国人民大学出版社,2015版。

二、"税收"一词的由来及含义

在中国古代,既有"税"字,也有"收"字,但却未有"税收"一词。"税"字由"禾"字和"兑"字组成。"禾"指谷物,泛指农产品;"兑"字有送达的意思。因此,"税"字的本义就是指社会成员向国家缴纳一部分农产品,或者说国家向社会成员取得一部分农产品。"收"字的意思为获取自己有权取得的东西,或者是获得经济利益。

1916年,贾士毅在《民国财政史》一书中首次使用"税收"一词。1985年《辞海》(试行本)首次将"税收"列为专有名词并加以解释。此后,"税收"一词的使用范围不断扩大,为人们所接受。

"税收"一词的最初含义是税的收入。其中,"税"指社会产品中归国家支配的那一部分,"收"是收入的意思。所谓"税收",就是国家向社会成员取得社会产品所形成的收入。

随着实践的发展,"税收"一词的含义有了新的变化,主要表示税的课征或征收,与"课税""征税"或"收税"具有相同的含义,是"课税""征税"或"收税"这类动宾词组的名词化。其中,"税"字仍指一部分社会产品,"收"字则表示国家对这部分社会产品的课征或征收。"税收"就是国家向社会成员取得一部分社会产品[1]。

三、"税"与"税收"的关系

汉语中"税"和"税收"的关系同英文中"tax"和"taxation"的关系大体相同,可以英文为例加以说明。

---

[1]　马国强:《税收学原理》,中国财政经济出版社1991年版,第16页。

据《韦氏大学词典》解释,"tax"的意思主要是"money paid by citizens to the government for public purpose",即公民为了公共目的而向政府支付的货币。而"taxation"的主要意思是"system of raising money by taxes",即运用各种税来筹集资金的制度体系。

由此可以看出,"税"(tax)与"税收"(taxation)的关系包括两个方面:首先,"税"(tax)是一部分社会产品价值,即货币(money),而"税收"(taxation)是对这部分产品价值或货币的筹集(raising);其次,"税"(tax)是筹集货币资金(raising money)的具体手段,而"税收"(taxation)则是由各种"税"(tax)构成的整个体系。

进一步讲,当我们说课税、征税、收税的时候,税指一部分社会产品价值(相当于money);当我们说运用税收取得财政收入、运用税收调节社会经济以及做好税收工作、发挥税收作用时,税收指对社会产品的筹集(相当于 raising money);当我们说增值税、消费税、企业所得税、个人所得税、房产税、车船税等时,税指筹集社会产品或价值的具体形式(相当于 tax),而当我们着眼于增值税、消费税、企业所得税、个人所得税、房产税、车船税等税种的总和时,通常使用税收一词(相当于 taxation)[1]。

四、税收的发展史

在现代社会中,税收一词耳熟能详,与人们的生产和生活密切相关,就如上文提到过的:纳税与死亡一样不可避免。但是税收并非一个现代概念,它的历史悠久,产生于数千年前,并经历了漫长的发展历程。可以这样说,税收的历史与国家的历史一样久远。

(一) 中国古代税收的雏形

中国税收发展的雏形阶段包括夏、商、周三代。当时,土地归王室所有,国王对其所拥有的土地,除了部分由王室直接管理外,大部分分封给诸侯,也有一小部分授给平民耕种。土地公有是夏、商、周三代的土地所有制度,在土地公有的基础之下,分别出现了贡、助、彻三种税收的雏形。

夏代(约公元前 21 世纪至公元前 17 世纪)的税收形式称为贡。贡的本义是献东西给上级,如古代臣下或属国把物品进献给帝王,称为进贡或纳贡。一般认为,夏贡是夏代王室对其所属部落或平民根据若干年土地收获的平均数,按一定比例征收的农产物。夏贡是国家凭借政权力量进行强制课征的形式,是税收的早期雏形。

进入商代(约公元前 1600 年至公元前 1046 年),贡逐渐演变为助法。助法是井田制已经定型后的税收形式。《孟子·滕文公上》所说"方里而井,井九百亩,其中为公田。八家皆私百亩,同养公田。公事毕,然后敢治私事,所以别野人也。"就是指这种助法。助法是指借助农户的力役共同耕种公田,公田的收获物全部归王室所有,它实际上是一种力役税。

到了周代(公元前 1046 年至公元前 256 年),井田内公私界限打破,助法逐渐遭到破坏,遂演变为彻法。所谓彻法,就是每个耕种王室土地的农户,要将一定数量的土地收获物交纳给王室,即所谓"民耗百亩者,彻取十亩以为赋"。也就是说实行"彻田为粮",彻,意为抽取。彻法是一种在合作制度下的什一实物租赋制度。在耕种时,由一井农民"通力而作",收获时不论公私都"计亩而分",即将实物总产量依公私田亩数量的比例予以分配。这样,可以防止农民耕作公田不力之弊,使公田、私田都能以同等的劳动耕种。从此,劳役田租的

---

[1]　马国强:《税收学原理》,中国财政经济出版社 1991 年版,第 17 页。

形式有了实物田租的内容,为日后井田制的消亡和走向履亩而税的完全实物田租制度打下了基础。

夏、商、周三代的贡、助、彻,都是对土地收获物的强制课征形式,在当时的土地所有制下,具有地租和赋税的双重特征,但从税收起源的角度看,它们无疑都是税,是税收的原始形式和税收发展的雏形阶段,正如《孟子·滕文公上》记载:"夏后氏五十而贡,殷人七十而助,周人百亩而彻,其实皆什一也。"《孟子》还记载:"治地莫善于助,莫不善于贡。"现代汉语中,贡献、互助都是使用频率非常高的词汇,有人认为它们皆源于赋税。

（二）中国古代税收从雏形到成熟的标志

汉语中的"税"字最早见于孔子编撰的鲁国编年史《春秋》一书。书中记载:鲁宣公十五年(公元前 594 年),"初税亩"。"初税亩"从字面意义上解释:初,为开始的意思;税亩,是按土地亩数对土地征税,具体方法是:"公田之法,十足其一;今又履其余亩,复十取一。"即对公田征收其收成的 1/10 作为税赋,对公田之外的私田同样根据其实际亩数,收取其收成的 1/10 作为赋税。"初税亩"首开对私田征收税赋的先河,等于承认了土地的私有,是中国历史上一项重要的财政经济改革。可以说,"初税亩"是最早出现的接近于现代意义上的税收,作为我国农业税征收的起点,它标志着中国税收从雏形阶段进入了成熟时期。[1]

（三）中国古代税收发展成熟阶段的几种主要形式

自从商鞅变法起,中国逐渐进入了封建社会。中国封建社会几次比较具有典型意义的税收形式有:唐初的"租庸调"、中唐的"两税法"、明代的"一条鞭法"、清代的"摊丁入亩"。

"租庸调"法是唐朝初期在均田制基础上实行的田租、役庸、户调三种赋役制度的合称。唐朝建立后,武德二年(公元 619 年)颁布租庸调法,具体规定为:凡授田者,成丁每年向国家纳粟二石,叫租;服徭役二十天,闰年加二日,是为正役,国家若不需要其服役,则每丁可按每天交纳绢三尺或布三尺七寸五分的标准,交足二十天的数额以代役,这称为庸,总体而言,"纳绢代役即为庸";纳绢或绫二丈,加丝棉三两,不产绢的地方缴纳布二丈五尺和麻三斤,叫做调。这是在均田制的基础上,实行从丁而税。这种税制,由田、身、户三种不同的税法客体来承担税负,所谓有田则有租,有身则有庸,有户则有调。租庸调法很重要的一点是以庸代役,使得农业生产时间较有保证,也标志着对劳役这种落后的赋税征收方式的否定。

"两税法"是唐朝中后期开始实行的赋税制度。唐朝中后期,均田制受到破坏,租庸调法失去了存在的基础,严重地影响了政府的财政收入。安史之乱后赋税制度非常混乱,改革势在必行。唐德宗即位后,宰相杨炎上书废除"以丁夫为本"的租庸调法,改为按家资和土地多少为标准的赋税法,分夏秋两季征收,得到德宗的批准,作两税法。两税法归纳起来主要有以下几点:① 财政原则:明确提出"量出以制入"的原则,即预先确定财政支出的规模,然后根据支出的规模来确定财政收入的规模。意在限制滥征,减轻人民负担。② 课税主体:"户无主客,以现居为簿。"即不分主户、客户,一律编入现居住州县户籍,就地纳税。③ 纳税期限:每年分夏秋两季交纳。④ 纳税方式:按户等纳钱,按田亩纳粟米。两税法简化了税制,扩大了纳税面,均平了税负,以货币缴纳税收,对商品货币经济的发展有一定的促进作用。尤其是量出为入原则是中国财政史上的一大创举。

"一条鞭法"是始于明朝的赋税制度。明朝前半期是按照唐朝时的两税法核定天下田

① 许建国、薛钢:《税收学》,经济科学出版社 2005 年版,第 2 页。

地,征收田赋。中叶以后由于赋役苛重,百姓被迫逃亡,生产遭到破坏。因此,自嘉靖十年起推行张居正制定的"一条鞭法",使各项复杂的田赋附征和各种性质的徭役,一律合并征银,徭役不由户丁分派,而按地亩承担,一县的全部徭役银,分配于一县的田额上。"一条鞭法"既简化了税制,又由实物税转化为货币税,这对当时商品货币经济的发展有着积极的影响。

"摊丁入亩"产生于清代,是将丁银摊入地亩合并征收的赋役制度。明中叶推行"一条鞭法"后,代役丁银逐渐摊入田亩征收,但尚未普遍实施。清初,由于军需庞大,地丁变动,官吏作弊,田赋不稳,财政困难,康熙五十一年(公元1712年)开始赋役制度改革,规定以康熙五十年的人丁数作为以后征收丁银的标准,人丁固定后,丁银也固定,为"摊丁入亩"做好准备。康熙五十五年(1716年),四川、广东等省开始推行"摊丁入亩"的办法,就是把丁银按土地亩数平均分配到田赋中去,不再按人头征税。雍正初年,先后在各省推行"摊丁入亩"。到乾隆时"摊丁入亩"基本上实行于全国。"摊丁入亩"把丁银并入田赋征收,废除了"人头税",从而结束了中国封建社会几千年来地、丁、户分课所带来赋役制度的混乱现象,实现了赋役合并,简化了征收手续,又均平了负担,减轻了无地、少地农民的经济负担,促进了人口增长。

（四）中国近现代税收从以田赋为主逐步转向以工商税收为主

鸦片战争以后,随着中国由封建社会逐步沦为半殖民地半封建社会,税收制度也随之发生重大的变化。由于自然经济遭受破坏,资本主义商品经济开始有所发展,中国的税收从以田赋为主逐步转向以工商税收为主。

清朝后期(1840—1911),赋税的征收仍以田赋为正赋,但相应的田赋附加却名目繁多,地方田赋附加常为正赋的1至2倍。清朝后期开征的工商业税收包括关税、厘金、盐税、契税等。其中厘金是清政府于太平天国起义以后新创设的一种商税,原为值百抽一,故叫厘金,可是在有些地方税率渐至20%以上。

民国时期(1912—1949)的税收可划分为两个阶段,第一个阶段是北洋政府时期的税收,第二个阶段是国民政府时期的税收。北洋政府时期(1912—1927),国家主要税收被帝国主义列强所控制,地方军阀各自为政,没有统一的税收制度,苛捐杂税层出不穷,人民负担繁重。这个时期田赋仍为正赋,田赋附加曾被并入正赋,但不久又出现新的田赋附加,且名目繁多,导致田赋附加大大超过正赋。此外,军阀政府还进行田赋预征,有些地方竟然预征到了几十年后。在税收管理方面,开始划分中央税和地方税,这是中国历史上第一次划分中央税和地方税。工商税收主要包括:关税、盐税、烟税、酒税、厘金、矿税、契税、营业税和所得税等。国民政府时期(1927—1949),一方面对原有税种进行整理改革,另一方面为适应社会经济情况的变化,开征了一些新税种,如开征地价税、土地增值税、消费税、货物税、遗产税等。另外改革所得税和营业税。税收管理体制上明确划分国家税与地方税。国民政府时期的税收明显地转向了以工商税收为主。

（五）税收在西方国家的发展演变

税收的历史在世界其他国家也十分悠久。西方文明发源于古希腊、古罗马,西方国家税收的最初形态也可以上溯到古希腊、古罗马时期。在古希腊和古罗马时期,欧洲就出现了土地和奴隶的私有制,形成了城邦经济、奴隶主大庄园经济、寺院地产经济,以及家庭奴隶制等私有经济形式。与之相适应,国家对私有经济实行征税制度。税收在西方国家的发展演变大体上可以分为四个阶段:

（1）自由纳贡阶段。在原始文明和奴隶制早期,国家的赋税主要来自诸侯、藩属等这些富裕人自由贡献的物品、劳力以及建立在武力基础上的战利品。税收采取了一种没有统一标准的自愿捐赠或缴纳形式,也没有严格的收支划分。这个时期的自愿纳贡还不能称作为严格意义上的税收。

（2）承诺纳税阶段。随着国家的发展、君权的扩大,财政开支和王室费用都随之增加,单靠自由纳贡已经难以维持,于是封建君主请求增加新税,但课征新税或开征临时税,需要得到由封建贵族、教士及上层市民组成的民会组织的承诺。这时的税收初步摆脱了贡赋不分的状况,开始具有了契约式的约束性和固定性特征。

（3）专制课征阶段。随着社会经济的逐步发展,封建国家实行了中央集权制度和常备军制度,君权扩张和政费、军费膨胀使得国君不得不实行专制课征而废除往日的民会承诺制度。国君不受约束地任意增加税收,税收的专制色彩日益增强,这时的税收已经具有政治权力和私有财产权力对抗的意味。

（4）立宪课税阶段。资产阶级夺取政权以后,废除封建专制制度和教会的神权统治,改变了纳税人与专制君主之间的力量对比,开始实行资产阶级民主制和选举制。现代资本主义国家不论是采取君主立宪制还是采取议会共和制,一般都要制定宪法和法律,实行法治,国家征收任何税收,都必须经过立法程序,经过由选举产生的议会确定。君主、国家元首或行政首脑不得擅自开征新税或增加税收。

五、税收的性质和定义

（一）税收产生的条件

税收与国家有天然的联系,税收的历史与国家的历史一样悠久。国家产生,税收也就产生了,因此,国家的产生是税收产生的先决条件。概括地说,税收的产生取决于两个相互影响的前提条件:一是经济条件,即私有制的存在;二是社会条件,即国家的产生和存在。历史上,私有制先于国家形成,但对税收而言,是同时存在这两个前提条件,税收才产生。可以说,税收是私有财产制度和国家政权相结合的产物。

1. 税收产生的经济条件

税收产生的经济条件是私有制的存在。在私有制条件下,社会产品的分配是以生产资料私人占有为分配的依据,即以财产权力进行分配。国家参与社会产品分配则有两种权力,即财产所有权和政治权力。国家凭借其自身的财产所有权参与社会产品分配而形成的收入,是国家的公产收入,而不是税收。税收是国家凭借政治权力而不是财产权力的分配。这种分配只有对那些不属于国家所有或者国家不能直接支配使用的社会产品才是必要的。也就是说,当社会存在着私有制,国家将一部分属于私人所有的社会产品转变为国家所有的时候,国家便动用政治权力,而税收这种分配形式就产生了。因此,国家征税实际上是对私有财产行使支配权,是对私有财产的一种"侵犯"。这就是所谓的"超经济的强制"。可见,税收的产生,必须具备这样的经济条件,即存在私有制,而私有制又不是神圣不可侵犯的,国家可以凭借其政治权力,对私有财产行使一定的支配权。如果没有私有制,国家对本来就属于自己所有的社会产品无需征税。同样,如果私有制是神圣不可侵犯的,当然也就不会产生税收。

2. 税收产生的社会条件

税收产生的社会条件是国家公共权力的建立,即国家的产生和存在。从税收和国家的关系看,国家的存在同税收的产生具有本质的联系。首先,税收是实现国家职能的物质基础,只有出现了国家,才有满足国家政权行使其职能的客观需要。国家为了行使其职能,必须建立军队、警察、法庭、监狱等专政机构;动用社会力量,征用自然资源,兴办公共设施和公共事业;建立管理国家公共事务的行政管理机构。所有这一切公共需求,都要耗用一定的物质资料,而国家并不直接从事社会生产,于是,为了满足这种需要,就需要向社会成员征税。其次,税收是以国家为主体、以国家权力为依据参与社会产品分配而形成的一种特定的产品分配方式。任何私人对社会产品的分配显然不具备这样的权力和依据。只有产生了国家和国家权力,才有各社会成员认可的征税主体和依据,从而使税收的产生成为可能。

(二)税收属于国家分配范畴

从世界各国税收的起源和演进分析中,可以发现,税收是社会生产力发展到一定阶段,产生了凌驾于社会之上的阶级统治机关——国家之后,才出现的一个国家分配范畴,或者说是财政范畴。

社会再生产是由生产到消费的连续不断、周而复始的过程。其中,生产是起点,消费是终点。一个社会不能停止消费,也就不能停止生产。生产和消费是社会再生产的两个永恒环节。同时,生产又始终是社会的生产,每一个产品都由多个人组织起来共同完成,因而新产品创造出来后,必须经过分配,然后才能进入消费。分配也是社会再生产的一个永恒环节。正如马克思所说:"分配借社会规律决定生产者在产品世界中的份额,因而插在生产和消费之间。"①"无论在不同社会阶段上分配如何不同,总是可以像在生产中那样提出一些共同的规定来,可以把一切历史差别混合和融化在一般人类规律之中。……靠贡赋生活的征服者、靠税收生活的官吏、靠地租生活的土地占有者、靠施舍生活的僧侣,或者靠什一税生活的教士,都得到一部分社会产品。"②

在社会再生产中,税收属于分配环节。之所以说税收属于分配环节,是因为税收与分配具有许多相同的性质。第一,任何一种分配都是一方支出与另一方收入的统一。税收是社会成员支出与国家收入的统一。从社会成员角度看,税收是一种支出,从国家角度看,税收是一种收入。第二,任何一种分配都是一方让出所有权与另一方取得所有权的统一。税收是社会成员让出所有权与国家取得所有权的统一。第三,任何一种分配都决定着生产者在产品世界中的份额。税收使社会成员占有的产品由多到少,使国家占有的产品由无到有、由少到多。

在社会再生产过程中,参与税收分配的主体是国家。国家作为一种公共的权力,并不是抽象的存在,它由军队、监狱、警察、法庭等政权机构所组成,正是有这些机构的存在,国家的职能才能得以执行。而要使这些国家权力机构正常运转,必须要有足够的物质基础,也就是说必须占有和消耗一定数量的社会产品。国家政权机构本身并不直接参加物质资料的生产,因此只能凭借其拥有的政治权力,强制地占有一部分社会产品。于是,国家就直接参与到社会产品的分配当中,由国家参与的分配活动独立出来形成一个特殊的领域,那就是财政,其中国家财政参与社会产品分配的基本手段正是税收。

(三)税收是国家筹集财政收入的主要手段

在人类社会的发展中,不论社会形态、国家形式发生什么变化,税收始终是政府财政收

---

① 《马克思恩格斯选集》第2卷,人民出版社1985年版,第97页。
② 同上书,第90页。

入的主要形式。关于税收与国家之间的重要关系,马克思曾作过一系列形象而精辟的阐述。他指出:"赋税是喂养政府的奶娘。""国家存在的经济体现就是捐税。""赋税是政府机器的经济基础,而不是其他任何东西。""捐税体现着表现在经济上的国家存在。官吏和僧侣、士兵和舞蹈女演员、教师和警察、希腊式的博物馆和哥特式的尖塔、王室费用和官阶表,这一切童话般的存在物于胚胎时期就已安睡在一个共同的种子——捐税之中了。""赋税是官僚、军队、教士和宫廷的生活源泉。一句话,它是行政权力整个机构的生活源泉。强有力的政府和繁重的赋税是同一个概念。"①

政府取得财政收入的常用方式除了税收以外,还有公产收入、专卖收入、货币发行收入、债务收入等。公产收入是政府通过直接占有土地、森林、矿山、河流等自然资源,以及政府从国有企业取得的收入。政府直接经营公产取得收入,有利于保障公共需要的供给、调剂盈亏、平抑物价、促进收入公平分配。但是,随着政府管理的社会公共事务范围的扩大,依靠公产收入难以满足国家的全部财政需要。专卖收入是通过独占某些商品的生产和经营所获取的收入。这种财政收入形式能为政府带来一部分收入,但由于独占的范围具有较大限制,也无法从根本上解决政府财政收入不足的问题。货币发行是在没有物质保证的情况下通过发行货币来取得资源的支配权。这是政府取得收入的最经济、最简便的办法,但容易导致通货膨胀,影响经济与社会的稳定。政府举债是以还本付息为条件获取资源支配权的一种方式。它以债权人自愿出借为前提,社会阻力较小。但是,由于借债最终需要还本付息,如果债务规模过大,会使政府陷入债务危机。

相对而言,税收在取得财政收入方面具有许多上述财政筹资方式不可比拟的优点:① 税收可以普遍适用于所有的社会成员和生产经营领域,不像公产收入、专卖收入那样受产权和经营范围的限制;② 税收可以形成稳固的收入,不像公债那样需要到期归还并支付利息;③ 税收在取得正常收入的同时可以保持经济稳定,不像货币发行那样导致物价上涨和通货膨胀。因此,古今中外的各国政府在选择财政筹资手段时,税收无不成为一种最基本、最主要的财政收入方式。

表1-1反映的是OECD部分国家2007年、2013年和2020年税收收入、社会保障缴款(社会保险税)和其他收入占政府总收入的比例,可以看出,税收收入占政府总收入的比重绝大多数都超过了50%,最多的国家如丹麦、澳大利亚均超过了80%。

表1-1

OECD 国家政府总收入中的比重

		2007 年			2013 年			2020 年		
		Taxes	Net social contributions	Grants + Other revenues	Taxes	Net social contributions	Grants + Other revenues	Taxes	Net social contributions	Grants and Other revenues
1	DNK	84.8	2.5	12.7	84.9	2.0	13.1	88.7	1.6	3.0
2	AUS	83.3	0.0	16.7	81.2	0.0	18.8			
3	NZL	79.3	2.7	18.0	77.9	2.9	19.2			

① 转引自许建国、薛钢:《税收学》,经济科学出版社2005年版,第5页。

（续表）

		2007 年			2013 年			2020 年		
		Taxes	Net social contributions	Grants ＋ Other revenues	Taxes	Net social contributions	Grants ＋ Other revenues	Taxes	Net social contributions	Grants and Other revenues
4	SWE	79.5	6.7	13.9	76.8	9.0	14.1	80.1	6.9	5.4
5	ISL	78.6	6.3	15.0	75.4	8.6	15.9	77.6	7.6	8.3
6	IRL	73.5	15.0	11.5	69.7	16.9	13.4			
7	GBR	70.8	19.6	9.6	68.7	19.8	11.6	67.5	22.6	3.3
8	ISR	69.3	14.7	16.0	68.6	16.0	15.4			
9	CAN	69.5	11.2	19.3	68.4	12.4	19.2	70.5	11.3	6.6
10	LUX	63.8	26.3	9.9	62.9	27.7	9.4	61.3	29.0	3.0
11	ITA	63.8	27.9	8.3	62.6	27.9	9.5	61.1	29.0	4.9
12	CHE	62.7	19.4	17.9	61.3	20.2	18.5			
13	USA	61.9	20.0	18.1	59.5	20.0	20.5			
14	BEL	61.3	32.0	6.8	59.4	32.2	8.3	59.2	31.9	2.7
15	ESP	60.5	30.8	8.7	57.3	32.6	10.1	59.2	31.9	2.7
16	TUR	56.9	20.5	22.6						
17	AUT	56.3	30.4	13.4	56.4	30.8	12.8	54.3	33.1	3.7
18	FIN	57.7	22.3	20.0	56.3	23.2	20.5	58.7	22.7	6.1
19	NOR	57.1	14.9	28.0	56.0	17.2	26.8	49.4	20.6	21.9
20	PRT	56.8	27.3	15.9	55.9	26.2	17.9	56.9	29.5	6.0
21	KOR	58.9	18.9	22.2	55.0	23.4	21.6			
22	FRA	54.2	35.3	10.5	54.3	35.6	10.1	58.6	32.4	2.0
23	EST	56.2	28.4	15.3	53.7	29.2	17.1	52.6	32.6	7.7
24	HUN	57.5	30.2	12.3	53.4	27.7	18.9	57.5	25.9	8.8
25	JPN	54.2	32.6	13.2	52.1	38.3	9.6			
26	DEU	52.5	37.4	10.1	51.4	37.2	11.3	50.0	38.9	3.2
27	POL	55.2	30.9	13.9	51.1	34.6	14.3			
28	MEX	50.7	8.5	40.8	51.0	7.7	41.3			
29	GRC	52.2	30.9	17.0	50.9	27.9	21.2	30.1	5.9	13.6
30	SVN	55.7	32.5	11.7	49.1	33.3	17.7	46.5	39.9	4.9
31	CZE	48.9	38.3	12.8	48.8	36.4	14.8	47.4	38.9	5.9
32	NLD	54.3	30.8	14.9	48.6	35.2	16.2	58.4	32.2	2.3

（续表）

		2007 年			2013 年			2020 年		
		Taxes	Net social contributions	Grants + Other revenues	Taxes	Net social contributions	Grants + Other revenues	Taxes	Net social contributions	Grants and Other revenues
33	SVK	50.9	34.0	15.1	43.6	35.1	21.2	45.3	38.0	5.6
34	CHI									
35	LVA	60.5	24.3	15.2	55.1	24.2	20.7	54.9	27.0	9.4
36	LTU							57.0	30.1	7.7

资料来源：http://www.oecd-ilibrary.org/。

注：空格为数据缺失。

　　我国税收收入占财政收入的比重见表1－2。从表1－2可以看出，我国税收收入在财政收入的结构中占绝对比重。

表1－2

我国部分年度的税收收入

年份	税收收入（亿元）	财政收入（亿元）	税收收入占财政收入的比重
1994	5 126.88	5 218.10	98.3%
1995	6 038.04	6 242.20	96.7%
1996	6 909.82	7 407.99	93.3%
1997	8 234.04	8 651.14	95.2%
1998	9 262.80	9 875.95	93.8%
1999	10 682.58	11 444.08	93.3%
2000	12 581.51	13 395.23	93.9%
2001	15 301.38	16 386.04	93.4%
2002	17 636.45	18 903.64	93.3%
2003	20 017.31	21 715.25	92.2%
2004	24 165.68	26 396.47	91.5%
2005	28 778.54	31 649.29	90.9%
2006	34 809.72	38 760.20	89.8%
2007	45 621.97	51 321.78	88.9%
2008	54 223.79	61 330.35	88.4%
2009	59 521.59	68 518.30	86.9%
2010	73 210.79	83 101.51	88.1%
2011	89 738.89	103 874.43	86.4%
2012	100 614.28	117 253.52	85.8%
2013	110 530.70	129 209.64	85.5%
2014	119 175.31	140 370.03	84.9%

（续表）

年份	税收收入（亿元）	财政收入（亿元）	税收收入占财政收入的比重
2015	124 922.20	152 269.23	82.0%
2016	130 360.73	159 604.97	81.7%
2017	144 369.87	172 592.77	83.6%
2018	156 402.86	183 359.84	85.3%
2019	158 000.46	190 390.08	83.0%
2020	154 310.06	182 894.92	84.4%

数据来源：国家统计局网站（http://www.stats.gov.cn/）。

注：本表中财政收入等同于一般公共预算收入。

（四）税收是对政府提供的公共商品与公共服务的补偿

社会公共需要是社会需要的一部分，这种需要的主体既不是社会中的某个人，也不是社会中的某个集团，而是社会成员整体。即便在存在经济利益对立关系的社会中也是如此。这种需要的客体不能分成各个份额，更不能划归某一主体所有，而排斥其他主体的同时享用，它不具有排他性。因而，它必然是与衣的需要、食的需要及住的需要等人类都有的需要所不同的另一种需要——公共需要。可以说，公共需要，就是社会整体对同一客体的依赖关系。

社会公共需要的内容纷繁复杂，概括起来主要有以下四类：一是由不同社会单位之间矛盾冲突产生的需要，如和平的环境等；二是由同一社会单位内部不同个人或集团矛盾冲突产生的需要，如安定的秩序等；三是由人和自然之间的物质变换即共同的生产活动和消费活动产生的需要，具体包括交通、通信等公共设施以及后来发展起来的经济管理；四是由人的自身发展所产生的需要，具体包括文化、教育、卫生等公共事业。

税收虽然是政府机器的经济基础，但这种分析的基础是将政府视为一个单纯的政治权力机构而非经济部门。但是，现代经济学在进行宏观经济分析时，已经把政府作为一个重要的经济部门来对待，因此在国家征税的必要性问题上，应该进行相应的经济分析。社会经济部门可以分为三类，即家庭、企业和政府。前两者为私人经济部门；后者是公共经济部门或政府经济部门。私人经济部门生产并提供各种私人商品和劳务，公共经济部门则生产并提供各种公共商品和劳务。

从经济学的角度看，人的需要既包括个体需要，也包括群体需要。前者为个人需要或私人需要；后者为社会需要或公共需要。个体需要或私人需要主要表现为家庭或企业的需要。从社会需要或公共需要来看，它是指一定范围内的社会整体需要，也就是家庭和企业对消费与投资的共同外部条件的需要，如和平的环境、稳定的社会秩序、日益完善的公共工程、公共事业等。显然，公共需要不同于私人需要，它有两个显著特性，一是主体的集合性；二是客体的不可分性。所谓主体的集合性是指公共需要的主体不是社会中的某个自然人或某个生产经营单位，而是一定范围内的个人及生产经营单位的集合。所谓客体的不可分性，是指公共需要的客体是作为一个整体提供给一定范围内的所有个人、家庭及生产经营单位的，而不能分成若干不同的份额，并将每一份额划归不同的个人、家庭及单位所有。

人的需要存在决定着满足人的需要的活动存在，决定着满足人的不同需要的商品存在。因此,与人的需要分为私人需要与公共需要相适应,社会产品可分为私人商品和公共商品。

所谓私人商品,是由企业和家庭经济部门通过市场提供的、用以满足私人需要的商品和劳务。这些商品中的每一种都能够加以分割,因而每一部分都能够分别按竞争价格出售给不同的个人。而且,只要某一消费者从某种商品的某一部分中受益,那么就严格排斥其他消费者再从这种产品的同一部分中受益,即消费受益被严格地内部化了。公共商品则不同,它是一部分社会成员,甚至所有成员同时消费的商品。与私人商品相比,公共商品具有以下性质:

第一,效用具有不可分割性。私人商品向单个家庭、个人、企业提供,这些产品能被分割成若干不同部分,分别划归不同个人、家庭、企业消费。而公共商品是向一定范围内的所有居民、企业提供的,不能将其加以分割和划归某些个人或企业消费。

第二,消费具有非排他性。私人商品的消费具有严格的排他性,如个人消费的衣物、食品、住房等,如果某一消费者在这类产品消费中受益,那么,就严格排斥其他个人再从中受益。公共商品则不同,某一个人或企业对公共商品的消费,并不影响或妨碍其他个人或企业同时消费该公共商品,也不会减少其他个人或企业消费该公共商品的数量或质量。例如,国防提供的安全劳务、公共道路提供的通行劳务就具有这种性质。

第三,受益具有外溢性。对于私人商品,消费者要获得这类消费品,必须采用出价竞争的方式,一手交钱一手交货,从而受益具有专享性。对于公共商品而言,往往无法将那些拒绝为公共商品付款的个人或企业排除在公共商品的受益范围之外,出现所谓公共商品消费领域的"搭便车"现象。即使勉强排除他人受益,也将付出较高的"排除"成本。

由于私人商品与公共商品之间存在上述差异,因而获得两类商品的方式也是不同的。对私人商品而言,由于消费受益被严格内部化了,消费者获得这类消费品必须采用出价竞争的方法,以明确表达他们的消费需求。具体来说,私人对其认为有价值的产品必然会投出他的"货币选票",只要私人提供的"货币选票"超过厂商的成本,则厂商必然进行生产,且任何时候都会采用成本最低的生产技术,以获得最大利润。因此,由市场机制提供的私人商品就能较好地解决私人需要的问题。公共商品的供应则不然。由于公共商品在消费上的非排他性和受益的外溢性,使得人们在公共商品的消费上普遍存在着"搭便车"的心理,没有人愿意真实地显示其对公共商品的实际需求,不会形成公共商品的市场价格。这样,公共商品也就无法通过市场机制实现最优配置。

综上所述,一方面,由于公共商品在生产、分配和消费方面的特殊性,决定了市场机制在提供和配置公共商品上的低效性或无效性;另一方面,为了满足人们对公共商品的需求,实现资源配置的效率目标,政府通常选择强制性的征税方式来筹集资金,以补偿公共商品的生产成本。正因为如此,税收一直是各国政府提供公共商品最基本的资金来源,是对政府提供公共商品和劳务成本的补偿,是纳税人为了获得公共商品而向政府支付的某种"价格"。如果不能通过税收形式来补偿公共商品和劳务的成本,人们对公共商品和劳务的需求就不可能得到满足,政府的各项社会经济职能也就无法有效发挥。

（五）税收的定义

关于税收的概念,古今中外的学者给出了许多不同的表述。这些不同的表述除了对税收理解的角度不同和表述文字上的差异外,主要是由于税收本身也是一个发展的概念,因此,不同时期的学者对税收的认识和理解自然就有差异。

英国经济学家亚当·斯密(Adam Smith,1723—1790)指出:"人民须拿出自己一部分私人的收入,给君主或国家,作为一笔公共收入。"①

法国经济学家让·巴蒂斯特·萨伊(Jean Baptiste Say,1767—1832)说:"所谓赋税,是指一部分国民产品从个人之手转到政府之手,以支付公共费用或供公共消费。"赋税是"政府向人民征收他们的一部分产品和价值。"②

德国新历史学派代表人物、财政学家瓦格纳(Adolf Wagner,1835—1917)在其《财政学》一书中说:"从社会政策的意义上来看,赋税是在满足财政需要的同时,或者说不论财政上有无必要,以纠正国民所得的分配和国民财产的分配,调整个人所得和以财产的消费为目的而征收的赋课物。"③

日本财政学家井手文雄则认为:"所谓租税,就是国家依据其主权(财政权),无代价、强制性地获得的收入。"

美国财政学家塞里格曼则认为:"赋税是政府对于人民的一种强制征收,用以支付谋取公共利益的费用,其中并不包含是否给予特种利益的关系。"④

中国财政学家侯梦蟾认为:"税收是国家为满足一般的社会共同需要,按事先确定的标准,对社会剩余产品所进行的强制、无偿的分配。"⑤

英国《新大英百科全书》中说:"在现代经济中,税收是国家收入最重要的来源。税收是强制的和固定的征收;它通常被认为是对政府财政收入的捐献,用以满足政府开支的需要,而并不表明是为了某一特定的目的。税收是无偿的,它不是通过交换来取得,这一点与政府的其他收入大不相同,如出售公共财产或发行公债等。税收总是为了全体纳税人的福利而征收,每一个纳税人在不受任何利益支配的情况下承担了纳税义务。"

美国的《美国经济学辞典》中说:"税收是居民个人、公共机构和团体向政府强制转让的货币(偶尔也采用实物和劳务的形式)。"

上述经济学家(包括百科、辞书)虽然对税收概念的表述不尽相同,但我们仍然可以从中总结出一些共性的认识,概括如下:

1. 税收是国家取得财政收入的主要形式

公共商品必须由国家通过财政支出的形式来提供,因此,税收首先体现为国家为提供公共商品而取得的一种财政收入形式。从古至今,国家取得财政收入的形式多种多样,但使用时间最长、适用范围最广、积累财政资金最为有效的当属税收。

2. 国家征税是为了实现其职能,满足社会的公共需要

国家是由一定阶级掌握的公共权力机关。这一概念包括以下两层含义:其一,国家是一个阶级统治机构,它总是代表着占统治地位阶级的利益,使国家具有明显的阶级性;其二,国家是一个履行公共职能的机关。任何国家,无论所处朝代如何,也无论其政治制度如何,履行公共职能、管理社会公共事务构成国家存在的客观基础。国家在履行社会公共职能、满足社会公共需要的过程中,必然要有相应的财力、物力消耗。国家征税是保证这种财

---

① 亚当·斯密:《国民财富性质和原因的研究(下册)》,商务印书馆1974年版,第383页。
② 让·巴蒂斯特·萨伊:《政治经济学概论》,商务印书馆1982年版,第501页。
③ 转引自坂入长太郎:《欧美财政思想史》,中国财政经济出版社1987年版,第305页。
④ 转引自金鑫、刘志城、王绍飞:《中国税务百科全书》,经济管理出版社1991年版,第1页。
⑤ 侯梦蟾:《税收经济学导论》,中国财政经济出版社1990年版,第3页。

力、物力需要的基本来源。

　　3. 国家凭借其政治权力征税

　　税收总是与国家紧密地联系在一起的，它依附国家而存在，因而，政府征税权来源于国家的政治权力。众所周知，社会产品分配必须依托于一定的权力。马克思曾说过："在我们面前有两种权力，一种是财产权力，也就是所有者的权力；另一种是政治权力，即国家的权力。"[①]由于国家一般不直接占有生产资料从事物质产品生产，因此，国家课税必须以政治权力为依据。依托政治权力进行的税收分配，体现为把满足社会公共需要的资源从各个家庭和企业取出，以供政府支配的过程。

　　4. 税收征收必须有法可依

　　法律是体现国家意志、强制性地调整人们行为的社会规范，与其他社会规范调整相比较，法律调整具有强制性、公正性和普遍适用性的特点。由于政府征税涉及社会各阶级、阶层、集团的经济利益，税收负担轻重关系着社会经济发展乃至社会安定，因而决定了税收的征收与调节必须借助于法律形式进行。所谓有税必有法，无法不成税，这是税收区别于其他财政收入形式的一个重要特点。各国政府都通过立法和执法程序使税收制度和征管制度法律化，以便把整个税收活动纳入规范、有序的轨道。

　　5. 税收是对国民收入的再分配

　　税收课征的对象是社会产品，但不是全部社会产品，而只是社会产品扣除补偿生产过程中消耗掉的价值部分以后的余额，即社会新创造的国民收入。税收课征的对象无论是当年生产的国民收入，如增值税、所得税、消费税等的课征；还是过去年度累积下来的国民收入，如各种财产税、遗产税等的课征，都属于税收对国民收入的再分配。

　　综上所述，我们可以给税收这样一个定义——税收是国家为了实现其职能、满足社会公共需要，凭借政治权力，按照法律规定，参与国民收入再分配的一种形式。

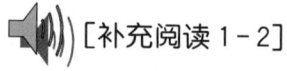［补充阅读1-2］

文明演进与税收形态

　　人类文明发展的最初形态（第一阶段）是原始文明。这段文明可以从有人类活动那天开始到公元前5 000年左右，持续大约上万年时间，这段文明虽然难以称得上真正的文明，但却是现代人类文明必不可少的积淀与起源。

　　在人类社会原始文明阶段，人类社会公共权威来源于三个方面：一是原始宗教崇拜；二是武力；三是集体决策。相对于这三个权威，人类社会的公共资源的积累，也相应产生了三种基本形式：一是出于敬神的纳贡；二是出于武力的战利品；三是出于集体活动的人力。如果不考虑现代典型意义上的税收，这三种形式也可以称之为原始文明时期和原始形态的税收。

　　人类文明发展的第二阶段，就是农业文明。这段文明史可以从人类公元前5 000年左右在两河流域最早耕种开始，到公元18世纪英国工业革命为止，前后经历了6 000年。在这个文明时期，人类社会最主要的特点，就是农业是社会财富生产的主要形式，土地是人类

---

　　① 《马克思恩格斯全集》第4卷，人民出版社1985年版，第330页。

社会最主要的资源。

在农业文明时代,农业是社会财富的主要来源,也是公共资源积累的主要来源,农业税收就成了公共积累的主要形式,即依托于土地和农民的各种税收形式,如田赋、地租、人头税、劳役等。在东西方文明发展中,农业赋税形态的治税思想和具体形式千差万别,但是有一点是相同的,就是土地和农民提供的赋税长期、稳定而有效地支撑着农业文明的发展。就西方农业赋税而言,从一开始就明显带有与商业税收混合发展的特性,而东方农业赋税,则显示出重农抑商、坚定而固执地依附于土地的超稳定个性。

人类文明发展的第三个阶段,就是工业文明时代。这一阶段,以公元18世纪英国工业革命为标志,到现在仍然还在世界范围内扩展。工业文明的发展,创造了现代税收形态,这种形态与农业文明时代的税收比较,明显具有根本性的转变:

第一,税收制度从土地税收转向了工商业税收。农业田赋逐步退出历史舞台,以现代工业、商业、服务业为基础的流转税、所得税、财产行为税体系构成现代各个国家的税制体系。由于国家经济和综合实力的增长,2006年我国全面取消了农业税,从而告别了几千年的农业税史,这是我国历史发展进程中的标志性进步事件。

第二,税收计征从实物计征转向了货币计征。在农业文明的大部分时间里,农业赋税都是实物计征的。工业文明时代的税收,真正实现了货币化,计税的基础是商品、服务在市场中的货币交易量,如商品销售量,商业、服务营业额,利润、劳务报酬等。

第三,税收的确定,从税由王定到税由法定。农业文明时期,尽管税收有一定的制度和标准,但从总体上说,都是由皇帝、国王的诏令确定,王令即税法。在工业文明萌芽时期,人们渐渐认识到,围绕税收的斗争,虽然表现为经济利益的斗争,但根本上是政治权力的斗争,在英国最先确定了"无代表,不纳税"的原则,由人民代表的权利制约国王征税的权力,从而逐步确定了税收法律主义的原则,税由法定成为现代世界各国税收最基本的原则。

第四,税收征管从非专业征管到专业化征管。农业文明时期,人类社会税收征管采取的是非常简单的征收方式,古罗马帝国采取过由大商人经营的税行进行征管,欧洲多数国家都采取过城邦或者土地贵族承包收税的方式。中国农业文明时代的税收,大多采取由基层行政长官直接负责征收的方式。随着工业文明的发展,税收规模的日益扩大,税收制度的日益复杂,税收征管逐步建立了专业化的征管模式。现代世界各国都有专业的征税机构,按照规范的法律程序进行税收征管。

第五,税收协调从各自为政转向了国际合作。在农业文明时期,各个国家处理税收关系往往是各自为政,高筑关卡;现代税收,关税已经不再是各国筹集财政收入的重要形式,而只是国家主权和保护国家贸易相对优势的政策手段,世界和区域范围内的税收合作日益加强,世界贸易组织以及各种自由贸易区,税收合作都是其重要内容。

第六,税收目的更加公共化和国家化。在农业文明时期,征税的主要目的,既是满足国家公共管理需要,也是满足皇室和国王家庭开支需要,现代税收主要是满足国家行政管理和社会公共发展需要。

工业文明的发展促进了现代税收的产生,而现代税收不断拓展的功能,如筹集收入、调控经济、调节分配,反过来又促进工业文明的健康发展,这是农业文明时代税收所无法实现的。如果我们不能很好地建立与工业文明发展相适应的现代税收观念,建立现代税收制度和运行机制,我们在工业化过程中,还可能要吃不少的苦头。

资料来源:许国云:《税收与文明演进》,中国税务出版社 2007 年版,第 10~13 页。

第二节　国家与税收

一、国家的本质

(一)马克思主义国家学说产生之前的国家观

对于国家本质的认识,在马克思主义国家学说产生之前,存在两种不同的理论观点:一种是"暴力论";另一种是"契约论"。

"暴力论"认为,国家是行使暴力的产物。这种理论强调,人类在自然状态下是没有区域约束的,更谈不上自愿缔结区域,区域的形成是暴力的结果。因为在人类的生存斗争中,一部分有暴力优势的人(或部落)首先将一些具有自然优势的区域划入自己的控制范围,并将被征服部落的人变为奴隶,形成统治者和被统治者,国家由此产生了。

"契约论"认为,国家是具有平等权利的公民达成自由协议的组织。这种理论的前提是,人类在自然状态下是没有约束、完全自由的,即无约束的自由。但这种自由又是有代价的,一个人自由的获得可能要以另一个人自由的丧失为代价。随着人类的进化,人们为了获得较稳定的自由而达成协议,缔结成一定的区域。在这个区域内,每个自由人以让渡(丧失)一部分自由权为条件来获得更稳定的自由。人们将让渡的这部分自由权力赋予某个组织集中行使,就产生了国家。

(二)马克思主义国家学说

(1)国家的产生是社会经济关系变化的结果,而不是暴力作用的结果。国家最初孕育于维护社会共同利益,协调社会经济矛盾的行为之中,是"以某种经济的、社会的职能为基础的",执行的是"社会公共职能"。随着私有制的产生和阶级的对立,国家获得它独立的政治形式,成为凌驾于社会之上的力量,行使着一种"特殊的公共权力"。控制被压迫阶级使之服从,控制公民使之服从,并随着阶级矛盾的加深日益得到强化。

(2)国家形式一经确立,就具有暴力的特征,它拥有武装力量、监狱和各种强制机关,它依靠强制力来维护社会经济秩序。

(3)国家就其性质而言,具有双重性:它既是维护占统治地位阶级的利益及其社会秩序的暴力机关,又是满足社会公共需要,组织社会经济生活的最高社会组织形式。由于统治阶级利益及其社会秩序在大多数场合都是以社会公共需要的名义表现出来的,因此,从根本上说,国家存在的客观性也是由社会公共需要决定的。

二、国家的职能

(一)公共商品的概念与特征

公共商品(public goods)是私人商品(private goods)的对称,是指具有消费或使用上的非竞争性和受益上的非排他性的产品。亦称为"公共产品"或"公共物品",是绝大多数人共同消费或享用的产品或服务。如国防、公安、司法等方面所具有的财物和劳务,以及义务教育、公共福利事业等。特点是一些人对这一产品的消费不会影响另一些人对它的消费,具有非竞争性;某些人对这一产品的利用,不会排斥另一些人对它的利用,具有非排他性。一般由政府来提供。

（二）税收与公共商品的提供

公共商品是人们生存与发展不可或缺的重要需求，但公共商品自身的特征和"搭便车"现象的存在，使公民通过自愿缴费或市场交易的方式无法保证公共商品的有效供给。这样客观上就需要一个超越各微观主体之上的机构采用强制性的手段筹集资金，解决公共商品的供给问题。这个超越各微观主体之上的机构就是政府，筹集资金的手段就是税收。一方面，政府通过征税来取得收入；另一方面，通过财政手段将筹集来的资金在全社会进行分配，用于公共商品的供给。

（三）税收和市场失灵

现代社会中，市场被认为是实现资源最佳配置的有效机制，但在现实中，市场运作的失灵又是不可避免的。从弥补市场缺陷的角度看，政府税收不仅可为公共商品的供给提供必要的资金来源，而且可以从外部效应矫正、收入分配差距调节等方面发挥作用。

1. 税收与外部效应

所谓外部效应是指一个经济主体从事某项经济活动给其他人带来利益或损失的现象。外部效应又可分为正效应和负效应。前者是指主体经济活动给他人带来利益的现象。例如，对上游河道的修整，会使河流下游其他区域人群同时受益。后者是指主体经济活动给他人带来损失的现象。例如，造纸厂将生产污水排至企业之外，造成周边环境的污染。当出现负的外部效应时，生产者的成本小于收益，或说其私人成本小于社会成本，使受损者得不到应有的利益补偿。在市场经济条件下，外部效应无法由市场机制来解决，只能由政府采用非市场的方式予以矫正。而税收就是矫正外部效应的重要工具。

例如，对造纸厂排出的污水，政府就可以根据其污染的程度征收必要的税收，加大生产者的私人成本，使其与所带来的社会成本相一致。这样，一方面抑制了生产者的污染行为；另一方面也为治理污染的活动筹集了资金。再如，对可带来外部正效应的河道进行修整，政府也可以通过向流域区居民征税的方法获得资金，专门用于河道的修整，使其外部正效应得以充分显现。

2. 税收与收入分配公平

市场奉行优胜劣汰、适者生存原则，市场的高效率常常伴随着收入分配的不公平，出现贫富差距过大的现象。市场是根据人们对生产中投入的要素数量进行分配的，而由于人的天赋不同，所处的环境、家庭背景等也极不相同，由此决定的分配结果必然存在较大差距。过大的收入差距既是资源最佳配置的障碍，也是影响社会秩序和稳定的重要因素。为此，缩小过大的贫富差距是政府的社会责任。

市场经济中，税收是政府调节贫富差距的重要手段。政府可以根据纳税人高低不同的收入水平分别征收数额不等的税收，对低收入者不征税或少征税，对高收入者多征税，缩小不同纳税人税后可支配收入的差距，缓解因收入分配不公可能引发的社会矛盾。

三、政府征税的依据

政府是国家的代表，政府为什么有权利向公民征税或公民为什么有义务向政府纳税呢？这是税收本质的核心内容，也是税收学说史中争论最多的问题之一。西方的一些经济学家、政治学家、哲学家们从各自的价值观出发，一直在研究并试图回答这一命题，形成了许多理论流派。

（一）西方关于政府征税依据的主要学说

1. 公需说

公需说起源于 17 世纪德国官房学派的奥布利支、克洛克和法国的波丹。公需说认为，人民具有某种公共需要，国家职能在于满足这种公共需要，增进公共福利，为此需要费用支出，税收就是实现这种职能的物质条件。换言之，国家及公共团体为充实公共需要，才要求人民纳税。克洛克曾说过，政府行使课税权时，第一需要经民众承诺；第二需要证明是为公共需要，若不是出于公共需要，就不应当征收。公需说提出以满足公共需要，增进公共福利作为课税的依据，这在当时欧洲封建经济逐渐转向资本主义经济的时代，具有进步意义。公需说也被称为"公共福利说"。

2. 义务说

义务说是在黑格尔的国家主义思潮影响下形成的，认为国家是人类组织的最高形式，个人依存于国家。义务说强调国家权力和政府职能的意义，政府强制课征税收，纳税是人民应尽的义务。

3. 牺牲说

牺牲说产生于 19 世纪，主要代表人物有法国古典经济学家萨伊、英国古典经济学家穆勒和著名财政学家巴斯泰布尔等。这种观点认为，税收对于国家是一种强制征收，对于人民则是一种牺牲。萨伊明确指出："租税是一种牺牲，其目的在于保存社会与社会组织。"[1] 在萨伊的基础上，英国经济学家穆勒进一步发展了牺牲学，他依据纳税人的能力负税原则提出了均等牺牲的观点。英国财政学家巴斯泰布尔继续阐述了穆勒的均等牺牲观点，他认为："均等牺牲原则不过是否均等能力原则的另一种表现。均等能力意味着负担牺牲的能力均等。"[2]

4. 掠夺说

掠夺说产生于 19 世纪，主要代表人物是空想社会主义者圣西门和一些资产阶级历史学派学者。这种观点认为，税收是国家为实现其职能的一种强制性征收，是社会占统治地位的阶级凭借国家的政治权力，对其他阶级的一种强制掠夺。

5. 交换说

交换说产生于 17 世纪，主要代表人物有重商主义者霍布斯、古典经济学家亚当·斯密等。这种学说以自由主义的国家观为基础，认为国家和个人分别是自主独立平等的实体，因国家的活动而使人民受益，人民就应当向国家提供金钱，税收就是这两者的交换。霍布斯曾指出：人民为公共事业缴纳税款，无非是为了换取和平而付出的代价。亚当·斯密也曾指出，政府的职能范围越小越好，税收越轻越好，国家应以每个人所得利益的数量确定纳税标准。交换说渊源于资本主义初期个人主义思想，它与当时要求尊重人权的政治思想和要求自由竞争、自由放任的经济观点遥相呼应。交换说亦被称为"利益说"。

6. 保险说

保险说产生于 18 世纪，主要代表人物是法国的梯埃尔和普鲁东。保险说与上述交换说同属一个体系。这种观点认为，国家保护了人民生命财产的安全，人民应向国家支付报酬，

---

① 让·巴蒂斯特·萨伊：《政治经济学概论》，商务印书馆 1982 年版，第 509 页。
② 转引自坂入长太郎：《欧美财政思想史》，中国财政经济出版社 1987 年版，第 367～368 页。

国家犹如保险公司，人民纳税如同投保人向保险公司交纳保险一样。

7. 社会政策说

社会政策说产生于19世纪末，主要代表人物有德国社会政策学派的财政学家瓦格纳和美国著名财政学家塞里格曼。这种观点认为，税收不仅是政府取得财政收入的一种手段，还是矫正社会财富与所得分配不公、实现社会政策目标的有力工具。瓦格纳在给税收下定义时曾指出："从社会政策的意义上来看，赋税是在满足财政需要的同时，或者说不论财政上有无必要，以纠正国民所得的分配和国民财产的分配，调整个人所得和以财产的消费为目的而征收的赋课物。"[①]因此，赋税不能理解为单纯地从国民经济年产物中的扣除，还包括有纠正分配不公的积极目的。

8. 经济调节说

经济调节说，也称市场失灵说，产生于20世纪30年代，是以凯恩斯为代表的一批经济学家的理论观点。这种观点认为，西方社会的市场机制往往失灵，难以实现资源有效配置、财富公平分配和经济稳定增长，因此，政府有必要通过运用包括税收在内的各种经济手段，调节宏观经济运行。

西方学者提出的诸多政府征税依据的学说，从对现代税收理论的影响程度来看，公需说、义务说和交换说的影响力更大一些。

（二）我国当代关于政府征税依据的主要学说

计划经济体制下，由于受"非税论"的影响，除了"国家分配论"外，我国关于政府征税依据方面的研究基本没形成体系。目前有影响的关于政府征税依据的学说大多形成于改革开放后。

1. 权益说

权益说源于"国家政治权力说"，而"国家政治权力说"与传统的"国家分配论"一脉相承。国家政治权力说认为，国家参与社会产品的分配总要凭借某种权力，在我们面前有两种权力，一种是财产权力，一种是政治权力，国家征税凭借的不是财产权力，而是政治权力。我国在确定建立社会主义市场经济体制的目标后，部分"国家分配论"者逐步将利益因素引入到"国家政治权力说"中，提出了"权益说"。"权益说"仍然坚持"国家政治权力说"的核心命题，同时也承认社会主义国家与纳税人之间也存在着利益关系，但又认为这种利益关系不同于西方等价交换的利益关系，而是长远利益与眼前利益、整体利益与局部利益、国家利益与个人利益的关系，或者说是"取之于民，用之于民"的利益关系[②]。

2. 国家职能说

国家职能说也称为"国家需要说"，根源在马克思主义的国家学说。马克思主义国家学说中的税收观点认为，税收本质体现了以国家为主体的特殊分配关系，分配的主体是国家，分配的客体是社会剩余产品，分配的目的是为实现国家职能服务，分配的结果有利统治阶级。国家职能说认为，国家为满足实现其职能的需要就必须以强制的、无偿的方式参与对社会产品的分配，即政府征税的根据是满足国家实现其职能的需要。后来一些学者对"国家职能说"又作了进一步的补充论证：税收分配形成对社会产品扣除，依据的是现有的生产规模、生产能力、国家的需要和可能以及在实践中摸索出来的规律性，这些都是国家职能才

---

① 转引自坂入长太郎：《欧美财政思想史》，中国财政经济出版社1987年版，第305页。
② 邓子基：《社会主义市场经济与税收基础理论》，《当代经济科学》1993年第4期。

能解决的;法律上的国家职能外化成法权,于是税收就成为一种权利和义务法律关系,而在事实上国家职能外化为宏观生产要素,依据受益原则构成整个社会经济活动的一部分成本,即税收。国家职能的外化形式法权和宏观生产要素,构成国家课税的直接依据①。

3. 国家社会职能说

国家社会职能说认为,在社会正常发展的含义内参与分配的根据只能是参与生产;国家以执行社会职能为社会再生产提供必要外部条件的形式参与生产,所以税收根据是国家的社会职能。税收根据首先是国家的服务性职能及由此产生的国家与人民之间的互利关系;在此基础上根据社会经济发展的需要,国家也可在一定范围和限度内以其管理性职能为根据向人民征税。国家执行其社会职能是其课税的权利,国家拥有政治权力是其课税的力量保障,权利与权力的统一,构成国家课税的事实②。尽管也是从国家职能角度来论证税收根据,但国家社会职能说在理论基础、研究方法和逻辑推理等方面,与国家职能说有着很大的区别。

4. 法律权利交换说

"法律权利交换说"认为,税收之所以存在除了国家的存在之外,还在于人民的权利需要得到政府的确认和保护;税收就是个人和企业获得各种权利而承担的义务并付出的一种费用,它是一种超经济法权关系的体现③。"法律权利交换说"不仅希望在总体上解释国家课税的根据,而且也力求说明各具体税种开征的原因,它认为不同的人(包括法人)所享有的权利是不同的。按权利与义务对等的原则,他们应当承担的税收义务或者说国家应开征的税种也应不同,如企业享有自然资源开采权,国家就应开征资源税;企业享有利润支配权,国家就可开征所得税;而企业享有经营权,国家就可以开征流转税。

四、税收的本质

关于税收本质的定义,首先要强调的是,由于它解决的是分配问题,处于社会再生产的分配环节,因而它体现的是一种分配关系。所谓分配关系就是解决社会产品归谁占有、归谁支配,以及占有多少、支配多少的问题。征税的过程,就是政府把一部分国民收入和社会产品从微观经济组织或个人手中转由政府支配的过程。对税收本质需进一步强调的是,与一般的社会产品分配相比,无论是参与分配的主体,还是分配的依据,乃至分配的方式方法,它都具有明显的特殊性,它是一种特殊的分配,因此,它所体现的分配关系也是一种特殊的分配关系。

(一)税收的本质是一种分配关系

物质资料的生产活动是人类最基本的经济活动。从生产到消费的循环往复运动构成了社会再生产的全过程,分配是连接生产与消费的必要环节。在市场经济条件下,分配主要是对社会产品价值的分割,以确定不同社会主体对社会产品的占有和支配份额。

社会产品价值主要由 C、V、M 三个部分组成。其中 C 是对生产中消耗掉的原材料、机器设备等的补偿,V 是对生产中消耗的活劳动的补偿,用于满足劳动者及其家属的生活消费需要,是劳动力再生产的需要。M 是剩余产品价值。税收的征收会使被征收的价值部分

---

① 喻雷:《再谈课税依据》,《财经问题研究》1993 年第 8 期。
② 马国强:《税收学原理》,中国财政经济出版社 1991 年版,第 27 页。
③ 马国贤:《政治经济学》,中国财政经济出版社 1995 年版,第 258 页。

脱离原有的生产经营活动,用于非生产性的公共产品需要。为保证社会再生产的正常运行,税收一般以剩余产品价值为分配对象。但是 V 与 C 的部分也可以成为税收征收的对象。从税收参与 V 的分配看,由于劳动者及其家属生活消费需要较大的伸缩性,而且影响其伸缩的因素很多,对劳动者必要的补偿价值与剩余产品价值很难有一个确定的数量界限。在现实经济生活中,当社会成员的收入达到较高水平时,要求其将收入的一定份额作为税收缴纳给政府也是完全可行的。从税收参与 C 的分配看,在一定的经济体制下,当政府要求企业将固定资产折旧的一部分上缴财政时,虽然并没有直接称其为"税",但其基本特征与税收并无二致。

税收参与社会产品各部分价值分配时,必然涉及政府与产品价值原拥有者之间的利益分配关系。对 M 征税,说明投资者通过生产经营创造的一部分剩余产品价值转由政府支配,是投资者一部分经济利益的牺牲。通常,政府会通过对不同行业、不同性质的企业确定高低不同的税负,调整其经济利益关系,实现特定时期的政策目标。例如,我国 1994 年以前的企业所得税就是根据企业性质的不同分别规定不同的税收征收标准和方法,不同企业的税负有明显的差距。这种税负的差异体现了政府与不同企业之间在剩余产品价值的分配中利益关系的差别。而对 V 征税,直接体现政府与社会成员个人的利益分配关系。例如,我国 2019 年之前的个人所得税采用分类征收的做法,对不同形式的收入规定不同的征收方法、征收标准,当纳税人按照规定的方法和标准纳税时,政府与社会成员个人经济利益关系的差异就会体现出来。

(二)税收的本质是一种特殊的分配关系

税收体现一种特殊的分配关系,应从以下几个角度来理解。

1. 税收分配关系的特殊性首先应从税收分配的"目的"着眼

以往很多教科书在阐述税收分配关系的特殊性时更多地强调其分配的依据,即它是凭借国家政治权力实现的分配。这一点固然重要,但对任何一个经济范畴,特殊性的界定首要的应是其最终目的。税收分配关系特殊性的体现首先也是由"分配目的"决定的。正是由于税收是以满足社会全体成员对公共产品的需要为目的,在其分配活动中才体现出与其他分配方式相区别的典型特点。

由于税收分配的最终目的是满足全体社会成员的公共需要,税收分配关系就不仅仅是简单的政府与纳税人的关系。它比经济范畴的其他分配关系具有更为复杂的内容。从根本上讲,它体现的是国家与纳税人之间的利益分割关系。一方面,国家承担着为全体社会成员提供公共产品的职责;另一方面,国家可据此向全体社会成员无偿征收税收。

但由于国家是抽象的,在具体的税收活动中,相关主体的相互关系可分为两层:第一层,是国家分别与税务机关和纳税人的两重关系;第二层,是税务机关与纳税人的征纳关系。在第一层关系中,国家作为一方主体,是广义的"民众"的代名词,也是实质意义上的征税主体。国家与税务机关的关系是既要授予其必要的权力,以保证其职能的履行;同时,又必须严格规范其权力的行使范围、行使方式等,以防止权力的滥用,防止权力代表者(税务机关)对权力的真实拥有者(社会全体成员)权益的损害。国家与纳税人的关系,首先体现为国家征税的依据是其向民众提供了公共产品和公共服务,因而有向每一纳税人(享受公共产品的主体)请求纳税的请求权;相对应的才是为保证这一请求权的实现所行使的(在形式上表现为强制性的)征税权。在第二层关系中,税务机关与纳税人的关系看似很直观,但在其中,税务机关"代行权力"主体的身份又会使其行为不同于经济生活中纯粹的"债权人"行为。税法中所确定的税务机关对税款的征收管理的权限并不代表税务机关的自身利益。在广义上、实质上,这种权力要对全体公民负责;在具体的执行中,是要对上一级管理部门负责。

这种分配关系的特殊性必然使税收活动较其他经济活动具有更明显的复杂性。

2. 税收分配关系特殊性的进一步理解在于税收分配的依据

在市场经济中,微观主体对收益分配的依据主要是"财产权力",即投资者凭借其投入的资本获得相应的收益分配。谁投资,谁受益,投资比例越大,获得收益的份额越大,分配的前提是对资产的所有权。而税收分配凭借的是国家的政治权力。

国家的政治权力是一种公共权力,全体社会成员按照契约的方式将自身权力向政府机构的让渡,这种公共权力在税收分配中表现为:国家代表全体公民委托特定的执政机构(财税机关)对社会资源在满足公共需要与满足私人需要的不同用途之间的分割。为保证满足公共需要的资源供给,这种公共权力需体现为一种强制性的权力。

税收分配以国家政治权力为依据的具体体现是:第一,在税收分配关系中,国家始终占据主导地位。各项税收法规、政策的制定、执行、修改都是由国家主导进行。第二,现代社会中,国家是通过法律形式征收税收,税法是国家法律的重要组成部分,法律的强制性保证税收活动的正常进行,同时,维护、调节税收分配活动各主体之间的分配关系。

3. 税收分配关系的特殊性还可从社会财富分配的层面去理解

社会财富的分配可以分为两个层次,即:初次分配与再分配。所谓"初次分配"是以企业等直接创造财富的微观经济单位为主体,在微观经济主体内部进行的分配。企业经过生产经营,获得销售收入或营业收入,就要将获得收入的一部分首先补偿在生活经营中消耗掉的原材料、机器设备、人工等成本费用;然后再对剩余产品价值在不同投资者之间进行分配。在企业的初次分配中,就有一部分价值按照国家税法的规定缴纳税收。所谓"再分配"是政府从宏观角度对初次分配形成的格局进行调整的分配,其中主要为财政分配(税收分配)。再分配是政府从微观经济主体的初次分配中获得一部分财富,再按照为全社会提供公共产品和调节经济的要求,进行重新分配的一种活动。显然,由于初次分配与再分配的目的和参与的主体不同,其所体现的分配关系也不相同。

从再分配的角度看,虽然政府财政再分配的利益分割主要是通过财政支出实现的,但税收对一国一定时期内的再分配利益关系也有重要的影响作用。它一方面决定着政府再分配的规模、能力;另一方面决定着政府再分配的范围和方向,并由此决定了相关主体在再分配中的利益分割关系。例如,我国很长时间曾实行城乡差别的税收制度,税种的设置,征税覆盖面的安排,税制各要素的设计都有明显差别。因此,政府安排财政支出的再分配活动及由此产生的利益分割关系,在城乡之间就是大不同的。

第三节　税收的基本特征和职能

一、税收的基本特征

税收是国家取得财政收入的一种形式,与其他财政收入形式相比较,税收具有三个基本特征：非直接偿还性、强制性和规范性。

（一）非直接偿还性

所谓非直接偿还性，是指税收虽然最终用之于民，但政府征税与具体纳税单位和个人受益之间并不存在一一对等的交换关系。这一概念包括三层含义：① 税收是有偿的，而不是无偿的；② 税收是整体有偿，而不是个别有偿；③ 税收有偿是非直接意义上的，不存在一一对应的直接偿还关系。在大多数教材中，税收的非直接偿还性仍习惯于被称为"无偿性"，从纳税人的权利与义务两个角度来分析，税收不是无偿的，只不过非直接偿还，税收依然是"取之于民，用之于民"。税收的"无偿性"，仅仅反映了税收收入与财政支出非一一对应，不及非直接偿还性内涵更广。

判断一种收入的获得是有偿还是无偿，关键是看与这种收入相关的支出是否用于收入的来源方面，只要两者在整体上具有一致性，那么，这种收入形式就是有偿的；反之，则是无偿的。税收是国家为满足社会公共需要、筹集财政资金的一种形式，它来源于企业、家庭及个人，亦用于人民的生产和生活必需的公共商品的提供，因此，税收是有偿的。但是，税收的这种有偿性是就整体而言的，而不是指个别有偿性。正如恩格斯所指出的，纳税原则本质上是纯共产主义原则，在这里，所谓"纯共产主义原则"，就是指国家按照社会的公共需要，向人民征收税款，获得社会财产，并以此为全社会谋取福利。所以，税收的有偿性是非直接意义上的，政府征税与纳税人受益之间不存在一一对应的直接偿还关系。尽管税收最终要用于满足社会公共需要，但国家征税时并不向纳税人支付任何报酬，税款征收入库之后也不再返还给纳税人本人。

（二）强制性

所谓税收的强制性，是指在国家税法规定的范围内，任何单位和个人都必须依法纳税，否则就要受到法律的追究。公民和企业单位在发生纳税行为时，除依法履行纳税义务外，别无其他选择。

税收的强制性是税收非直接偿还性的必然要求。因为非直接偿还性必然引起社会的个人利益、局部利益与整体利益发生矛盾，而且，整体的规模越大，矛盾就越突出。因此，税收必须具有强制性，才能保证国家收入和社会整体利益不受侵犯。

税收强制性的力量源于国家政治权力。政府征税与市场上的商品交换具有不同的性质。在交换领域，买卖依据是商品经济的规则，一般遵循等价交换原则，即双方在价值量上应该是彼此无损失的，一般不存在强迫的情况。政府征税则不然，它必须运用强制性的公共权力。因为国家为满足社会公共需要，必须取得一定的财政收入。在不直接占有生产资料，不掌握财产所有权的情况下，国家必须运用政治权力参与一部分社会产品的分配。国家依据政治权力征税的强制性，在现代社会具体表现为法律的约束性，即表现为国家通过制定法律来达到其目的。各国宪法均规定公民在纳税方面的义务，如中国宪法规定："中华人民共和国公民有依照法律纳税的义务。"各国的税法，在规定了各种税的纳税人、税率等征税要素之外，还明确规定了有关的罚则。纳税义务人必须依法纳税，否则，就要受到法律的制裁。

（三）规范性

所谓税收的规范性，是指税收课征的依据是税法，国家在征税之前，就通过法律形式，把应开征的税种、征税范围、纳税人、征收比例及违法处罚标准等规定下来，由征纳双方共同遵守。税收的规范性在大多数教科书中被称为税收的"固定性"。税收的规范性包含两方面的含义:一是税收活动的进行不是随意的,而是以法律形式规定的;二是税收征纳及其他一切税收关系的处理原则和标准都应该被预先规定。

税收的规范性与税收的非直接偿还性和强制性之间有着内在联系。税收的征收具有非直接偿还性,必须依靠国家政治权力,实行强制征收。但是要保证这种分配活动的有效和有序,维护国家和纳税人双方正当的利益,就有必要规范征纳双方的行为,通过法律形式预先确定各项征收数额和征税方法,这样既有利于纳税人合理安排生产与投资、储蓄与消费,又有利于国家合理安排各项支出,更好地实现其承担的各项政治经济职责。

上述税收的三个形式特征,是中外古今一切税收的共性,它们是相互依存、不可分割的统一体,是税收区别于其他财政收入形式的基本标志,只有同时具备以上三个特征的财政收入形式才是税收。

二、税收职能

税收职能,指税收内在的、固有的职责和功能,它是由税收本质决定的。税收的形式特征是税收本质的外在体现,税收职能则是税收本质的内在要求。任何社会形态、任何国家的税收都有这种本质要求。一般说来,税收具有两大职能:财政收入职能和经济调节职能。

（一）财政收入职能

税收的财政收入职能,亦称筹集资金或组织收入的职能。它是国家对税收最基本的要求,也是税收最重要的职能目标。因为国家作为非生产性的上层建筑,它不直接占有物质资料进行生产活动,它只是消费而不能创造物质财富,政府提供的绝大部分公共商品和劳务,国家机器运作所需的绝大部分财政资金,通常都来源于税收。所以,为政府活动筹集和提供资金,一直具有下列特点:

（1）适用范围的广泛性。由于税收是国家凭借政治权力向纳税人进行的强制征收,因此从纳税人看,包括国家主权管辖范围内的一切企业、单位和个人,没有所有制、行业、地区、部门的限制。从征税对象看,征收范围也十分广泛,既包括流转额、所得额,也包括财产额,还包括对某些特定目的和行为的征税。

（2）取得财政收入的及时性。税法中明确规定了纳税义务成立的时间和纳税期限,从而保证了税收收入及时、均衡地入库。如流转税以纳税人实现销售收入为纳税义务成立时间,纳税人只要实现销售收入,不论盈亏与否都要依法纳税。又如纳税结算期和缴款期限的规定,对纳税人缴纳税款的时间给予了严格的限制,从而有利于国家及时取得财政收入,保证预算资金的正常安排。

（3）征收数额上的稳定性。由于税法明确规定了各税种的纳税人、征税对象和税率,并且由于征税的固定性,使税收在征收时间上具有连续性,可以保证稳定地取得国家财政收入。

（二）经济调节职能

从历史角度看,税收的经济调节职能是派生职能。政府在运用税收参与国民收入分配、筹集资金的过程中,不同的征税选择形成不同的税收政策,必然会改变国民收入在政府与社会经济组织和个人之间,以及在社会的各阶级、阶层、单位和个人之间的分配状况,改变资源在不同行业、地区、企业之间的配置状况,从而引导和调节纳税主体的经济行为。在现代社会,税收的经济调节职能不论是在理论、实践方面,还是在广度、深度上都得到了巨大发展。从17世纪重商主义的保护关税政策到19世纪下半叶的德国社会政策学派理论,直至20世纪的凯恩斯主义税收政策,都主张政府积极运用税收杠杆,体现政府政策,促进经济发展。目前,税收制度已经成为各国宏观经济政策的重要组成部分,它对社会经济发展的影响越来越大。

一般说来,现代税收主要有以下三大经济调节职能。

1. 促进资源有效配置

资源配置是指土地、资金、劳动力、技术等经济资源的分配与使用。在市场经济中,一方面,市场机制对资源配置起基础作用;另一方面,在市场经济运行失调或存在某种缺陷时,政府课税能矫正失调或弥补缺陷,有利于改善资源配置状况,产生增进社会福利的正效应。

2. 调节收入分配

收入分配及其公平与否,既是一个社会价值观问题,更是一个经济问题。从经济角度看,一国谋求经济发展,不仅指经济产出总量的增长,还包括经济、社会结构变化、分配状况改善等较为复杂的内容。如果一国GNP获得了较大增长,但收入分配状况恶化了,就会出现有增长无发展的情况。因此,运用税收手段调节收入分配既是税收的一个重要经济职能,又是各国经济社会政策的一个重要组成部分。

3. 保持经济稳定增长

自由放任的市场经济主要是通过市场价格机制来调节社会的供给和需求的。然而,价格调节往往具有盲目性、滞后性和自发性。而且,市场的自发力并不能经常保证总供求在充分利用社会资源的水平上实现均衡,因而通货膨胀、失业、贸易失衡、增长波动等顽症会周期性地困扰社会发展。税收作为政府直接掌握的经济工具,在平抑经济波动,体现政府政策方面具有十分重要的作用。税收对宏观经济稳定的调节主要有两种方式:

一是税收自动稳定机制。所谓税收的自动稳定机制,也称"内在稳定器",是指政府税收规模随经济景气状况而自动进行增减调整,从而"熨平"经济周期波动的一种税收宏观调节机制。这种机制主要是通过累进的个人所得税和公司所得税表现出来的。

二是相机抉择的税收政策。所谓相机抉择的税收政策,是指政府根据经济景气状况,有选择地交替采取减税和增税措施,以"熨平"经济周期波动的调控政策。具体包括以下两方面的政策:① 扩张性税收政策。在经济发生萎缩、衰退时,政府实行减税政策,增加个人可支配收入,刺激私人消费和投资需求,促进国民收入恢复到充分就业水平。② 紧缩性税收政策。当经济出现通货膨胀时,政府实行增税政策,减少个人可支配收入,抑制私人消费和投资需求,遏制社会总需求和物价上涨势头。

本 章 小 结

1. 税收是一个经济现象,也是一个历史范畴。税收产生的经济条件是私有财产制度的存在,社会条件是国家公共权力的产生。

2. 税是一个古老的概念,在中国和西方都有很长的发展历史,并有不同的形式。

3. 税收是国家取得财政收入的主要形式;是对国民收入的再分配;国家征税是为了实

现其职能,满足社会的公共需要;国家凭借其政治权力征税;税收征收必须有法可依。

4. 对于政府征税的依据历史上形成不少流派,西方学者的学说中比较有影响的有公需说、义务说和交换说;中国目前有权益说、国家职能说等观点。

5. 理解税收的本质在于理解税收是一种分配关系,而且是一种特殊的分配关系。

与其他财政收入形式相比,税收有三个基本特征,即非直接偿还性、强制性和规范性。

6. 税收的两大职能:一是财政收入职能;二是经济调节职能。

练 习 题

一、名词解释

税收　初税亩　公共商品　外部效应　税收职能　非直接偿还性　强制性　规范性
财政收入职能　经济调节职能

二、单项选择题

1. 在社会再生产过程中,税收属于(　　)范畴。

A. 生产　　　　　　　B. 交换　　　　　　　C. 分配　　　　　　　D. 消费

2. (　　)首开对私田征收税赋的先河,等于承认了土地的私有,是中国历史上一项重要的财政经济改革。

A. 夏贡　　　　　　　B. 商助　　　　　　　C. 周彻　　　　　　　D. 初税亩

3. 在中国古代,税收从对实物征税过渡到货币征税的标志是(　　)。

A. 租庸调法　　　　　　　　　　　　B. 两税法

C. 一条鞭法　　　　　　　　　　　　D. 摊丁入亩

4. 政府征税之前会通过法律形式,把应开征的税种、征税范围、纳税人、征收比例及违法处罚标准等规定下来,由征纳双方共同遵守。这反映了税收的(　　)。

A. 非直接偿还性　　　　　　　　　　B. 强制性

C. 规范性　　　　　　　　　　　　　D. 无偿性

5. 以下(　　)是税收最主要的职能。

A. 调节经济　　　　　　　　　　　　B. 收入分配

C. 配置资源　　　　　　　　　　　　D. 取得收入

6. 唐朝中后期实行的"两税法",其最突出的特点是(　　)。

A. 改变纳税方式　　　　　　　　　　B. 改变纳税时间

C. 收取货币　　　　　　　　　　　　D. 租、税合一

三、多项选择题

1. 以下对税收的描述中,正确的有(　　)。

A. 税收属于特殊的分配范畴

B. 税收是对国家提供公共物品和服务的补偿

C. 税收征收凭借的是国家政治权力,不需要依据法律

D. 税收是国家取得财政收入的唯一形式

E. 税收是国家调节经济的重要手段

2. 税收在取得财政收入方面具有其他财政收入不可比拟的、特有的优点,这些优点体现在(　　)。

A. 普遍适用于所有的社会成员

B. 普遍适用于所有的生产经营领域

C. 可以形成稳固的收入

D. 无需到期偿还

E. 取得正常收入的同时可以保持经济稳定

3. 税收调节经济的职能具体体现在(　　)。

A. 配置资源　　　　　　　　　　　　B. 收入分配

C. 取得财政收入　　　　　　　　　　D. 物价稳定

E. 促进经济增长

4. 税收的基本特征有(　　　　),凡具备这些基本特征的征收形式,其本质就是税收。

A. 非直接偿还性　　　　　　　　　　B. 特殊性

C. 强制性　　　　　　　　　　　　　D. 规范性

5. 税收对宏观经济稳定进行调节的方式主要有(　　　)。

A. 税收自动稳定机制　　　　　　　　B. 税收促进资源有效配置

C. 税收保持经济稳定增长　　　　　　D. 相机抉择的税收政策

6. 关于政府征税的依据,"交换说"的主要代表人物有(　　　　)。

A. 克洛克　　　　　B. 亚当·斯密　　　　C. 霍布斯　　　　D. 瓦格纳

7. 关于政府征税的依据,对"权益说"的认识,以下表述正确的有(　　　　)。

A. 坚持"国家政治权力说"的核心命题

B. 国家与纳税人之间存在着利益关系

C. 国家与纳税人之间的利益关系等同于等价交换

D. 国家与纳税人之间是"取之于民,用之于民"的利益关系

四、简答题

1. 简要回答税收是在什么样的条件下产生的。

2. 回答税收的特征及含义。

3. 税收的职能有哪些?

五、论述题

根据本章开始对税收的一些描述及以下的其他描述,结合本章所学习的知识,谈谈你对税收的认识,尝试给出一些你自己对税收的描述。

I wouldn't mind paying taxes, if I knew they were going to a friendly country.——Dick Gregory

Tax reform means, don't tax you, don't tax me. Tax that fellow behind the tree.——Russell Long

The taxpayer: that's someone who works for the federal government but doesn't have to take the civil service examination.——Ronald Reagan

People who complain about taxes can be divided into two classes: men and women.——Author Unknown

Did you ever notice that when you put the words "The" and "IRS" together, it spells "THEIRS?"——Author Unknown

Capital punishment: The income tax.——Jeff Hayes

六、案例分析题

【案例资料】

2006年,浙江省在全国率先实行免收城乡义务教育阶段学生学杂费。

2007年,浙江省在全国率先全面实行困难群众"零医疗"救助,取消救助门槛,同时提高救助标准。

2010年,浙江省开始实施城乡居民养老保险制度,多次提高基础养老金最低标准,浙江省城乡居民养老金水平位居全国前列。

2015年,浙江省全面消除了家庭居民人均年收入"4 600元以下"的贫困现象,在全国率先完成脱贫任务。

2017年,浙江省全省建制村实现客车村村通,提前3年完成交通运输部提出的2020年年底实现建制村客车村村通的目标,走在全国前列。

2018年,浙江省率先全面实现县(市、区)域范围内低保标准城乡一体化。

2020年,浙江省利用大数据、移动互联网等手段率先推出加强疫情防控创新手段——健康码。

2021年6月10日,中共中央、国务院发布了《关于支持浙江高质量发展建设共同富裕示范区的意见》,提出支持浙江建设共同富裕示范区的多项举措。

2000年浙江省地方税收收入为365亿元,2006年上升到1 191亿元,2012年为3 228亿元,2019年进一步上升为5 899亿元。

资料来源:王玮:《税收学原理》(第四版),清华大学出版社2020年版,第16页;根据网络资料编写整理。

请根据以上资料,回答以下问题:

(1) 对于政府征税的依据,中西方形成过哪些主要学说? 你认为以上资料能够用哪个或哪些学说来解释。

(2) 结合以上资料谈谈你对税收非直接偿还性这一特征的理解。

(3) 税收的职能有哪些? 结合以上资料,从政府与市场发挥作用的角度,谈谈你对税收职能和政府职能的理解?

(4) 立足新发展阶段,谈谈你对浙江建设共同富裕示范区的认识以及你对共同富裕的理解与憧憬。

第二章　税收要素与税收分类

【知识要点】

税收要素是构成税收制度的基本元素。本章讲述的税收要素有纳税义务人、课税对象、税率、减税免税、纳税环节、纳税期限和纳税地点。依据不同的标准,税收可以进行不同的分类,采用何种标准分类,主要考虑分类的目的和所要说明的问题。

第一节　税　收　要　素

政府征税必须依据法律,所有与征税有关的法律、法规总和被称为税收制度。构成税收制度和税种的必要元素,就是税收要素。税收要素是构成税种和税收制度的基本元素,也是进行税收理论设计和税制设计的基本工具。税收元素会清楚地告诉征纳双方,政府向谁征税,征什么税,征多少,以及如何征税等必须回答的问题。税收要素实际就是税收制度的要素,它通常包括纳税义务人、课税对象、税率、减税免税、纳税环节、纳税期限和纳税地点等,其中纳税义务人、课税对象和税率是税收要素中最基本的三个要素,而三要素中的核心是课税对象。

一、纳税义务人

纳税义务人简称纳税人,是税法中规定的直接负有纳税义务的单位和个人,也称"纳税主体"。无论征收什么税,其税负总要由有关的纳税人来承担。每一种税都有关于纳税义务人的规定,通过规定纳税义务人落实税收任务和法律责任。纳税义务人一般分为自然人和法人两种。

自然人是指依法享有民事权利,并承担民事义务的公民个人。例如,在我国从事工商业活动的个人,以及工资和劳务报酬的获得者等,都是以个人身份来承担法律规定的民事责任及纳税义务。

法人是指依法成立,能够独立地支配财产,并能以自己的名义享受民事权利和承担民事义务的社会组织。例如,我国的国有企业、集体企业、合资企业等,都是以其社会组织的名义承担民事责任的,称之为法人。法人同自然人一样,负有依法向国家纳税的义务。

实际纳税过程中与纳税义务人相关的概念:

(1) 负税人。纳税人与负税人是两个既有联系又有区别的概念。纳税人是直接向税务机关缴纳税款的单位和个人,负税人是指实际负担税款的单位和个人。纳税人如果能够通过一定途径把税款转嫁或转移出去,纳税人就不再是负税人。否则,纳税人同时也是负税人。

(2) 代扣代缴义务人。代扣代缴义务人是指有义务从持有的纳税人收入中扣除其应纳税款并代为缴纳的企业、单位或个人。如《个人所得税法》规定：个人所得税以所得人为纳税义务人，以支付所得的单位或个人为扣缴义务人。

（3）代收代缴义务人。代收代缴义务人是指有义务借助与纳税人的经济交往而向纳税人收取应纳税款并代为缴纳的单位。如受托加工单位。

（4）代征代缴义务人。代征代缴义务人是指因税法规定，受税务机关委托而代征税款的单位和个人。如我国车船税由保险机构代征代缴。

二、课税对象

课税对象又称征税对象，是税法中规定的征税的目的物，是国家据以征税的依据。通过规定课税对象，解决对什么征税这一问题。

每一种税都有自己的课税对象，否则，这一税种就失去了存在的意义。凡是列为课税对象的，就属于该税种的征收范围；凡是未列为课税对象的，就不属于该税种的征收范围。例如，我国增值税的课税对象是货物和应税劳务在生产、流通过程中的增值额；所得税的课税对象是企业利润和个人工资、薪金等项所得；房产税的课税对象是房屋等。总之，每一种税首先要选择确定它的课税对象，因为它体现着不同税种征税的基本界限，决定着不同税种名称的由来以及各个税种在性质上的差别，并对税源、税收负担问题产生直接影响。

课税对象是构成税收实体法诸要素中的基础性要素。这是因为：第一，课税对象是一种税区别于另一种税的最主要标志。就是说，税种的不同最主要是起因于课税对象的不同。正是由于这一原因，各种税的名称通常都是根据课税对象确定的。例如，增值税、所得税、房产税、车船税等。第二，课税对象体现着各种税的征税范围。第三，其他要素的内容一般都是以课税对象为基础确定的。例如纳税人，国家开征一种税，所以要选择这些单位和个人作为纳税人，而不选择其他单位和个人作为纳税人，其原因是这些单位和个人拥有税法或税收条例中规定的课税对象，或者是发生了规定的课税行为。可见，纳税人同课税对象相比，课税对象是第一性的。凡拥有课税对象或发生了课税行为的单位和个人，才有可能成为纳税人。又如税率这一要素，也是以课税对象为基础确定的。税率本身表示对课税对象征税的比率或征税数额，没有课税对象，也就无从确定税率。此外，纳税环节、减税免税等，也都是以课税对象为基础确定的。下面是由课税对象直接衍生的一些税收要素。

（一）计税依据

计税依据，又称税基，是指税法中规定的据以计算各种应征税款的依据或标准。

不同税种的计税依据是不同的。我国增值税的计税依据是货物和应税劳务的增值额；所得税的计税依据是企业和个人的利润、工资或薪金等所得额；消费税的计税依据是应税产品的销售额。需要注意的是，计税依据在表现形态上一般有两种：一种是价值形态，即以征税对象的价值作为计税依据，在这种情况下，课税对象和计税依据一般是一致的，如所得税的课税对象是所得额，计税依据也是所得额。另一种是实物形态，就是以课税对象的数量、重量、容积、面积等作为计税依据，在这种情况下，课税对象和计税依据一般是不一致的，如我国的车船税，它的课税对象是各种车辆、船舶，而计税依据则是车船的数量（辆）或吨位。

课税对象与计税依据的关系是：课税对象是指征税的目的物，计税依据则是在目的物已经确定的前提下，对目的物据以计算税款的依据或标准；课税对象是从质的方面对征税所作的规定,而计税依据则是从量的方面对征税所作的规定,是课税对象量的表现。

（二）税源

税源是指税款的最终来源,或者说税收负担的最终归宿。税源的大小体现着纳税人的负担能力。纳税人缴纳税款的直接来源是一定的货币收入,而一切货币收入都是由社会产品价值派生出来的。在社会产品价值中,能够成为税源的只能是国民收入分配中形成的各种收入,如工资、奖金、利润、利息等。当某些税种以国民收入分配中形成的各种收入为课税对象时,税源和课税对象就是一致的,如对各种所得课税。但是,很多税种其课税对象并不是或不完全是国民收入分配中形成的各种收入,如消费税、房产税等。可见,只是在少数的情况下,课税对象同税源才是一致的。对于大多数税种来说两者并不一致,税源并不等于课税对象。课税对象是据以征税的依据,税源则表明纳税人的负担能力。

（三）税目

税目是课税对象的具体化,反映具体的征税范围,代表征税的广度。不是所有的税种都规定税目,有些税种的课税对象简单、明确,没有另行规定税目的必要,如企业所得税、车辆购置税等。但是,从大多数税种来看,一般课税对象都比较复杂,且税种内部不同课税对象之间又需要采取不同的税率档次进行调节。这样就需要对课税对象作进一步的划分,做出具体的界限规定,这个规定的界限范围,就是税目。

划分税目的主要作用:一是进一步明确征税范围。凡列入税目的都征税,未列入的不征税。例如:我国现行消费税就明确规定对十五类消费品在征收增值税的基础上,加征一道消费税,这十五类消费品就是消费税的十五个税目,不属于税目范围内的消费品则不属于消费税的征税范围内。二是解决课税对象的归类问题,并根据归类确定税率。每一个税目都是课税对象的一个具体类别或项目,通过这种归类可以为确定差别税率打下基础。实际工作中,确定税目同确定税率是同步考虑的,并以“税目税率表”的形式将税目和税率统一表示出来。例如:消费税税目税率表、车船税税目税率表、资源税税目税额表等。

（四）征税范围

征税范围一般是指课税对象的范围,即课税对象的具体内容,或课征税收的具体界限。因此,凡列入征税范围的都应征税;反之,则不征税。例如:中国现行个人所得税以个人所得为课税对象,而纳入征税范围的为税法明确列举的9项个人所得,如工资薪金所得、劳务报酬所得、稿酬所得、利息股息红利所得、偶然所得等。对未明确列举的个人所得则不属于征税范围。此外,某些税种的征税范围,是按照纳税人的性质或类别进行划分的。如中国现行企业所得税列举的纳税人范围,包括国有企业、集体企业、私营企业、合营企业和股份制企业、外商投资企业、外国企业。

三、税率

税率是应纳税额与课税对象（计税依据）之间的比例,是计算税额的尺度,代表课税的深度,关系着国家收入多少和纳税人的负担程度,因而它是体现税收政策的中心环节。

税率的设计要体现国家政治、经济政策。如消费税税率设计原则之一是体现国家消费政策,限制某些商品的消费;税率的设计要保持公平、简化的性质,如增值税设了基本税率、低税率（两档）和零税率共四档税率。

税率是一个总的概念,在实际应用中可分为两种形式:一种是按绝对量形式规定的固定征收额度,即定额税率,它适用于从量计征的税种;另一种是按相对量形式规定的征收比例,这种形式又可分为比例税率和累进税率,它适用于从价计征的税种。

（一）比例税率

比例税率是指对同一征税对象或同一税目,不论数额大小只规定一个比例,都按同一比例征税,税额与课税对象成正比例关系。

在具体运用上,比例税率又可分为以下几种。

1. 产品比例税率

即一种(或一类)产品采用一个税率。我国现行的消费税等采用这种税率形式。如消费税中,烟、酒按类设计税率,小汽车依照排气量设计税率。

2. 行业比例税率

即对不同行业采用不同的税率,如我国现行增值税规定：交通运输业税率为9%,大多数服务业税率为6%。

3. 地区差别比例税率

即对同一课税对象,按照不同地区的生产水平和收益水平,采用不同的税率。如我国现行的城市维护建设税按照地区差别规定三档不同税率。

4. 有幅度的比例税率

即对同一课税对象,税法只规定最低税率和最高税率。在这个幅度内,各地区可以根据自己的实际情况确定适当的税率。如我国现行的契税税率。

比例税率的一个优点是税率不随课税对象数额的变动而变动。这就便于按不同的产品设计不同的税率,有利于调整产业(产品)结构,实现资源的合理配置。同时,课税对象数额越大,纳税人相对直接负担越轻,从而在一定程度上推动经济的发展。但是,从另一个角度看,上述情况有悖于税收公平的原则。这表明比例税率调节纳税人收入的能力不及累进税率,这是它的不足。比例税率的另一个优点是计算简便。

（二）累进税率

累进税率是指同一课税对象,随数量的增大,征收比例也随之增高的税率,表现为将课税对象按数额大小分为若干等级,不同等级适用由低到高的不同税率。一般多在所得和收益课税中使用。它可以更有效地调节纳税人的收入,正确处理税收负担的纵向公平问题。按照税率的累进依据的性质,累进税率分为"额累"和"率累"两种。额累是按课税对象数量的绝对额分级累进,如所得税一般按所得额大小分级累进。率累是按与课税对象有关的某一比率分级累进。额累和率累按累进依据的构成又可分为"全累"和"超累"。如额累分为全额累进和超额累进;率累分为全率累进和超率累进。全累是对课税对象的全部数额,都按照相应等级的累进税率征税。超累是对课税对象数额超过前级数额的部分,分别按照各自对应的累进税率计征税款。两种方式相比,全累的计算方法比较简单,但在累进分界点上税负呈跳跃式递增,不够合理。超累的计算方法复杂一些,但累进程度比较缓和,因而比较合理。

1. 全额累进税率

全额累进税率是以课税对象的全部数额为基础计征税款的累进税率。它有两个特点：一是对具体纳税人来说,在应税所得额确定以后,相当于按照比例税率计征,计算方法简单。二是税收负担不合理,特别是在各级征税对象数额的分界处负担相差悬殊,甚至会出现增加的税额超过增加的课税对象数额的现象,不利于鼓励纳税人增加收入。

2. 超额累进税率

超额累进税率是分别以课税对象数额超过前级的部分为基础计算应纳税的累进税率。采用超额累进税率征税的特点是:① 计算方法比较复杂,征税对象数量越大,包括等级越多,计算步骤也越多。② 累进幅度比较缓和,税收负担较为合理。特别在征税对象级次分界点上下,只就超过部分按高一级税率计算,一般不会发生增加的税额超过增加的征税对象数额的不合理现象,有利于鼓励纳税人增产增收。③ 边际税率和平均税率不一致,税收负担的透明度较差。

超额累进税率是各国普遍采用的一种税率。为解决超额累进税率计算税款比较复杂的问题,在实际工作中引进了"速算扣除数"这个概念,通过预先计算出的速算扣除数,即可直接计算应纳税额,不必再分级分段计算。采用速算扣除数计算应纳税额的公式为:

$$应纳税额 = 应纳税所得额 \times 适用税率 - 速算扣除数$$

速算扣除数是为简化计税程序而按全额累进税率计算超额累进税额时所使用的扣除数额。反映的具体内容是按全额累进税率和超额累进税率计算的应纳税额的差额。采用速算扣除数方法计算的应纳税额同分级分段计算的应纳税额,其结果完全一样,但方法简便得多。通常,速算扣除数事先计算出来后,附在税率表中,并与税率表一同颁布。

3. 超率累进税率

超率累进税率是指以课税对象数额的相对率为累进依据,按超累方式计算应纳税额的税率。采用超率累进税率,首先需要确定课税对象数额的相对率,如在对利润征税时以销售利润率为相对率,对工资征税时以工资增长率为相对率,然后再把课税对象的相对率从低到高划分为若干级次,分别规定不同的税率。计税时,先按各级相对率计算出应税的课税对象数额,再按对应的税率分别计算各级税款,最后汇总求出全部应纳税额。现行税制中的土地增值税即采用超率累进税率计税。

4. 加成、加倍征收

在税率结构中,除了比例税率、累进税率、定额税率三类税率之外,在税制设计中有时还采用加成征税和加倍征税的税率延伸形式。所谓加成征税,是指对按法定税率计算的税额加征若干成数的税款,加征一成为 10%;加倍征税是指对按法定税率计算的税额加征若干倍数的税款,加征 1 倍为 100%。加成、加倍征收通常是税收调节那些正常税率调节不到的高收入的一项措施。例如我国原个人所得税,对于一次性劳动报酬畸高的,适用于加成征收,当应纳税所得额超过 20 000 元、不到 50 000 元的部分,加征五成;对应纳税所得额超过 50 000 元的部分加征十成。加成、加倍征收的实际效果相当于超额或超率累进税率。

(三) 定额税率

定额税率又称固定税额。这种税率是根据课税对象计量单位直接规定固定的征税数额。课税对象的计量单位可以是重量、数量、面积、体积等自然单位,也可以是专门规定的复合单位。例如,现行税制中的城镇土地使用税、耕地占用税以"平方米"为计量单位;消费税中的成品油则以"升"为计量单位;按定额税率征税,税额的多少只同课税对象的数量有关,同价格无关。定额税率适用于从量计征的税种。

定额税率在表现形式上可分为单一定额税率和差别定额税率两种。在同一税种中只采用一种定额税率的,为单一定额税率;同时采用几个定额税率的,为差别定额税率。

（四）非税制要素的税率形式

1. 名义税率与实际税率

名义税率与实际税率是分析纳税人负担时常用的概念。名义税率是指税法规定的税率。实际税率是指实际负担率,即纳税人在一定时期内实际缴纳税额占其课税对象实际数额的比例。由于某些税种中计税依据与征税对象不一致,税率存在差异,减免税手段的使用以及逃税和错征等因素的实际存在,实际税率常常低于名义税率。

2. 边际税率与平均税率

边际税率是指再增加一些收入时,增加的这部分收入所纳税额同增加收入之间的比例。在这里,平均税率是相对于边际税率而言的,它是指全部税额与全部收入之比。在比例税率条件下,边际税率等于平均税率。在累进税率条件下,边际税率往往要大于平均税率。

3. 零税率与负税率

零税率是以零表示的税率,是免税的一种方式,表明课税对象的持有人负有纳税义务,但不需缴纳税款。通常适用于两种情况:一是在所得课税中,对所得中的免税部分规定税率为零,目的是保证所得少者的生活和生产需要;二是在商品税中,对出口商品规定税率为零,即退还出口商品的产、制和流转环节已纳的商品税,使商品以不含税价格进入国际市场,以增强商品在国际市场上的竞争力。

负税率是指政府利用税收形式对所得额低于某一特定标准的家庭或个人予以补贴的比例。负税率主要用于负所得税的计算。所谓负所得税,是指现代一些西方国家把所得税和社会福利补助制度结合的一种主张和试验,即对那些实际收入低于维持一定生活水平所需费用的家庭或个人,按一定比例付给所得税。负税率的确定是实施负所得税计划的关键。

4. 累退税率

累退税率是累进税率的对称,是指随课税对象数额增大而逐级降低征税比例的一种税率。即课税对象数额越大,税率越低;课税对象数额越小,税率越高。显然,这种形式的税率违反税收公平原则,因而各国税收制度中一般都不予采用。但由于使用比例税率、定额税率的税种可能具有累退的特点,故累退税率作为一种分析方法已被广泛使用,它可以从公平、效率和收入弹性的角度对税率调节效果进行分析。因为,一些使用比例税率或定额税率的税种,可能具有累退特点。

多数国家对货物征税都使用比例税率。现在我们假定某国对所有消费品征收税率形式为比例税率的一般消费税,甲月收入为 1 000 元,乙月收入为 10 000 元,消费税的税率为10%,甲的边际消费倾向为 0.8,乙的边际消费倾向为 0.5,这时:

$$甲承担的税收 = 1\,000 \times 0.8 \times 10\% = 80(元)$$
$$乙承担的税收 = 10\,000 \times 0.5 \times 10\% = 500(元)$$

乙的绝对税额高于甲,但实际税负率却不同。

$$甲的实际税负率 = 80 \div 1\,000 = 8\%$$
$$乙的实际税负率 = 500 \div 10\,000 = 5\%$$

这个例子说明了比例税率具有累退的性质。

一般而言,将累进税率和累退税率作为分析工具可以进行税制的对比分析,可以从以下几个方面分析税率的实际调节效果:① 从公平角度分析:累进税率由于随收入增加而加重税负,使高收入纳税人承担税收的比重要高于低收入纳税人,而累退税率则起到相反的效果。② 从效率角度分析:累退税率由于随收入增加而减轻税负,对纳税人增加收入能够起到激励作用,而累进税率则起到相反的效果。③ 从收入弹性角度分析:当实行累进税率时,随课税对象的数量增长,税收收入增加百分比将大于课税对象的数量增长的百分比,使税收收入具有弹性,而累退税率起不到这样的作用。

四、减税免税

减税免税是对某些纳税人或课税对象的鼓励或照顾措施。减税是从应征税款中减征部分税款;免税是免征全部税款。减税、免税规定是为了解决按税制规定的税率征税时所不能解决的具体问题而采取的一种措施,是在一定时期内给予纳税人的一种税收优惠,同时也是税收的统一性和灵活性相结合的具体体现。

（一）减免税的基本形式

1. 税基式减免

税基式减免是指通过直接缩小计税依据的方式实现的减税、免税。具体包括起征点、免征额、项目扣除以及跨期结转等。其中起征点是征税对象达到一定数额开始征税的起点。免征额是在征税对象的全部数额中免予征税的数额。起征点与免征额同为征税与否的界限,对纳税人来说,在其收入没有达到起征点或没有超过免征额的情况下,都不征税,两者是一样的。但是它们又有明显的区别。其一,当纳税人收入达到或超过起征点时,就其收入全额征税;而当纳税人收入超过免征额时,则只就超过的部分征税。其二,当纳税人的收入恰好达到起征点时,就要按其收入全额征税;而当纳税人收入恰好与免征额相同时,则免予征税。两者相比,享受免征额的纳税人就要比享受同额起征点的纳税人税负轻。此外,起征点只能照顾一部分纳税人,而免征额则可以照顾适用范围内的所有纳税人。项目扣除是指在课税对象中扣除一定项目的数额,以其余额作为依据计算税额。跨期结转是将以前纳税年度的经营亏损等在本纳税年度经营利润中扣除,也等于直接缩小了税基。

2. 税率式减免

税率式减免是指通过直接降低税率的方式实行的减税、免税。具体包括重新确定税率、选用其他税率、零税率等形式。

3. 税额式减免

税额式减免是指通过直接减少应纳税额的方式实行的减税、免税。具体包括全部免征、减半征收、核定减免率、抵免税、另定减征税额等。

（二）减免税的分类

1. 法定减免

法定减免是减免税类型中一种,凡是由各种税的基本法规定的减税、免税都称为法定减免。它体现了该种税减免的基本原则规定,具有长期的适用性。法定减免必须在基本法规中明确列举减免税项目、减免税的范围和时间。如我国增值税法明确规定:农业生产者销售的自产农业产品、避孕用品等免税。

2. 临时减免

临时减免又称"困难减免",是指除法定减免和特定减免以外的其他临时性减税、免税,主要是为了照顾纳税人的某些特殊的暂时的困难,而临时批准的一些减税、免税。它通常是定期的减免税或一次性的减免税。

3. 特定减免

特定减免是根据社会经济情况发展变化和发挥税收调节作用的需要,而规定的减税、免税。特定减免主要有两种情况:一是在税收的基本法确定以后,随着国家政治经济情况的发展变化所作的新的减免税补充规定;二是在税收基本法中,不能或不宜一一列举,而采用补充规定的减免税形式。

减税、免税是减轻税负的措施。与之相对应,税收附加和税收加成是加重纳税人负担的措施。

4. 附加和加成

税收附加也称为地方附加,是地方政府按照国家规定的比例随同正税一起征收的列入地方财政专户管理的一种款项。正税是指国家正式开征并纳入预算管理的各种税收。税收附加由地方财政单独管理并按规定的范围使用,不得自行变更。例如,教育费附加只能用于发展地方教育事业。税收附加的计算方法是以正税税款为依据,按规定的附加率计算附加额。

税收加成是指根据税制规定的税率征税以后,再以应纳税额为依据加征一定成数和税额。加征一成相当于纳税额的 10%,加征成数一般规定在一成至十成之间。

五、纳税环节

纳税环节是指税法上规定的课税对象从生产到消费的流转过程中应当缴纳税款的环节。纳税环节有广义和狭义之分。广义的纳税环节指全部课税对象在再生产中的分布情况。例如,资源税分布在生产环节,商品税分布在流通环节,所得税分布在分配环节等。狭义的纳税环节是指应税商品在流转过程中应纳税的环节,具体指每一种税的纳税环节,是商品课税中的特殊概念。按照纳税环节的多少,可将税收课征制度划分为两类:一次课征制和多次课征制。

一次课征制是指同一税种在商品流转的全过程中只选择某一环节课征的制度,是纳税环节的一种具体形式。实行一次课征制,纳税环节多选择在商品流转的必经环节和税源比较集中的环节,以便既避免重复课征,又避免税款流失。多次课征制是指同一税种在商品流转全过程中选择两个或两个以上环节课征的制度。

六、纳税期限

纳税期限是纳税人向国家缴纳税款的法定期限。国家开征的每一种税都有纳税期限的规定。合理确定和严格执行纳税期限,对于保证财政收入的稳定性和及时性有重要作用。

我国现行税制的纳税期限有三种形式。

1. 按期纳税

即根据纳税义务的发生时间,通过确定纳税间隔期,实行按日纳税。按期纳税的纳税间隔期分为 1 日、3 日、5 日、10 日、15 日、1 个月或 1 个季度,共 7 种期限。纳税人的具体纳税间隔期限由主管税务机关根据情况分别核定。以 1 个月或者 1 个季度为一期纳税的,自期满之日起 15 天内申报纳税;以其他间隔期为纳税期限的,自期满之日起 5 天内预缴税款,于次月 1 日起 15 天内申报纳税并结清上月税款。

2. 按次纳税

即根据纳税行为的发生次数确定纳税期限。如车辆购置税、耕地占用税的纳税人,个人所得税中的偶然所得,采取按次纳税的办法。

3. 按年计征,分期预缴或缴纳

如企业所得税按规定的期限预缴税款,年度结束后汇算清缴,多退少补。房产税、城镇土地使用税实行按年计算、分期缴纳。这是为了对按年度计算税款的税种及时、均衡地取得财政收入而采取的一种纳税期限。分期预缴一般是按月或按季预缴。

采取哪种形式的纳税期限缴纳税款,同课税对象的性质有着密切关系。一般来说,对商品课税大多采取"按期纳税"形式;所得课税采取"按年计征,分期预缴"形式。

七、纳税地点

纳税地点是税法规定纳税人缴纳税款的地点。由于不同税种的纳税环节不同,各个纳税人的生产经营方式也不尽一致,因此,税法本着方便征纳,有利于对税款源泉控管的原则,通常要在各税种中明确规定纳税人的具体纳税地点。主要有以下五种形式。

1. 就地纳税

由纳税人向所在地的主管税务机关申报、纳税。中国大多数纳税人及其征税对象均采取就地纳税方式。

2. 营业行为所在地纳税

纳税人离开主管税务机关管辖的所在地,到外地从事经营活动,如设置分支机构,如果分支机构独立核算,那么其应税行为应当向营业行为所在地的税务机关申报纳税。

3. 外出经营纳税

这是对固定工商业户到外地销售货物纳税地点的规定。这类纳税户到外地销售货物时,凡持有主管税务机关开具的外出经营活动税收管理证明的,回所在地纳税;凡未按规定办理证明的,其应纳税额向销售地税务机关缴纳。

4. 汇总缴库

纳税人按行业汇总向管理机构所在地纳税。如中国铁路运营、金融保险业务分别由中国铁路总公司、金融保险机构总部在其管理机构所在地汇总缴纳。

5. 口岸纳税

这是进出口关税的一种常见纳税方式。税法规定,关税的纳税人,除采取集中纳税方式之外,其应纳的进、出口关税都应向进出口口岸的海关缴纳。

第二节　税　收　分　类

对于每一个主权国家而言,税收都必须通过若干个具体的税种表现出来,而且各税种之间既有联系又存在一定的区别。为了进一步认识税收的性质,正确发挥税收的作用,建立合理的税制结构,无论从理论分析,还是实际操作,都要求对不同的税种进行科学的分类,并对各税种的性质、特点进行统计、比较、分析。税收分类是研究其他税收问题的基础。

一、税收分类的基本依据

税收分类是按一定的标准对性质相同或相近的税种进行归类,以说明各类不同税种之间的差别,也就是对一个由许多税种组成的复杂税种体系进行的科学分类。世界上最早的税收分类理论是由古典经济学派的创始人亚当·斯密提出的,他依据税收来源不同将税收分成地租税系、利润税系和工资税系。到了19世纪中后期,德国社会政策学派代表人物瓦格纳又依据课税对象不同将税收分为收益税系、所得税系和消费税系,从而奠定了现代税收分类理论和税收结构理论基础。目前,在税收理论和实践中,可以作为税收分类依据的标准是多方面的,如按课税对象分类、按计税标准分类、按收入形态分类、按税收用途分类等。但最基本的分类依据仍然是课税对象这一标准。

税收类型是税收分类的结果。所谓税收分类,是按照一定的标准,将具有相近或相似特点的税种归并成若干类别的一种研究方法。世界各国普遍实行复税制,各个税类、税种的功能和作用存在较大的差异,不论是研究还是设计一国税制结构,必然要研究税收分类问题。通过分类研究,可以准确地分析税收的负担分配情况,以及各税种在税制结构中的功能作用及其对社会经济发展和宏观经济运行的影响程度,从而为完善税制提供依据。所以,无论是进行税收理论研究还是实践运作,都要求将复杂的税种进行归类,以便统计、比较、分析。

税收的三个基本要素是课税对象、纳税人和税率。其中,课税对象是核心要素。不同种类的税收总是以课税对象的性质不同作为相互区别的标志。由于课税对象不同,因而各类税收的作用不同,具体的征收管理办法也不同。因此,按课税对象的性质不同进行税收分类是最基本的分类方法。

为了在税制以及税收负担等方面进行国际比较的方便,目前,世界各国比较通行的分类方法,主要是依据 OECD(经济合作与发展组织)和 IMF(国际货币基金组织)所采用的标准。下面给出 OECD 的税收分类,OECD 把税收划分为六类(见表 2-1)。

表 2-1

OECD 的税收分类

分类	细分
1 000 所得税	1 100 对个人的所得、利润和资本利得征收的所得税
	1 200 对公司的所得、利润和资本利得征收的所得税
	1 300 其他不能归入 1 100 和 1 200 的税种
2 000 社会保障税	2 100 雇主缴纳的社会保障税
	2 200 雇员缴纳的社会保障税
	2 300 自营者或非雇用者缴纳的社会保障税
	2 400 其他不能归入 2 100、2 200 和 2 300 的税种
3 000 工薪税	

（续表）

分类	细分
4 000 财产税	4 100 对不动产征收的财产税
	4 200 对净财富征收的财产税
	4 300 对遗产、继承和赠与征收的财产税
	4 400 对金融和资本性交易征收的财产税
	4 500 其他对财产非周期性征收的财产税
	4 600 其他对财产周期性征收的财产税
5 000 商品和劳务税	5 100 对商品的生产、销售、转让、租赁和交付以及劳务的提供征收的商品与劳务税
	5 200 对物品的使用、许可使用或行为征收的商品与劳务税
	5 300 其他不能归入 5 100 和 5 200 的税种
6 000 其他税	6 100 由企业缴纳的其他税
	6 200 由企业以外的经济主体缴纳的其他税

第一类：所得税（taxes on income，profits and capital gains），包括对于个人或企业的实际收入、净利润（也就是总收入减除允许的成本费用）或资本利得的课税。主要税种有个人所得税、公司所得税和无法归类于前两类的所得税。

第二类：社会保障税（social security contributions），社会保险税是根据工资、薪金金额对雇主、雇员以及自营业者课征的，用于社会福利支出的税收。

第三类：工薪税（taxes on payroll and workforce），工薪税是指雇主、雇员以及自营业者依照薪资的一定比例或是依照每人固定金额缴纳的，但并非连接到社会安全利益的税收。

第四类：财产税（taxes on property），包括对财产的使用、所有权转让所征收的周期性和非周期性的税收。具体是指对不动产、净财富、遗产及赠与、金融及资本所课征的税种。

第五类：商品和劳务税（taxes on goods and services），包括对货物制造、商品销售以及劳务的提供所课征的税，主要有货物税、销售税、增值税、关税等。

第六类：其他税（other taxes），税基无法归类或无法明显辨别的税种。

按照课程对象的性质不同进行税收分类，对于考察税制的特点、税制的合理化，以及加强税收管理都有着极其重要的意义。

首先，有利于分析不同税收制度的性质和特点。一国的税收制度首先是由税种构成的。设置哪些税种，是税收制度的核心问题。然而不同的税种都是根据课税对象的不同而设置的，只有按照课税对象分类，才能把握不同税收制度的性质和特点，了解各国政府的税收政策，进而对各国税收制度的效率进行比较和评价。

其次，有利于设计合理的税制结构。不同税种之间的协商配合，即税制结构是决定税收制度效率的另一个重要方面。如果税种之间配合不好，作用相互抵消，就不能发挥税收制度的整体作用。由于不同税种的性质、特点不同，对调节经济的作用不同，因此只有明确税收按课税对象分类，才能根据需要设计出合理的税制结构，使各税种之间协调配合。

再次，便于分析各类纳税人的纳税负担。对于不同的课税对象，都有确定的纳税人与之相对应。因此按照课税对象分类，就便于将同类纳税人针对不同课税对象所承担的税负加以汇总,以分析各类纳税人的税收负担状况,从而为正确处理国家与企业、国家与个人以及企业与个人之间的分配关系提供必要的依据。

最后,是确立税收管理体制的基础,有利于加强征收管理。从价值形态看,不同税种取得的收入是相同的,但是从物质形态看,不同税种的收入所代表的物质构成是有差别的。按照课税对象分类,可以根据不同税种的特点制定征收管理办法,这对加强税收征管工作是十分必要的。同时还可以了解税收的来源情况,分析中央与地方各自的税收收入状况,为合理确定税收管理体制提供依据。

税收可以依据不同的标准进行分类。采用何种标准分类,主要考虑分类的目的和所要说明的问题。一般地,税收存在下述分类方法。

二、常用的税收分类

(一)以课征目的为标准,税收可分为一般税和特别税

一般税,是指为实现国家一般政治、经济目的而征收的税种,或税款用作一般用途的税种,故一般税又称为普通税。这类税通常是税源大、征收范围明确、收入持续稳定的税种。其优点是征收形式比较固定,税源稳妥可靠,征管制度较为完善,征纳双方易于适应。其缺点是不能及时配合国家特定的政治、经济和社会目标进行调节,难以为国家财政的特殊需要迅速筹措资金。

特别税,又称目的税,是指为实现国家某些特定的政治、经济目的或税款应作特定用途的税种,如中国现行税制中的城市维护建设税、很多国家征收的社会保障税等。特别税的优点是可以配合国家特定政策进行特定调节,税种的设置或废止方便、灵活,调节效果明显、及时,纳税人易于接受。其缺点是调节范围有限,不宜作为经常性财政收入的来源。

(二)以计税依据为标准,税收可分为从价税和从量税

从价税是以课税对象的价值量作为计税依据征收的税。一般实行比例税率和累进税率。如中国现行增值税、企业所得税、个人所得税等均采用从价税形式。其主要优点是开征范围广,凡有价格计量的情况,都可以从价计征。

从量税是以课税对象的实物量作为计税依据征收的税。一般实行定额税率。中国现行耕地占用税、城镇土地使用税等均为从量税。其优点是便于计征和管理,收入不受价格变化影响,纳税人的税负也相对稳定。其缺点是征收范围有一定限制,一般只适用于计量单位明确、实物形态易于把握的课税对象。

(三)以征收实体为标准,税收可分为实物税、货币税和劳役税

实物税是指纳税人以各种实物缴纳的税收,它是商品货币经济不发达的产物。如中国古代的"布帛之征""粟米之征"等。

货币税是指纳税人以货币形式缴纳的税收,其税款既可以用现金缴纳,也可以通过银行转账缴纳。

劳役税是指纳税人以服劳役形式缴纳的税收,这种税收是商品经济不发达的产物。如中国商代的"助"法,实际上具有劳役税的特征。劳役税在现代社会已经绝迹。

(四)以税收和价格的关系为标准,税收可分为价内税和价外税

价内税是指税金构成商品劳务价格内在因素的税种。如中国现行消费税。其优点是税金包含在商品价格内,容易为人们所接受;税金随商品价格的实现而实现,有利于及时组

织财政收入;而且计税简便、征收费用较低。但价内税容易造成商品价格与价值背离,干扰价格信号,从而导致价格失真。

价外税是指税金作为商品价格附加部分的税种,如中国现行的增值税。这类税种的主要优点是税金明确,税价分离,有利于规范税收和价格的关系。

(五) 以税负转嫁与否为标准,税收可分为直接税和间接税

直接税是指纳税人和负税人一致,一般不存在税负转嫁的税种。在这类税种中,国家和负税人之间的关系是直接的,其间没有第三者介入。一般认为,对个人收入、企业利润、财产等课征的所得税、社会保险税、财产税等都属于直接税。

间接税是指纳税人和负税人不一致,一般存在着税负转嫁的税种。在这类税种中,由于在国家和负税人之间介入了纳税人,国家与负税人之间的关系就变成间接关系。通常把以商品收入或劳务收入等为课税对象的消费税、销售税、增值税、关税等,称为间接税。

直接税与间接税的划分最早由 18 世纪法国重农学派代表人物魁奈提出。魁奈认为只有农业能够生产“纯产品”,因此只有征于土地的税是直接税,其他税都是间接税。19 世纪,英国经济学家穆勒又提出以租税立法者预期税负能否转嫁为标志来划分直接税和间接税,凡立法者预期税负不能转嫁的税称为直接税;反之,则称为间接税。以后,西方经济学家又提出过多种直接税与间接税划分标志。划分直接税和间接税的意义主要在于帮助分析税负转嫁及其归宿。

(六) 以税收管理权限为标准,税收可以分为中央税、地方税、中央地方共享税

中央税是指由一国中央政府征收管理、收入归属中央一级的税收。这类税种一般收入较大,征收范围较广,在政策上需全国统一立法。如中国现行的关税、消费税等。

地方税是指由一国地方政府征收管理、收入归属地方一级的税收。这类税种一般收入稳定,税基具有非流动性,并且与地方经济利益关系密切,宜于由地方政府立法或自定办法管理。如中国现行的房产税、车船税等。

中央地方共享税是指由中央统一立法,收入由中央、地方共享的税收。这类税是将一些直接涉及中央与地方共同经济利益的税种,作为中央与地方的共享收入,以解决地区财政不均衡的问题。如现行的增值税、企业所得税、个人所得税、资源税等。

(七) 以课税对象为标准,税收可以分为货物与劳务税、所得税、收益税、资源税、财产税、行为目的税

货物与劳务税是指以货物与劳务作为课税对象的税种。这类税收的经济前提是商品货币经济。只有商品货币交换一定程度的发展,货物与劳务税才有课征的经济基础。这类税种的税额一般不受成本、费用高低的影响,纳税人只要取得销售收入就要纳税,因而有利于国家及时、稳妥地取得财政收入。如中国现行增值税、消费税、关税等。

所得税是指以纳税人各项纯所得或利润额作为课税对象的税种。其负担原则是,有所得者征,无所得者不征,所得多者多征,所得少者少征。因而具有较强的适应性,是体现量能负担、公平税负的较好税种。所得税是社会生产力发展的结果,只有收入弥补物化劳动消耗和活劳动消耗之后还有剩余,所得税征收才能成为可能;所得税的征收还要依赖于一定的会计制度,没有一个较为完善的会计制度,就不可能准确地计算收入、成本、费用,从而计算出纯所得。中国现行所得税包括企业所得税和个人所得税。

收益税是指以纳税人利用各种资源获得的各项收益为课税对象的税种。这里所指的

收益是总收益,即不扣除成本和费用的收入总额。如中国已废止的农业税、一些国家开征的资本利得税。

资源税是指以自然资源为课税对象的税种。它包括对资源普遍课征的一般资源税和对资源级差收入课征的级差资源税。开征资源类税不仅可以为国家增加财政收入,而且可以促使资源合理开采并鼓励企业开展公平竞争。目前,中国对自然资源的课税有资源税、城镇土地使用税等。

财产税是指以各种财产为课税对象的税种。现代各国普遍实行以商品税或所得税为主体税种的复合税制,财产税仅作为辅助性税种,如中国现行税制中的房产税、车船税等税种。课征财产税不仅具有财政意义,而且能调节财产所有人的收入,缩小贫富差距,并弥补其他课税的不足,发挥其独特的经济杠杆作用。

行为目的税是指以纳税人特定的行为(目的)作为课税对象的税种。如中国现行的印花税、2018 年 1 月 1 日开征的环境保护税。这类税种的课征有的是以取得财政收入为主要目的,有的则是为了限制某种行为,贯彻"寓禁于征"的政策。因此,行为目的税课税对象的选择范围广泛而且灵活。

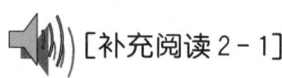 〔补充阅读 2 - 1〕

18 个税种知多少

我国现行实施的税种有 18 个,其中税务机关征收的有 16 种,海关征收的有 2 种(不考虑委托海关代征的情形)。税务机关征收的 16 个税种分别是:增值税、消费税、城建税、企业所得税、个人所得税、契税、房产税、印花税、城镇土地使用税、土地增值税、车船税、车辆购置税、资源税、耕地占用税、烟叶税和环保税。海关征收的 2 个税种分别是:关税和船舶吨税(不算海关代征的税种)。

(1) 增值税:对在中国境内销售货物或者加工、修理修配劳务,销售服务、无形资产、不动产以及进口货物的单位和个人征收。

(2) 消费税:对在中国境内生产、委托加工和进口应税消费品的单位和个人征收。

(3) 城市维护建设税:对缴纳消费税、增值税的单位和个人征收(教育费附加、地方教育附加征收方式同城市维护建设税)。

(4) 企业所得税:对中国境内的企业和其他取得收入的组织(不包括个人独资企业、合伙企业和个体工商户)就其取得的生产经营所得和其他所得征收。

(5) 个人所得税:对在中国境内或境外取得各项应税所得的个人征收。个人独资企业、合伙企业和个体工商户取得的生产经营所得和其他所得缴纳个人所得税。

(6) 契税:在中国境内转让土地、房屋权属,对承受土地、房屋权属的单位和个人征收。

(7) 房产税:对城镇的经营性房屋、商品房的所有人或使用人征收。

(8) 城镇土地使用税:对在城市、县城、建制镇、工矿区范围内使用土地的单位和个人征收。

(9) 印花税:对在中国境内书立、领受合同或凭证的单位和个人征收。

(10) 土地增值税:对转让国有土地使用权、地上的建筑物及其附着物并取得收入的单位和个人征收。

（11）车船税：对在中国境内依法登记的车辆、船舶的所有人或者管理人征收。

（12）车辆购置税：对在中国境内购置应税车辆的单位和个人征收。

（13）耕地占用税：对在中国境内占用耕地建房或者从事非农业建设的单位或者个人征收。

（14）资源税：对在中国领域和管辖的其他海域开采应税资源的单位和个人征收。

（15）烟叶税：对在中国境内收购烟叶的单位征收。

（16）环境保护税：对在中国领域和海域直接向环境排放应税污染物的企业、事业单位和其他生产经营者征收。

（17）关税：对进口货物的收货人、出口货物的发货人、进境物品的所有人征收。

（18）船舶吨税：对自中国境外港口进入境内港口的船舶征收。

资料来源：根据国家税务总局网站（http://www.chinatax.gov.cn/）资料整理。

本 章 小 结

1. 税收要素是构成税种和税收制度的基本元素，也是进行税收理论分析和进行税制设计的基本工具。主要的税收要素包括纳税义务人、课税对象、税率、减税免税、纳税环节、纳税期限和纳税地点等，核心要素是纳税义务人、课税对象和税率。

2. 依据不同的标准可以将税收进行不同的分类，以课征目的为标准，税收可分为一般税和特别税；以计税依据为标准，税收可分为从价税和从量税；以征收实体为标准，税收可分为实物税、货币税和劳役税；以税收和价格的关系为标准，税收可分为价内税和价外税；以税负转嫁与否为标准，税收可分为直接税和间接税；以税收管理权限为标准，税收可分为中央税、地方税、中央地方共享税；以课税对象为标准，税收可以分为货物与劳务税、所得税、收益税、资源税、财产税和行为目的税。

练 习 题

一、名词解释

税收要素 纳税义务人 负税人 课税对象 计税依据 税源 税目 征税范围 代扣代缴义务人 代收代缴义务人 代征扣缴义务人 税率 比例税率 累进税率 超额累进税率 超率累进税率 名义税率 实际税率 边际税率 平均税率 定额税率 累退税率 减税免税 起征点 免征额 纳税环节
纳税期限 纳税地点 一般税 特别税 从价税 从量税 价内税 价外税 直接税 间接税 中央税 地方税 中央地方共享税 货物与劳务税 所得税 收益税 资源税 财产税 行为目的税

二、单项选择题

1. 行使征税权的主体是（   ）。

A. 税务机关   B. 个人   C. 国家   D. 企业

2. 区别不同类型税种的主要标志是(　　　)。

A. 税率　　　　　　　　　　　　　B. 纳税人

C. 课税对象　　　　　　　　　　　D. 纳税期限

3. 某纳税人 7 月份取得收入 1 600 元,若规定免征额为 1 000 元,采用超额累进税率,应税收入为 0～1 000 元,适用税率为 5%,应税收入为 1 000～2 000 元,适用税率为 10%,则该纳税人应纳税额为(　　　)元。

A. 30　　　　　　B. 110　　　　　　C. 160　　　　　　D. 60

4. 某纳税人 7 月份取得收入 2 600 元,若规定免征额为 1 000 元,采用超额累进税率,应税收入为 0～1 000 元,适用税率为 5%,应税收入为 1 000～2 000 元,适用税率为 10%,则该纳税人应纳税额为(　　　)元。

A. 30　　　　　　B. 110　　　　　　C. 160　　　　　　D. 60

5. 边际税率是指(　　　)。

A. 税法直接规定的税率

B. 全部税额与全部收入之比

C. 实际缴纳税额占课税对象实际数额的比例

D. 再增加一些收入时,增加的这部分收入所缴纳的税额占增加的收入的比例

6. 若某税种适用 20% 的比例税率,免征额为 0,按规定应税收入超过 5 万元的部分,按照应纳税额加征 5 成,当某纳税人应税收入为 8 万元时,其应纳税额为(　　　)万元。

A. 2.4　　　　　　B. 5.5　　　　　　C. 1.9　　　　　　D. 1.6

7. 通过直接缩小计税依据的方式实现的减税免税是(　　　)。

A. 法定式减免　　　　　　　　　　B. 税率式减免

C. 税额式减免　　　　　　　　　　D. 税基式减免

8. "依照 4% 征收率减半征收增值税",这属于减免税中的(　　　)。

A. 税额式减免　　　　　　　　　　B. 税基式减免

C. 税率式减免　　　　　　　　　　D. 鼓励式减免

9. 以(　　　)为标准,税收可以分为从价税和从量税。

A. 课税对象　　　　　　　　　　　B. 税收管理权限

C. 计税依据　　　　　　　　　　　D. 税收与价格的关系

三、多项选择题

1. 课税对象构成了税收实体法诸要素中的基础性要素,主要因为(　　　)。

A. 课税对象是各税种划分的最主要标志

B. 课税对象明确了各税种的征收范围

C. 课税对象是国家据以征税的主要依据

D. 税制要素中的其他要素一般都是以课税对象为基础确定的。

2. 课税对象与计税依据的区别表现在(　　　)。

A. 课税对象从质的方面对征税所做的规定,计税依据是从量的方面对征税所做的规定。

B. 计税依据从质的方面对征税所做的规定,课税对象是从量的方面对征税所做的

规定。

C. 课税对象是指征税的标的物,而计税依据是对标的物据以计算的标准。

D. 在从量计税中,课税对象与计税依据一般是不一致的。

3. 按相对量形式规定征收比例的税率形式有( )。

A. 比例税率　　　　　B. 定额税率　　　　C. 累进税率　　　　D. 边际税率

4. 超额累进税率具备的特点有( )。

A. 计算较复杂　　　　　　　　　　B. 税负透明度差

C. 税负不合理　　　　　　　　　　D. 有利于增产增收

5. 减税免税的形式有( )。

A. 税基式减免　　　　B. 税额式减免　　　C. 法律式减免　　　D. 税率式减免

6. 下列税种中,征税对象与计税依据不一致的是( )。

A. 车船税　　　　　　　　　　　　B. 城镇土地使用税

C. 企业所得税　　　　　　　　　　D. 耕地占用税

7. 我国现行税制中运用的累进税率形式有( )。

A. 全额累进税率　　　　　　　　　B. 全率累进税率

C. 超额累进税率　　　　　　　　　D. 超率累进税率

四、简答题

1. 为什么说比例税率具有累退性?

2. 简述起征点和免征额的含义及主要异同点。

3. 对税收的主要分类有哪些? 分类标准是什么?

4. 纳税人、负税人和扣缴义务人之间的关系是什么?

5. 减免税的形式有哪些? 减免税的类型有哪些?

6. 按照课税对象进行分类,车辆购置税属于什么税? 为什么?

五、案例分析题

根据[补充阅读 2-1]的内容,回答以下问题:

(1) 以课税对象为标准,税收可分哪些类型?

(2) 按照课税对象标准,请对阅读材料中的税种进行归类。

(3) 你是否可以对阅读材料中的税种按其他标准进行分类,不限于教材中给出的标准,说明分类标准。

第三章 税 收 原 则

【知识要点】

税收原则是国家在制定税收法律法规、出台税收政策、设计税收制度、进行税务管理等一切涉税活动所必须遵循的基本准则或规范。中外历史上形成过许多非常有价值的税收思想和税收原则，到今天都有借鉴意义。在中国当前的经济社会发展条件下，税收应该遵循税收法定主义原则、财政原则、税收公平原则和税收效率原则。

第一节 中西方的税收思想与税收原则

一、税收原则的定义

原则的定义有两个：一是说话或行事所依据的法则或标准；二是总的方面、大体上。我们这里说的税收原则显然是前一个定义。所谓税收原则（principle of taxation）就是国家在制定税收法律法规、出台税收政策、设计税收制度，进行税务管理等一切涉税活动所必须遵循的基本准则或规范。由于税收具有积累资金，调节经济和社会政策等多种功能，只考虑财政收入的需要，有可能对经济长期发展造成消极影响；实行刺激经济增长的税收政策，又有可能因损害公平，不利于社会安定。因此，国家必须选择一定的税收原则以协调税收职能之间的关系。

在中外历史上，形成过许多对当下的治税都非常有借鉴意义的税收思想和税收原则。例如，中国春秋时期的管仲最早提出取之有度，少扰人民的税收思想；魏晋时期的傅玄在《平赋役》一文中提出的税收思想核心是"安上、济下、尽利用之宜"，可理解为：财政收入充足、百姓量能负担、赋役发挥最佳效能；在西方，以英国经济学家亚当·斯密为代表的古典经济学派，提出以税收中性为特征的"平等、确定、简便、省费"的"赋税四原则"；19 世纪下半叶，西方国家在强调税收财政作用的同时，开始注重税收的社会政策意义，以瓦格纳为代表的德国社会政策学派提出了"财政政策、国民经济、社会公平、税务行政"的"四端九项"税收原则；20 世纪 70 年代后，西方国家及其财政学者为适应本国政治、经济及税收职能变化的要求提出的税收原则，主要有公平、效率、简明和有利于经济增长等方面的内容。这些税收思想和税收原则对中国当前税收制度和税收政策的制定有很好的参考价值。

二、中国历史上的治税思想

中国历史上的治税思想非常丰富，涵盖的内容也非常全面。归纳起来，开明的统治者和理财家提出的治税思想可以概括为以下四个方面：① 从争取民心、实现社会长治久安考虑，强调征税要合乎道义、公平、为公为民的原则；② 从发展经济的需要出发，强调征税要坚持适时、有度、培养税源的原则；③ 从组织财政收入出发，强调征税要采用普遍、弹性、税为民所急的原则；④ 从税务管理的要求出发，强调征税要贯彻明确、便利、统一、有常规、有效益的原则。这些原则每一项都有其特定的意义，彼此之间又相辅相成、相互促进。下面我们就从这四个方面来回顾中国历史上的治税思想。

（一）追求公平的治税思想

1. 征税有义原则

征税有义强调国家征税要合乎道义。孔子说："义然后取，人不厌取。""有君子之道，其使民也义。"（《论语》）这里强调的"义"，就是要行仁政、轻徭薄赋。因为"财聚则民散，财散则民聚"，轻征赋税有利于争取民心，使统治者长治久安。所以，历代思想家都重视这一原则。

2. 均平原则

均平原则强调征税中应做到的均平合理。但各思想家强调的角度不同。第一种认为，按负担能力征税才算均平合理。第二种认为，征税不分贵贱强弱，一律平等对待方算均平合理。第三种认为，征税既要坚持"横向均平"，又要坚持"纵向均平"。即能力相同的人同等纳税，能力不同的人纳不同的税。

3. 为公为民的原则

为公为民的原则强调的是国家只能为公为民而征税。荀悦指出，国君应有"公赋而无私求"，"有公役而无私使"。丘浚强调，国家征税应"为民聚财"。凡所用度，"必以万民之安"不能"私用"（《大学衍义补》）。严复提出，赋税收入不应只供少数统治者享受，应"取之于民，还为其民"，"为民兴公利、除公害"（《原富》）。

（二）发展经济的治税思想

1. 征税有度原则

征税有度强调国家征税要适度。《管子》一书指出："地之生财有时，民之用力有倦，而人君之欲无穷，以有时与有倦养无穷之君，而度量不生于其间，则上下相疾也。""国虽大必危。"所以，应坚持"取于民有度"的原则（《权修》）。历代思想家都强调取民有度，但对有度的标准认识不一致，大多强调征税量不能超过人民负税能力允许的限度。

2. 适时原则

适时原则强调征税所规定的时间和时限要适当。很多思想家强调征税要适时。孔子提出"使民以时"。荀况提出"无夺农时"。《管子》还认识到，纳税的时限规定应适当，时限越短，纳税人所受的损失越大。纳税人为了在规定的时限内完纳赋税，在出售产品中不得不接受商人压价的盘剥，时限越短，所受的降价损失越大。

3. 增源养本的原则

增源养本的原则强调国家治税中要重视培养税源。荀况认为，生产是财富的本源，税收是财富的末流，国家应"节其流，开其源"。司马光也强调要"养其本而徐取之"。

（三）组织财政收入的治税思想

1. 弹性原则

弹性原则强调赋税的征收量有伸缩性，依条件的变化而变化。孟子反对征定额税，主张丰年多征、灾年少征。《管子》将年成分为上、中、下三等,提出不同的年成依不同的税率征收,最坏的年成"不税"或"驰而税"(《大匡》)。至近代,将弹性的原则作为评税的重要标准。

2. 普遍原则

普遍原则强调征税的面要宽,纳税人要普遍。《周礼》提出,国中从事各种职业的人都要交纳赋税。耕田的贡九谷;经商的贡货物;从事牧业的贡鸟兽;从事手工业的贡器物;连无职业的也要"出夫布"。

3. 税为民所急原则

税为民所急原则强调选择人民必需的生活、生产用品征税,以保证税收充沛、可靠。在战争年代或财政困难时,从组织财政收入的需要出发,统治者常采用这一原则。桑弘羊在汉武帝对外用兵时,为筹军费实行过盐铁酒专卖,寓征税于价格之中,取得了大量的财政收入。刘晏也认识到:"因民所急而税之则国用足。"

(四)加强税务管理的治税思想

1. 征税有常原则

征税有常强调国家定税要有常规,税制要相对稳定。傅玄针对魏晋时期税制兴废无常,影响人民的生产和生活的安定,指出,应坚持赋税有常的原则。"国有定税,下供常事,赋役有常,而业不废。"而要做到"制有常",关键在于中央决策者和地方官吏的行为规范化。傅玄强调税制稳定,但并不反对随着形势的发展对税制作必要的改革。

2. 统一原则

统一原则指的是全国的税政要统一。商鞅主张全国税政统一。"上一而民平,上一则信,信则臣不敢为邪。"(《商君书·垦令》)就是说,国家税政统一,对所有的人一视同仁,没有歧视,人民就感到赋税公平,就能取信于民,官吏也不便营私舞弊了。

3. 明确原则

明确原则强调让纳税人对征税的有关规定有明确的了解。《管子》指出,让人民知道赋税征收的比重是合适的,"审其分,则民尽力也"。苏绰认为,贯彻明确的原则,对征纳双方都有利。刘晏在理财治税中,坚持了明确的原则,做到了"知所以取人不怨"(《新唐书·刘晏传》)。

4. 便利原则

便利原则强调定税应尽量给征纳双方以便利。《史记》载,夏禹时就注意定税中方便纳税人。"禹乃行相地所有以贡及山川之便利。"而当商品经济发展到一定程度、货币税取代了实物税,又进一步给纳税人带来便利。杨炎推行的"两税法",张居正推行的"一条鞭法",除均平税负、增加财政收入等目标外,还考虑了征纳双方便利的需要,简化了税制。

5. 省费增效的原则

省费增效的原则强调征税应尽量减少耗费,以减少纳税人的损失或增加赋税收入。商鞅主张通过"官少税简"来减轻农民的税负。他认为:"官属少、征不烦、民不劳,则农日多。……业不败。"(《商君书》)刘晏以"民不加赋而国用足"作为治税目标,制定了一套提高征税效益的措施。

三、西方近现代的主要税收原则

税收原则理论在近现代西方财政学中居于重要地位。从亚当·斯密《国富论》问世至今,西方国家一些著名的思想家、经济学家都从各自立场和所处时代的需要出发,提出了许多税收原则,它们从不同侧面反映了西方经济社会发展在各个历史阶段对国家税收制度和税收政策的要求。

（一）亚当・斯密的税收原则

亚当・斯密（Adam Smith,1723—1790）是英国古典经济学的创始人,并且他开创了财政学的研究。英国古典学派活跃于资本主义自由竞争时期,反对封建主义和重商主义的国家干预政策,主张经济上的自由放任和自由竞争。在财政问题上,古典学派认为财政支出具有非生产性,政府财政支出规模应以满足国家作为"守夜人"的职能需要为限。亚当・斯密在其1776年出版的《国民财富的性质和原因的研究》中,提出了著名的赋税四原则:

（1）平等原则。一国国民,都须在其可能的范围内,按照各自能力的比例,即按照各自在国家保护下享得的收入的比例,缴纳国赋,维持政府。

（2）确定原则。各国民应当完纳的赋税,必须是确定的,不得随意变更。完纳的日期、完纳的方法、完纳的数额,都应当让一切纳税者及其他的人了解得十分清楚明白。以避免纳税人蒙受额外的损失。

（3）便利原则。各种赋税的完纳日期及完纳的方法,需予纳税者以最大的便利。

（4）最少征收费用原则。征税的数额力求全部入库,尽量减少征收人员,简化征收程序,节约征收费用。即一切赋税的征收,需设法使人民所付出的尽可能等于国家所收入的。

（二）西斯蒙第的税收原则

经过18世纪末19世纪初的资本主义工业革命后,税收成为资本主义国家财政收入的主要来源,税制日渐复杂,作为税制优劣重要评价标准之一的税收原则也在进一步完善。继亚当・斯密之后,法国古典经济学家西斯蒙第（Sismondi,1773—1842）也提出了税收四项原则:

（1）税收不可侵及资本。一切赋税必须以收入而不以资本为对象。对前者征税,国家只是支出个人所应支出的东西;对后者征税,就是毁灭应该用于维持个人和国家生存的财富。

（2）不能以总收入为课税对象。认为在制定赋税标准时,不应该对每年的总产品和收入混淆不清。因为每年的总产品除了年收入还包括全部流动资本。必须保留这部分产品,以维持或增加各种固定资本,以及一切积累起来的产品,保证或提高所有生产工人的生活。

（3）税收不可侵及纳税人的最低生活费。认为赋税是公民换得享受的代价,所以不应该向得不到任何享受的人征税。就是说,永远不能对纳税人维持生活所必需的那部分收入征税。

（4）税收不可驱使资本流向国外。绝不应该因征税而使应纳税的财富逃出国外,因此规定最容易逃出的财富赋税时,应该特别缜密考虑。赋税绝不应该触及保持这项财富所必需的那部分收入。

（三）萨伊的税收原则

法国古典经济学家让・巴蒂斯特・萨伊（Jean Baptiste Say,1767—1832）生活于法国资产阶级革命后社会矛盾开始激化的时期。萨伊认为,政府征税就是向私人征收一部分财产,充作公共需要之用,课征后不再返还给纳税人。由于政府支出不具有生产性,所以,最好的财政预算是花费最少的预算,最好的税收是税负最轻的税收。据此,他提出了税收五项原则：

（1）轻税原则。萨伊认为政府征税事实上剥夺了纳税人用于满足个人需要或用于再生产的产品，所以，税率越低，税负越轻，对纳税人的剥夺越少，对再生产的破坏作用也越小。

（2）节省征收费用原则。萨伊以税收征收费用对人民是一种负担，对国家也没有益处为由，主张节省征收费用。一方面尽量减少纳税人的负担烦扰；另一方面也不给国库增加困难。

（3）公平负担原则。税收是一个负担，当每个纳税人承受同样的（相对的）税收负担时，每个人的负担必然是最轻的。如果税负不公平，不但损害个人的利益，也有损于国家的收入。

（4）不妨碍再生产原则。萨伊认为，所有税收都是有害于再生产的，因为它妨碍生产性资本的积累，最终危害生产的发展。所以，对资本课税应当是最轻的。

（5）有利于提高国民道德的原则。萨伊认为，税收除了具有取得公共收入的作用外，还可以作为改善或败坏人民道德，促进勤劳或懒惰以及鼓励节约或奢侈的有力工具。因此，政府征税必须着眼于普及有益的社会习惯和增进国民道德。

（四）瓦格纳的税收原则

瓦格纳（Wagner，1835—1917）是19世纪末20世纪初德国社会政策学派的代表人物，他反对自由放任的经济政策，主张国家干预，强调社会改良。在财政税收问题上，主张国家运用财政政策，特别是通过累进所得税为实现社会政策目标服务，以调和社会矛盾。基于这种基本思想，瓦格纳提出了自己的"四端九项"税收原则：

（1）财政政策原则，又称财政收入原则。税收的主要目的是筹集财政收入，税收来源应该丰裕并保持适当的弹性。具体包括两项主要内容：① 充分原则。即税收收入必须能充分满足财政支出的需要。② 弹性原则。即税收收入应该随着财政需要和经济增长而增加。

（2）国民经济原则。即课税不能损害国民经济的发展。具体包括两项内容：① 税源选择原则。即必须正确选择税源。一般来说，税源分为所得、资本、财产三项，但以所得税源最恰当，而对资本、财产的课税则不利于国民经济发展。② 税种选择原则。最好选择那些不易转嫁或不能转嫁税负的税种。

（3）社会公平原则，又称公正原则。即税负分配应当公平。其主要内容包括：① 普遍原则。对不同阶层纳税人征税应当一视同仁，不应给特定阶层豁免税收的特权。② 平等原则。应该对国民不同来源或不同用途的所得均等课税，而不应区别对待。

（4）税务行政原则，又称课税技术的原则。包括三项具体原则：① 确定原则。即税收制度应当简单明确，在纳税时间、地点、程序等方面应使纳税人清楚明白，不得随意变更。② 便利原则。即课税应在纳税时间、地点、程序等方面尽量给纳税人以便利。③ 征税费用节约原则。即税务机关的稽征费用，以及纳税人在纳税过程中负担的各种直接与间接费用应尽可能节约。

（五）马斯格雷夫的税收原则

理查德·阿贝尔·马斯格雷夫（Richard Abel Musgrave，1910—2007）是美国现代著名财政学家。他认为，现代国家的税收不仅要用于满足政府的财政收入需要和矫正社会财富的分配，而且要体现国家调节经济运行的政策目标。为此，马斯格雷夫提出了六项税收原则：

（1）公平原则。税收负担的分配应当公平,应使每个人支付其合理的份额。

（2）效率原则。要求对征税方法进行选择,尽量不影响有效市场上的经济决策。税收的额外负担应该减少到最低限度。

（3）政策原则。如果将税收政策用于刺激投资等其他目标,则税收政策对公平性的干扰应尽可能少。

（4）稳定原则。税收结构应当有助于以经济稳定和经济增长为目标的财政政策的实现。

（5）明确原则。税收制度应当明晰而无行政争议,便于纳税人理解。

（6）省费原则。税收管理和征纳费用应在考虑其他目标的基础上尽可能地节省。

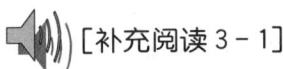 [补充阅读 3-1]

西方税收公平理论小结

早期的税收公平理论主要涉及托马斯·霍布斯、洛克、威廉·配第、尤斯蒂等人提出的税收原则。霍布斯和洛克以国家起源的社会契约论为出发点,提出以消费为基础的税收公平。配第提出税收应以公平的标准来课征,这里的公平是指根据纳税人能力来分摊税收负担。德国官房学派代表尤斯蒂站在国家征税的立场上提出了平等的课税原则。亚当·斯密是把课税原则明确化、系统化的第一人,斯密的税收公平理论包括取消免税特权、保持税权中立、按负担能力纳税。萨伊提出赋税有害论,即使征税也要尽量少征,并使各阶层人民负担公平。穆勒在税收公平理论方面的最大贡献在于提出了均等牺牲的观点,主张实行按比例课税。瓦格纳提出了比斯密更加完善的课税原则,他的社会公平原则的含义是税收负担应普遍和平等地分配给各个阶级、阶层的纳税人,它包含着普遍原则和平等原则。埃奇沃斯是税收受益说的支持者,他再次提出了均等牺牲的公平观点。西其威克提出了与埃奇沃斯相似的公平观,认为应尽可能按受益原则来征税。维克塞尔主张赋税利益说,谋求纳税人对国家给付的边际效用与课征财富的边际效用的等价关系。林达尔在《公正课税论》一书中系统论述了税收公平理论,他从个人主义立场出发,主张课税公正原则应该优先。庇古进一步把税收公平原则分为横向公平和纵向公平两个概念,并发展了最小牺牲说。在当代西方的税收公平理论中,比较有创见性的观点当属布坎南。他从税收的伦理极限的角度,对税收公平问题作了详尽的探讨,其公平理论侧重于研究税收的绝对水平的极限。

纵观从早期重商主义前期,到亚当·斯密、穆勒、瓦格纳等,再到当代的财政学派,在税收公平的标准上无非可以分为两大类观点:一是主张受益原则;二是主张能力原则。

主张受益原则的人认为:该原则要求,纳税人应根据其从公共服务中获得的利益纳税。纳税人从不同的公共服务中获得的利益不同,导致纳税人的福利水平不同,结果享受相同利益的纳税人具有相同的福利水平,应缴纳相同的税（横向公平）;而享受到较多利益的纳税人具有较高的福利水平,就应缴纳较高的税（纳税公平）。

主张能力原则的人认为:税收的负担应按照纳税人的纳税能力进行分配。这种观点现已成为当代资本主义国家大多数人所承认的合理原则。但在如何衡量一个人的纳税能力方面还存在两种观点。一是客观说,主张按照财产或消费或所得为衡量标准;二是主观说,主张各个纳税人的纳税能力应当从因纳税所感受到的牺牲程度来衡量。而所谓"牺牲",就是指因被课税而减少其经济福利以后实际感受到的痛苦程度或负效用,其中以分为牺牲绝对均等说、牺牲比例均等说、边际牺牲均等说。

但是,税收原则和经济发展之间在理论和实践上往往是有矛盾的。如果要求获得充裕的财政收入,税收自然是愈多愈好,但取之愈多,则愈不利于私人资本积累和国民经济发展,也愈易引起纳税人的反抗和怨恨。如果要推动国民经济发展,就必须保护资本并增进其积累,但保护富有就必然难以广增财政收入,就不能贯彻课税的原则,使税收负担公平。如果实行社会政策,利用税收促进收入均等化,对富者课以重税而对贫者课以轻税,则不仅难以确保充裕的财政收入,而且会影响私人资本积累和经济发展的速度。由此可见,财政收入的目的和私有经济的发展目标之间难免有矛盾之处,微观和宏观税收政策的改革方案常常成为"头痛医头、脚痛医脚"的处方也就不足为怪了。

资料来源:毛程连、庄序莹:《西方财政思想史》,复旦大学出版社 2010 年版,第 129~130 页。

第二节　当代中国的税收原则

税收原则,作为税收制度选择与建立的准则与规范,对税收制度的设计具有十分重要的意义。如前所述,关于税收原则的探讨,从古至今,无论是形式上还是内容上都日趋完备,其中的有些原则已为世界各国所广泛采用,对各国税制建设都具有普遍意义。但是,税收原则又是一定时代的产物,不是永恒不变的,不同国家在不同时期,对税收原则的选择往往会有所侧重。在中国社会主义市场经济条件下,应当借鉴其他市场经济国家比较成熟的税收原则理论,根据现阶段市场经济的特点和财政职能的要求,选择和确定适合国情的税收原则。这些原则应当包括税收法定主义原则、财政原则、税收公平原则和税收效率原则。

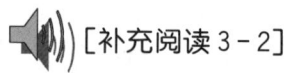[补充阅读 3-2]

我国社会主要矛盾的几次变化

1956 年党的八大报告指出,我们国内的主要矛盾:已经是人民对于建立先进的工业国的要求同落后的农业国的现实之间的矛盾,已经是人民对于经济文化迅速发展的需要同当前经济文化不能满足人民需要的状况之间的矛盾。

1981 年党的十一届六中全会指出,我国社会主要矛盾是:人民日益增长的物质文化需要同落后的社会生产之间的矛盾。

2017 年党的十九大报告指出,我国社会主要矛盾已经转化为:人民日益增长的美好生活需要和不平衡不充分的发展之间的矛盾。

资料来源:人民网、新华网、百度百科。

一、税收法定主义原则

税收法定主义原则,其基本含义是指税收的课征必须基于法律的依据才能进行。这项原则体现了税收分配活动的本质要求,因为税收在本质上是国家为了满足公共的财政需要,将一部分社会产品或国民财富由企业或公民手中转至政府支配,由此引起的税收分配关系,直接影响到整个国计民生。如果没有法律的根据,政府就不得行使征税权,人民也不得被要求缴纳税款。

税收法定主义是近代法治主义在税收上的体现,它同刑法中的罪行法定主义一样,都是近代民众在同封建统治者的长期抗争中取得的。在封建社会,国王对人民拥有无限的权力,既可以任意践踏人身权利,进行随意杀戮,也可以任意侵犯人民的财产权利,进行随意掠夺,人民在人身和财产两方面得不到任何安全保障。在封建社会末期,以新兴资产阶级为首的广大民众纷纷起来同封建统治者进行斗争,提出了两个目标:一是人民的人身自由权不容侵犯;二是人民的财产权不容侵犯。资产阶级革命获得成功并建立近代国家后,就将以上两项目标规定在宪法里,以保护人民的自由和财产,给人民的经济生活以法的稳定性和可预测性。现代各国宪法也都继承了近代法治主义原则,规定在保护人身权利方面,政府非经法定程序,不得任意逮捕、关押人民;非经法院依法审判不得任意定罪处刑。这就是刑法中的罪行法定主义。在财产权利方面,宪法规定要依法保护人民的财产,政府不得任意没收、征收和剥夺。政府向人民征税也必须依照法律的规定进行,如果没有法律根据向人民征税,就是侵犯人民的财产权利,就这是所谓的税收法定主义。所以,税收法定主义和罪行法定主义是近现代国家保障人民权利的两大手段,前者保障人民的财产安全,后者保障人民的人身安全。

税收法定主义原则最早始于英国。1219 年,贵族在同国王的斗争中取胜,双方订立了大宪章,规定"一切盾金或援助金若不是基于朕之王国一般评议会的决定,则不许课征"。国王承认未经贵族议会同意不得任意收税,这是世界历史上第一次对国王征税权的限制。1689 年英国建立国会,国会制定的"权利法案"中规定,国王不经国会同意而任意征税,属于非法。这样,就从根本上剥夺了国王的任意课税权,而将征税权集中于民选议会。美国在 1776 年宣布独立时,在独立宣言中指责英国"未经我们同意,任意向我们征税",并将这一点作为反抗英国的重要理由之一。

税收法定主义原则现已被世界各国普遍接受,并将其写进了各自的宪法。例如,美国宪法规定,征税的法律必须由众议院提出。法国宪法第 34 条规定"征税必须以法律规定"。日本宪法第 84 条规定"征收新税或改变现行税收,必须以法律定之"。意大利宪法第 23 条规定"不根据法律,不得规定任何个人税或财产税"。通观各国宪法中的税收法定主义原则,主要体现以下几方面的内容。

（一）政府征税权法定

在政府行政权力体系中,征税权是一项非常重要的权力,它既是政府机构赖以存在和行使其他行政权力的经济基础,同时,征税权运用得合理与否,直接关系到公民的私有产权,关系到社会的经济发展与稳定。一个国家向人民征税与否以及如何征收,均应由法律规定。每开征一种新税都要制定相应的法律,法律未规定的税不得向人民征收。

（二）纳税义务法定

各国宪法和税法都要规定纳税义务。纳税义务法定是税收法定主义原则的重要内容,它有两层含义:一是法律确定的纳税义务必须履行,否则,纳税义务人要承担相应的法律责任;二是纳税人应当履行的纳税义务必须由法律明确规定,没有法律的依据,公民和法人不应承担或有权拒绝承担缴纳税款的义务。

显然,纳税义务法定有着双重作用,一方面,约束纳税人的纳税行为,保障政府的财政权益;另一方面,约束政府的征税行为,保护纳税人的合法利益。在中国现阶段,后者的意义更为重要。因为政府征税毕竟是对私有财产权的一种"侵犯",相对于政府等强势主体,纳税人天然地处于弱势地位。如果公民的纳税义务不由法律明确规定,税收"侵犯"就存在着扩大或滥用的可能性,导致纳税人的合法经济利益受损。因此,从保护纳税人合法利益的角度出发,对纳税人义务进行法律界定是非常必要的。

（三）课税要素法定

课税要素法定有两层含义:一是涉及税收课征的一切要素的内容,都必须由法律规定。凡没有正式法律规定,而只是以部门或单位规定的形式出现的征税要素,均属无效。同样,凡违反法律规定的各种征税办法也属无效。二是要求课税要素明确。在税法中,凡构成课税要素和税收征收程序的部分,其内容须尽量准确,而不出现歧义,从立法技术上保证课税要素的法定性。如果税法规定不明确,模棱两可,甚至混乱不清,就会导致误解税法的现象。根据这项准则,在税法中的税法规定务必明确、具体。对于不明确的税法要素或内容,应由法院审查并做出解释。

当然,现实经济活动和纳税人的情况是比较复杂的,允许征税机关保存一定的自由裁量权也是必要的,但其设立的目标是为了税收执法主体能够根据所涉及的具体经济情况,在一定法律原则和处理自由度之内,结合自身的经验判断,而作出正确的行政选择,并且这种选择的结果应该是公平、合理、正义的。

（四）征税程序法定

税收程序法是税收法律体系的重要组成部分。税务行政机关必须严格依据法律的规定稽核征收,无权变动法定课税要素和法定征收程序。征税机关和纳税人都不得自行确定开征、停征、减免税、退补税及延期纳税等项事宜。

（五）解决税收争议与税收处罚法定

征税行为意味着行使国家权力,因此,征税权的行使必须遵循法定的程序。而且,当纳税人因为自身的违反税收法律的行为而应该受到税务机关处罚时,其处罚的程序和结果必须按照有关规定依法执行,如果纳税人在不服征税机关的征税决定或处罚决定时,也应该有权依照一定的程序解决税务争议,以保护纳税人的合法利益。

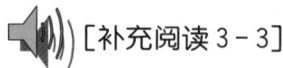 ［补充阅读3-3］

立良法方得善治

——习近平法治思想在税收领域的生动实践

党的十八大以来,以习近平同志为核心的党中央从全局和战略高度对全面依法治国作出一系列重大决策部署。从党的十八届三中全会提出"落实税收法定原则",到党的十八届四中全会提出加强财税等领域的"市场法律制度建设",再到十九届五中全会"完善现代税收制度……深化税收征管制度改革",法治思维和法治方式始终贯穿税收改革的全过程。

2015年中央就落实税收法定原则作出具体部署以来,税收法定进程紧锣密鼓、稳步推进,目前已完成了大多数税种的立法工作。2021年6月,第十三届全国人民代表大会常务委员会第二十九次会议通过《中华人民共和国印花税法》。《税收征收管理法》修订工作先后两次广泛征求意见,修订草案体现了从税收管理到税收治理的理念转变,将纳税人缴费人权益保护作为重要着力点。《关于进一步深化税收征管改革的意见》贯彻习近平法治思想,蕴含了全面改革精神和新发展理念,必将对税收征管立法产生实质性推动作用,使其成为税收立法中贯彻科学性、人民性、实践性的典范。

　　资料来源:根据刘剑文《深化税收征管改革 服务国家治理大局》整理,http://www.chinatax.gov.cn/chinatax/n810219/n810724/c5164445/content.html.

二、税收财政原则

　　税收的财政原则的基本含义是:一国税收制度的建立和变革,都必须有利于保证国家的财政收入的需要。虽然有一些经济学家并不把保证财政收入视为税收的原则之一,而极力推崇公平原则和效率原则。但是从财政和税收的发展历史来看,自国家产生以来,税收一直是财政收入的基本来源,把财政原则作为税收的一个重要原则,是合乎逻辑的。要做到这一点,必须保证以下三个方面:一是税收收入要充分;二是税负总水平应当适度;三是税收收入应有弹性。

　　(一)税收收入要充分

　　财政原则最基本的要求就是通过征税获得的收入能充分满足一定时期财政支出的需要。税收数额的充分是一个相对量的概念,是相对于政府向社会提供公共商品的财力需要而言的。同样额度的税收,相对于提供公共商品规模较大的政府是不足的,而相对于提供公共商品规模比较小的政府却是足额的。因此,虽然财政收入额度由政府提供公共商品的财力需要来决定,但政府提供公共商品的财力也要受到财政收入制约。政府既可以通过增加收入使财政收入不足而变为足额,也可通过减少支出使财政收入不足而变为足额。

　　税收收入的充分还隐含着要求税收收入的稳定。税收收入要相对稳定,把税收同国民生产总值或国民收入的比例稳定在一个适度水平,不宜经常变动,以避免税收对经济正常秩序的冲击。税收收入的稳定也是相对于政府提供公共商品的财力需要而言的,在经济出现较大变动,或政府提供公共商品的结构发生大的调整时,财政收入的稳定也必然被打破,从而要求建立新的稳定的税收收入水平。

　　(二)税负总水平应当适度

　　税收是政府筹集财政资金,提供公共商品,满足社会公共需要的基本工具。因此,一方面,税收筹集财政资金的规模应与一定时期政府提供公共商品所需的资金需求相适应,税负水平过低,会使得政府提供公共商品的资金不足,教育、卫生、道路等公共设施短缺,从而影响经济发展。另一方面,征税又要取之有度,税收征收率不能过高,要尽可能避免税负过重而伤害企业和个人的积极性,影响投资和经济发展,最终也会影响税收收入的增长。

　　(三)税收收入应有弹性

　　税收政策和税收制度的确立,应当有利于促进税收与不断增长的国民收入相适应,保持同步增长,特别是在经济快速发展时期,税收收入的增长应当略快于经济的增长。也就是说,税收财政原则要求税收收入要有弹性。在西方税收理论中,瓦格纳是税收弹性理论的最早提出者。瓦格纳认为,在财政需要增加支出或是税收以外的收入减少时,税收应当能基于法律增加或自动增收。所谓税收弹性,是指税收收入增长率与经济增长率之间的比率,用下列公式表示:

$$E_t = \frac{\Delta T/T}{\Delta Y/Y}$$

式中：E_t 为税收弹性，T 为税收收入，ΔT 为税收收入变化量，Y 为国民收入（或是其他指标如国民生产总值、国内生产总值等），ΔY 为国民收入（或是其他指标如国民生产总值、国内生产总值等）变化量。

税收弹性反映了税收对经济变化的灵敏程度。当 $E_t = 0$ 时，表明税收对经济增长没有反应；当 $E_t = 1$ 时，表明税收与经济是同步增长的；当 $E_t > 1$ 时，表明税收的增长快于经济的增长速度，税收随经济的发展而增加，并且税收参与国民收入分配的比例有上升的趋势；当 $E_t < 1$ 时，表明税收的增长速度落后于经济的增长速度，这时，税收的绝对量有可能是增加的，但税收参与国民收入分配的比例有下降的趋势。税制设计应当使税收具有较好的弹性。一般来说，应使 E_t 略大于或等于 1，以保证国家财政收入能与日益增加的国民收入同步增长，而无需通过经常调整税基、变动税率或者开征新的税种来增加收入。

（四）财政原则的实施

保证财政收入是税收的基本出发点，依据税收的财政原则，在税收政策上应当选择轻税、严管、重罚；在税收制度上应选择宽税基、低税率、弹性税制。使税收征收适度合理、税收收入足额稳定。

1. 税收政策选择

轻税、严管、重罚是一种可供选择的较好的税收政策。所谓轻税就是企业、个人税收负担相对较轻，鼓励企业、个人增加储蓄、投资，促进经济增长，扩大财源，增加财政收入。严管就是政策设计要严密、法律制度要健全、征收管理要严格，以堵塞税收漏洞，增加财政收入。重罚就是对于违反税收法律制度的行为处罚要严厉，使之产生强烈示范效应，减少税收流失，增加财政收入。轻税、严管、重罚的税收政策同重税、松管、轻罚的税收政策是相对立的。

2. 税收制度选择

宽税基、低税率和弹性税制是一种可供选择的较好的税收制度。所谓宽税基，就总体税制而言，是指课税基础要广泛，对收入和支出，在生产和流通领域广泛征税；就具体税种而言，是指税收优惠要控制，税前扣除要减少，以扩大税基，增加税收。所谓低税率，就总体税制而言，是指税收征收率要低，税负要轻；就具体税种而言，是指税率要低，特别是税收的边际税率要低。弹性税制是指税收收入要能够适应经济情况的变化而及时做出调整，并随经济发展，保证税收收入稳定增长，弹性税制主要是通过设计累进税率来实现。宽税基、低税率、弹性税制是同狭税基、高税率、刚性税制相对立的。

三、税收公平原则

税收应当是公平的。自亚当·斯密以来，许多经济学家都将公平原则置于税收诸原则之首。因为税收公平不仅仅是一个经济问题，同时也是一个政治、社会问题。就税收制度本身来看，税收公平对维持税收制度的正常运转也是不可缺少的。被现代社会广为接受的税收公平原则，包括税收横向公平和纵向公平两方面的含义。

（一）税收横向公平

税收横向公平是指经济情况相同、纳税能力相等的纳税人，应当享有相等的纳税待遇，缴纳数量相同的税款。这种税收公平观实际表明，税收不应该是专断和差别待遇的。现代社会对税收横向公平的基本原则并无异议，但对根据什么标准来衡量相同经济情况或相等纳税能力,却存在不同看法。第一种观点主张以人们拥有的财产作为衡量纳税能力强弱的依据;第二种观点主张以个人消费作为测定纳税人负担能力的标准;第三种观点主张以纳税人取得的收入所得作为测定纳税能力的标准。美国芝加哥大学著名经济学家亨利·西蒙斯曾指出,所有税收,不论其名义基础如何,都应当是落在个人收入上面。

从各国税制实践看,第三种标准较为科学、合理和可行。因为收入所得具有作为纳税能力依据的五种特性:① 应税所得是货币所得,它将纳税能力统一于价值符号,易于量度;② 应税所得是交换所得,符合社会经济中通行的价值法则,具有代表性;③ 应税所得是规范性的所得,它作为现代社会纳税人的一项稳定的主要收入来源,支撑着人们的纳税能力;④ 应税所得为扣除各项费用后的纯所得,能够用于反映和比较各种纳税人实际收入状况和纳税能力;⑤ 应税所得还是可以根据不同性质和来源加以分类的综合所得。如分为财产、资本与工薪所得,国内所得与国外所得等,便于实行区别对待、合理负担政策。因此,在现有经济和技术条件下,以所得为依据设计税收负担,实现税收横向公平,无疑是一种较好的选择。

(二)税收纵向公平

税收纵向公平是指经济情况不同或纳税能力不等的纳税人,其缴纳的税收亦不应相同。虽然,这一原则已被社会所公认,但是,按照这一原则设计税收制度的困难在于,如果已经知道两类纳税人的纳税能力不同,政府将如何实行差别课税,才能有效地体现社会公平。目前,有两个原则可供参考。

1. 受益原则

受益原则主张不同纳税能力的纳税人应当根据他们从政府活动中期望得到的利益大小交税。随着现代国家社会经济职能的拓展,政府为公众提供的公共商品和公共劳务日益增多,按受益原则课征的税收也越来越多。受益原则把征、纳税过程中双方的利益结合起来考虑,这样,在一定程度上不仅可以提供关于税收公平的某种准则,而且有利于引导资源的有效配置。

在实际生活中,受益原则存在很大的局限性,它只适用于受益人可以明显感受得到的情况,而难以适用于政府提供的大多数公共商品,如国防、教育等。毕竟,要确定每个纳税人从政府支出中受益的额度是一件十分困难的事,对此,一些西方经济学家认为,可以根据纳税人对公共商品的偏好程度来确定享用公共商品的受益程度。他们认为,在严格的受益税制下,每个纳税人所缴纳的税收和他对公共商品的需求相一致。假如纳税人有相同的偏好,那么他们对税收的估计就相同,于是,相同收入的人们就应当缴纳相同数量的税收。税收公式取决于偏好模式,尤其是取决于对公共商品需求的收入弹性和价格弹性。不过,在实践中,由于纳税人对公共商品需求的收入弹性和价格弹性无法测定,纳税人的偏好也难以明确,因此,无法真正解决税率结构问题。此外,受益原则无法解决转移支付问题,比如,对低收入者或无收入者进行补助等。按照受益原则,低收入者或无收入者从这部分转移支付中获得的受益较多,他们应当分担较多的税收负担,这显然是行不通的。并且,这本身就背离了公平原则。

虽然受益原则不具有普遍意义,但这并不排除其在某些特定场合下对税制建设的指导作用。比如,中国现行的车船税,以及许多国家开征的社会保险税都是受益税的例证。

2. 牺牲原则

所谓牺牲,是指个人或社会的所有财富在课税以前所得到的满足,与课税后从剩余财富中得到满足之间的差额。税收负担分配是否公平,要视不同阶层、利益集团和个人主观感受的牺牲程度而定。由于对效用牺牲程度相同或均等有着不同的理解,形成了绝对均等牺牲、比例均等牺牲和边际均等牺牲三种不同的理论。

一是绝对均等牺牲,要求每个纳税人因纳税而牺牲的总效用相等。按照边际效用递减原理,人们的收入与其边际效用呈反方向变化,收入越多,边际效用越小;收入越少,边际效用越大。也就是低收入者的货币边际效用大,高收入者的货币边际效用小。如果对边际效用大的收入和边际效用小的收入征同样比例的税,则前者的牺牲程度就要大于后者,这样的税收就是不公平的。所以,为使每个纳税人牺牲的总效用相等,就须对边际效用小的收入部分征高税,对边际效用大的收入部分征低税。

二是比例均等牺牲,要求每个纳税人因纳税而牺牲的效用与其收入成相同比例。西方经济学家认为,虽然与纳税人收入增加相伴随的是边际效用的减少,但高收入者的总效用总是要比低收入者的总效用大。为此,须对所获总效用大者(即收入多者)多征税,对所获总效用小者(即收入少者)少征税,从而有可能使征税后各纳税人所牺牲的效用与其收入成相同比例,以实现税收公平的目的。

三是边际均等牺牲,要求社会全体因纳税而蒙受的总效用牺牲最小。要做到这一点,就纳税人个人的牺牲来讲,如果某甲纳税的最后一个单位货币的效用,比某乙纳税的最后一个单位货币的效用为小,那么,就应该将某乙所纳的税收加到某甲身上,使得两者因纳税而牺牲的最后一个单位货币的边际效用相等。就社会全体来说,要让每个纳税人完税后因最后一个单位税收而损失的收入边际效用彼此相等,甚至要求对最高收入者实行100%的边际税率,对最低收入者实行免税。

从牺牲原则所提出的三种尺度来看,有一个共同特点,它们都是以主观唯心论作为理论推断的基础,缺乏客观的科学依据,因此在税收实践中很难操作。

四、税收效率原则

税收不仅应是公平的,而且应是有效率的,这里的效率,通常有两层含义:一是行政效率,也就是征税过程本身的效率,它要求税收在征收和缴纳过程中耗费成本最小;二是经济效率,就是征税应有利于促进经济效率的提高,或者对经济效率的不利影响最小。

(一)税收行政效率

税收行政效率可以用税收的行政成本占税收收入的比率来反映,或称税收成本率。一个有效率的税收,就是要求以尽可能少的税收行政成本征收尽可能多的税收收入,即税收成本率越低越好。所谓税收成本,是指在税收征纳过程中所发生的各类费用支出。它有狭义和广义之分。狭义的税收成本亦称"税收征收费用",专指税务机关为征税而花费的行政管理费用。具体包括:税务机关的人员经费支出、公用经费支出,以及税务机关在征税和管理过程中发生的专项经费和其他支出。广义的税收成本除税务机关征的行政管理费用外,还包括纳税人在按照税法规定纳税过程中所支付的费用,即西方所称的"税收遵从费用"。具体包括:纳税人因填写纳税申报表而雇用会计师、税务顾问或职业报税者所花费的费用;企业为个人代缴税款所花费的费用;纳税人花在申报税收方面的时间(机会成本)和交通费用,纳税人为逃税、避税所花费的时间、精力、金钱等。

亚当·斯密和瓦格纳所称的"便利、节省"原则,实质上就是税收的行政效率原则。便利原则强调税制应使纳税人缴税方便,包括纳税的时间、方法、手续的简便易行。这无疑有利于节省缴纳成本,符合税收的行政效率要求。而节省原则,即亚当·斯密和瓦格纳所称的"最少征收费用原则",它强调征税费用应尽可能少。需要指出的是,税收的征收成本和缴纳成本是密切相关的,有时甚至是可以相互转换的,一项税收政策的出台,可能有利于降低征收成本,但它可能是以纳税人的缴纳成本的增加为代价的,或者相反。这说明,税收的行政效率要对征收成本和缴纳成本进行综合考虑才有意义。

税收征收费用相对来说容易计算,可用税收征收费用占全部税收收入的比重为衡量指标。税收奉行费用则相对不易计算,特别是纳税人所花费的时间、心理方面的代价,更无法用金钱来计算,故没有精确的指标加以衡量。亦有人将其称为"税收隐蔽费用"。所以,各国政府对其税收本身效率的考察,基本上是以税收征收费用占全部税收收入的比重为主要依据。比重越低,说明税收成本越小,以较小的税收成本换取了较多的税收收入;比重越高,说明税收成本越大,取得税收收入是以较大的税收成本为代价的。

在现实中,要提高税收的行政效率,应该做到:

(1)确实。对一切同征税有关的纳税人,课税对象、税率,以及纳税日期、地点、方法等事项,在税法上都应有明确规定,由征纳双方共同遵守执行,征纳双方都无权任意改变税收法律制度的规定。

(2)便利。在一切同税收征收管理有关的税务登记、纳税鉴定、纳税申报、纳税检查、发货票和账册管理等方面,应尽可能为纳税人提供方便,并尽可能使用现代化的管理手段,改进征收方法,简化征收手续,缩短办税时间,为纳税人提供方便。

(3)简化。在确保税收职能得以充分实现的前提下,尽可能减少税种,简便计算,简化纳税手续,力求精简税制,避免繁杂。

(4)节省。在完成税收任务的前提下,节约费用,减少开支,提高行政管理效率。

(二)税收经济效率

税收经济效率是一个与经济增长、市场机制、政府的税收职能和税收政策相关的复杂概念。在经济学中,经济效率是指资源的有效利用。资源的有效利用程度要以生产者达到的产量使消费者得到的满足程度来衡量。如果生产要素的组合所达到的产量能给消费者带来一定的满足,那么,经济就具有一定的效率。如果生产要素重新组合后的产量能使消费者得到更大程度的满足,就表明经济具有较高的效率。如果生产要素组合所达到的产量能使消费者得到最大程度的满足,任何重新组合将使消费者的满足程度减少,这就表明经济处于最有效状态,这种状态称为"帕累托最优状态"。

经济效率反映到税收的经济效率方面,有不同层次的理解。

税收经济效率的第一层含义是要求税收的"额外负担"最小。所谓税收的额外负担,是指征税所引起的资源配置效率的下降,它是税收行政成本以外的一种经济损失,即"额外负担"。因此,相对于税收行政成本而言,额外负担又可以称为税收的经济成本。亚当·斯密虽然没有提出税收的经济效率原则,也没有提出税收额外负担或税收经济成本的概念,但他认为,通过市场这只"看不见的手"进行自我调节的经济运行是最佳的。也就是说,通过市场配置资源的效率是最好的。任何税收的开征,都会对良好的经济运行产生不利的影响,导致资源配置的扭曲。假定任何税收都存在扭曲效应,那么,不同的征税方式对经济的消极影响或扭曲程度是不同的,在西方自由主义经济学家看来,要使税收扭曲最小化,税收就必须保持中性。

所谓税收中性,是指税收政策不应当干预经济活动和资源配置,税收对一切经济活动产生影响,诸如对劳动、储蓄和资本形成的影响应当是中性的。税收中性作为一个原则,其积极意义应当给予肯定。但是,在具体税收实践中,不可将其绝对化。因为即使在发达的市场经济国家,税收中性原则也只是一个理想目标,没有一个国家在实践中实现完全的税收中性。

税收经济效率的第二层含义是要求通过税收分配来提高资源配置的效率。税收不只是消极地适应经济,由于市场存在缺陷和失灵,因此,政府有必要进行干预,税收是政府调节经济的有效手段。从税收本身来说,不合理的税制固然会引起资源配置的扭曲,因而存在税收的经济成本,但若税制设计合理,税收政策运用得当,则不仅可以降低税收的经济成本,还可以弥补市场缺陷,提高经济的运行效率。换言之,不适当的税收会产生额外负担,表现为资源配置效率因征税而下降;而适当、合理的税收,则会产生"额外收益",表现为资源配置效率因征税而提高。所以,税收效率原则要求积极发挥税收的调控作用,促进经济发展。

本 章 小 结

1. 税收原则是国家在制定税收法律法规、出台税收政策、设计税收制度、进行税务管理等一切涉税活动所必须遵循的基本准则或规范。

2. 中国历史上的治税思想包括四个方面的内容:一是追求公平;二是发展经济;三是组织财政收入;四是加强税务管理。

3. 西方近现代的税收原则从不同侧面反映了西方经济社会发展在各个历史阶段对国家税收制度和税收政策的要求,对各国当代的税收原则有重要影响。

4. 在当前的经济社会发展条件下,中国税收制度和税收政策的制定应该遵循税收法定主义原则、税收财政原则、税收公平原则和税收效率原则。

练 习 题

一、名词解释

税收原则　税收法定主义原则　税收财政原则　税收公平原则　税收效率原则　税收弹性　税收横向公平　税收纵向公平　税收行政效率　税收经济效率　税收中性

二、单项选择题

1. 经济情况不同或纳税能力不等的纳税人,其缴纳的税收不应相同,这体现为(　　)原则。

A. 税收法定　　　　　　　　　　B. 税收效率

C. 税收横向公平　　　　　　　　D. 税收纵向公平

2. 在市场对经济的资源配置有效的情况下,从效率出发,税收的目标是(　　)。

A. 保持税收中性　　　　　　　　　　B. 强化税收杠杆作用

C. 税收收入最大化　　　　　　　　　D. 以上都不对

3. 以下费用中,(　　　)不属于税收征收费用。

A. 税务机关的人员经费支出

B. 税务机关发生的专项经费

C. 纳税人的办税支出

D. 税务机关的公用经费支出

4. 我国最早提出"取之有度、少扰人民"税收思想的是(　　　)。

A. 孔子　　　　　　B. 荀子　　　　　　C. 管仲　　　　　　D. 傅玄

5. 最坏的年成"不税"或"驰而税",这反映我国古代(　　　)的治税思想。

A. 征税有义　　　　　　　　　　　　B. 征税有度

C. 征税应有弹性　　　　　　　　　　D. 征税应普遍

三、多项选择题

1. 在中国市场经济条件下,税收政策与税收制度的制定应体现的原则有(　　　)。

A. 法治原则　　　　　　　　　　　　B. 便利原则

C. 省费原则　　　　　　　　　　　　D. 财政原则

E. 公平原则　　　　　　　　　　　　F. 效率原则

2. 税收法定主义原则主要体现的内容包括(　　　)。

A. 政府征税权法定　　　　　　　　　B. 纳税义务法定

C. 课税要素法定　　　　　　　　　　D. 征税程序法定

E. 解决税收争议和税收处罚法定

3. 税收是取得财政收入的主要来源,财政政策原则作为税收的一个重要原则,体现为
(　　　)。

A. 税收收入充分　　　　　　　　　　B. 税收收入应有弹性

C. 税负总水平要适度　　　　　　　　D. 税收征收要公平

4. 亚当·斯密在《国民财富的性质和原因的研究》中提出著名的赋税四原则,这四个原
则为(　　　)。

A. 平等原则　　　　　　　　　　　　B. 税收不可侵及资本

C. 确定原则　　　　　　　　　　　　D. 便利原则

E. 有利于提高国民道德的原则　　　　F. 最少征收费用原则

5. 税收经济效率其含义包括(　　　)。

A. 征税便利　　　　　　　　　　　　B. 税收的"超额负担"最小

C. 税收征收成本最小　　　　　　　　D. 税收的"额外收益"最大

四、简答题

1. 中国历史上的治税思想体现在哪些方面?举例说明。

2. 简述亚当·斯密的税收原则的内容。

3. 简述瓦格纳的税收原则的内容。

4. 简述马斯格雷夫的税收原则的内容。

五、论述题

1. 谈谈税收法定主义原则在当代中国的重要意义。

2. 如何辩证地看税收公平原则和税收效率原则的关系？

3. 如何理解税收中性与税收宏观调控的关系？

六、案例分析题

【案例资料】

国民文明素质高低、公共行为规范与否，关系到国家形象、民族声望。近年来，我国经济实力持续增强，国际地位不断提高，但是，一些国民的素质并没有随之相应的提高。公共场合大声喧哗、乱插队，旅游景区乱刻字，过马路时闯红灯、翻越栏杆，随地吐痰，随手乱丢垃圾，捣毁公共设施，侵占公共财产等不文明行为随处可见。

全国人大代表谢子龙认为，提高国民素质……完善规范立法，建立奖惩制度，尽快出台专门规定公民文明素质的教育法规，让扶危济困、助人为乐者的合法权益时刻得到保障，让不道德、不文明行为得到处罚，特别是让不择手段、非法牟利者的行为受到严惩。同时，出台与之配套的监督、教育机制，除对不文明行为惩罚外，还要对不文明者进行曝光、教育、说服和帮助。鼓励社会自发成立"志愿者协会""道德银行"等公益组织并探索此类公益组织的长效机制，强化社会对公益服务的尊重，为公益人在自身需要帮助时及时获得回报提供可能的途径和渠道，免除公益人遭遇困难时的后顾之忧和奉献后的"失落之感"。

资料来源：根据网络资料整理。

结合以上案例思路，谈你对萨伊所首创的"有利于提高国民道德"的税收原则的理解，要求利用你所知道的有关税收政策进行分析说明。

第四章　税收的微观效应分析

【知识要点】

税收的微观经济效应是指纳税人因政府课税而导致在其经济选择和经济行为中做出的反应。其主要分析税收如何影响微观经济主体,如何影响厂商和个人的决策及行为。本章主要讲述了税收对生产和消费的影响、税收对劳动力供给和需求的影响、税收对私人储蓄的影响、税收对私人投资的影响、税收对技术创新的影响。税收对这些微观经济主体行为的影响最终会影响到资源配置。

第一节　税收对生产和消费的影响

税收对生产和消费的影响是通过对市场价格机制的扰动来实现的,因为不论是对生产者征税还是对消费者征税,也不论是采用从量征税还是采用从价征税,税收都会在被征税商品的价格中打入一个"税收楔子"。

收入效应和替代效应是微观层次上的两种主要效应形式。收入效应(income effect)是指当政府对商品、所得或者财产征税时,使市场的供求数量较征税前有所下降,造成生产者或消费者实际可支配收入的减少。替代效应(substitution effect)是指当政府对商品、所得或者财产进行选择性征税时,生产者或消费者降低了对原有经济行为或经济选择的偏好,转而用另一种行为或选择进行替代。

一、税收对生产的影响分析

税收对生产的影响是通过税收对生产者行为的影响而达成的。生产者行为(producer behavior)是指生产者为了实现利润最大化,运用各种可支配的生产要素将投入转变为产出的各种行动,包括决定这些行动而做出的决策。

（一）税收对生产者行为的收入效应

税收对生产者行为的收入效应,表现为政府课税使生产者可支配的生产要素减少,从而降低了生产者的生产能力,其生产水平和利润率也随之下降。图4-1具体阐述了税收对生产者行为的收入效应。

假定某一生产者拥有生产要素的数量是固定的,在既定资源和技术条件下,这些生产要素全部用来生产 X 商品和 Y 商品。在图4-1中,PPF_1

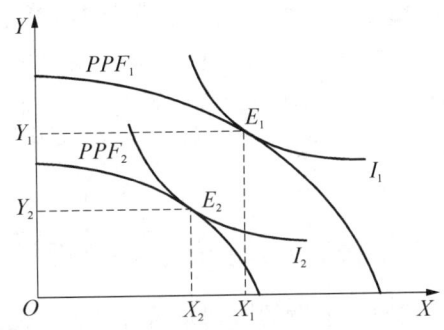

图4-1　税收对生产者行为的收入效应

为政府课税之前生产者的生产可能性曲线(production possibility frontier),它代表着生产者可能生产出来的 X 商品和 Y 商品的组合情况。PPF_1 与无差异曲线(indifference curve) I_1 相切于 E_1 点,决定了政府征税之前生产者的最优生产组合是生产 X_1 数量的 X 商品和 Y_1 数量的 Y 商品,这时生产者可以实现利润的最大化。现假定政府向生产者征收一次总付税或一般性的所得税,这种税只是将生产者手中的一部分生产要素转归政府所有,它并不直接影响 X 和 Y 两种商品间的相对价格。由于政府征税,使得生产可能性曲线由原来的 PPF_1 向内移至 PPF_2,新的生产可能性曲线与无差异曲线 I_2 在 E_2 点相切,形成了政府征税后的生产均衡点,即生产 X_2 数量的 X 商品和 Y_2 数量的 Y 商品。在图 4-1 中,可以看出,$X_2 < X_1$,$Y_2 < Y_1$,这表明政府征税以后由于生产者实际可支配的生产要素较征税前减少了,生产能力也相应下降了。

（二）税收对生产者行为的替代效应

税收对生产者行为的替代效应,主要是由于政府对商品选择性征税而造成的,它表现为生产者所面临的征税商品的相对价格发生变化,导致生产者减少被征税或重税商品的生产,而增加无税或轻税商品的生产,也就是以无税或轻税商品替代被征税或重税商品。图 4-2 具体阐述了税收对生产者行为的替代效应。

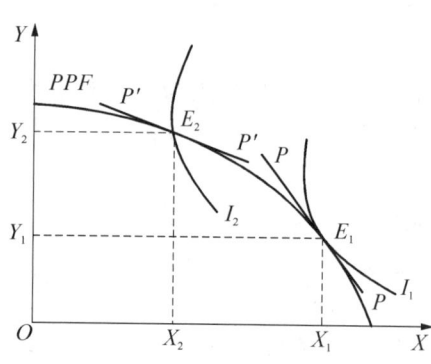

图 4-2　税收对生产者行为的替代效应

仍然假定某一生产者拥有生产要素的数量是固定的,并全部用来生产 X 商品和 Y 商品。在图 4-2 中,PPF 为政府课税之前生产者的生产可能性曲线,其上任何一点的切线的斜率代表的是生产一种商品相对于生产另一种商品的边际替代率或机会成本。政府征税之前,PPF 与无差异曲线 I_1 相切于 E_1 点,决定了税前生产者的最优生产组合是生产 X_1 数量的 X 商品和 Y_1 数量的 Y 商品,这时生产者可以实现利润的最大化。从图中可以看到,PP 是 PPF 与 I_1 的公切线,其斜率就是 X 商品和 Y 商品边际成本间的比率。现假定政府对 X 商品征税,对 Y 商品不征税。政府征税后,消费者为获得 X 商品而支付的价格随之上升,而生产者实际得到的价格反而下降,边际成本比率(即 $P'P'$ 的斜率)也相应提高。PPF 线与 $P'P'$ 线在 E_2 点相切,E_2 点成为政府征税后新的生产均衡点,这时生产者生产 X_2 数量的 X 商品和 Y_2 数量的 Y 商品。在政府征税以后新的边际成本比率或相对价格比率下,生产者所能达到的最高无差异曲线为 I_2,X 商品的生产量将从 X_1 减少到 X_2,而由此转移出的一部分生产要素用于增加 Y 商品的生产,Y 商品的生产量从 Y_1 增加到 Y_2。可以看出,政府对 X 商品征税,对 Y 商品不征税,导致生产者的决策发生了改变,相应地出现了以 Y 商品的生产替代一部分 X 商品的生产。

二、税收对消费的影响分析

税收对消费的影响是通过税收对消费者行为的影响而达成的。消费者行为(consumer behavior)是指消费者利用归自己支配的收入来获取、使用、处置消费物品或服务所采取的各种行动,包括决定这些行动而做出的决策。

（一）税收对消费者行为的收入效应

税收对消费者行为的收入效应是指由于政府征税,导致消费者的实际可支配收入下降,从而降低了对商品的购买量,而居于较低的消费水平。图 4-3 具体阐述了税收对消费者行为的收入效应。

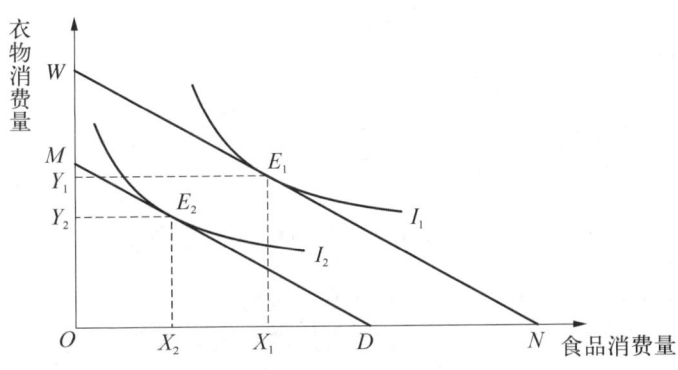

图 4-3　税收对消费者行为的收入效应

在图 4-3 中,假定某消费者的收入是既定的,其全部收入用于购买一定价格的衣物和食品。故该消费者购买两种商品的数量组合连成一条预算约束线(budget constraint line),即图中的 WN 线。消费者可以从一定数量的衣物和一定数量的食品中获得效应满足,并在效应上无差异,则两者数量上的组合可以形成一系列的曲线,即无差异曲线。WN 线可与无数的无差异曲线相遇,但只与其中一条相切。在图中,WN 线与无差异曲线 I_1 在 E_1 点相切。在这一点上,表示消费者以一定的价格购买 X_1 数量的食品和购买 Y_1 数量的衣物,所获得的效用最大。现假定政府对所有消费品征收一次性税收,致使食品和衣物的价格上涨,消费需求量下降,预算约束线由 WN 向左下方平移至 MD。新的预算约束线 MD 与另一条无差异曲线 I_2 在 E_2 点相切,表明政府征税降低了人们的实际可支配收入,尽管衣物和食品的相对价格不变,但人们对食品的需求量却从 X_1 下降为 X_2,对衣物的需求量由 Y_1 下降为 Y_2。在图 4-1 中,可以看出,$X_2 < X_1$,$Y_2 < Y_1$,这表明政府征税以后消费者的生活水平下降,征税后的效用水平低于征税前的效用水平。

（二）税收对消费者行为的替代效应

税收对消费者行为的替代效应,表现为当政府对不同的商品实行差别征税,即有的商品征税,有的商品不征税,或者有的商品征收重税,有的商品征收轻税,从而影响到不同商品间的相对价格,促使消费者减少征税或重税商品的购买量,增加(或相对增加)无税或轻税商品的购买量,也就是说,以无税或轻税商品替代征税或重税商品。图 4-4 具体阐述了税收对消费者行为的替代效应。

现假定政府决定只对食品征税,而对衣物不征税,这将导致两种消费品之间的相对价格发生变化,即食品的价格相对衣物的价格要昂贵一些,消费者对食品的需求量会下降,预算约束线由 WN 向内旋转至 WZ,并与无差异曲线 I_3 在 E_3 点相切。表明政府对食品和衣物实行差别征税后,改变了消费者购买消费品的选择,食品和衣物组合的均衡点由 E_1 移至 E_3,消费者减少了对食品的购买量,从 X_1 下降为 X_3,相对增加了对衣物的购买量,从 Y_1 略下降为 Y_3,从而产生了所谓的税收替代效应。

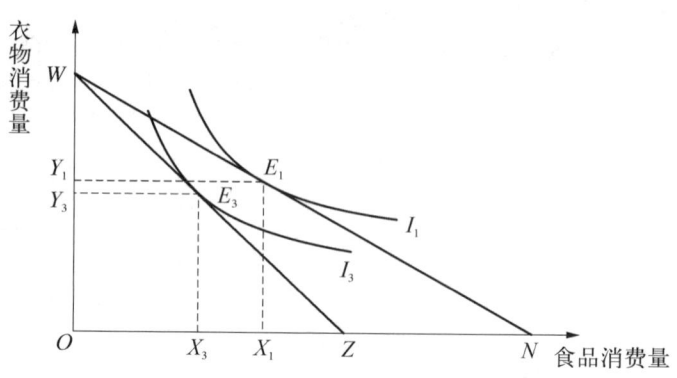

图 4 - 4 税收对消费者行为的替代效应

收入效应与替代效应之和构成了税收对微观经济主体的总效应。收入效应与替代效应的作用方向可以相同,也可以相反。比如,商品税收入效应促使人们减少消费,替代效应也是如此,它们的效应方向一致;个人所得税的收入效应激励人们更多地工作,而替代效应则削弱这种激励,它们的效应方向正好相反。

(三)商品税和所得税对消费的影响

由于消费同收入、商品价格密切相关,因此,税收对消费的影响,是通过商品税和所得税对商品价格和可支配收入的影响实现的。

1. 商品税对消费的影响

商品税是对商品销售行为的课税,它既可以选择对厂商课征,也可以选择对消费者课征。当然,不管在什么环节对什么对象征收,都会引起商品价格上涨,从而减少消费者的购买能力。从经济学原理分析,消费行为既是收入函数,也是价格函数,两者都会对消费产生影响。

而对于不同的两个或两个以上的商品而言,是否征税及税率的高低,在税收上会表现为替代效应。对消费者来说,在同样的条件下,肯定偏向于选择税率低的消费品,因为这样消费者支付的费用要低,这是税收通过价格因素对消费行为影响的第一个方面。

再进一步分析,税收对于不同类型的消费品,其影响程度也不相同,突出表现在:一是对于生活必需品,由于需求弹性小,替代性弱,税收影响因素就小;二是对于非生活必需品,由于需求弹性大,税收影响的因素就要大一些。因此,各国政府大多对一般商品征低税,对奢侈品征高税,后者通常属于特殊消费税的范畴,以此区别于普通意义上的消费税。

此外,在商品课税中,征税范围的宽窄也会影响消费水平,如果征税范围宽,税负容易转嫁,商品价格因课税而上升的幅度大,对消费的影响也大。

政府征税会影响纳税人的决策和行为,给纳税人带来超额经济负担,造成经济的扭曲,这些都是税收"非中性"特征的表现。但是也有某些特定的商品税,如我国对烟、酒、汽油等征收的消费税,由于这些商品的过度使用会危害身体健康、浪费粮食或者污染环境,在这种情况下,不但不会造成经济的扭曲,反而能够引导消费,减少一部分社会成本,所以在这种情况下,税收的超额经济负担就会比较少。

2. 所得税对消费的影响

所得税对消费的直接影响,表现在征税行为减小消费者的实际可支配收入,导致纳税人消费能力的降低,从而降低了消费者的消费水平。

设定 C 为消费,Y 为个人收入,a 为常数,b 为边际消费倾向,t 为税率。那么,税前消费 $C=a+bY$,税后消费 $C=a+b(1-t)Y$。显然,征收个人所得税会降低消费水平。而且税率越高,影响程度越大。

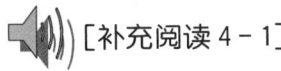 [补充阅读4-1]

消费税让你掏钱很心疼　欧美用税收指导消费

2006 年 4 月 1 日,我国对消费税的税目调整开始生效。这次调整新增了高尔夫球及球具、高档手表、游艇、一次性筷子、实木地板等税目;取消了"护肤护发品"税目;并对汽车等部分税目税率进行了调整。这是 1994 年我国税制改革以来,消费税规模最大的一次调整。这次调整是为了进一步加强消费税的调控功能,更好地反映国家对消费的引导方向。其实,用税收杠杆指导消费,在欧美国家早已有之。

美国的消费税

在美国,消费税每天都会遇到,买东西要缴税,停车要缴税,上餐馆要缴税,几乎需要花钱的地方都要缴消费税。其中有一些就是专门起调节消费作用的。例如,对于价格超过 3 万美元的汽车加征 10% 的奢侈品税;为了限制大排量汽车,美国的燃油税非常高,每加仑汽油的税额与价格比能达到 3∶2;对烟草更是课以重税。20 世纪 90 年代,美国国会还曾针对游艇、私人飞机、珠宝、皮草等高档消费品征收奢侈品税,但后来发现效果与预期的有很大出入。对奢侈品税反对最强烈的不是富人,而是生产奢侈品的工人。由于需求减少,奢侈品生产企业经营困难,不得不解雇员工。本来这些行业的工人大多属于政策帮助的对象,结果反受政策之害。最终,美国国会不得不取消了奢侈品税。

消费税的税率由各州决定,收入供州政府开支使用,各州的税率都不一样。例如,在新泽西州的消费税是 6.25%,且买服装和食品不用缴税,而旁边纽约州的消费税高达 8.75%。其原因是新泽西州人口不多,而纽约州人口很多,这样可以吸引大批的纽约州居民到新泽西州购物,使该州的商业繁荣起来。又如,新泽西州的汽油每加仑要比纽约州低二三十美分。这主要是因为新泽西州没有人口集中的大城市,居民居住分散,汽车是必不可少的交通工具,为减轻居民负担,燃油税就低。

在美国,调节消费并不主要依靠消费税。因为在个人和家庭纳税开支中,消费税并不是大头,而且对每个人的负担都是一样的。买高档商品的只是高收入人群,要真正有效限制奢侈品消费,需要通过调节所得税,减少高收入人群的购买力。从经验来看,提高所得税往往比增加消费税更有效。此外,美国很多城市每年都要对汽车、房产等征收 10% 的财产税,这对抑制奢侈品、高档住宅消费也起到了至关重要的作用。

欧洲的消费税

北欧是全世界物价最高的地区,虽然当地人的高收入可以承受这样的物价,不过前提是对奢侈品、烟酒等没有特殊偏好,因为这些产品的消费税实在是高得惊人。斯德哥尔摩市地方税务局的艾达·霍姆博格告诉记者,瑞典的消费税一般是 20%～25% 左右,但对一些政府不鼓励消费的商品,如奢侈品等,税后价格有可能一下就翻几番。例如,在瑞典商店里卖 200 克朗的葡萄酒,免税店里只卖 100 多克朗,而且酒精含量越高,税率也就越高。

但消费税并不是唯一的调节手段。艾达向记者介绍说,政府也会利用其他灵活的税收手段,与消费税共同发挥作用。如在瑞典,午餐时间政府对饭店征收的营业税会比晚餐时间低,这样也相应降低了午餐的价格,以鼓励消费者能在工作间隙到饭店好好吃顿饭,而晚上的税高,又可以减少大吃大喝。其他如购买汽车,政府虽然免征消费税,但会使用燃油税、排放税等进行调节。房屋也是如此,购买者要将其作为不动产向政府缴税,而且在实行累进税制度的瑞典,房子越大,缴的税也就越多。

欧美消费税始终在调整

斯德哥尔摩大学的埃里克·杜伯曼教授对记者说,对消费税的调整,欧美一直没有间断过。例如,从 20 世纪中期开始,就有很多国家不断调整香烟的消费税,有些国家甚至每年都有变化,目的是调节生产者和消费者的利益。进入 90 年代,国家从香烟中得到的税收达到了高峰,但很多人为了少缴税而大量购买黑市上的香烟。政府为了打击黑市,又降低了香烟消费税。

经济和社会的变化也会引起消费税的变化。如有的国家以前曾对盐、牛奶等征收过消费税,但随着这些商品产量的增加,早已经取消了。而近年来,包括英国、瑞典等国在内,为了缓解城市交通压力,开始征收"拥堵税",对有车一族来说,这也是消费税的一种。

埃里克还向记者表示,从欧美对消费税调整的经验看,总会有些人的利益受到影响。但目前总的发展趋势,政府在扮演着越来越重要的角色。因为在当今社会,除了生产者和消费者外,还有诸如环境、能源及一些社会问题等,这些涉及多数人及长远前景的公共利益,是需要政府进行协调的。

资料来源:何洪泽、雷达,人民网,http://world.people.com.cn/GB/41217/4262817.html,2006-04-03。

三、税收超额负担

政府征税对资源配置或社会经济活动会产生额外效应,即纳税人在支付税款之外,还要被迫调整自身经济行为的效应。这种效应分为负效应和正效应两类。如果征税产生前一种效应,表明税收政策扭曲了人们的经济行为,降低了资源配置效率,造成了社会的超额负担;如果征税产生后一种效应,则表明税收政策提高了资源配置效率,给社会带来了额外收益。

在理论上,征税降低资源配置效率,产生负效应的状况可以通过分析税收超额负担来描述。所谓税收超额负担(excess burden of taxation),是指在市场机制正常运行条件下,征税使纳税人在直接负担税款之外,还因纳税被迫改变自己原来有效率的经济活动,而带给社会的额外损失。西方财税理论界一般使用英国新古典学派代表人物马歇尔的基数效用理论作为超额负担的基础理论,故也称之为马歇尔式超额负担理论。税收超额负担情况可用图 4-5 描述。

图 4-5 表明的是某种商品当政府征税后的税收超额负担示意图,图中横轴表示数量,纵轴表示

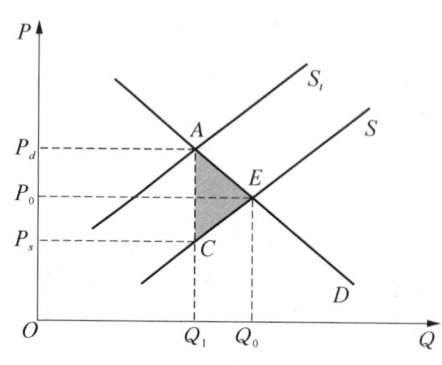

图 4-5　税收超额负担示意图

价格，D 是这种商品的需求曲线，S 是供给曲线。征税前的均衡点用 E 表示，这时的产量为 Q_0，价格为 P_0。假定政府对这种商品课征 P_sP_d 的从量税，供给曲线 S 将向左上方移动至 S_t，税后市场均衡点为 A，产量减少至 Q_1，价格上升至 P_d。这种税的税收收入是 P_sC（销售量）乘以 P_sP_d（税率），即 ACP_sP_d 的面积。消费者因课税而损失的消费者剩余是 AEP_0P_d 的面积，生产者因课税而损失的生产者剩余是 CEP_0P_s 的面积。这两种损失合计为 $AECP_sP_d$ 的面积，显然大于政府的税收收入（ACP_sP_d 的面积）。两者间的差额 AEC 就是课税的超额负担。这表明，纳税人不仅向政府纳税 ACP_sP_d，而且还因商品价格上升，产量（消费量）减少，消费者可能要转向消费其他商品，使消费者在商品间的选择遭到扭曲。

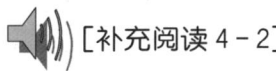 [补充阅读 4－2]

税收在资源配置中的正效应

政府征税会带来税收超额负担，但在市场经济运行失调或存在某种缺陷时，政府征税也能够纠正失灵或弥补缺陷，有利于改善资源配置状况，产生增进社会福利的正效应。主要有三种情况。

一、税收对外部不经济的调节

所谓外部不经济，指某个人或企业的经济活动对其他人或企业产生的不利影响。最典型的例子就是污染环境，以及卷烟、鞭炮等不良消费品的生产、消费对社会带来的危害。制造污染这种外部不经济的行为者，在其经济活动中，追求的是自己经济活动的边际利益等于边际成本，而不考虑污染给他人带来的成本。由于自然环境缺乏明确的产权关系，使得环境污染造成的损害不能靠市场机制来补偿。因此，政府应当介入市场机制，通过征收污染税的方式，使环境损害者将其经济活动的全部社会边际成本都考虑进来。换言之，要使环境损害者自行承担损害成本，使损害者的外部成本（即社会成本）内在化，使其边际私人成本等于边际社会成本。

二、对风险投资的税收鼓励

市场经济的效率通常是建立在消费者和生产者对所有商品和生产要素现行及未来价格的了解或合理预期基础上的。然而，市场经济中的风险与不确定性几乎无处不在，企业往往担心风险过大而不敢对新的项目进行投资，或者因资金有限不敢对外融资来扩大本来应该扩大的生产规模。这种风险因素构成企业成本的一部分，企业必须予以核算。如果投资收益不足以抵付包括风险成本在内的全部成本，企业的资源配置就是低效率的。在这种情况下，政府应当进行协助或干预。可以采取的税收政策包括允许加速折旧、风险投资退税、盈亏互抵等，通过政府分担一部分风险的补偿形式，鼓励企业进行风险产业投资。

三、对"幼稚产业"的税收保护

"幼稚产业"在建立初期，一般生产率较低而成本较高，其实际成本与市场价格往往存在较大的背离。如果根据传统国际贸易理论中的比较成本学说，一国建立这类产业成本高昂，短期内似乎得不偿失。如果听任市场机制自然调节，这类产业便无法生存。但是，发展中国家必须通过扶持"幼稚产业"才能实现工业化的目的。从取得国民经济动态发展的效果来看，保护、扶持这类产业发展，可以实现一国资源配置整体优化，因而有着巨大的民族利益和社会利益。正因为如此,许多发展中国家对本国新兴产业都制定了一整套税收保护政策,如对进口制成品征收高额关税,对进口原材料、半制成品征低税,甚至免税进口等。

资料来源:许建国、薛钢,《税收学》,经济科学出版社 2005 年版,第 77~79 页。

第二节　税收对劳动力供给和需求的影响

人力资本(传统上称为劳动力)在社会生产中的作用十分重要,通过考察税收对劳动力供给和需求数量的变动,可以比较清楚地认识政府征税是如何影响劳动力市场的。

一、税收对劳动力供给的影响

每个劳动者可支配的时间是固定的,也是有限的,有限的时间既可以用于劳动,也可以用于闲暇,这里所说的"劳动"是指劳动者在市场上为取得工资收入而进行工作,而"闲暇"则是指劳动以外的其他活动。如果劳动者把时间用于工作,那么将增加收入、减少闲暇;如果劳动者把时间用于闲暇,则减少工作、减少收入。可见,劳动者实质上是在用收入与闲暇进行交换。劳动者在劳动与闲暇间的选择,取决于工作的报酬和机会成本这两个基本因素,所以劳动者的劳动供给既是个人劳动报酬的函数,也是工作的机会成本——闲暇的函数。

（一）劳动力供给曲线

首先让我们看一下劳动力的供给曲线,劳动力的供给曲线有两种情况。在第一种情况下,劳动力的供给曲线是向右上方倾斜的,它表示当其他条件不变时,每小时的工资越高,人们更愿意多劳动,而减少闲暇的时间,即劳动力供给与工资率成正比。如图 4-6 所示,征税前,小时工资为 W_1,劳动力的工作时间为 L_1。在征收税率为 t 的比例所得税后,税后的小时工资下降为 $(1-t)W_1$,劳动力的工作时间减少为 L_2。这表明税收降低了劳动者的工作积极性。

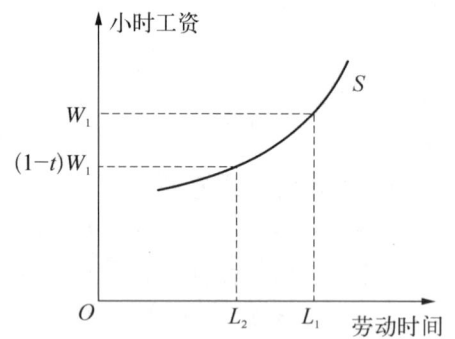

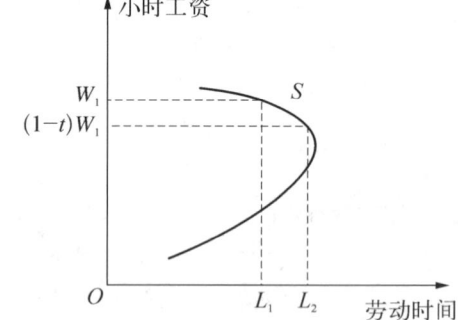

图 4-6　向上倾斜的劳动力供给曲线
（政府征税减少劳动力供给）

图 4-7　向后弯曲的劳动力供给曲线
（政府征税增加劳动力供给）

在第二种情况下,劳动力的供给曲线是一条向后背弯的曲线,它表示劳动力供给在开始阶段随着工资率的增加而增加,但如果小时工资高过某个水平,人们对工资收入的需要不再迫切,这时人们就会选择减少工作时间,而享受更多的闲暇。这种情况根据经验验证确实是存在的。如图 4-7 所示,征税前,小时工资为 W_1,劳动力的工作时间为 L_1。在征收

税率为 t 的比例所得税后,税后的小时工资下降为 $(1-t)W_1$,劳动力的工作时间增加到 L_2。在这种情况下,说明征税反而使得人们的劳动积极性提高了。这是什么原因呢? 接下来让我们来看看税收对劳动力供给的收入效应和替代效应。

（二）税收对劳动力供给的收入效应和替代效应

政府征税对劳动力供给状况带来两种不同效应——收入效应和替代效应。

税收对劳动力供给的收入效应是指征税使劳动者的可支配收入减少,为弥补因纳税而造成的收入减少,劳动者增加工作时间,减少闲暇时间,以达到原有收入水平的行为选择。显然,在收入效应中征税引起了劳动者收入减少,但这却激励了劳动者更加努力工作、增加劳动供给以提高个人收入。收入效应的大小由劳动者缴纳的税金与其总收入之比(即平均税率)来决定。

税收对劳动力供给的替代效应是指由于征税引起劳动者闲暇和工作的相对价格发生变化,从而促使劳动者出现减少工作时间,增加闲暇时间的行为选择。显然,替代效应的大小由边际税率来决定。边际税率越高,工作的边际报酬率就会越低,这时人们就会放弃一些工作时间而用于闲暇,以获得更高的福利水平。

政府对劳动者征收个人所得税,对劳动力的供给会同时产生收入效应和替代效应,而收入效应和替代效应对劳动者在工作和闲暇之间的选择的作用方向正好相反。那么,税收对劳动力供给的影响是增加工作时间,还是减少工作时间? 这就要看是收入效应大于替代效应,还是替代效应大于收入效应,即税收对劳动力供给的净效应,净效应直接与劳动者对劳动和闲暇的偏好有关。如果收入效应大于替代效应,劳动者会增加工作时间;而如果替代效应大于收入效应,劳动者会减少工作时间。

1. 税收对劳动力供给的净效应——收入效应大于替代效应

在图 4-8 中,横轴代表劳动者的闲暇时间,纵轴代表劳动时间,在这里用劳动收入来表示。AB 是劳动者在政府征税前的时间预算约束线,它表明了劳动者有限的时间是如何在劳动与闲暇之间进行分配的。AB 的斜率为劳动者的小时工资率 W。在 AB 上的任何一点都是劳动者劳动时间和闲暇时间的一种组合,如果劳动者将其所有的时间全部用于劳动,那么其闲暇时间就为零,此时他可以获得的工资收入为 OA;如果劳动者将其所有的时间都用于闲暇,那么其劳动时间就为零,此时他获得的工资收入也为零。无差异曲线用来表示劳动者对劳动和闲暇的偏好,以及从中获得的效用水平。在政府征收个人所得税之前,时间预算约束线 AB 与无差异曲线 I_1 相切于 E_1 点,在这一点上,劳动者选择的闲暇时间为 OL_1,其他时间用来工作。

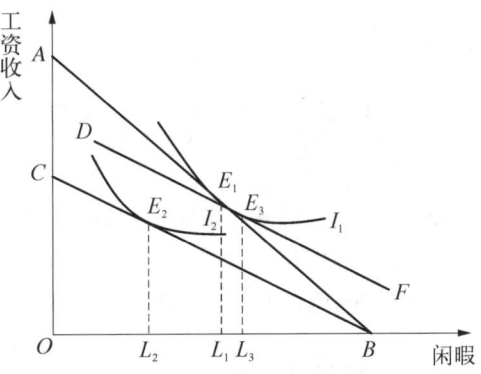

图 4-8　税收对劳动力供给的净效应
（收入效应大于替代效应）

现假定政府对劳动者的工资收入征收税率为 t 的个人所得税,则税后的时间预算约束线就从 AB 向内旋转至 BC,BC 的斜率为 $(1-t)W$,它与无差异曲线 I_2 相切于 E_2 点。在 E_2 点上,劳动者选择的闲暇时间为 OL_2,其他的时间用来工作,这时劳动者的效用是政府征税之后最大的。此时,征税使得劳动者减少了闲暇时间,增加了劳动时间。

为了分解出政府征收个人所得税对劳动力供给的收入效应和替代效应,可以假定政府征税后,劳动者的非工资收入增加,正好补偿了工资收入的下降。这样,政府征税以后,劳动者的无差异曲线仍与政府征税前相同。在劳动者获得了非工资收入补偿的假定下,便形成了一条补偿时间预算约束线 DF,DF 与税后的预算约束线 BC 的斜率相同,因为补偿性非工资收入的获得并没有改变劳动者税后的小时工资率。DF 与无差异曲线 I_1 相切于 E_3 点,E_3 点对应的闲暇时间为 OL_3。在图 4-8 中,E_1 点和 E_3 点都位于无差异曲线 I_1 上,但分别与不同的预算约束线相切,这表明劳动者的效用水平相同,只是用于闲暇和劳动的时间不同。$OL_3 > OL_1$,表明劳动者用 L_1L_3 的闲暇时间替代了劳动时间,这正是税收对劳动力供给的替代效应。E_2 点所在的时间预算约束线平行于 E_3 点所在的补偿时间预算约束线,两者的斜率相同,但 E_2 点和 E_3 点分别位于无差异曲线 I_2 和 I_1 上,这表明劳动者取得的小时工资率相同,只是效用水平不同。$OL_2 < OL_3$,表明劳动者为获得相同的收入,减少 L_2L_3 的闲暇时间用于劳动,这正是税收对劳动力供给的收入效应。在图 4-8 中,我们可以看出,税收对劳动力供给的收入效应大于替代效应,也就是说,税收对劳动力供给的净效应是促使劳动者更多地工作,较少地闲暇。

2. 税收对劳动力供给的净效应——替代效应大于收入效应

在图 4-9 中,情况大多相同,所不同的是劳动者对工作和闲暇的偏好发生了变化。此

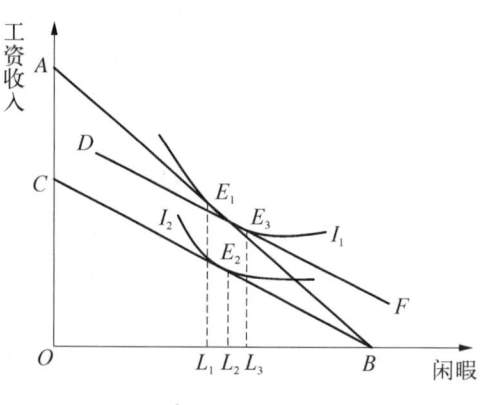

图 4-9　税收对劳动力供给的净效应
（替代效应大于收入效应）

时,$OL_3 > OL_1$,表明劳动者用 L_1L_3 的闲暇时间替代了劳动时间,这同样反映了税收对劳动力供给的替代效应。$OL_2 < OL_3$,表明劳动者为获得相同的收入,减少 L_2L_3 的闲暇时间用于劳动,这同样反映了税收对劳动力供给的收入效应。但与图 4-8 不同的是,在图 4-9 中,税收对劳动力供给的替代效应大于收入效应,也就是说税收对劳动力供给的净效应是促使劳动者更多地闲暇,而减少工作时间。

经过分析税收对劳动力供给的收入效应和替代效应后,我们清楚了两种不同形状的劳动力供给曲线恰好反映了劳动者对劳动与闲暇的不同偏好,即是替代效应占了上风,还是收入效应占了上风。在图 4-9 中,替代效应大于收入效应,政府征税使得劳动者选择减少劳动时间,增加用于闲暇的时间;在图 4-8 中,收入效应大于替代效应,政府征税使得劳动者选择增加劳动时间,减少用于闲暇的时间。

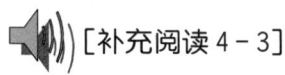[补充阅读4-3]

不同征税方式对劳动力供给的影响

政府采用一次总付税、比例个人所得税和累进个人所得税等不同的征税方式,对劳动力供给的影响是有所不同的。本节正文中分析的是政府采用比例税率的形式征收个人所得税对劳动力供给的影响。下面在政府获取相同的税收收入以及税收收入用于支出的方

式相同的假定下,来对一次总付税、比例个人所得税与累进个人所得税对劳动力供给的影响进行比较分析。

一、一次总付税与比例个人所得税的比较

一次总付税按固定数额征收,税额不随收入额的增减而变化,它不会改变收入与闲暇之间的相对价格,因而不具有妨碍劳动力供给的替代效应,相反它还会激励纳税人努力工作,以维持原来的收入水平或消费水平。与一次总付税相比,比例个人所得税对劳动者劳动力供给的影响要大一些,它具有一定的替代效应,在某种程度上会激励人们选择闲暇替代劳动。虽然从理论上是难以断言一次总付税与比例个人所得税的总效应的,但一次总付税比取得相同税收收入的比例个人所得税能够更多地激励劳动者努力工作却是肯定的。这可以利用补充阅读图4-1来加以说明。

在补充阅读图4-1中,AB是政府征税前的时间预算线,它与无差异曲线 I_1 相切于 E_1 点,决定了劳动者选择享用 OL_1 数量的闲暇。如果政府征收既定数量的一次总付税,将引起预算线向内平移形成新预算线 DF,它与无差异曲线 I_2 相切于 E_2 点,决定了劳动者在政府课征一次总付税的情况下选择享用 OL_2 数量的闲暇。如果政府以课征比例个人所得税的形式来取得相同的税收收入,将引起预算线向内转动至 BC,并且它必定与 DF 相交于 E_2 点,BC 与无差异曲线 I_3 相切于 E_3 点,决定了劳动者选择享用 OL_3 数量的闲暇。从补充阅

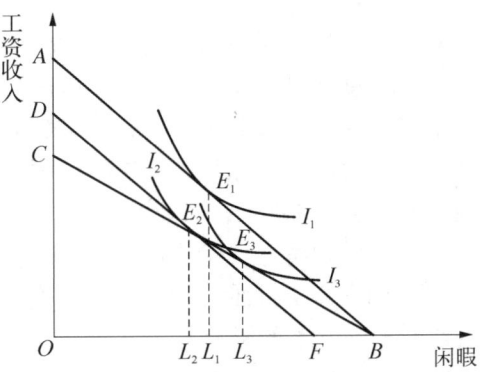

补充阅读图4-1　一次总付税与比例个人所得税对劳动力供给效应的比较

读图4-1可以清楚地看到,当政府课征一次总付税时,劳动者享用的闲暇为 OL_2,少于政府课征比例个人所得税时劳动者享用的闲暇 OL_3,这说明一次总付税较筹集相同收入的比例个人所得税有更多的激励劳动者工作的效应。之所以如此,是因为一次总付税和比例个人所得税取得的税收收入相同,其收入效应相同,但征收比例个人所得税会改变工作与闲暇之间的相对价格,它会产生替代效应,而一次总付税却不会产生替代效应,这两种征税形式的收入效应与替代效应相互抵消之后,其总效应就是上述结果。

二、比例个人所得税与累进个人所得税的比较

类似的分析也可用于获得相同税收收入的比例个人所得税与累进个人所得税之间的比较。在取得相同税收收入的情况下,比例个人所得税与累进个人所得税对劳动力供给具有相同的收入效应。在比例个人所得税下,边际税率与平均税率相等,而在累进个人所得税下,边际税率大于平均税率,这使得累进个人所得税的替代效应大于比例个人所得税。综合比例个人所得税和累进个人所得税的收入效应和替代效应之后,便可以清楚累进个人所得税对劳动力供给的总效应要大于比例个人所得税的总效应,因而产生相同税收收入的比例税比线性累进税能激励更多的劳动力供给。

资料来源:王玮:《税收学原理》,清华大学出版社2010年版,第313~315页。

二、税收对劳动力需求的影响

税收对劳动力需求的影响,主要体现在社会保障税上。社会保障税通常是政府按照雇

员工资的一定比例分别向雇主和雇员征收。企业雇用劳动力,除了向其支付工资外,还要为其缴纳社会保障税。在劳动力市场工资率一定的情况下,政府对企业征收社会保障税或提高社会保障税的税率,都会增加企业的劳动力使用成本。企业为了降低劳动力使用成本,或保持劳动力使用成本不变,一个可供选择的道路就是尽可能地通过技术改造来实现以资本代替劳动力,其结果必然是减少对劳动力的需求。当资本与劳动力之间不能够或难以替代时,企业的总体成本会上升,从而可能促使企业缩小生产规模,并最终导致企业对劳动力的需求下降。从需求方看,雇主对劳动需求的数量取决于工资成本的高低,工资成本越高,需求越小。

第三节　税收对家庭储蓄的影响

储蓄对经济生活具有十分重要的作用,储蓄水平的高低是影响经济增长的因素之一。一国的储蓄总量包括公共部门储蓄和私人部门储蓄,私人部门储蓄包括公司储蓄和家庭储蓄。本节讨论家庭储蓄问题。对于一个家庭而言,储蓄是把家庭收入转移到未来某时期进行消费的活动,即可以把储蓄理解为是未来的消费。家庭进行储蓄的动机主要有以下三个方面:一是生命周期动机,即为了平衡个人一生中收入和所需消费在时间上的不同而进行储蓄,如为退休后的养老而储蓄;二是谨慎动机,即为了防止意外而进行储蓄;三是馈赠动机,主要为了孩子或其他亲属而进行的储蓄。此外,还有投资动机等。在本节,我们主要讨论税收对家庭储蓄的影响。

一、个人所得税对家庭储蓄的影响

在二元经济模型中,国民收入由消费和储蓄两个部分组成,用公式可表示为 $Y=C+S$。也就是说,国民收入的使用,不是用作消费,就是用于储蓄。家庭储蓄是家庭经济资源从现期转移到未来某个时期以便在未来得到满足的活动。家庭储蓄就是私人未来的消费,也就是说是私人推迟了的消费。

影响家庭储蓄的因素有很多,包括家庭可支配收入、储蓄利率、净财富、税收等。下面我们用一个简单的两阶段生命周期理论[①]来分析个人所得税对家庭储蓄行为的收入效应和替代效应。两阶段生命周期理论假定一个人的生命周期分为两个阶段:第一阶段为工作期,在这一阶段个人的收入为 Y,其中 C_1 部分用于消费,剩余的部分用于储蓄,用 S 表示;第二阶段为退休期,没有其他的收入来源,这一阶段的消费 C_2 取决于第一阶段的储蓄及储蓄获得的利息(利率用 r 表示)。在这样的假定下,个人一生的预算约束条件可以用以下公式进行表示:

第一阶段:　　　　　　　　　　$Y=C_1+S$ 　　　　　　　　　　$(4-1)$

第二阶段:　　　　　　　　　　$C_2=S(1+r)$ 　　　　　　　　　$(4-2)$

将公式(4-1)和公式(4-2)整理后,个人的预算约束条件可以表示为:

$$Y=C_1+S=C_1+C_2/(1+r) \qquad (4-3)$$

---

① 两阶段生命周期理论是家庭生命周期理论的简化。家庭生命周期理论是经济学中的一个重要理论,基于一个家庭在不同阶段具有不同的经济行为这一基本事实而进行的研究。

公式(4-3)中,$C_2/(1+r)$ 是第二阶段的消费 C_2 在第一阶段的现值,其中的 $1/(1+r)$ 是贴现系数,它表示在第二阶段 1 元的消费等同于第一阶段的 $1/(1+r)$ 元,同时它也代表着第二阶段的消费价格。贴现系数越大,意味着第二阶段的消费相对于第一阶段的消费就越昂贵。

(一)征收个人所得税对家庭储蓄的收入效应

图 4-10 用于表示政府征税对家庭储蓄的收入效应。在图 4-10 中,横轴代表第一阶段的消费,纵轴代表纳税人的储蓄,也可以说是第二阶段的消费。AB 是个人税前的收入预算约束线,它表示在一定的可支配收入条件下,个人对储蓄和消费的各种选择组合。AB 的斜率为 $(1+r)$,它表示个人在第一阶段放弃 1 元的消费可以换取第二阶段 $(1+r)$ 元的消费。OB 表示个人第一阶段工作的全部收入都用于消费,OA 表示个人第一阶段工作的全部收入都用于储蓄,也就是第二个阶段的消费。AB 与无差异曲线 I_0 相切于 E_0 点,在这一均衡点,第一阶段的消费为 C_1,第二阶段的消费为 C_2,个人实现了在政府征税之前的效用最大化。

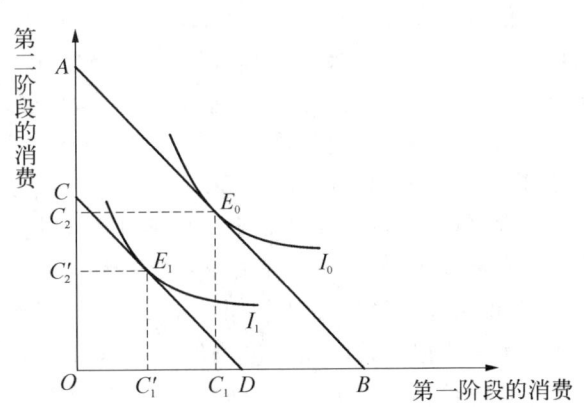

图 4-10　税收对家庭储蓄的收入效应

现假定政府只对个人取得的收入征税,而对储蓄利息不征税。政府课征个人所得税会直接降低纳税人的可支配收入,由于可支配收入减少,纳税人对储蓄和消费的选择组合线会发生变动。但因为政府征税没有涉及储蓄的利息,没有改变税后利率,因而不会改变收入预算约束线的斜率。在图 4-10 中,政府征税后的预算约束线从原来的 AB 向内平移至 CD,CD 与无差异曲线 I_1 相切于 E_1 点,E_1 点决定了政府征税后第一阶段和第二阶段的消费分别为 C'_1 和 C'_2。从 C'_1 和 C'_2 可以看出,政府只对个人收入征收个人所得税后个人第一阶段的消费和第二阶段的消费(或第一阶段的储蓄)都将同时下降。

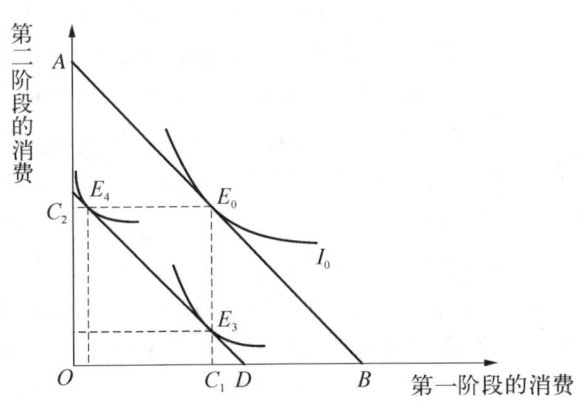

图 4-11　税收对家庭储蓄的收入效应
(偏好不同时的其他情况)

在现实生活中,政府只对个人收入征收个人所得税,也有可能由于政府征税后个人对消费时间偏好的改变而使得第一阶段和第二阶段的消费并没有同时下降。如图 4-11 所示,第一种情况是个人为了保持第一阶段的消费水平,他可能会做出降低第一阶段的储蓄(第二阶段的消费)的选择,此时的消费组合点就在 E_3 点;第二种情况是个人为了保持第一阶段的储蓄(第二阶段的消费),他可能会做出降低第一阶段的消费的选择,此时的消费组合点就在 E_4 点。

经过图4－10和图4－11的分析可以发现,只对收入征收一次比例个人所得税,因为没有改变消费和储蓄之间的相对价格,所以税收对家庭储蓄的影响为只存在收入效应,而不存在替代效应。但征税引起可支配收入减少后,消费和储蓄如何变化关键在于个人对消费和储蓄的偏好。

（二）同时征收个人所得税和利息税对家庭储蓄的收入效应和替代效应

接下来假定政府不仅对个人取得的一般收入征收比例个人所得税,而且对个人取得的储蓄利息也征税。如图4－12所示,横轴代表纳税人第一阶段的消费,纵轴代表纳税人第二阶段的消费（第一阶段的储蓄）。AB 是个人税前的收入预算约束线,它表示在一定的可支配收入条件下,个人对储蓄和消费的各种选择组合。AB 的斜率仍然为$(1+r)$,AB 与无差异曲线 I_0 相切于 E_0 点,在均衡点 E_0,第一阶段的消费为 C_1,第二阶段的消费为 C_2,个人实现了在政府征税之前的效用最大化。当政府对个人的一般收入征收税率为 t 的比例所得税后,纳税人的税后可支配收入减少。又因为政府对储蓄利息征税,使得个人的未来可支配收入减少,从而降低了储蓄对个人的吸引力,继而影响了个人第一阶段或第二阶段的消费决策和储蓄决策,使其不得不降低第一阶段或第二阶段的消费和储蓄。而且对储蓄利息所得征税,也改变了税后利息率,税后的实际利息率由原来的 r 变为 $r(1-t)$,使得第一阶段消费与第二阶段消费的相对价格发生了变化,即提高了第二阶段消费的相对价格,而第一阶段消费的价格相对下降了。此时,政府征税对家庭储蓄既会产生收入效应,也会产生替代效应。

在图4－12中,政府征税（比例个人所得税和储蓄利息所得税）使收入预算约束线从 AB 向内旋转至 BD,BD 的斜率为 $1+r(1-t)$,它与无差异曲线 I_1 相切于 E_1 点,这时用于第一阶段和第二阶段的消费分别为 C_1' 和 C_2'。为了更清楚地分析税收对家庭储蓄产生的收入效应和替代效应,我们在图4－12中引入一条新的预算约束线 FG,它与预算线 BD 平行,与无差异曲线 I_0 相切于 E_2 点。从 E_0 点到 E_2 点的变化,即是政府征税对家庭储蓄替代效应作用的结果。预算约束线 AB 与 FG 的斜率不同,意味着政府征税前后第二阶段消费的价格不同,政府征税后第二阶段的消费价格变得更加昂贵,所以纳税人为了获得同样的效用水平,必然会用价格相对较便宜的第一阶段的消费来代替价格较昂贵的第二阶段的消费,在图4－

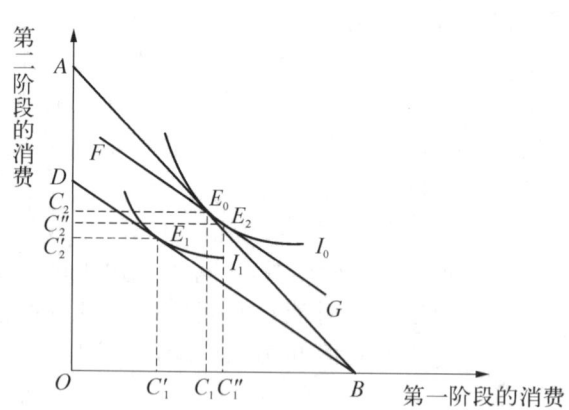

图4－12　税收对家庭储蓄的收入效应和替代效应

12中体现为第一阶段的消费由 C_1 增加到 C_1'',第二阶段的消费由 C_2 下降为 C_2''。而从 E_2 到 E_1 点的变化,即是政府征税对家庭储蓄收入效应作用的结果。预算线 FG 与 BD 平行,意味着第一阶段和第二阶段消费的相对价格没有发生变化,但实际可支配收入减少了。由于可支配收入的减少,纳税人就会同时降低第一阶段和第二阶段的消费,在图4－12中体现为第一阶段的消费由 C_1'' 下降为 C_1',第二阶段消费由 C_2'' 下降为 C_2'。

税收对家庭储蓄的具体效应往往也会因为纳税人对消费和储蓄的偏好不同而有所变

化,与图 4 - 11 所描述的情形一样,因为纳税人的偏好不同,那么 E_1 点的位置可能是变化的。比如纳税人为了维持未来一定的消费水平,并不会减少储蓄,而是保持第一阶段的储蓄水平不变,此时 E_1 点的位置就可能是在 E_0 的正左边,而不是左下方;再比如纳税人为了维持第一阶段的消费水平,会减少储蓄,做出降低第一阶段的储蓄(第二阶段的消费)的选择,此时 E_1 点的位置就可能是在 E_0 的正下方。

由于政府征税对家庭储蓄的收入效应和替代效应的作用方向相反,所以税收对家庭储蓄行为的实际影响并不是确定的,它具体取决于税收对家庭储蓄的收入效应与替代效应的相对大小。尽管在理论上无法确定税收对家庭储蓄的收入效应与替代效应的相对大小,但以下结论可以帮助我们思考税收对家庭储蓄的影响:

(1)税收对储蓄的收入效应的大小取决于所得税的平均税率水平,而替代效应的大小取决于所得税的边际税率高低。

(2)边际税率的高低决定了替代效应的强弱,所得税的累进程度越高,对个人储蓄行为的抑制作用越大。因此,累进个人所得税较之比例个人所得税,对家庭储蓄有着更大的妨碍作用。

(3)高收入者的边际储蓄倾向一般较高,对高收入者征税有碍于储蓄增加,降低高收入者负担的税收,有利于增加家庭储蓄。

(4)减征或免征利息所得税将提高储蓄的收益率,有利于储蓄。

二、其他税对家庭储蓄的影响

(一)商品税对家庭储蓄的影响

商品税也会对家庭储蓄产生影响。在政府取得相同税收收入的情况下,商品税比个人所得税更有利于家庭储蓄,主要理由如下:

(1)商品税的税基是商品的交易额,这实际上是对消费征税,而将储蓄排除在商品税的征税范围之外,这在某种程度上可以视为对储蓄行为的一种激励。而且商品税一般采用价内税的形式,税款内含在商品价格之中,它常常随着买卖双方交易的实现转嫁给消费者。消费者承担的商品税只与其消费支出相关,而与储蓄无关。可见,开征商品税会限制当期的消费,而有利于提高当期的储蓄能力和储蓄倾向。

(2)商品税并不降低家庭储蓄的回报率,因而不存在课征所得税时产生的对家庭储蓄的替代效应,而这种替代效应是不利于家庭储蓄的。

(3)政府课征商品税也会减少个人的实际可支配收入,但由于商品税所涉及的仅仅是用于消费的部分,而且往往又是特定的消费行为,所以它更多的是减少主要用于消费的收入。如果一个人没有储蓄,那么课征商品税只能降低其消费。如果个人的储蓄具有极强的契约性质,任何收入或消费的变化都不会对这种储蓄行为产生冲击,这时商品税也只会限制消费,而较少影响储蓄。

(4)商品税的税收负担具有一定的累退性,而个人所得税的税收负担则具有累进性。由于边际储蓄倾向与收入是成正比例关系的,收入水平越高,其储蓄也就越多。对高收入者来说,税收的累进程度越低,留给他的资金越多,由于其储蓄倾向较高,在一定程度上就增强了个人或家庭的储蓄能力,因此商品税更能鼓励储蓄。

(二)财产税对家庭储蓄的影响

财产税也能够直接影响私人的储蓄行为。财产是一定时点上家庭所拥有经济资源的总值,作为一个存量,财产是家庭各个时期储蓄的积累。无论家庭出于何种动机进行储蓄,都是家庭拥有一定数量的财产,所以政府对家庭的财产课税,实质上就是对家庭储蓄的成果征税,这对家庭储蓄不能不产生一定的抑制作用。如果人们认为财产税负担过重,而不愿意将储蓄转化为其他可以获得利益的财产,然而又由于通货膨胀等因素不可能将储蓄永远存在银行,这时人们就会选择减少储蓄甚至不储蓄,而完全将收入用于消费。可见,财产税会鼓励人们把更多的收入用于当期消费,而不是用于储蓄。

(三)遗产税和赠与税对家庭储蓄的影响

为限制财富过度集中,很多国家开征了遗产税和赠与税。遗产税和赠与税作为限制财富过度集中的税收制度形式,起到了收入分配调节的作用,一般来讲,遗产税的边际税率都比较高(有的国家最高一级甚至达到70%),这一政策规定无疑也会增加个人对现时消费的额度,而对储蓄产生抑制作用。

值得指出的是,储蓄率与居民对未来收入水平的预期以及居民储蓄习惯,以及社会保障制度的完善与否,甚至历史传统也有非常紧密的联系,比如社会总体收入水平高,可以用于储蓄的绝对水平就高,东方国家的居民比西方国家的居民更加偏好储蓄,所以孤立地研究税收对储蓄的影响是比较困难的,但是至少应该知道,税收对储蓄的影响是非常有限的,比如在社会保障不健全和公共福利供给较少的情况下,人们从生命周期动机和谨慎动机出发,不管利息税高低,都有可能更加偏向储蓄,而放弃即期消费。

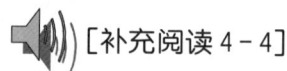 [补充阅读4-4]

我国有巨大的居民消费潜力挖掘空间

在"促需求、保增长"的背景下,理论视角上,需求的增长依赖于消费(包括政府支出)、投资和净出口"三驾马车"。在目前的宏观经济背景下,我国为应对2007年全球金融危机的影响:在投资方面,从财政的角度实施了一系列以中央财政1.18万亿元投入来拉动投资规模的"4万亿元"刺激计划,并且在信贷的投放量上2009年新增贷款10.52万亿元,其基本也进入了投资领域;在净出口方面,由于我国是以制造业为主的产业结构,在全球金融危机且经济不景气的情况下,其出口导向型的经济增长模式严重受创,同时加上目前国际上对人民币升值压力的呼声愈高,由此也进一步桎梏了通过净出口来拉动需求的预期;而从消费方面,改革开放以来,中国一直在外向型经济模式下推动经济增长,即主要通过投资和净出口方式,而国内广阔的消费市场和居民巨大的消费潜力还没有真正发挥作用,即使在此情况下,有研究显示居民消费支出对经济增长的贡献率2007年也在28.64%。倘若试想我国能够提高居民消费支出对经济增长的贡献率,那通过"促需求"来"保增长"的目标也可以实现,国民经济也能够进入新一轮以国内消费来促进需求而推动增长的轨道。实际上在目前情况下,我国居民消费市场的潜力挖掘空间还十分巨大。

一、潜力巨大的总体消费市场

首先,从人口规模上来说,13.27亿的总人口本身就是一个巨大的消费群体,6.06亿城镇人口对现代服务业和新兴行业的消费和7.21亿农村人口消费的升级换代是不可估量的规模;第二,虽然我国的经济取得了巨大进步,从GDP到人均收入到人均消费量在绝对量上有巨大的增长,但从消费的角度来看,居民消费率却明显下降,从1981年的67.5%到1991年的48.5%,

再到 2000 年的 48.2%,2008 年的 35.3%,与其他国家相比也低很多,例如美国 2008 年的居民消费率为 70.1%,印度也有 54.7%,而另一边居民的储蓄却增势不减,我国城乡居民储蓄余额于 2003 年突破 10 万亿元大关后,2005 年年末就快速增至 14.11 万亿元,而 2009 年则达 26.07 万亿元。从补充阅读表 4-1 明显可以看出城乡居民可支配收入明显增加的情况下居民消费率不断下降,而居民储蓄率却不断上升。由此,可得出基本判断一:虽然我国的消费群体规模很大,收入水平也提高很大,但居民的消费潜力还没有真正发挥,相比国外,居民更多地倾向于储蓄而并非消费。

补充阅读表 4-1

中国居民人均可支配收入、居民消费率与储蓄率变化趋势

年　份	城镇居民可支配收入(元)	农村居民人均纯收入(元)	居民消费率(%)	居民储蓄率(%)
1980	477.6	191.3	50.8	34.4
2001	6 859.6	2 366.4	45.2	38.6
2005	10 493	3 254.9	37.7	48.2
2008	15 780.76	4 760.62	35.3	51.3

二、巨大的农村居民消费市场

研究显示,中国农村的居民边际消费倾向一直高于城镇,如 2003 年城镇和农村的居民边际消费倾向分别为 0.63 和 0.74,2007 年分别为 0.64 和 0.71。另外城镇和农村居民平均消费水平也存在较大差距并且不断扩大,改革开放初期的 1984 年其城乡消费水平相对比才为 2.2,1990 年就上升到 2.9,2003、2004 年则上升到最大的 3.8,而最近几年则一直保持在 3.6。在农村居民边际消费倾向高于城镇和两者相对消费水平比不断上升的情况下,城乡居民的收入差距却不断扩大,2008 年城镇居民人均可支配收入和农村居民人均纯收入首次突破 1 万元,城镇居民人均可支配收入达 15 780.76 元,农村人均纯收入达 4 760.62 元,两者差距 11 020.14 元。由此,可得出基本判断二:7.21 亿规模的农村人口,即使在其边际消费倾向高于城镇的情况下,因为当前收入水平或预期收入水平不高,其消费能力还极其有限,但未来通过建立合理的收入分配制度、完善社会保障制度,其消费水平还有巨大潜力可以挖掘。

三、经济社会转型时期特殊群体居民消费潜力

当前,市场经济条件下,竞争机制的引入,经济社会转型矛盾凸显,产生了一大批具有不同消费能力的特殊群体。第一,经济社会转型的受益群体。健全社会保障制度覆盖且收入稳定的政府公务人员、大中型国有企业员工(特别是这些企业的中高层管理人员)、金融企业类员工、中小企业主、个体经营户,可以认为是受益群体,他们的收入高且稳定,具有较高的消费能力。这类群体对住房、汽车、旅游,甚至是奢侈品的消费具有较高需求,实际上,部分居民甚至开始了购买私人飞机、私人游艇等的高端消费。第二,竞争环境下经济社会转型的受损群体。国有企业改制过程中的下岗工人、失业工人、失地农民、城市农民工、低端产业工人等可以认为属于此类,这类群体没有固定收入或收入水平低,其消费至多满足最基本的生活需要,由于我国统计上的缺失很难用数据来表述其规模,但单从城镇登记失业人数看,2008 年为 886 万人,其实际数据远不止这些规模,肯定规模则更为庞大。第三,

经济社会转型的负担群体。此类群体主要指丧失劳动能力的老、弱、病、残和孤寡老人群体,这类群体必须完全由社会保障制度来保证其最基本生活。从消费角度看,第一类群体应该通过提供高端消费品和营造良好的消费环境来引导其消费,而第二、第三类则应该通过收入分配制度的调整、社会保障制度的完善来提高其消费能力。由此,可得出基本判断三:经济社会转型时期催生了不同消费能力的群体,只要有合理的制度安排,不仅可以引导高收入群体的消费,也可以提高低收入群体的消费能力,特殊群体的消费潜力依然巨大。

　　资料来源:马海涛、和立道,《税收政策、居民消费潜力与扩大内需》,《财政监督》2011年第 5 期,第 19~20 页。

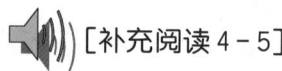 [补充阅读4-5]

国家发展与改革委员会官员谈我国居民消费潜力问题

四个方面六大措施进一步释放居民消费潜力

2015 年 1 月 16 日,国务院新闻办公室举行国务院政策例行吹风会。国家发展与改革委员会副主任在回答记者提问时表示,消费对中国经济的拉动作用是非常重要的。

随着消费升级的推进,消费的多样化和个性化的特征越来越明显。我们以往的模仿型、排浪型的消费已经渐渐淡出。从政策的角度,我们一定要适应社会需求的变化来研究消费。2015 年,我们可以从四个方面六大消费领域里做工作。

一是要扩大就业。消费得有收入,没有收入怎么消费,而增加收入最重要的一条就是扩大就业。有了就业、有了收入,就可以来引导消费,当然还要深化收入分配制度的改革。

二是要健全社会保障体系。重要的是要改善居民的消费预期,包括完善社保的体制,提高社保和福利的水平,推进社会救助体系建设,增加基本公共服务供给。就是说,让群众敢消费。

三是改善消费环境。提升居民的消费意愿,意愿主要是流通体系、消费相关设施的建设、完善消费的政策,实际上是规范秩序、营造环境、保护消费者的权益,最终营造一个便利、安全、放心的消费环境,让群众愿意消费。从能消费到敢消费到愿意消费,这就是一条很好的链条。

四是要找到现阶段的消费热点。比如,"双 11"的消费额,2013 年是 350 亿元,2014 年达到了 570 亿元。570 亿元是什么概念? 每分钟就要有几个亿元的收入上来,同时每秒钟是几千万人在线,这个市场有多大? 它又对我们的消费环境提出了多大的要求? 又如,2014 年的电影销售超过了 300 亿元,电影的消费也是拉动经济增长的一个非常重要的消费。不但是电影,爆米花的消费比电影的消费都要高。

国家发展与改革委员会副主任强调指出,政府要推进引导性的消费工程,有六大消费工程:一是信息消费;二是绿色消费;三是稳定住房消费;四是提升旅游消费;五是教育、文化、体育的消费;六是适应中国老龄化的需求。

居民消费进入高品质阶段　消费潜力巨大

2016 年 11 月 29 日,国家发展与改革委员会就进一步扩大消费政策措施有关情况举行发布会。

国家发展与改革委员会综合司官员在会上表示,2016 年以来,我国经济保持平稳增长,

"三驾马车"中消费发挥了重要作用,前三季度贡献率达到 71%,同比提高 13.3 个百分点。从下一步发展趋势看,我国已经进入消费率由降转升、需求结构发生趋势性变化、消费对经济增长拉动作用不断提高的关键时期。传统消费将提质升级,新兴消费蓬勃发展,消费潜力巨大。

该官员表示,在看到消费增长潜力的同时,也应注意到,当前消费增长面临着一个较为突出的问题,即高品质的产品和服务供给不足,究其原因是体制机制不健全,政策体系不完善,市场软硬环境不规范等,影响社会资本增加消费有效供给的积极性和主动性,导致消费供给调整升级滞后于需求变化。为此,应坚持以供给侧结构性改革为主线,以改革创新增加消费领域特别是服务领域有效供给,补上短板,进一步扩大国内消费。

资料来源:国务院新闻办公室网站,http://www.scio.gov.cn/32344/32345/32347/32348/zy32353/Document/1392434/1392434.htm,2015-01-16,经整理。刘丽靓:中国证券报·中证网,http://www.cs.com.cn/xwzx/hg/201611/t20161130_5106883.html,2016-11-30,经整理。

第四节　税收对私人投资的影响

为获得一定的收益,企业和个人将资金转化为资本的过程被称为私人投资。企业和个人是否进行投资,受许多因素的影响,如果投资收益率高于投资成本,企业和个人就可能进行投资;如果边际投资收益率高于边际投资成本,企业和个人就可能继续追加投资。由于纳税人考虑的投资收益不是税前的,而是税后的,所以税收是纳税人投资必须要考虑的一个重要因素。本节我们将分析税收对投资产生的收入效应和替代效应,考察税收如何通过影响投资的边际收益率和边际成本来影响实体经济投资。

一、对私人投资收益课税的收入效应和替代效应

对私人的投资收益课税毫无疑问将会降低纳税人的投资收益率,因为纳税人可支配的投资收益是需要缴纳企业所得税之后的税后收益。税收对投资者的投资行为产生两种基本的效应,即收入效应和替代效应。收入效应是指政府对投资收益课税后,由于投资收入下降,促使纳税人为维持以往的收益水平而被迫牺牲当前的消费额度来增加一定数量的投资。替代效应是指政府对投资收益征税,使投资收益率下降,改变了投资和消费的相对价格,此时纳税人投资的边际效用下降,消费的边际效用上升,进而降低了纳税人对投资的偏好,因此纳税人选择用更多的消费来替代投资。

由于投资实际上是纳税人放弃当前的消费以便在将来获得更多收入的行为,为了兼顾当前和未来的福利,纳税人必须在消费和投资之间做出选择。由于对私人投资收益课税所产生的收入效应和替代效应方向相反,所以税收的净效应就会有两种情况:第一种情况是收入效应大于替代效应;第二种情况是替代效应大于收入效应。

（一）税收对私人投资的收入效应大于替代效应

在图 4-13 中,纵轴代表纳税人对投资的选择,横轴代表纳税人对消费的选择,AB 表示在收入既定的情况下,纳税人对投资和消费的资金预算约束线。AB 线与无差异曲线 I_0 相切于 E_0 点,纳税人对投资和消费的选择分别为 V_0 和 C_0,此时纳税人的效用最大。

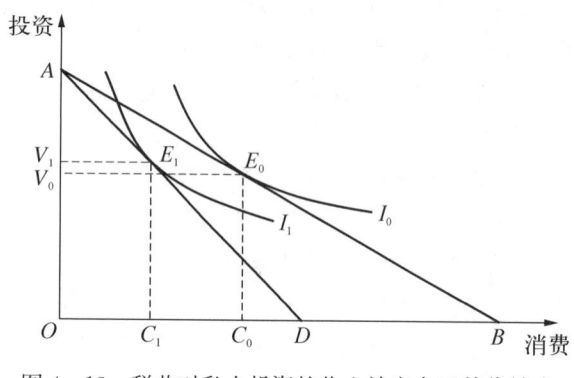

图 4 - 13　税收对私人投资的收入效应大于替代效应

现假定政府对纳税人征收企业所得税,纳税人的投资收益出现下降。如果纳税人因为税后投资收益率出现下降而倾向于增加投资,那么其对投资和消费的选择组合线会由 AB 以 A 为原点向内旋转至 AD,它与无差异曲线 I_1 相切于 E_1 点,在这一点上,纳税人税后可获得最大效用的组合是数量为 V_1 的投资和数量为 C_1 的消费。从图中可以看出,$V_1 > V_0$,$C_1 < C_0$,这说明政府征税对私人投资的收入效应大于替代效应。

（二）税收对私人投资的替代效应大于收入效应

在图 4 - 14 中,初始情况与图 4 - 13 完全一样,纵轴代表纳税人对投资的选择,横轴代表纳税人对消费的选择,AB 表示在收入既定的情况下,纳税人对投资和消费的资金预算约束线。AB 线与无差异曲线 I_0 相切于 E_0 点,纳税人对投资和消费的选择分别为 V_0 和 C_0,此时纳税人的效用最大。

当政府对纳税人征收企业所得税后,如果纳税人因为税后投资收益率出现下降而倾向于减少投资,那么其对投资和消费的选择组合线会由 AB 以 B 为原点向内旋转至 FB,它与无差异曲线 I_2 相切于 E_2 点,在这一点上,纳税人税后可获得最大效用的组合是数量为 V_2 的投资和数量为 C_2 的消费。从图中

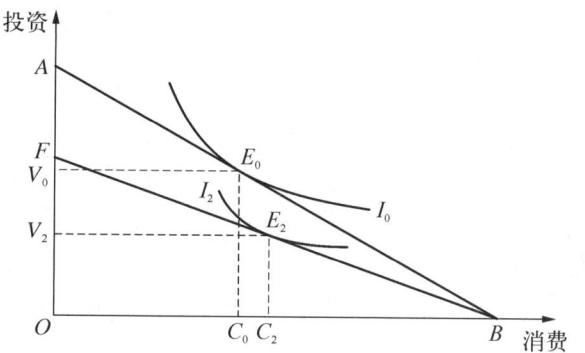

图 4 - 14　税收对私人投资的替代效应大于收入效应

可以看出,$V_2 < V_0$,$C_2 > C_0$,这说明政府征税对私人投资的替代效应大于收入效应。

二、税收对私人投资成本的影响

私人投资成本是指纳税人对资金使用的机会成本。私人投资成本的大小与固定资产折旧、投资抵免、企业生产成本的扣除范围和标准、减免税以及融资成本等有关。

（一）加速折旧和投资抵免对私人投资成本的影响

加速折旧和投资抵免可以引起资本成本的变化,激励企业投资。当企业的投资收益率大于企业的资金使用成本时,企业才会进行投资。如果市场上的资金使用成本很高,那么可以供企业选择的项目就比较少而风险也比较大。加速折旧制度和投资抵免制度之所以能够成为刺激企业投资需求的两大税收制度,就是因为它们降低了资金的使用成本,增加了企业可以拥有的资本存量,生产要素增加,促进企业进行投资。

下面我们来分析加速折旧和投资抵免对私人投资产生的影响。

固定资产折旧是指固定资产逐年损耗价值的补偿。一般来讲,折旧可以分为真实折旧和税收折旧。真实折旧一般是企业对固定资产有形损耗和无形损耗的实际损耗计提的折

旧;税收折旧则指按照国家税法的规定按一定的年限和规定的折旧方法计提的折旧。如果税法所规定的折旧方法与会计上使用的折旧方法存在差异,那么企业需要进行必要的纳税调整,税前允许扣除的折旧大小将直接影响投资行为。若税收折旧小于实际折旧,则允许在税前扣除的折旧金额小,企业应纳税所得额较大,这会加重纳税人的税收负担,不利于企业的资金营运能力的改善和投资。若采用加速折旧的方式,当税收折旧大于实际折旧时(企业税前提取的折旧高于实际折旧),那么企业的投资资本提前得到了补偿,得到了递延纳税和资金的时间价值的好处。特别是在经济出现通货膨胀的条件下,加速折旧更加能够保护企业的利益,减少通货膨胀给企业带来的损失。例如,我国对于企业的某些固定资产(由于技术进步,产品更新换代较快的固定资产;常年处于强震动、高腐蚀状态的固定资产),可以采取加速折旧的方式(双倍余额递减法或者年数总和法)进行企业所得税税前扣除。

投资抵免是刺激产业投资的一种税收政策,政府通过对企业符合规定的投资额给予一定比例的税前扣除,从而减少企业的应纳税所得额。假设企业当期的投资抵免率为 k,企业投资购买设备的价款为 Q,则企业可以获得的投资抵免税款总额为 kQ。投资抵免政策减少了企业购置资产的有效价格,降低了企业的边际成本,从而可以刺激企业的投资行为。在税收制度中,加速折旧和投资抵免都是非常有效的刺激投资的方法。许多国家都曾采取过用投资抵免方式激励企业投资的政策。例如,美国 1993 年在任的总统克林顿就曾建议实行投资税收抵免制度以刺激投资。我国对于企业购置的用于环境保护、节能节水、安全生产等专用设备,可以按购置设备金额的 10% 抵免企业当年企业所得税应纳税额。

前面的分析,我们知道对企业的投资收益课税将使企业生产成本增加,但加速折旧和投资抵免政策可使企业资本投资的使用成本降低,所以加速折旧和投资抵免政策将是影响企业投资资本要素组合和投资总额的有效杠杆。

（二）企业生产成本的扣除范围和标准对私人投资成本的影响

下面我们来看企业生产成本扣除范围和扣除标准的规定对企业投资成本的影响。一般来讲,企业生产成本所发生的直接人工和直接材料均可以在税前据实扣除,但企业的某些生产费用,如广告费和业务招待费等,虽然这类费用支出在生产经营活动中也是必需的,会计核算中都是据实扣除,但税法却规定,上述费用只允许在税前限额扣除。原因是:如果列支过宽,比如可以据实列支,虽然可以刺激投资,但同时容易造成资源无节制的浪费,且这种过度列支极其容易造成政府的税收流失和垄断企业的产生。但如果界定范围太窄,许多费用都不能获得列支,那么必然给企业的资本补偿造成一定的困难,企业税收负担较重,而且新投资和置换投资都受到阻碍。因此,税法对企业生产成本扣除范围和标准的规定,直接关系到应税所得额和投资收益的大小,对企业投资会产生一定影响。

（三）减免税对私人投资成本的影响

税收制度讲求公平税负,创造平等竞争的环境,但税法也同样对许多投资行为作出了减免税的规定。如我国《企业所得税法》规定,对于小型微利企业给予减按 20% 的税率征收企业所得税的规定;对于国家需要重点扶持的高新技术企业给予减按 15% 的税率征收企业所得税的规定。这些减免税的规定提高了投资者的收益水平,促进了企业投资的增长,加速了企业资本的回笼。从某一角度讲,税收也是企业的一种成本,减免税可以降低企业的投资成本。

（四）融资成本对私人投资成本的影响

企业最常见的融资方式包括股权融资和债权融资。税法对待股权融资和债权融资是有区别的，它还在一定程度上扭曲了企业的融资决策。在发行债券或者向金融企业借贷的情况下，企业必须向债权人支付利息，税法允许企业在企业所得税税前将利息费用列支，这可以起到税收屏蔽的作用，比如市场利息率为 r，税率为 t，企业的实际借款利率因为政府征税而降低为 $r(1-t)$。

此时，因为负债利息从税基中扣除，所以降低了负债成本的相对价格，企业便愿意提高其负债——权益比率。而在股权融资的情况下，只可能将税后利润分配给股东，并不会取得税前列支之类的税收利益。所以，税法对于债权融资有一定的刺激，但刺激的效应不可能使得企业全部采用债权融资，这是因为：① 企业融资能力不足或者市场融资渠道不通畅；② 风险因素的存在，债权融资的杠杆效应十分明显，企业借得越多，则在遇到财务困难时风险也就越大。在各国都大量存在着由于过度借贷造成企业破产的例子。但税收的这种刺激偏向的确使得企业在两者间有一定的替代调整，而这种刺激效应的大小，还有待于实证分析。有人说，由于税制怂恿借债，对企业借款产生了较大的刺激，所以使得企业破产的概率远远地超过了它本该出现的程度①。

三、税收对企业投资组合和投资风险的影响

任何投资项目都存在风险，风险越大，投资收益往往也越大。企业对投资项目进行选择时，既会考虑投资收益，也会考虑投资风险。不论何种形式的投资，投资人都希望能够从投资中获得一定的收益。不同资产的收益率是不同的，而且由于市场的不确定性及信息的不对称等市场失效因素的存在，不同形式的投资必然伴随有不同的风险。为了分散投资风险以实现自身效用的最大化，投资者往往会同时持有几种具有不同收益和风险的资产，并根据情况对其持有的各种形式资产的比例进行调整，直到各种资产的边际收益率相等为止，这就是通常所说的投资组合（也称为资产组合），意为不把鸡蛋放在一个篮子里。投资组合的多样化，能够在一定程度上降低投资的总体风险。

政府征税会对企业的投资组合产生一定的影响。在现实中，投资者往往按照其对风险和收益的偏好来做出持有不同资产的组合比例。

为了简化分析，现在假设企业只有两种投资项目可供选择，一种是完全无风险的投资，另一种是有风险的投资。如果政府在征收企业所得税时，不允许投资者用投资亏损来冲抵其投资收益，那么对完全无风险的投资来说，由于其收益率为零，因而政府征税对其没有影响。但对于有风险的投资，由于投资收益为正，对其收益课税，那么风险资产的净收益在税后会下降，这样就会降低风险资产对投资者的吸引力，而且企业所得税的税率越高，风险资产的吸引力就越低。显然，这一税务处理方式有利于人们对完全无风险资产的投资，而不利于风险资产的投资。

当然，现实生活中完全无风险而收益为零的投资只是一种极端情况，大多数资产或多或少都存在一定的投资风险。与上面的分析相同，在有风险的投资中，税收有利于风险较小的投资，而不利于风险较大的投资。这样往往会导致企业只愿意进行安全投资，而不愿

---

① 王国清：《税收经济学》，西南财经大学出版社 2006 年版，第 81 页。

意从事有风险的投资。在现实的经济活动中,任何投资都是有一定风险的,有些投资风险可能会更大一些,但这些投资项目却是社会发展所必需的,如对高新技术的研发、对新材料、生物制药等项目的投资等。如果政府在征税过程中不采取相应的激励措施的话,那么这些风险投资就不可能进行,社会所需的风险投资不能进行将阻碍经济发展和社会进步。

如果政府允许投资者用投资亏损来冲抵其投资收益(下面简称为盈亏互抵),那么就意味着政府在分享企业收益的同时也承担了企业的一部分损失。此时,税收既降低了风险投资的收益,又降低了其投资的风险程度。

例如:某投资者在某一项目上亏损了 100 万元,在另一项目上盈利了 100 万元,假定企业所得税税率为 25%,试比较在不允许盈亏互补和允许盈亏互补这两种税务处理方式下,企业应缴纳的所得税分别为多少?

第一种税务处理方式(不允许盈亏互抵):该投资者将缴纳 25 万元(100×25%)的企业所得税;

第二种税务处理方式(允许盈亏互抵):该投资者将缴纳 0 元[(100-100)×25%]的企业所得税。

从上面的例子可以看出,允许盈亏互抵企业将减少纳税 25 万元,也可以说该企业的实际投资损失从 100 万元下降为 75 万元。可见,在允许盈亏互抵的情况下,政府实际上成为投资者的"合伙人"。这样,政府征收企业所得税对风险资产的投资就产生了双重影响:一方面它降低了风险资产的收益率,从而抑制了人们进行风险投资;另一方面它又降低了风险资产的风险程度,从而刺激了人们去进行风险资产投资。由于这两种影响方向相反,所以企业所得税对投资者进行风险资产投资进而对其投资组合的影响是不确定的。

本 章 小 结

1. 税收的微观经济效应指的是政府征税对私人经济活动(如生产、消费、劳动力的供给与需求、储蓄、投资以及技术创新等)产生的影响。政府征税导致私人经济活动主体受到影响是通过税收的收入效应和替代效应实现的。

2. 税收对生产者行为的收入效应,表现为政府课税使生产者可支配的生产要素减少,降低了生产者的生产能力,导致生产水平和利润率下降。税收对生产者行为的替代效应,表现为生产者所面临的征税商品的相对价格发生变化,导致生产者减少被征税或重税商品的生产,而增加无税或轻税商品的生产,替代效应主要是由于政府对商品选择性征税而造成的。

3. 税收对消费者行为的收入效应是指由于政府征税,导致消费者的实际可支配收入下降,从而降低了对商品的购买量,降低了消费水平。税收对消费者行为的替代效应,表现为当政府对不同的商品实行差别征税,从而影响到不同商品间的相对价格,促使消费者以无税或轻税商品替代征税或重税商品。

4. 政府征税会降低资源配置效率,产生税收超额负担,带来负效应。所谓税收超额负担是指在市场机制正常运行条件下,征税使纳税人在直接负担税款之外,还因纳税被迫改变自己原来有效率的经济活动,而带给社会的额外损失。但政府也可利用税收"非中性"的特征,改善资源配置效率,带来正效应。

5. 政府征税对劳动力供给带来收入效应和替代效应。税收对劳动力供给的收入效应是指征税使劳动者的可支配收入减少，为弥补因纳税而造成的收入减少，劳动者增加工作时间，减少闲暇时间，以达到原有收入水平的行为选择。收入效应的大小由劳动者缴纳的税金与其总收入之比(即平均税率)来决定。税收对劳动力供给的替代效应是指由于征税引起劳动者闲暇和工作的相对价格发生变化，从而促使劳动者出现减少工作时间，增加闲暇时间的行为选择。替代效应的大小由边际税率来决定。

6. 政府征税对家庭储蓄的收入效应和替代效应的作用方向相反，所以税收对家庭储蓄行为的实际影响不确定，它具体取决于税收对家庭储蓄的收入效应与替代效应的相对大小。税收对储蓄的收入效应的大小取决于所得税的平均税率水平，而替代效应的大小取决于所得税的边际税率高低。

7. 税收对投资产生的收入效应和替代效应是通过税收影响投资的边际收益率和边际成本而发生的。由于税收对私人投资收益课税所产生的收入效应和替代效应作用方向相反，所以政府征税是导致纳税人增加投资，还是增加消费不确定。政府税收对私人投资成本也会产生影响，加速折旧和投资抵免政策可刺激企业投资，对企业生产成本扣除范围和标准的规定，对企业投资会产生一定影响，减免税可以降低企业的投资成本，税前扣除利息费用会扭曲企业的融资决策。投资者会按照其对风险和收益的偏好来进行投资组合，政府征税对风险资产投资产生的影响方向相反，所以征收企业所得税对投资者进行风险资产投资进而对其投资组合的影响是不确定的。

练　习　题

一、名词解释

税收的微观经济效应　收入效应　替代效应　生产者行为　消费者行为　税收超额负担　私人投资　投资抵免　投资组合

二、单项选择题

1. 生产可能性边界是凹向原点的，这说明随着一种产品生产的增加，其机会成本是(　　)。

A. 递增的　　　　　　　　　　B. 递减的

C. 不变的　　　　　　　　　　D. 不确定的

2. 收入效应与替代效应之和构成了税收对微观经济主体的总效应。商品税收入效应促使人们(　　)消费，替代效应促使人们(　　)消费。

A. 增加　也增加　　　　　　　B. 减少　也减少

C. 增加　减少　　　　　　　　D. 减少　增加

3. 个人所得税的收入效应促使人们(　　)工作时间，替代效应促使人们(　　)工作时间。

A. 增加　也增加　　　　　　　B. 减少　也减少

C. 增加　减少　　　　　　　　D. 减少　增加

4. 税收对于不同类型的消费品,其影响程度也不相同,对于生活必需品,由于需求弹性( ),替代性( ),税收影响因素就( )。

A. 大 强 大　　　　　　B. 小 弱 小

C. 大 强 小　　　　　　D. 小 弱 大

5. 政府因为征税,导致微观经济主体的行为发生变化,从而影响到资源配置,所以政府征税产生的效应( )。

A. 是正效应　　　　　　B. 是负效应

C. 可能是负效应,也可能是正效应　　D. 不确定

6. 税收对劳动力供给的收入效应和替代效应方向( )。

A. 相同　　　　　　B. 相反

C. 不确定　　　　　　D. 可能相同,也可能相反

7. 税收对储蓄的收入效应的大小取决于所得税的( )水平,而替代效应的大小取决于所得税的( )高低。

A. 平均税率 平均税率　　B. 边际税率 边际税率

C. 边际税率 平均税率　　D. 平均税率 边际税率

8. 税收对私人投资收益课税所产生的收入效应和替代效应方向( )。

A. 相同　　　　　　B. 相反

C. 不确定　　　　　　D. 可能相同,也可能相反

三、多项选择题

1. 税收对资源配置的影响,主要是通过税收对私人经济活动主体的( )产生影响而实现的。

A. 生产　　　　　　B. 消费

C. 劳动力供给与需求　　D. 私人储蓄

E. 私人投资

2. 家庭进行储蓄的动机包括( )。

A. 生命周期动机　　　　B. 谨慎动机

C. 馈赠动机　　　　　　D. 投资动机

3. 政府征税会对家庭储蓄产生影响,以下税种中,( )将会对家庭储蓄产生影响。

A. 销售税　　　　　　B. 消费税

C. 企业所得税　　　　　D. 个人所得税

E. 遗产税

4. 刺激企业投资的税收政策包括( )。

A. 加速折旧　　　　　　B. 投资抵免

C. 扩大费用的扣除范围　　D. 减税

E. 免税

5. 允许投资者用投资亏损来冲抵投资收益的情况下,政府征收企业所得税对风险资产的投资产生的影响有( )。

A. 降低风险资产的收益率,抑制风险投资

B. 增加风险资产的收益率,刺激风险投资

C. 增加风险资产的风险程度,抑制风险投资

D. 降低风险资产的风险程度,刺激风险投资

四、简答题

1. 画图分析并简要回答税收对生产者行为的收入效应和替代效应。

2. 画图分析并简要回答税收对消费者行为的收入效应和替代效应。

3. 画出税收超额负担示意图并简要分析。

4. 简要回答税收对劳动力供给的影响。

5. 简要回答税收对家庭储蓄的影响。

6. 简要回答税收对私人投资的影响。

五、论述题

1. 分析税收是如何影响资源配置的。

2. 论述税收政策对私人投资成本的影响。并举例说明。

六、案例分析题

【案例资料】

世界银行《2020 年营商环境报告》显示,中国营商环境世界排名由上年的第 46 位上升至第 31 位,纳税指标排名在前两年提升的基础上再提升 9 位。

企业的部分税收优惠政策

根据国家税务总局公告 2019 年第 2 号和国家税务总局公告 2021 年第 8 号规定,小型微利企业 2021 年 1 月 1 日至 2022 年 12 月 31 日应纳税所得额不超过 100 万元的部分,减按 12.5% 计入应纳税所得额,按 20% 的税率缴纳企业所得税;年应纳税所得额超过 100 万元但不超过 300 万元的部分,减按 50% 计入应纳税所得额,按 20% 的税率缴纳企业所得税。即小型微利企业年应纳税所得额不超过 100 万元的部分,按 2.5% 计税;超过 100 万元但不超过 300 万元的部分,按 10% 计税。

小型微利企业的判断标准仍按照国家税务总局公告 2019 年第 2 号规定执行,指的是从事国家非限制和禁止行业,且同时符合年度应纳税所得额不超过 300 万元、从业人数不超过 300 人、资产总额不超过 5 000 万元等三个条件的企业。

2021 年 4 月 1 日至 2022 年 12 月 31 日,小规模纳税人发生增值税应税销售行为,合计月销售额未超过 15 万元(以 1 个季度为 1 个纳税期的,季度销售额未超过 45 万元)的,免征增值税。

国务院常务会议决定,2021 年 1 月 1 日起,将制造业企业研发费用加计扣除比例由 75% 提高至 100%。

来自企业的反响

山西一家企业的总经理说:"过去资金不足,研发力度小,产品技术升级慢,矿区设备大多选择进口,生产成本高,盈利状况不乐观。现在,在税收优惠政策的帮助下,我们有了充足的资金进行研发,企业自主创新能力提高了,产品的市场竞争力也大大提升。"

上海一家专攻半导体封装测试高新技术企业的财务总监说:"2020 年,公司全部允许加计扣除研发费用约 1.1 亿元。2021 年,企业将进一步提高研发投入,预计研发费用将增至 1.17 亿元。"

减税降费政策落实落细　推动经济转型升级

我国创新驱动发展战略深入推进。制造业,人工智能、大数据、区块链、5G 等为代表的新一代信息技术快速发展,中国制造正向中国智造加速转型。

数据显示,2021 年上半年,全国高技术制造业增加值同比增长 22.6%,两年平均增长 13.2%。

"十四五"规划纲要提出,"坚持创新在我国现代化建设全局中的核心地位,把科技自立自强作为国家发展的战略支撑"。在这一过程中,税收红利支持高新技术产业发展的效果愈发显现。

资料来源:根据国家税务总局网站(http://www.chinatax.gov.cn/)相关资料整理。

请根据以上资料,回答以下问题:

(1) 税收对私人投资的微观效应是怎样的?请图示进行分析。

(2) 税收优惠对私人投资有何影响?

(3) 我国政府为什么要推出上述资料中所述的税收优惠措施?

(4) 请你分析上述资料中的税收优惠措施对我国私人投资和宏观经济可能产生的影响。

第五章 税收的宏观效应分析

【知识要点】

税收的宏观经济效应分析是从国民经济总量平衡和整体运行的角度来考察税收对国民经济的影响力。经济增长、经济稳定与收入分配公平是宏观经济运行中最重要的几个问题。每个国家的税收制度和税收政策都会对经济增长、经济稳定与收入分配产生影响。本章主要讲述了税收与经济增长、税收与收入分配以及税收与经济稳定这三个方面的问题。

第一节 税收与经济增长

经济增长(economic growth)是指一个国家或地区生产的物质产品和服务的持续增加,它意味着经济规模和生产能力的扩大,可以反映一个国家或地区经济实力的增长。经济增长通常用国内生产总值、国民生产总值或国民收入的增长率来表示。拉动国民经济增长的三大要素分别是投资、消费和出口,也就是我们常听到的拉动经济增长的"三驾马车"。

一、税收与经济增长的一般关系

税收与经济的关系可以表述为:经济决定税收,税收反作用于经济。一方面,经济增长的规模、速度、质量、结构决定着税收总量、增长速度和税收结构;另一方面,税收作为重要的调控手段,通过税率、税负、税收优惠等在投资、消费、分配和结构调整等诸多方面对经济增长产生影响。可以说市场经济越发展,税收与经济增长的联系就越密切。税收与经济增长的关系,常表现为税收与国内生产总值、国民生产总值或国民收入的变动关系。

在一个社会的经济活动中,如果暂不考虑政府部门和国外部门对国民收入的影响,而只考虑家庭和企业对国民收入的影响,会有如下公式:

$$Y = C + S \qquad (5-1)$$

式中:Y 为总收入,即国民收入;C 为消费;S 为储蓄。上述公式表示各种生产要素所有者获得的总收入有一部分用于当期的消费,另外部分用来储蓄。

收入最终要转化为各种支出,总支出的一部分形成对消费品的需求;另一部分形成对投资品的需求。如以 C 表示消费,I 表示投资,那么:

$$Y = C + I \qquad (5-2)$$

把公式(5-1)的总收入与公式(5-2)的总支出两个方面结合起来,可以得到国民收入核算的恒等式:

$$C + S \equiv Y \equiv C + I$$

$$S \equiv I$$

总收入与总支出的等式同时也表示了总需求与总供给的相等。接下来我们将政府部门考虑进来。家庭和企业在取得收入后,要先向政府部门缴纳税收,剩余部分才是可支配收入,用于消费和储蓄。在引入政府部门后,决定总供给的因素发生了变化。于是公式(5-1)变化为:

$$Y = C + S + T \tag{5-3}$$

公式(5-3)中的 T 表示政府征收的税收总额。政府在取得收入后,要用于购买性支出和转移支付,因此公式(5-2)变化为:

$$Y = C + I + G \tag{5-4}$$

公式(5-4)中的 G 表示政府的支出总额,包括购买性支出和转移支付。下面把公式(5-3)和公式(5-4)结合起来,得到:

$$C + S + T \equiv Y \equiv C + I + G$$
$$S + T \equiv I + G$$

上式为新的国民收入核算恒等式。从该等式我们来进一步分析税收与国民收入变动的一般关系。其中消费 C 是收入的函数,假定在没有收入时的基础消费为 C_a,可支配收入为 Y_d,边际消费倾向为 b,于是:

$$C = C_a + bY_d$$

现在我们假定 T 为总额税,于是可支配收入 Y_d 便等于总收入 Y 扣除 T 后余额,即:

$$Y_d = Y - T$$

将此式代入 $Y = C + I + G$,有:

$$Y = C_a + b(Y - T) + I + G$$
$$(1-b)Y = C_a - bT + I + G$$

分别对 T 和 G 求导,最终得出:

$$\frac{\Delta Y}{\Delta T} = -\frac{b}{1-b} \tag{5-5}$$

$$\frac{\Delta Y}{\Delta G} = \frac{1}{1-b} \tag{5-6}$$

从公式(5-5)我们可以看出国民收入与税收的变动关系,这一关系被称为税收乘数。税收乘数(tax multiplier)是指因政府增加或减少税收而引起的国民收入减少或增加的倍数。税收乘数常用 k_t 来表示。当政府减少税收时,国民收入将增加,并且增加的数额相当于税收减少量的 $\frac{b}{1-b}$ 倍;当政府增加税收时,国民收入将减少,并且减少的数额相当于税收增加量的 $\frac{b}{1-b}$ 倍。假定边际消费倾向 $b = 4/5$,则税收乘数 $K_t = -4/5/(1-4/5) = -4$。其含义是当政府每增加 1 个单位的税收,将减少 4 个单位的国民收入;或者是政府每减少 1 个单位的税收,将增加 4 个单位的国民收入。

一些国家采取减税政策,刺激经济增长,促进国民收入增加,理由就来源于此。当政府减少税收时,私人消费和投资需求就会增加,一个部门需求的增加又会引起另一个部门需求的增加,如此循环下去,国民收入就会以税收减少的倍数增加,这种一连串的影响被称为税收乘数效应。税收乘数效应反之亦然。

从公式(5-6)我们可以看出国民收入与政府支出的变动关系,这一关系被称为政府支出乘数。政府支出乘数(government expenditure multiplier)是指国民收入变化量与引起这种变化量的最初政府购买支出变化量的倍数关系,或者说是国民收入变化量与促成这种变化量的最初政府购买支出变化量的比例。政府支出乘数常用 K_g 来表示。由于政府支出乘数为正值,这表明国民收入与政府支出两者之间的变动方向相同。当政府支出增加时,国民收入也会增加,并且增加的倍数相当于政府支出增量的 $\dfrac{1}{1-b}$ 倍;当政府支出减少时,国民收入也会减少,并且减少的倍数相当于政府支出减少量的 $\dfrac{1}{1-b}$ 倍。因此,仅仅考虑政府支出因素,政府支出的增加将刺激经济的增长。假定边际消费倾向 $b=4/5$,则政府支出乘数 $K_g=1/(1-4/5)=5$。其含义是当政府每增加 1 个单位的支出,将增加 5 个单位的国民收入;或者是政府每减少 1 个单位的支出,将减少 5 个单位的国民收入。一些国家当经济不景气时,会增加政府支出,从而刺激经济复苏或经济增长。但政府支出乘数发挥作用,需要考虑资源是否得到充分利用、是否存在"瓶颈产业"等其他约束条件,否则可能导致"挤出效应"的发生。

二、经济增长理论

(一)哈罗德-多马经济增长模型

1939 年,英国经济学家罗伊·福布斯·哈罗德(Roy Forbes Harrod,1900—1978)发表了《关于动态理论的一篇论文》,第一次以动态的方法,依据凯恩斯(Keynes,1883—1946)的乘数理论和汉森(Hansen,1887—1975)的加速理论,研究了储蓄、投资与经济增长的关系,提出了资本积累决定经济增长的观点。1948 年,哈罗德在《动态经济学导论》一书中又系统地提出了他的经济增长模型。几乎是相同时期,1946 年,波兰裔美国经济学家埃夫塞·大卫·多马(Evsey David Domar,1914—1997)在《扩张与就业》《资本扩张、增长率和就业》以及《资本积累问题》等论文中独立地提出了与哈罗德模型基本相同的增长模型。之后哈罗德的经济增长模型与多马的经济增长模型被合称为哈罗德-多马经济增长模型。

经济增长需要生产要素投入量的增加。一般认为,土地、劳动和资本是三大基本的生产要素。在古典经济增长理论中,资本积累被视为经济增长的一个基本要素。现代经济增长理论由哈罗德和多马两位经济学家创立,但源头却在凯恩斯。

哈罗德-多马经济增长模型是以凯恩斯的有效需求不足理论为基础、考察一个国家在长时期内的国民收入稳定均衡增长所需条件的理论。

哈罗德-多马经济增长模型假定的条件包括:

(1)全社会只生产一种产品,用于消费和投资都可以。

(2)生产中只有劳动和资本这两种生产要素,且劳动与资本比例不变。

(3)产品的规模收益不变。

(4)不存在技术进步。

从资本的供求（储蓄和投资）出发，哈罗德-多马经济增长模型考察了三个变量。第一个变量是储蓄率 s，s 是储蓄量 S 占国民收入 Y 的比例，即 $s = \dfrac{S}{Y}$。第二个变量是资本产出比 V，V 是资本存量 K 与国民收入 Y 的比值，即 $V = \dfrac{K}{Y}$，V 表示增加一个单位产出所需增加的资本存量，也常被称为资本系数或投资系数。资本系数的大小取决于生产技术的要求。哈罗德假定资本产出比 V 为一固定常数。第三个变量是国民收入的增长率 G。

在既定的资本产出比下，为了使本年的国民收入较上年有所增加，即实现经济的增长，就必须有新的投资。同时，由于资本产出比 V 不变，资本存量的增长率 $\dfrac{\Delta K}{K} = \dfrac{I}{K}$（其中 I 代表投资）必定等于产量的增长率 $\dfrac{\Delta Y}{Y}$，用公式表示为：

$$G = \frac{\Delta Y}{Y} = \frac{I}{K} = \frac{I}{Y} \cdot \frac{Y}{K}$$

为使经济达到均衡，储蓄 S 必须等于投资 I，于是上式变为：

$$G = \frac{S}{Y} \cdot \frac{Y}{K} = s \cdot \frac{1}{V} = \frac{s}{V}$$

在资本产出比 V 为一固定常数时，经济的增长率取决于储蓄率或资本积累率的大小，也就是资本积累在经济增长中起着决定性作用。哈罗德-多马经济增长模型在现代经济增长理论中被广泛的引用，它的意义在于一旦经济增长率确定后，储蓄率、储蓄量和投资额就可以通过资本产出比推算出来。它给发展中国家以启示，要促进经济的增长，就必须设法提高储蓄率，或者说要重视资本积累。

（二）新古典经济增长模型（索洛经济增长模型）

哈罗德-多马提出的动态增长模型，在西方经济学界引起了很大反响。他们模型中的不足之处，推动许多学者提出新的补充和新的模型，其中最著名的是以美国经济学家索洛（Solow，1924—　　）、托宾（Tobin，1918—2002）、萨缪尔森（Samuelson，1915—2009）、澳大利亚经济学家斯旺（Swan，1918—1989）以及英国经济学家米德（Meade，1907—1995）为代表的新古典经济增长模型。其中以索洛提出的经济增长模型影响力最为深远。

索洛认为，哈罗德-多马经济增长模型是一种长期经济体系中的"刀刃平衡"，其中，储蓄率、资本产出比和劳动力增长率是主要参数。这些参数值若偏离的话，会增加失业或导致长期通货膨胀。哈罗德的这种"刀刃平衡"是以保证增长率（它取决于家庭和企业的储蓄与投资的习惯）和自然增长率（在技术不变的情况下，它取决于劳动力的增加）的相等来支撑的。

索洛改进了哈罗德-多马经济增长模型中劳动力不能取代资本，生产中的劳动力与资本比例是固定的假设，建立了一种没有固定生产比例假设的长期增长模型。

索洛经济增长模型提出的主要假设是：

（1）全社会只生产一种产品，用于消费和投资都可以。

（2）在生产中资本与劳动比例可以改变。

（3）产品的规模收益不变。

索洛采用以下的方程式来表述影响经济增长的各因素所产生的贡献：

$$\frac{\Delta Y}{Y} = \alpha \frac{\Delta K}{K} + \beta \frac{\Delta L}{L} + \frac{\Delta T}{T}$$

式中：Y 为产出或国民收入；K 为资本；L 为劳动；T 为技术；α、β 分别为总量生产函数中资本和劳动的产出弹性。该模型除了把产出看作资本的函数之外，还把产出视为劳动投入和技术变化的函数。

索洛经济增长模型表明，经济增长除了取决于储蓄（投资）的增长，或者说资本积累外，还取决于劳动供给的增长、资本和劳动各自的生产弹性（相对份额），以及随时间变化的技术进步。

索洛认为，在 1909—1949 年期间，美国经济的平均增长率为 2.9%，其中 0.32% 归于资本积累的贡献，1.09% 归于劳动力投入增长的贡献，剩余的 1.49 归于技术进步的贡献。索洛计算技术进步所作贡献的方法，被称为"剩余法"，或者被叫做"索洛剩余"。这对分析经济增长问题是一个重要的贡献，从 20 世纪 60 年代到 80 年代中期，以索洛的经济增长模型为基础的新古典经济增长理论一直在经济增长理论研究中占据主导地位，对技术进步、劳动力和资本在经济增长中的贡献进行定量分析，为政府的经济增长政策提供数值上的依据成为研究人员的主要任务。不过，这种方法显然存在不足，那就是把资本、劳动之外的因素都当做技术进步来对待；另外，产品的规模收益不变的假设往往与事实不相符合；劳动力增长率和技术进步率是外生变量，因而对控制人口增长率和技术进步增长率提不出相应的政策建议。所有这些都说明新古典经济增长模型存在缺陷。后来的许多经济学家都认为，经济增长率的外生性质是新古典增长理论的主要缺陷。

（三）新经济增长模型（罗默的经济增长模型）

随着时间的推移，新古典经济增长理论所暴露出的不足和缺陷给后续的经济学家带来了研究上的空间。从 20 世纪 80 年代中期以来，美国经济学家罗默（Romer）和卢卡斯（Lucas）等人在对新古典经济增长理论进行反思的基础上，对经济增长理论进行了一系列创新性研究，并相继发表了研究成果。这些研究成果被称为"新经济增长理论"。

所谓新经济增长理论（new economic growth theory），是指用规模收益递增和内生技术进步来说明一国长期经济增长和各国增长率差异而展开的研究成果的总称。新经济增长理论最重要的特征是试图使经济增长率内生化，因此，新经济增长理论又被称为内生增长理论。新经济增长理论的重要研究内容是将劳动力，即人力资本也视为资本，将技术进步视为内生变量等。形成新经济增长理论的重要模型包括两类：一是完全竞争条件下的内生经济增长模型（具体包括外部性条件下的内生经济增长模型和凸性经济增长模型）；二是垄断竞争条件下的内生经济增长模型。在外部性条件下的内生经济增长模型中以罗默的知识溢出模型（1986）和卢卡斯的人力资本溢出模型（1988）最具代表性。1990 年，罗默提出了技术进步内生增长模型，这是他在理论上第一次提出了技术进步内生的增长模型，把经济增长建立在内生技术进步上。

1986 年，罗默提出的知识溢出模型中认为：知识和技术是私人厂商进行主动投资的产物，知识投资与物质投资一样，其边际收益也是递减的。罗默假定知识具有很强的溢出效应，使得知识投资的社会收益率呈递增趋势，这样就足以抵消固定生产要素所引起的知识投资边际收益递减的趋势，从而出现知识积累继续、经济长期增长的局面。

1990 年,罗默提出技术进步内生增长模型,该模型的基础是:

（1）技术进步是经济增长的核心。

（2）大部分技术进步是出于市场激励而导致的有意识行为的结果。

（3）知识商品可反复使用,无需追加成本,成本只是生产开发本身的成本。

技术进步内生增长模型中充分重视了知识的作用,将技术进步完全内生化。罗默认为,增长的原动力是知识积累,资本的积累不是增长的关键,技术的进步对于经济的增长才具有决定性的作用。知识或者知识的载体——人力资本具有规模报酬递增的性质,而且存在着投资（即资本的积累）刺激知识的积累,反过来知识的积累又促进投资的良性循环。

以知识为基础的新经济增长理论鼓励新知识的积累以及知识在经济中的广泛运用,知识积累及广泛应用促进了高新技术革命的发展和知识经济时代的到来。在这一过程中资本对于经济增长的关键性作用已让位于知识和技术进步。

三、税收对经济增长的影响

根据哈罗德-多马经济增长模型、新古典经济增长模型以及新经济增长模型,我们可以知道经济增长是由多种因素共同作用的结果,这些因素包括储蓄、投资、劳动力供给,还有技术。由于经济增长的动力来自资本积累、劳动力供给和技术进步,所以税收对经济增长的影响需要通过税收作用于资本、劳动力和技术而间接实现。

（一）税收对资本积累的影响

在一国经济发展的早期,资本积累对经济增长的贡献占据主要地位,储蓄—投资—经济增长是世界各国经济增长过程中的一般规律。"招商引资"就曾是我国经济起飞阶段政府倡导的主要政策。对于资本密集型产业的发展来说,多个国家的实践经验表明,资本形成几乎成为推动其发展的唯一动力。税收作为国家参与企业和个人分配的一种方式,必须对企业和个人的经济行为产生深远的影响,由于税收减少了经济主体的可支配收入,改变了市场的相对价格,从而影响企业和个人的储蓄与投资决策,最终影响经济增长。

1. 税收与私人储蓄

根据哈罗德-多马经济增长模型,经济增长率取决于储蓄率,而储蓄率的高低又取决于税后利息率或实际收益率。由于个人对储蓄的偏好不同,政府对利息征收所得税,通常会产生两方面的效应:一方面,税收减少未来个人可支配收入,为了维持既定的储蓄水平,一部分纳税人就会减少现期消费,以保持必要的储蓄规模,以备未来开支需要;另一方面,由于征税减少个人的实际利息收入,降低储蓄对纳税人的吸引力,一部分纳税人就会增加现期消费,以替代储蓄。

在图 5-1 中,横轴代表个人对消费的选择,即现期消费,纵轴代表个人对储蓄的选择,即未来的消费。在政府对储蓄利息征税之前,个人对储蓄和消费的

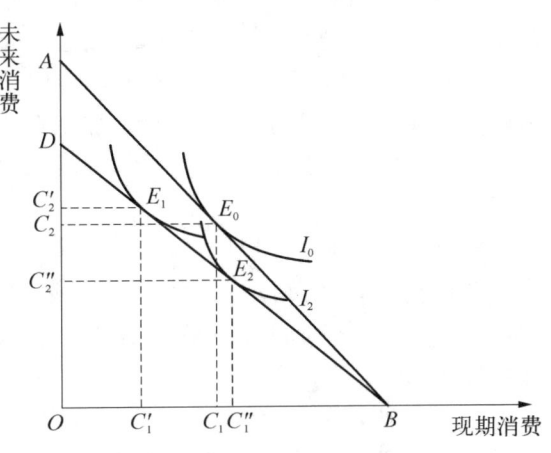

图 5-1　税收对个人储蓄的影响

选择组合用收入预算约束线 AB 表示。储蓄利率为 r，AB 的斜率为 $(1+r)$，它表示个人在第一阶段放弃 1 元的消费可以换取第二阶段 $(1+r)$ 元的消费。AB 与无差异曲线 I_0 相切于 E_0 点，在这一均衡点，个人的现期消费为 C_1，未来的消费为 C_2，个人实现了在政府征税之前的效用最大化。

现政府对储蓄利息征税，使得个人的未来可支配收入减少，从而降低了储蓄对个人的吸引力，继而影响了个人现在和未来的消费决策和储蓄决策，使其不得不降低现在或未来的消费和储蓄。由于对储蓄利息所得征税，改变了税后利息率，税后的实际利息率由原来的 r 变为 $r(1-t)$，使得现期消费与未来消费的相对价格发生了变化，即提高了未来消费的相对价格，而现期消费的价格相对下降了。政府对储蓄利息征税使收入预算约束线从 AB 向内旋转至 BD，BD 的斜率为 $1+r(1-t)$，t 为储蓄利息所得的税率。

政府对利息所得征税，如果产生前一种效应，即纳税人愿意用减少现期消费的办法来保持或增加储蓄，其结果如图 5-1 所示，BD 与无差异曲线 I_1 相切于 E_1 点，在这一点上，纳税人的现期消费由 C_1 下降为 C_1'，未来消费（即储蓄）由 C_2 增加到 C_2'；如果产生第二种效应，即纳税人愿意增加现期消费，减少储蓄，其结果亦如图 5-1 所示，BD 与无差异曲线 I_2 相切于 E_2 点，在这一点上，纳税人的现期消费由 C_1 增加到 C_1''，未来消费（即储蓄）由 C_2 下降为 C_2''。

储蓄的增加有赖于纳税人的储蓄意愿和储蓄能力。如果政府对个人一般收入征收个人所得税，那么征税会减少个人可支配收入，产生对个人储蓄的收入效应，但征税引起可支配收入减少后，消费和储蓄如何变化，关键在于个人对消费和储蓄的偏好；如果政府不仅对个人取得的一般收入征收个人所得税，而且对个人取得的储蓄利息也征税，那么税收对个人储蓄既会产生收入效应，也会产生替代效应，但由于政府征税对个人储蓄的收入效应和替代效应的作用方向相反，所以税收对个人储蓄行为的实际影响并不是确定的，它具体取决于税收对个人储蓄的收入效应与替代效应的相对大小。具体阐述参见第四章第三节的内容。

私人储蓄包括个人储蓄和企业储蓄。上文讲述了政府对个人储蓄征税的影响，下面我们简要地分析税收对企业储蓄的影响。

政府对企业利润征收企业所得税，会降低企业税后利润，企业用于税后利润分配（相当于现期消费）和追加投资（相当于储蓄）的选择将受到税收的影响。一般情况下，在短期内，即征税前后对比，企业很可能会减少投资，增加现期消费；但长期内，假设税率保持不变，并且税收负担在企业的盈亏平衡点以内，那么企业为实现自身发展目标，是增加现期消费，减少投资，还是减少现期消费，增加投资，那就要看征税对企业产生的收入效应与替代效应的大小了。

储蓄只是为资本形成提供了一种潜在的可能，只有当储蓄转化为有利于经济增长的人力资本和物质资本时，实际资本才真正形成，才能促进经济的增长。利用储蓄投资于人力资本和物质资本能否促进经济增长，主要取决于投资的效率和水平。下面我们来看税收对私人投资的影响。

2. 税收与私人投资

据经济学理论分析，投资来源于储蓄，但投资不等于储蓄，因为进行储蓄和进行投资分别属于两类不同的主体，一定的储蓄不一定就会全额转化为投资。而且，影响储蓄和影响投资的税种也不尽相同,前者主要是利息所得税或包含对利息征收的个人所得税;后者主要是企业所得税。在本书第四章第四节中我们已经比较详尽地分析了税收对私人投资的影响,下面为了更清晰地表明税收对私人投资可能产生的抑制作用,我们对征税前后税收对私人投资的影响作用进行简化,只分析税收对投资产生的替代效应。

企业所得税影响投资,主要是通过边际税率和折旧率影响税后投资收益和投资成本来发生作用的。对资本需求来说,征税将增加投资成本,使资本的需求减少;对资本供给来说,征税将降低资本收益,使资本的供给减少。投资收益和投资成本的反向变化,必然导致企业所得税对投资的替代效应,即由于投资收益率下降,降低了投资对纳税人的吸引力,造成纳税人减少投资,增加消费。增加企业所得税的税率也会产生同样的替代效应。

在图 5-2 中,在没有政府税收的情况下,纳税人对投资和消费的数量选择组合用资金预算约束线 AB 表示。AB 线与无差异曲线 I_0 相切于 E_0,在这一均衡点上,企业的消费为 C_0,投资为 V_0,企业实现了在政府征税之前的效用最大化。假定政府对纳税人征收企业所得税,导致企业投资收益下降,纳税人倾向于减少投资,增加消费。这样,对投资和消费数量的资金预算约束线 AB 向内旋转至 BD。BD 与新的无差异曲线 I_1 相切于 E_1,结果是,纳税人的投资数量由 V_0 减少为 V_1,消费数量由 C_0 增加到 C_1,税收对私人投资产生了抑制作用。

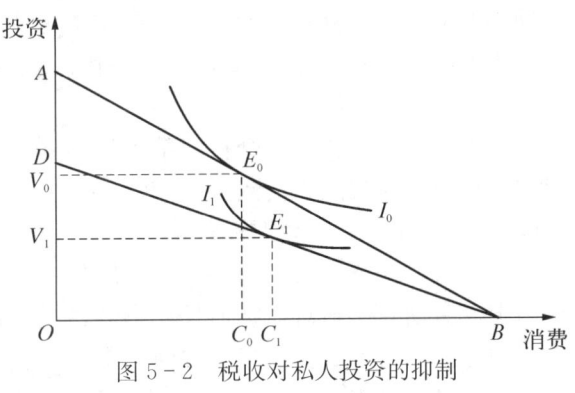

图 5-2　税收对私人投资的抑制

接下来我们用公式来分析当企业所得税的税率保持不变时,税收对私人投资的影响。设企业的投资量为 Q,毛收益为 P,毛收益率用 r 表示,则:

$$r = \frac{P}{Q}$$

现假定企业所得税的税率为 t,则投资的实际收益率用 r_t 表示,则:

$$r_t = r(1-t)$$

再假定市场利率为 i,则企业是否增加投资,需要满足:

$$r_t \geq i$$

对一个企业来说,其毛收益率 r 可能是正值,也可能是负值。当政府没有对企业征税时,毛收益率 r 为正值,企业就可以增加投资;当政府对企业征收税率为 t 的企业所得税时,毛收益率 r 为正值,企业不一定会增加投资,因为只有当 $r_t \geq i$,即 $r(1-t) \geq i$ 时,企业才可能增加投资。在 r 和 t 一定时,能否实现 $r(1-t) \geq i$ 这个条件,取决于税率 t 的高低,这说明企业所得税的存在增加了企业的投资风险,也就影响到投资需求。

当投资者盈利时,政府以税收形式来分享利润;而当投资者亏损时,政府税收却不能分担企业的损失。因此,为了激励企业增加投资,许多国家的税法都允许企业在纳税时可以进行亏损结转,即在纳税前用利润冲减亏损,这样,政府既可以持续分享投资收益,也承担了企业投资的部分损失,从而有利于刺激厂商增加投资,也使社会投资总需求增加。

下面我们引入对外开放因素,来分析资本、投资自由流动情况下的税收如何影响投资。在开放条件下,国外的资本流入可以增加本国的资金供给,缓和资本供给不足,这在发展中国家尤其重要。当引入国外资本后,宏观经济的国民收入核算恒等式表示如下:

$$C + S + T + M \equiv Y \equiv C + I + G + X$$

式中:C 为消费;S 为储蓄;T 为税收;M 为进口量;I 为投资;G 为政府支出;X 为出口量。

当 $T = G$ 时,此等式转换为:

$$I - S = M - X$$

式中:$(I-S)$ 为投资和储蓄的差额,$(M-X)$ 为进口和出口的差额。该公式说明,如果国内投资大于储蓄,则国内就出现了储蓄缺口,这个缺口需要外汇进口量大于出口量而形成的外汇缺口来弥补。因此,为了平衡这一缺口就需要有外汇流入国内,而为了吸引国外资金流入国内,国家就必须要运用各种优惠政策、方式来达到这一目标,税收政策是激励国外投资的一个好手段。

外国投资者是否要将资金投向某国,主要取决于其在这个国家所能获取的最大税后利润,利润越多,则对其的投资激励就越强,也才能吸收到较多的外资。

（二）税收对劳动力供给的影响

根据新古典经济增长模型,劳动力供给和储蓄—投资一样,也是决定经济增长的一个重要因素。劳动力供给对经济增长的影响,主要取决于劳动力总量和劳动者的劳动时间。

劳动力的供给数量受供求两方面的影响。从供给方看,劳动者提供劳动的数量由市场上劳动报酬多少决定。一般地,劳动报酬越高,劳动供给量越大。从需求方看,雇主对劳动需求的数量取决于工资成本的高低,工资成本越高,需求越小。政府对工资所得征税,会从需求和供给两方面影响劳动供给的数量,从而影响经济增长。

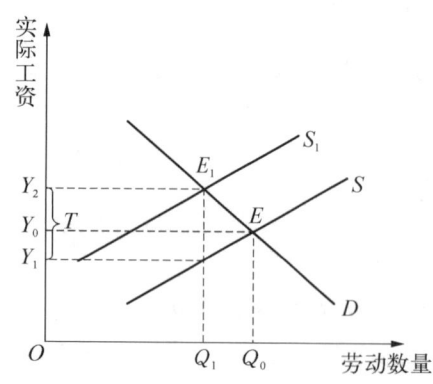

图 5-3　税收对劳动力供给影响示意图

如图 5-3 所示,纵轴表示劳动力的实际工资水平,横轴表示劳动力的供求数量。在政府不征税的情况下,劳动力的供给曲线 S 和需求曲线 D 相交于 E 点。在这一均衡点上,实际工资为 Y_0,劳动的供给和需求数量为 Q_0。

当政府对工资所得征收数量为 T 的税额时,劳动力的供给曲线 S 向左上方平移至 S_1,S_1 与 D 相交于 E_1 点。此时,雇主的工资成本由 Y_0 上升为 Y_2,劳动者的实际工资收入由 Y_0 下降为 Y_1,并因此决定劳动的需求量和供给量由 Q_0 减为 Q_1。按照供应学派的理论解释,税收如同在劳动报酬和雇佣成本之间,在劳动的供给和需求之间打入了一根"楔子",造成人们用闲暇替代工作,减少劳动供给,影响经济增长。

在简单商品生产中,劳动力供给对经济增长具有决定性的影响,但在现代化的社会大分工背景下,其对经济增长的影响力度已大为减弱。在现代社会,政府对劳动所得征税会同时产生增加工作的收入效应和减少工作的替代效应,其净效应取决于劳动者个人对收入和闲暇的偏好,详细分析见第四章第二节。

虽然税收会影响劳动力供给的数量,但劳动力供给的增减是否影响经济增长,又取决于生产的技术构成所决定的劳动和资本的比例。如果劳动力供给已超出资本对劳动力的要求,增加劳动力供给并不能增加产出。只有当劳动力供给低于资本对劳动力的要求时,通过税收调节来增加劳动力供给才会对经济增长起作用。

（三）税收对技术进步的影响

在新古典经济增长模型中,技术进步与储蓄—投资、劳动力供给一样,也是决定经济增长的一个重要因素。而在新经济增长理论中,技术进步内生增长模型充分肯定了知识的作用。罗默认为,经济增长的原动力是知识积累,资本的积累不是增长的关键,技术的进步对于经济的增长才具有决定性的作用。在知识经济时代,资本对于经济增长的关键性作用已让位于知识和技术进步。许多国家经济增长的实践也证明,在科学技术迅猛发展的时代,技术进步对经济增长的贡献份额在快速提升,越是在经济发展的高级阶段,技术进步对经济增长的贡献份额越大。

技术进步既是经济增长的条件,又是经济增长的标志。技术进步对经济增长的影响体现为技术进步直接提高劳动生产率。在同样资金和劳动投入的情况下,整个社会技术水平的高低决定着经济增长率的高低。

技术进步的途径是发明、创新、引进先进技术和增加人力资本投资。对新兴产业、企业技术改造、新产品开发以及高风险的科技产业给予减免税、提高高新技术设备的折旧率、允许税前一次扣除研发费用以及允许税前提取技术开发准备金等措施,都会起到鼓励技术进步、促进经济发展的作用。

促进技术创新的税收政策包括[①]:

（1）加强基础教育,鼓励人才培养。人才的教育和培养是技术创新的根本,一方面需要政府加大对基础教育和高等教育的财政投资力度;另一方面可运用税收直接鼓励企业和社会加大对人力资源的投资,增加对科技人才培养的投入。具体可供选择的税收措施如:韩国的教育税、与法国的学徒税类似的特别税,为普及教育、加强科技人才的培训提供资金保证;对企业和个人的教育培训投入予以所得税税前列支等。

（2）鼓励科学技术的基础研究和应用开发。可供选择的措施有:对研究开发费用给予税前超额扣除;对用于研究开发的仪器设备以及科研用房等固定资产给予税收优惠;对科研机构取得的科研收入直接给予减免税;对单位的科技成果转让所得和对科研人员的个人所得给予税收优惠等。

（3）鼓励企业应用新科技成果。科技成果只有投入使用,才能成为现实生产率。税收政策目标在于提高"技术使用率",即通过税收措施促进科技成果转化率的提高。这方面的措施包括:对购入的先进设备实行加速折旧;对新产品销售环节的税收给予优惠等。

（4）鼓励引进国外先进的技术、人才和设备。这类税收优惠政策如:对先进的进口设备免征关税和进口税;对技术转让费实行税收优惠;对国外技术人员在国内提供服务的所得给予个人所得税优惠等。

---

①　许建国、薛钢:《税收学》,经济科学出版社 2005 年版,第 103～104 页。

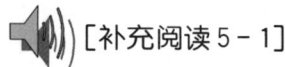 [补充阅读 5-1]

中国经济增长推动力：资本积累，还是技术进步

改革开放至今，中国经济增长无疑取得了巨大的成功，并因此吸引了全世界经济学家的关注，什么样的因素在这一增长路径中发挥了关键的作用，在今后中国经济增长是否还可以沿着这一路径继续平稳地走下去，已经成为中国经济增长面临的核心问题之一。

多数人认为对于中国经济的快速增长主要取决于生产要素特别是资本的高投入，以及资源消耗来维持经济增长。张军①认为中国经济增长"不具备持续的动态改进的力量"，以全要素生产率（TFP）衡量的持续改进在 1992 年后就不显著了，中国存在着通过投入推动的"过度工业化"。这一增长过程因技术提升幅度不高，被其视为低效率粗放式的增长过程。历史上，原苏联经济曾取得过出人意料的高速增长绩效，但因为单纯依靠资本和劳动力投入来获取增长，最终没有能够经得住时间的考验。同样，当亚洲"四小龙"创造了高速增长的"东亚奇迹"时，也遭到了众多西方经济学家的质疑，并断定了其增长的不可持续性。特别是在 20 世纪末东南亚金融危机过后，克鲁格曼②等的预言成真，人们更有理由相信单单靠生产要素的扩张性积累来推动的增长，并配合着动员资源型政府干预的东亚发展模式，长期内难以为继，一时间东亚出口导向型的增长轨迹被视为低效率和不成功的代表。但是随着时间的流逝，进入 21 世纪以后，人们又惊奇地发现，东亚经济不仅没有像南美国家那样被危机所打垮或萎靡不振，经济停滞徘徊不前，反而是迅速地恢复了生机，正在享受着新一轮的增长果实。

事实驳斥理论判断，一些人开始重新思考东亚模式以及中国的所谓要素高投入低效增长的路径，并认为中国经济增长的要素高投入模式并非一定是低效率的。在高储蓄、高投资驱动经济增长的同时，必然存在着大幅度的技术进步，以冲减资本边际报酬递减带来的不利影响。

资料来源：魏枫：《资本积累、技术进步与中国经济增长路径转换》，《中国软科学》2009 年第 3 期，第 39～40 页，节选。

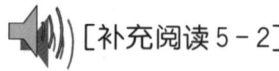 [补充阅读 5-2]

减税促进经济增长的主流理论及其实践的三阶段

西方国家在 20 世纪 30 年代的大萧条时，传统的"供给自动创造需求"理论对萧条束手无策。英国经济学家凯恩斯发表了《就业、利息和货币通论》，认为，形成资本主义经济萧条的根源是由于消费需求和投资需求所构成的总需求不足以实现充分就业。为解决有效需求不足，必须发挥政府作用，用财政政策和货币政策且主要利用财政政策来实现充分就业。由于凯恩斯的需求管理政策理论迎合了当时西方国家干预经济的需要，第二次世界大战后

---

① 张军（1963—　），复旦大学经济学院教授、博士生导师，长期从事中国的生产率估计、增长核算以及经济增长的研究。

② 保罗·克鲁格曼（Paul R. Krugman，1953—　），美国经济学家、普林斯顿大学经济系教授、自由经济学派的新生代，理论研究领域是贸易模式和区域经济活动，2008 年获诺贝尔经济学奖。

至20世纪70年代末,凯恩斯主义减税理论及减税政策主张在西方主要市场经济国家的总需求管理实践中得到广泛而充分的运用,凯恩斯的学说也得到了补充和发展。到了20世纪70年代中期后,大多数西方国家出现了"滞胀"的局面,货币学派、理性预期学派和供给学派的思潮开始流行,使传统的凯恩斯主义从正统经济学的地位上掉了下来。然而,凯恩斯的追随者认为,不要国家干预经济是行不通的。在20世纪80年代前后,一个主张政府干预经济的新学派——新凯恩斯主义经济学在西方经济学界逐渐形成。根据第二次世界大战以来西方国家以所得税为主体的税制结构为基础,强调减税促进经济增长的实践,依其理论依据和减税政策取向不同,大致可分为三个阶段。

一、20世纪70年代末以前凯恩斯主义减税实践阶段

根据曾晟的研究和归纳,美国先后经历了1948年、1954年、1964—1965年和1971年等多次减税,采取降低名义税率、增加投资税收减免或扣除、加速折旧等多种方式,大幅度降低实际税负,仅最高联邦边际个人所得税率就由1944—1945年的94%降为1971—1981年的70%,在熨平美国战后经济波动中发挥了重要作用。特别是1964—1965年肯尼迪-约翰逊政府的大规模减税被看成是凯恩斯主义经济学的伟大成就,促进了美国的经济繁荣。

二、20世纪80年代以来供给学派减税实践阶段

供给学派提出的"拉弗曲线"表明,一定程度内的减税具有增加税基和减缓税收下降的反馈作用,最终将会导致税收增加,认为"滞胀"的根源在于过高的边际税率扼杀对工作和投资的刺激,造成闲暇对工作、消费对储蓄的替代;摆脱"滞胀"的出路在于降低边际税率,以减少这种替代效应,引发闲暇向工作、消费向储蓄的转变。劳动、资本是经济增长的原因,因此降低边际税率将会导致短期供给增加和长期经济增长。根据曾晟的研究和归纳,认为在美国,为了摆脱"滞胀",里根政府奉行供给学派的政策主张,实施"经济复兴计划",推行以减税为核心内容的"里根经济学"。在1981年和1986年曾两度大幅度降低个人所得税率和企业所得税率,取消和减少了减税优惠,积极推行"低税率、宽税基、少减免、严征管"的税制改革。减税客观上给美国企业松了绑,减轻了负担,增强了激励和活力,特别是鼓励和刺激了高新技术产业的蓬勃发展,整个20世纪80年代,美国的GDP增长率比西欧主要国家高出0.5%～1%,然而失业率则低2%～4%,政策效果比较显著。但是供给学派的减税政策也给美国带来了巨额赤字。

三、20世纪90年代以来新凯恩斯主义减税实践

1992年11月,克林顿当选为美国总统,在新的经济形势下,克林顿政府积极采纳了新凯恩斯主义经济学的一些观点和经济政策主张,采取了税收调整计划。根据王志伟的研究数据,联邦提高个人所得税的边际税率,对已婚夫妇年收入超过14万美元,单身纳税者收入超过25万美元的,其税率从31%提高到36%;年收入超过25万美元者加征10%的附加税;提高了公司所得税,对年利润超过1 000万美元的大公司,税率由34%提高到36%。在增税的同时,克林顿政府决定对中低收入家庭和小企业实行减税,即对4 000万中低收入者和90%的小企业减税,实现了经济的快速增长。

21世纪新的减税潮流出现。根据安体富[①]的研究,进入新世纪,随着经济全球化的加快发展,各国纷纷推出了减税计划和方案,调低税负,形成了新一轮世界性的减税趋势和潮

---

① 安体富(1938—　),我国知名经济学家,中国人民大学财政金融学院教授,博士生导师,研究方向财税理论与政策。

流。这些国家包括：

美国。美国总统布什把大规模减税作为其经济政策的核心，就职不到 20 天即向国会提出 10 年减税 1.6 万亿美元的计划（后来国会将其缩减为 1.35 万亿美元），主要是降低税率和增加税收减免。

加拿大。2000 年 10 月 18 日，加拿大宣布了历史上最大的减税计划，减税总额近 1 000 亿加元，减税内容包括全面降低个人所得税税率，增加生计扣除和降低公司所得税税率。

德国。1999 年颁布全面减税方案，分步实施，个人所得税和公司所得税的税率都有大幅度降低。

法国。法国以税高闻名，但在 2000 年减税 800 亿法郎的基础上，从 2001 年到 2003 年又减税 1 200 亿法郎，除了降低个人所得税和公司所得税税率外，还降低增值税的标准税率。

除以上国家外，英国、意大利、澳大利亚、比利时、瑞典、俄罗斯、荷兰、葡萄牙、罗马尼亚、印度、巴基斯坦、沙特、以色列、印度尼西亚、马来西亚、希腊、捷克等国家也纷纷采取了一些减税措施。减税对于这些国家应对经济全球化带来的国际竞争并提高本国企业的国际竞争力、刺激国内消费需求和扩大投资等方面起了积极的作用。

资料来源：谢建冬：《减税对中国经济增长的作用分析》，《湖南商学院学报》2006 年第 6 期，第 99～100 页，节选。

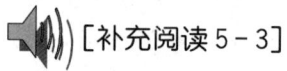 [补充阅读 5－3]

与机器赛跑的人力资本

工业革命以来，伴随着每一次技术进步的跨越发展，劳动力市场都不可避免地经历了深刻的冲击，人力资本与机器之间的角逐始终是一个不曾远离公众视野的话题。20 世纪 30 年代，凯恩斯发出了"技术性失业"的警告，当节约劳动力方法的发现速度远远超过开辟劳动力新用途的速度时，技术就会导致大范围失业。20 世纪 50 年代，里昂惕夫预测，劳动将逐渐变得不重要，越来越多的工人将被机器所取代。但是，在之后近半个世纪的经济发展过程中，他们的论断并没有被证实。凭借人力资本的积累，这一时期主要发达国家的就业和实际工资增长速度都比较快。劳动力市场的表现更接近熊彼特在 1942 年提出的"创造性破坏"理论，每一次大规模的创新在淘汰一部分岗位的同时，也在创造新的就业机会，而且在这样的就业更迭过程中整体经济效率不断提高。

然而，从 21 世纪初开始，随着信息技术的加速发展及其与人工智能、大数据等技术的深度融合，我们又一次站在了重大技术变革的转折点上。2016 年世界经济论坛即以"第四次工业革命"为主题，探讨当前的技术发展给人类社会带来的影响和挑战。仅从就业角度看，这一轮新技术革命给劳动力市场带来的冲击确实有别于以往，几乎每一个行业都面临劳动密集程度降低的可能。新技术革命在快速、大范围"破坏"旧生产体系的同时，新"创造"的就业机会明显变少了。牛津大学的一项评估显示，近十几年来美国新兴行业只接纳了 0.5% 的就业人数，远低于 20 世纪八九十年代新兴行业所接纳的大约 8% 和 4.5% 的就业人数。也就是说，从整体上看，当前的技术进步更多地表现为通过取代人工劳动来提高生产效率，人力资本与机器之间似乎已经开始了新一轮角逐。

从互补到替代

回顾人类历史上的三次工业革命,铁路和蒸汽机引领人类步入机械化时代,电力和生产线带来了规模化生产,电子计算机和信息技术又实现了生产的自动化。尽管越来越自动化的机械和流水线不断对人类工作带来冲击,但是机器与劳动力之间基本上还是一种"互补"关系。机器表现为"工具"属性,在帮助劳动者提高生产效率的同时,还在整体上扩大了生产规模,机器越多,对操作机器从事生产的工人的需求也越多。以汽车工业为例,流水线的出现曾令人担忧,机器提高汽车工业效率的同时会造成大量汽车工人失业,那么买车的消费能力将会降低,但实际上汽车的购买量不仅没有减少,反而大幅增加,因为技术并没有让总体就业率下降,虽然一部分工种消失了,但同时也有很多新工种出现了。

然而汽车行业的这个例子,在信息时代的今天可能会不再适用。机器与劳动力的关系,开始从"互补"向"替代"演变。新技术所带来的"创造性破坏"呈现出不同以往的特点:"破坏"几乎降临整个传统领域,而"创造"出的新兴产业往往是劳动力节约型的。标准化程度更高的制造业首当其冲。以美国为例,在21世纪的头10年间,制造业总产值大致保持稳定,而就业人数下降了32%。富士康在2011年宣布,3年内购入100万台机器人来取代大部分员工,并希望在未来5~10年建成一个全自动化工厂。而这一希望已经在特斯拉全自动化生产车间里实现,从原材料加工到成品的组装,除了少量人工外,几乎所有生产工作都由机器完成。

机器对劳动力的替代作用并未止步于制造业的生产线,还在继续向其他行业甚至需要人际互动的岗位迈进,从自助终端、虚拟助手,到无人驾驶汽车、智能物流,技术进步改变了我们的生活,也改变了我们对就业的认识。曾经被认为是人类专属的基于知识的高技能岗位,也正在向机器或者说机器人敞开大门。例如,在医疗领域,机器可以远程辅助外科手术,人工智能程序对一些疾病的诊断率已经比人类更加准确;在教育领域,不仅兴起了大规模在线课程,机器人还出现在真实的课堂上担任助教;在法律服务领域,计算机可以替代法律助理分析大量法律文件,它们的效率更高,差错率更低;在保险行业,人工智能系统可以为客户制定保险方案,并开始取代理赔人员从事定损理赔工作;在传媒行业,机器人甚至已经开始"撰写"新闻稿了。2016年世界经济论坛预测,到2020年,技术进步将导致15个主要发达国家和新兴经济体净损失超过700万个工作岗位,而其中最有可能被人工智能技术取代的是那些原本被认为不会受到影响的人群。

谁先"出局"

在这场新一轮的人力资本与机器的赛跑中,哪些人会面临更大的失业风险? 和以往我们看到的低技能人力资本更容易受到技术进步影响有所不同,新技术革命可能会给中等技能劳动力带来更大的冲击。其中的原因,可以用技术进步的非中性和不同技能人力资本的特征差异来解释。在前几次工业革命中,技术进步更多表现为"技能偏向型"。在劳动力市场上对高技能工人需求的增加和技能的溢价同时发生,低技能人力资本的劳动力市场回报相对较低,他们的就业往往不稳定,工资也更低。而近年来,技术进步有"资本偏向型"趋势。资本的边际产出更高,导致企业更倾向于用资本替代劳动。而从资本与劳动的替代弹性看,技术对中等技能人力资本的替代弹性要高于高技能和低技能。中等技能的工作往往具有常规性、程序化的特点,更容易被计算机和人工智能技术所代替;高技能工作与技术之间更接近互补关系,这类工作属于认知型或创造型,需要具有创造力、综合协作能力,能够处理复杂问题；低技能工作一般集中在低端服务业，其具备的一些能力，如精细动作、人际体验，也许对于人类来说要求不高，但是对于机器而言却属于"高技能"，而且这类工作的规模化程度较低。因此，当资本和劳动两种要素的边际收益率发生改变时，替代弹性更高的中等技能人力资本会率先面临被技术替代的风险，从而使劳动力市场表现出"两极化"趋势。

一项针对美国劳动力市场的量化研究发现，技术创新对不同技能水平劳动力的影响是非线性的。无论是在就业数量还是工资增长水平上，低技能和高技能劳动力的表现均要优于中等技能劳动力。该研究认为，在未来 10～20 年，受到信息技术的威胁，美国 47% 的就业人口可能会面临失业风险。风险最高的是那些容易被自动化的工作，如电话销售员、保险代理人、裁判、法律助理、房产经纪人等；而风险最低的职业是那些需要社交技能和创造力，尤其是能在不确定状态下作出决策和提出创新思想的工作，如一些社会工作者、内外科医生、心理学家、计算机系统分析师、编舞人员、首席执行官等。另外一些研究也发现，类似的就业两极化现象不仅存在于西班牙、希腊、英国等发达国家，还存在于像中国这样的快速发展国家。

"机器换人"的影响

新技术革命正在对经济产生深刻影响。积极的一面看，由于机器可以直接替代劳动力，那么它也可以被视为生产函数中的劳动要素，资本投入受到劳动力供给约束的经济体，机器的加入可以缓解资本的边际报酬递减趋势。与此同时，对于企业而言，创造单位财富所需要投入的劳动力要比以前少得多，尤其是新兴数字企业，其边际成本几乎为零，也就意味着企业的规模报酬不会递减。因此从财富角度看，伴随着技术不断前进的步伐，总财富的创造也不会停止。

但是总财富的增长并不会意味着自动增加所有人或绝大多数人的收入。过去几年间，在绝大部分最发达国家以及部分快速发展经济体中，劳动力对 GDP 的贡献比重均有所下滑。技术进步弱化了价值创造和就业创造之间的联系，一些国家在经济增长的同时，失业也在增加，劳动力的中值收入增长停滞甚至下降，这说明新技术革命给收入分配带来了系统新挑战。收入分配差距的扩大，将导致经济的总需求不足，从而影响增长的持续性。而且处于这样的经济形势下，消费者可能会改变对失业可能性和失业时间的预期，这又会进一步引起消费支出的削减，从而加大经济下行风险。2013 年 1 月，斯蒂格利茨在《纽约时报》专栏中指出，不平等在压制着经济复苏，随着先进技术不断推动收入和消费的不平等，它最终将破坏对于持续繁荣至关重要的广泛市场需求。

除此之外，机器的加入会改写地区间基于劳动力成本差异而形成的比较优势，从而导致国际分工格局的变化。这种变化对劳动力成本更为敏感的制造业表现得尤为突出。2015 年波士顿咨询公司的一份关于全球制造业成本竞争力的报告指出，各主要经济体之间的制造业相对成本发生变化，促使很多企业在重新评估其采购战略与生产选址。该报告显示，美国已经成为发达经济体中制造业相对成本最低的国家，大致与东欧经济体持平，与中国的差距正在快速缩小，如果这一趋势持续 10 年，那么这个差距将会消失。英国《金融时报》报道了一家美国工厂的经历，工厂主称现在车间里的生产过程以往都是在中国进行的，由于使用了机器人，他们将这些中国制造变成了美国制造。这既是美国经济无就业复苏的写照，更是中国劳动力面临全球制造业转移和技术进步双重挑战的写照。一直以来，中国以廉价劳动力作为比较优势,在国际分工中主要提供劳动密集型产品。由于近来生产率的提高速度不足以抵消劳动力成本的上升幅度,再加之技术进步的影响,中国制造业的竞争力可能会迅速削弱。因此,新技术革命对中国这样的发展中国家如何实现经济持续增长提出了新的挑战,工资差别可能不再是决定一国劳动力比较优势的主要原因。一种我们可能要面对的情况是,今后与发展中国家劳动力竞争的,不是发达国家的劳动力,而是发达国家的资本。

助跑人力资本

助跑人力资本的目的不在于和机器形成对抗,而是要促进劳动力与机器的"合作",更好地发挥技术进步给经济社会带来的积极作用。实现"合作"的重点在于发展人类的长板:个体层面要扩大与机器能够形成互补的人力资本的积累,组织层面要激发人与人、人与机器之间的组合式创新。在这一过程中,教育和制度设计应该充分发挥作用。

世界经济论坛预测,到 2020 年对解决复杂问题的能力、社交技能以及过程控制等综合技能的需求会远远高于对身体能力、知识性技能和专业技能的需求。教育可以从多个方面发力,加大对前几项需求更高的人力资本的积累力度。一是重视高等教育发展,延长劳动者受教育年限。目前,就业的两极化导致了教育的两极化,有研究表明这一现象在中国和美国都存在,那些判断自己无法考上大学或无法从大学毕业的人,其完成高中学业的动力也会减少,而选择提早进入劳动力市场。这对高技能人力资本的积累造成不利影响,而且由于受过高等教育的人往往更重视总是安排自己的闲暇,因此也一定程度上影响了服务消费需求的创造。二是加强学前教育与通识教育。在各个教育层级中,学前教育的社会回报率最高。在强调合作的今天,非认知能力的重要性越发凸显,哈佛大学一项研究显示,孩子在学前班学到的社交技能,如同情心、合作精神等,会让他们终身受益。此外,快速发展的技术使劳动者在整个职业生涯中可能会面临更频繁更换工作的可能,因此依靠单一技能的劳动者将面临更大的失业风险。通识教育培养的是通用性人力资本,有助于提高劳动者的学习能力和适应能力,增大转换工作的可能性。三是在终身教育视域下发展职业教育。职业教育可以分为在职学习和在校学习两种途径。近十几年来,世界各国在校职业教育比重的平均水平呈下降趋势,这也包括一向注重发展职业教育的欧洲国家。有研究表明,短期的、在职的职业教育比长期的、在校的职业教育更加有效。因此,应该将学习作为终身教育的重要一环,帮助劳动者适应技术发展带来的就业变化。

除了加强个体的人力资本积累,提升组织的创造力也尤为重要,这需要设计相关制度提供激励和保障。组织的创造力主要体现在组合式创新上,需要强调企业家精神和制度设计的灵活性,降低创业成本和企业综合成本、鼓励合作研发、激励资源能够以更高效的方式配置。组织的创造力也源于整个社会知识水平的不断提高,因此还用鼓励知识的创造与传播,可以通过改革专利技术,缩短版权期限等,促进公共知识在数字化条件下的社会共享。在组织创造力提升的过程中,可能会加大劳动力市场的灵活性,导致就业保障的缺失。例如,在共享经济中,参与者只是从事某一项具体工作的个人,由于不同传统意义上的员工,他们可能无法享受由企业提供的各项就业福利。因此应考虑专门的制度设计。加强对这部分劳动者的基本保障。

资料来源:王姣娜:《与机器赛跑的人力资本》,《经济学家茶座》2017 年第 1 期,第 91~96 页。

第二节　税收与收入分配

一、对收入分配的衡量

（一）"库兹涅茨假说"和"库兹涅茨曲线"

俄裔美国著名经济学家、诺贝尔经济学奖获得者西蒙·史密斯·库兹涅茨（Simon Smith Kuznets,1901—1985）在对 14 个工业化国家近 50 年来经济增长和收入分配变化之间的关系及规律进行了系统考察后，于 1955 年的论文《经济增长与收入不均等》中指出："收入分配不平等的长期趋势可以假设为，在从前工业文明向工业文明极为快速转变的经济增长早期，不平等扩大；一个时期变得稳定；后期不平等缩小。"这就是著名的"库兹涅茨假说"。这种收入分配状况变化的长期趋势可以用图 5-4 的"倒 U 型曲线"（inverted U curve，即人们通常所说的"库兹涅茨曲线"）来描述。

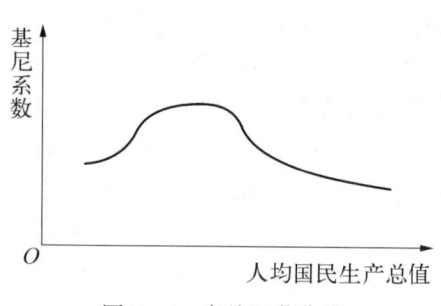

图 5-4　库兹涅茨曲线

库兹涅茨不仅从英、美、德等国的历史统计资料中发现，发达国家的收入分配不平等经历了一个先恶化后改善的过程，他还对发展中国家与发达国家战后收入分配状况进行了横向比较，发现发展中国家收入分配比发达国家更不平等。也就是说，在大多数发展中国家均存在"库兹涅茨效应"：在经济发展到一定阶段内，社会收入分配会随着经济增长而趋于恶化，只有当经济发展到较高水平以后，收入分配才会趋于平等。库兹涅茨假说在许多国家已被历史所验证，但是否具有普遍性，在西方经济学界至今还是一个存在争议的问题。

（二）洛伦兹曲线和基尼系数

洛伦兹[①]曲线（Lorenz Curve）和基尼[②]系数（Gini Coefficient）是经济学中衡量社会分配是否公平的重要工具，能够反映收入分配的差别程度。洛伦兹曲线反映了社会各阶层或集团的收入占社会总收入的比重或相对份额的大小（见图 5-5）。

通过洛伦兹曲线，可以直观地看到一个国家收入分配平等或不平等的状况。整个洛伦兹曲线位于一个正方形中，正方形的底边即横轴代表社会中不同收入人口（或家庭）的百分比，正方形的左边即纵轴代表社会中人口所占收入的百分比。从坐标原点到正方形相应另一个顶点的对角线为均等线，即收入分配绝对平均线，这一般是不存在的。实际收入分配曲线即洛伦兹曲线位于 45°均等线的右下方。从洛伦兹曲线的弯曲程度可以判断出收入分配公平程度如何，弯曲程度越大，收入分配越不平等。在极端的情况下，洛伦兹曲线弯曲为近似折线 ODC。

假定图 5-5 中阴影部分 OBC 的面积为 E，空白部分 ODC 面积为 F，则基尼系数为 E/

---

① 洛伦兹（Lorenz,1880—1962），美国经济学家,1905 年在读博士期间发表论文首次得出了描述分配公平问题的洛伦兹曲线。

② 基尼（Corrado Gini,1884—1965），意大利经济学家，原本毕业于法律专业，但却一直对公共问题感兴趣，最为人所熟知的贡献是 1921 年提出的基尼系数。现基尼系数作为一个重要指数，被广泛用于衡量社会分配公平状况。

($E+F$)。基尼系数的实际数值只能介于 0～1 之间。当基尼系数为 0 时，收入分配绝对公平；当基尼系数为 1 时，收入分配绝对不公平。基尼系数越大，反映收入分配越不公平。联合国有关组织规定：基尼系数低于 0.2 表示收入高度公平；在 0.2～0.3 之间表示比较平均；在 0.3～0.4 之间表示相对合理；在 0.4～0.5 之间表示不公平；超过 0.6 表示高度不公平。国际上通常把 0.4 作为收入分配差距的"警戒线"，一般认为，当基尼系数高于 0.4 时，社会就会隐含许多不稳定因素，容易引发社会动荡。1978 年前，我国基尼系数在 0.2～0.24 之间，随后，该数据不断升高，1981 年为 0.31，1990 年为 0.34，1995 年为 0.37，

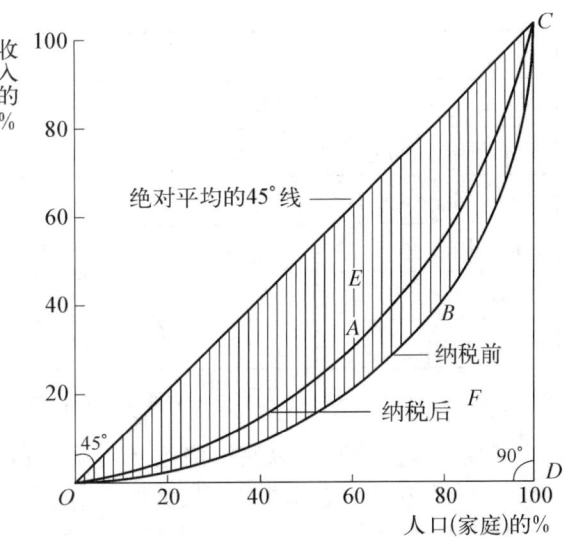

图 5-5 洛伦兹曲线和基尼系数

2000 年前后超过 0.4，2004 年为 0.473，2008 年上升至 0.491，此后开始逐年回落，分别为：2009 年为 0.490，2010 年为 0.481，2011 年为 0.477，2012 年为 0.474，2013 年为 0.473，2014 年为 0.469，2015 年为 0.462。2016 年为 0.465，又比 2015 年提高了 0.003。[①] 之后 2017 年为 0.467，2018 年为 0.468，2019 年为 0.465，2020 年为 0.465。

表 5-1 是 OECD 部分国家 20 世纪 80 年代中期、20 世纪 90 年代中期、2007 年前后、2018 年或最近年份（统计时间为 2021 年）的基尼系数，可以看出其中大多数国家 30 多年来基尼系数呈上升趋势。

表 5-1

OECD 部分国家基尼系数

		Mid-80	Mid-90	2007 (or closest)	2018 or latest
Norway	NOR	0.351	0.404	0.401	0.429
Canada	CAN	0.394	0.429	0.432	0.438
Sweden	SWE	0.404	0.438	0.426	0.434
Israel	ISR	0.472	0.494	0.498	0.444
Netherlands	NLD	0.473	0.484	0.430	0.445
Czech Republic	CZE		0.442	0.450	0.435
Denmark	DNK	0.373	0.417	0.414	0.447
New Zealand	NZL	0.408	0.488	0.455	0.462
Australia	AUS		0.467	0.468	0.454
Japan	JPN	0.345	0.403	0.462	0.504

---

① 1978 年到 2000 年期间的数据转引自：刘传宝：《促进收入公平分配的税收政策建议》《税务研究》，2011 年第 1 期，第 96 页；2004 年到 2019 年期间的数据引自国家统计局网站。

（续表）

		Mid-80	Mid-90	2007 (or closest)	2018 or latest
Germany	DEU	0.439	0.459	0.494	0.500
United Kingdom	GBR	0.469	0.507	0.519	0.506
United States	USA		0.477	0.486	0.505
Finland	FIN	0.387	0.483	0.476	0.512
France	FRA		0.473	0.483	0.519
Italy	ITA	0.387	0.467	0.486	0.516

资料来源：https://www.oecd-ilibrary.org，https://doi.org/10.1787/888934158157。

政府通过征税，可以使得洛伦兹曲线从 *OBC* 向左上方移动至 *OAC*，降低基尼系数，改善收入分配状况，起到调节收入分配的作用。通过征税，高收入群体的实际可支配收入减少，政府再通过财政等手段，增加低收入群体的实际可支配收入，从而起到缓解社会分配不公的状况。表 5-2 为 OECD 统计的一些国家 2018 年（或 2018 年后，2021 年前）税前、税后（转移支付后）基尼系数。

表 5-2

OECD 统计的一些国家 2018 年（后）税前、税后基尼系数

		Before taxes and transfers	Post taxes and transfers	Before taxes
Slovak Republic	SVK	0.398	0.241	0.269
Slovenia	SVN	0.445	0.243	0.293
Czech Republic	CZE	0.435	0.249	0.287
Iceland	ISL	0.385	0.257	0.289
Denmark	DNK	0.447	0.261	0.304
Norway	NOR	0.429	0.262	0.303
Belgium	BEL	0.485	0.263	0.314
Finland	FIN	0.512	0.266	0.315
Austria	AUT	0.485	0.275	0.322
Poland	POL	0.447	0.275	0.287
Sweden	SWE	0.434	0.282	0.312
Netherlands	NLD	0.445	0.285	0.334
Hungary	HUN	0.478	0.289	0.324
Germany	DEU	0.500	0.289	0.346
France	FRA	0.519	0.292	0.327
Ireland	IRL	0.535	0.295	0.38
Switzerland	CHE	0.386	0.296	0.293

（续表）

		Before taxes and transfers	Post taxes and transfers	Before taxes
Estonia	EST	0.445	0.309	0.333
Canada	CAN	0.438	0.310	0.352
Greece	GRC	0.528	0.319	0.336
Portugal	PRT	0.517	0.320	0.381
Australia	AUS	0.454	0.325	0.375
Luxembourg	LUX	0.496	0.327	0.333
Russian Federation	RUS	0.446	0.331	0.340
Spain	ESP	0.507	0.333	0.370
Italy	ITA	0.516	0.334	0.377
Japan	JPN	0.504	0.339	0.363
Israel	ISR	0.444	0.348	0.398
New Zealand	NZL	0.462	0.349	0.372
Latvia	LVA	0.481	0.355	0.383
Korea	KOR	0.406	0.355	#N/A
United Kingdom	GBR	0.506	0.357	0.392
Lithuania	LTU	0.510	0.374	0.394
United States	USA	0.505	0.390	0.434
Turkey	TUR	0.429	0.404	#N/A
Mexico	MEX	0.473	0.458	#N/A
Chile	CHL	0.495	0.460	0.470
South Africa	ZAF	0.715	0.620	0.648

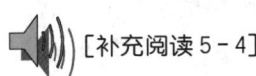 ［补充阅读 5-4］

聊聊中国的基尼系数

近几年,我国农村的基尼系数大概在 0.37 左右,城市则在 0.32 左右,但是两者一旦合起来,中国总体的基尼系数就到了惊人 0.46～0.47。这个数据是超过了美国的。

也就是说,中国的基尼系数之所以这么高,最直接的原因,就是农村和城市这个"二元结构"。简单说,就是城市与农村之间,其收入差距大。但是城市内部、农村内部,收入差距并未超过警戒线。

2021 年,最热风评的国产剧《山海情》讲的就是扶贫、西部大开发。

精准扶贫就是为了降低整体的基尼系数、城乡之间的贫富差距。

资料来源:根据网络资料整理。

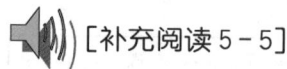 [补充阅读5-5]

谈谈美国的基尼系数

最近这些年美国国内对财富集中及贫富分化辩论激烈,这也是大选期间的主要议题之一。基尼系数是各国衡量贫富分化的通用指标,但在基尼系数的统计方面,因为涉及的因素很多,具体统计结果也不尽一致。比如,经济合作与发展组合的数据显示2017年美国的基尼系数是0.39,而圣路易斯联邦储备银行(Federal Reserve Bank of St. Louis)估计2016年基尼系数为0.415,世界银行的估计也是0.415。但据美国人口普查局的调查,2018年美国的基尼系数为0.485,创历史新高。显然,美国政府对贫富分化的预测估计大大高过经济合作与发展组织。

美国人口普查局2018年基尼系数的数字一经披露,立刻引起主流传媒的关注,纷纷以基尼系数创新高、美国收入不均恶化、美国的收入不平等达到50多年来最高水平等作标题报道这一新闻。美国人口普查局的数据是在"美国社区调查"(American Community Survey)的基础上得到的,与2006的基尼系数0.464相比,12年间提高了0.021点。

资料来源:根据网络资料整理。

二、对公平与效率的权衡

库兹涅茨假说实际上揭示的是经济增长与分配公平之间的关系,也可以说是效率和公平之间的关系。为了对分配公平有一个更准确、深入的认识,我们先对公平做出合理的界定。

"公平"一词,指的是对一切有关的人公正、平等的对待,广义的解释包含起点公平、过程公平、结果公平三层含义。

首先,由于人们出生的家庭、地域、社会环境及个人天赋(智力、体力甚至容貌)等,都存在差异,因而每一个人的起点不可能是完全公平的,也可以说是不公平的。起点不公平在一定程度上会影响结果公平。

其次,从起点到结果中间的过程是否公平? 在过程公平中居于核心地位的是机会平等。影响机会平等的主要因素包括:① 受教育和训练的机会;② 操纵市场的能力;③ 财产所有权;④ 偶然因素等。过程公平的程度取决于过程的规则。人们在争取经济利益的过程中,总是需要遵循某些规则的,规则可分为三大类。① 超经济强制规则。主要依靠暴力或行政权力,通常缺乏完善的法制,封建社会及专制体制中的规则基本属此类。② 经济强制规则。主要依靠市场及资本的力量,通常有较为完善的法制予以保障,市场经济体制中的规则基本属此类。③ 单纯的人力资本强制规则。存在于生产力高度发展,商品、价值、货币消亡,劳动能力成了唯一特权的条件下,是真正的"按劳分配"。显然,公平程度是③>②>①,但是,由①→②→③的演变,需要条件和时间。

最后,结果公平与否需要一些指标进行衡量。结果公平的程度,可以从财产占有、收入分配、实际消费这三个层面进行考察,其中收入分配居于核心地位。

在讨论效率与公平的关系时,"公平"一般指狭义的结果公平。

各国经济的巨大增长,主要得益于市场在资源配置方面的效率。因为市场经济中的效率源于"看不见的手",这只手将市场评价为一个权力分散和有效率的系统,它通过构成这一系统的利益机制、竞争机制、价格机制等引导资源合理配置,刺激人们努力工作。然而,市场机制并非万能。

面对社会经济活动的三大基本问题,市场在一定条件下能够有效解决的只是其中的两个,即"生产什么和生产多少",以及"如何生产"。市场机制不可能解决"为谁生产",即收入的合理分配问题。正如萨缪尔森[①]指出的,"市场并没有特殊的才能去寻求解决为谁生产的最好答案。世界上最有效的经济可以导致出一种工资和财产的分配机制,而这种分配甚至会使自由市场机制最忠诚的支持者感到不满意"。之所以如此,是因为市场经济遵循的是萨伊[②]的"三位一体"分配法则,市场经济中的分配机制是通过供给和需求来决定生产要素的价格,并通过这种价格决定人们的收入。显然,在这种分配机制下,巨额财富的拥有者可以获得大大高于普通劳动者的资本收入;一个受过良好教育、训练有素、能力较强的个人,其收入水平也将高于一个缺乏必要知识、能力较弱的个人。市场分配的结果必然形成不同阶层或集团之间的收入差别。这种差别在经济增长停滞、社会总收入水平不变的情况下,表现为绝对收入差别,产生"富者愈富,穷者愈穷"的"马太效应"。在经济增长的条件下,表现为收入分配的相对差别,即在不降低甚至提高居民中最贫困阶层绝对收入水平的前提下,收入差距加大。但是,不论对哪一种收入分配不平等,政府都不能听之任之,不加调节,否则将对经济增长和社会发展造成较大危害。

税收在多大程度上调节收入再分配需要在公平与效率之间进行权衡。世界上不存在绝对公平且又有效率的税收。税收参与收入再分配往往会导致一定效率损失,即公平的实现是以牺牲效率为代价。这主要体现在以下几个方面:

第一,根据公平原则,税率结构应是税率档次多,边际税率高,但这与效率原则相悖离。过高的边际税率和过多的税率档次会增加税制的复杂性,加大税务机关的征税成本和纳税人的遵从成本,增加税收对经济的扭曲作用,以及纳税人逃税的意愿。

第二,根据公平原则,对低收入的纳税人给予了减免、扣除、抵免等税收优惠,这一方面增加了税法的复杂性,给各种避税行为带来了可乘之机;另一方面,由于税收优惠的存在,导致人们往往依据税收待遇而非市场价格信号来进行选择。从税收优惠执行的实际情况来看,一些国家的富人从税收优惠措施中得到的实惠远远大于穷人。

第三,根据公平原则,对高收入者征收更多的税收。而高收入者是储蓄和投资的主要来源,所以对富人征收较多的税收会在更大程度上降低储蓄和投资,影响经济增长。

第四,根据公平原则,对高收入者实行较高累进税率,但高税率会对劳动产生抑制作用,使人们以闲暇代替劳动,导致资源配置不能反映市场的要求,降低了全社会的效率水平。

对于公平和效率之间的选择,目前世界上任何一个市场经济国家都不会只要效率,不要公平,也不会只要公平,不要效率。比较通行的做法是:初次分配注重效率,发挥市场的基础作用;再分配注重公平,加强政府对收入分配的调节作用。

---

①　保罗·萨缪尔森(Paul A.Samuelson,1915—2009),美国著名经济学家,发展了数理和动态经济理论,将经济科学提高到新的水平,他的巨著《经济学》流传颇广,许多国家的高等学校将《经济学》作为专业教科书,他被称为经济学界的最后一个通才,1970年获得诺贝尔经济学奖,也是美国获得诺贝尔经济学奖的第一人。

②　让·巴蒂斯特·萨伊(Jean Baptiste Say,1767—1832),法国政治经济学家,是在欧洲大陆系统传播古典自由主义经济学思想的第一人,代表作《政治经济学概论》,为人熟知的有萨伊定律和"三位一体"分配公式。

三、税收对收入分配的影响

（一）税收在三次分配中的调控作用

1. 税收在初次分配环节的调控作用

在初次分配环节，涉及的税种主要是货物与劳务税。货物与劳务税是对市场活动的直接征税，目前理论界的大部分学者认为，除消费税通过调节消费品价格对高消费者收入进行调节外，货物与劳务税在初次分配中主要应该体现税收中性的原则，不具有作为政府调节个人收入分配政策工具的功能。在我国货物与劳务税实践中，增值税与消费税的配合在一定程度上发挥了公平收入分配的积极作用，在增值税中规定对生活必需品课以轻税或无税，而在消费税中对奢侈品额外课税，可以在一定程度上起到缩小收入分配差距的作用。另外，税收对初次分配有间接调控作用，表现在：其一，税负轻重会改变企业和个人要素占有量的大小，从而缓解其在初次分配中收入差距扩大的趋势；其二，如果税收制度能够在二次分配和三次分配调节中取得效果，就在一定程度上改变了资源配置格局和要素分布状态，从而使初次分配中的起点不公平的状况得以改善。

2. 税收在二次分配环节的调控作用

按照马克思国民收入再分配的原理，二次分配是对初次分配的补充和校正，因而崇尚"公平至上"的原则，可以通过税收手段实现"抽肥"，即对富人征收更多的税收，从而实现富人和穷人在分配上的相对公平。在国民收入二次分配过程中，对公平收入分配发生重要影响的税种有以下几类：

（1）所得税。在实行累进个人所得税的情况下，税率随着个人收入的增加而升高，使得高收入者和低收入者的收入差距在征税后缩小；企业所得税可以减少资本收益，从而缩小资本利得收入者和劳动收入者之间的收入差距。

（2）社会保障税。一般情况下，社会保障税主要以劳动所得作为税基而不包括非劳动所得，其税负主要由劳动者负担，因此，该税本身并未对公平收入分配起到多大的作用，但它是政府实行社会保障制度的基本财力源泉，对于实现收入的公平分配有着间接而重要的促进作用，社会保障税已成为世界各国实施社会收入再分配调控的重要政策手段。

（3）财产税。财产税对个人收入分配具有重要的调控功能，其调控功能体现在两个方面：首先，财产税比较符合税收的支付能力原则。对财产课税有助于缓解社会财富分布的不公平状态；其次，财产税的负担难以转嫁，可以直接实现政府的政策目标，不至于因转嫁因素而被淡化或扭曲。

3. 税收在第三次分配环节中的调控作用

慈善活动或事业往往是依托于各类慈善组织进行的，是社会再分配的重要方式，即通常说的第三部门分配。"第三部门"也被称为非营利组织、非政府组织和公民社会组织等，泛指除政府组织、市场组织之外的社会组织和团体。第三次分配与个人的信念、社会责任心或对某种事业的感情有关，基本不涉及政府的调节行为，也与政府的强制无关。第三次分配的机制有别于市场和行政机制，可以解决市场和政府的不足，起到沟通私人部门和公共部门的桥梁作用。在很多西方国家，除了初次分配和二次分配之外，慈善公益事业也较为发达，这种分配表现在通过多种途径和多种方式的捐助活动，很多富人的财产被直接或间接地转移到穷人手中，在客观上起到国民收入再分配的作用。第三次分配一般情况下是公众自觉行动,但也可以通过制度安排激励引导。对于社会公众对慈善公益事业的捐助,发达国家普遍给予个人所得税和财产税的免税政策。引导高收入的合理流向,缓和收入分配不公的矛盾。

（二）调节收入分配的税制体系

在政府的宏观政策手段中,税收是调节收入分配的一个极其重要的经济杠杆。税收对收入分配的调节制度,主要体现在以下几个方面。

1. 累进的个人所得税对高收入阶层的调节

累进的个人所得税被认为是实现税收负担纵向公平,矫正分配不公的重要工具。当人们之间收入水平出现较大差别时,这种税根据每个人的纳税能力,确定高低不等的税率,收入高的,适用税率高,多纳税;收入水平低的,适用低税率,少纳税;没有收入或个人收入达不到免征额,缺乏纳税能力的,不纳税。这种征税制度本身虽然不能增加穷人的收入,但可以阻止富人的收入变得更高,使分配不公或贫富差距的程度得到缓解。

发展中国家存在巨大的收入差距,根据世界银行的统计,处于收入最高的 10% 家庭得到了全国家庭收入总额的 37.5%（标准差=5.6%）,而工业化国家的同一比重为 25%（标准差=4%）。因此,发展中国家在谋求经济与社会的全面发展过程中,大多把累进个人所得税作为一项重要的政策手段加以运用。目前,几乎所有的发展中国家都已经开征个人所得税。

2. 累进的财产税制对财富过度集中的调节

在许多国家,虽然广大居民的收入水平不高,生活也不尽富裕,甚至有相当数量的居民还处于贫困中,但是,财富却在少数人手中集中起来。有的采取土地、房屋、车辆等不动产形式,有的采取了金银、首饰、股票、债券等动产形式。对个人累积的财富课税,在削弱财富集中,缓解贫富悬殊方面的作用不可低估。

封建时代的财产税,主要根据财产的某些外部标志按比例税率或定额税率征收,而不考虑财产给所有者带来收益的状况。现代财产税的税基大多为财产现值或评估价值,通常采用累进税率。根据经济合作与发展组织（OECD）的分类标准,现代各国的财产税大致分为三类,即对土地、房屋的征税;对出售资产征收的财产转移税,如资本利得税、遗产税和赠与税等;以及根据产权或使用人拥有财产价值的数量课征财产净值税。但不论哪一类财产税,其征税的基本原则是,财产多、收益大的税负重;财产少、收益小的税负轻;无财产者不纳税。按照这项原则设计税负,可以有效降低财富的集中程度,降低财产收入在个人收入中的比重,节制暴富者,鼓励劳动所得。

3. 消费税对高收入阶层支付能力的调节

个人的富裕程度和纳税能力既可以用收入水平、财产占有状况来衡量,也可以用消费水平及支付能力来衡量。在一些发展中国家,由于富人的边际储蓄倾向较低,个人收入的相当部分都用于了奢侈性消费。因此,这些国家贫富差距在很大程度上体现在个人消费的支付能力方面,政府对某些奢侈品、进口消费品或特殊消费品征收消费税,不仅有利于刺激私人储蓄,增加公共储蓄,把消费基金引导到投资方面,促进经济增长。同时,还可以产生良好的收入再分配效应,即通过对某些特定消费品实行高价高税政策,把高收入阶层的一部分收入在流通领域里就转化为政府的社会保障资金来源。

4. 社会保险税对转移支付制度的筹资作用

首先,社会保险税本身并不具备实现收入均等化的功能,因为这个税种的征税对象是工薪收入,而不包括个人投资性的所得,如股息、利息、红利、财产转让所得等。这样就把高收入阶层的主要收入来源排除在征税范围之外;其次,社会保险税一般实行比例税率,税负轻重与纳税能力没有关系,使高收入者处于有利的地位。更为重要的是,一方面,目前一些国家的社会保险税还对高工薪所得规定有限额征税制度,即对限额以上部分的工薪收入免税,使高收入的社会保险税负担大大低于低收入阶层。另一方面,这种税对低收入阶层则未规定宽免优惠,加重了低收入者的税收负担。所以,一些学者指出,对商品课征的比例税,对于富人的收入来说是累退的,而社会保险税的累退性比商品税更为突出。

但是,各国政府征收社会保险税的主要目的不在于该税本身的公平效应,而在于这种税为本国社会保障制度和实施财政转移支付计划的筹资效应。目前大多数国家均已经开征了社会保险税,随着工业化进程加快和社会经济的发展,将会有越来越多的发展中国家建立社会保障制度,并开征与之配套的社会保险税。

5. 税式支出间接提高低收入者收入水平

所谓税式支出,是指政府以特殊税收法律条款规定,给予特定纳税人税收优惠而形成的税收损失。政府通过税式支出,可以间接增加低收入阶层的实际收入。实现这一目标的途径有两条:一是对低收入阶层的某些纳税项目给予税收优惠,允许较多的税前扣除;二是对有助于间接增加低收入阶层收入的行为给予税收优惠。例如,对那些向慈善机构、公益事业捐赠财物的企业和高收入者,在其纳税时给予适当税收优惠。

6. 负所得税计划

负所得税计划最先是由美国经济学家米尔顿·弗里德曼[①]提出的,其目的是为了克服社会保险计划存在的诸如累退性等缺陷,试图在不损害经济效率的前提下,减少贫穷和不平等。这一计划的基本原理是:如果个人的收入高于最低生活保障线,就需要缴纳所得税;当个人收入低于最低生活保障线,则可得到政府发给的救济金,也即负所得税,救济金发放的比例或税率是根据累退原理设计的,旨在鼓励个人就业谋生,约束"等、靠、要"者。负所得税用公式来表示就是:

$$T = t(y - Y)$$

式中:T 为负所得税额或应纳所得税额;t 为税率;y 为最低生活保障线;Y 为纳税人的收入。

假定最低生活保障线为 10 000 元,甲的收入为 5 000 元,乙的收入为 20 000 元,税率为 20%。则甲可得到救济金 1 000 元,其可支配的总收入为 6 000 元;而乙则需缴纳 2 000 元的所得税,其可支配的总收入变为 18 000 元。

负所得税计划虽然在世界上还没有一个国家付诸实践,但它所体现的公平为主、兼顾效率的分配原则已对许多国家的分配政策产生了影响。

四、对我国收入分配调节的税收政策

改革开放以来,伴随着人均国民生产总值的不断提高,我国居民收入的差距也日益扩大,在 2000 年前后基尼系数已超国际警戒线,这表明我国的经济发展正呈现出"库兹涅茨效

---

① 米尔顿·弗里德曼(Milton Friedman,1912—2006),美国著名经济学家,货币主义创始人,以研究宏观经济学、微观经济学、经济史、统计学及主张自由放任而闻名,1976 年获诺贝尔经济学奖。

应"。对这种分配不均衡状况若不加控制,不仅会影响经济发展,而且也会给社会稳定带来不确定因素。为此,需要政府积极运用税收政策,调节收入分配,在不损害经济效率的前提下,谋求社会公平。税收是调节收入分配的重要手段,税收的调节作用在初次分配、再分配和第三次分配中均能体现出来。

(一)初次分配中的税收调节

我国的收入分配不公主要体现在初次分配环节。

首先,我国城乡居民收入差距是造成居民收入差距过大的重要原因。城乡居民收入比(城镇居民人均可支配收入/农村居民人均可支配收入)可以反映我国城乡收入差距的基本状况。我国城乡居民收入比在 20 世纪 80 年代中期达到最低点,最低时为 1.86,这是由于农村地区经济改革促使农民收入提高引起的。但是,从 80 年代中期以后,这一比值呈现出逐步增加的趋势,在 2003 年的时候,这一比值达到了最高点 3.23。如果考虑到实际购买力和享受政府提供的公共服务水平的不同,应该是 5:1,甚至是 6:1。2013 年到 2015 年的我国城乡居民收入比分别为 2.81、2.75 和 2.73。至 2020 年,我国城乡居民收入比下降为 2.56,比上年缩小 0.08,城乡居民人均收入比继续缩小。①

其次,在市场机制不够成熟的情况下,某些生产要素的所有者利用垄断力量获得了不合理的分配收益。主要基础设施和公共服务领域形成了自然垄断和行政垄断的并存,严重影响了统一市场的建立和公平竞争。垄断引发的行业高收入与其他部门、行业之间收入的巨大差异,其不公平已成为我国当前的社会性问题。从行业平均收入的统计分布看,人均收入排名靠前的多是垄断性行业,如通信服务业、电力供应业、金融证券业、保险业、铁路和自来水行业等。垄断问题是市场本身无法解决的缺陷,却是税收政策可以发挥作用的空间之一。

根据国民经济核算体系的规定,货物与劳务税的性质属于初次分配。另外,初次分配属于要素分配,因此,用来调节价格和要素的税种也包含在初次分配的过程中。传统的观念把税收视为再分配范畴,这是不全面的。应当承认,增值税、消费税等货物与劳务税和资源税、土地使用税、房地产税、暴利税等,都能在初次分配中发挥调节作用。

增值税的中性特征明显,其调节作用有限。

消费税是调节收入分配的重要工具,它可以调节价格、引导消费和在环境保护方面发挥调节作用。2006 年 4 月 1 日,财政部对消费税进行了较大的调整,将一些奢侈品纳入征税范围,消费税税目由 11 个调整为 14 个。2014 年 12 月 1 日起汽车轮胎不再征收消费税,2015 年 2 月 1 日起开始对电池、涂料征收消费税。至此,消费税税目调整为 15 个。但我国消费税的调整进程远未结束。目前国家对某些一般消费品开征了消费税并设定了高税率,而对奢侈品、高污染品以及不可再生的稀缺性资源品等本该征收消费税或征收高税率的产品或行为,或者还没有开征,或者设定的税率却不高。例如,已成为大多女性生活必需品的化妆品,虽然适用已从 30％下降为 15％税率,而为极少数人所能消费的游艇的税率却仅为 10％。

我国资源税原采用从量定额计征,经过几年的改革,目前基本上调整为从价定率征收。从量定额计征使资源税的收入未能与资源价格同步上升,进而导致资源开采单位利润剧增,增加资源开采单位和其他单位的收入差距。资源的分布主要在西部,资源的使用主要

---

① 数据引自国家统计局网站。

集中在东部,因此,改为从价定率征收,提高资源税税率,有利于增加西部地区的财政收入,实现财富在政府之间由东部向西部的转移。

房地产税制也是调节收入分配的重要手段。我国应重构房地产税制,取消城镇土地使用税和土地增值税,设立土地年租金,大幅修订房产税。从长期看,将土地批租制改为土地年租制能够大幅度降低房价,从而使更多的人能买得起房子。新修订的房产税,可以仿效其他国家的规定,对于自有住房,采取一家人拥有一套住房免税、第二套住房征税的方式征收,且在购买第三套、第四套住房时较大幅度地提高税率。为有效发挥房产税调整收入分配的作用,需要完善的房地产产权登记制度和健全的房地产估价制度作为配套。

针对垄断行业利润过高的现象,可以进一步征收暴利税。由于我国某些行业中企业垄断地位的形成并非自然竞争的结果,而是由于政府通过行政手段或其他方式所致。因此,应征收暴利税,将这一部分税收归入国库,用于改善全体人民福利。此外,由于在我国处于垄断地位的企业往往是国有大中型企业,且利润往往较高,因此,还应限制大型国企职工工资上涨幅度,尽快建立国有资本经营预算,以获取分红的方式行使国家对国有企业的所有者权利。

(二)二次分配中的税收调节

收入再分配是在收入初次分配基础上的再调节,以保证低收入者或没有劳动能力的社会成员有生存的权利,从而体现结果公平原则。公共财政在收入分配中的作用主要是通过税收和财政支出两个方面来实现的。而其中税收的作用主要是通过所得税来实现的。我国目前的所得税主要是企业所得税和个人所得税,除此之外,还有准税性质的社会保障费。由于所得税的税负由纳税人直接承担,税负不容易转嫁,因此,被界定为直接税,进而对收入分配具有明显的调节功能。

我国的个人所得税是调节收入再分配的主要税种。在今后一个相当长的时期内,发挥个人所得税调节作用的关键在于加强个人所得税的征收管理。自1994年起,个人所得税收入增长较快,1994年个人所得税为72.48亿元,2020年则达到11 568亿元,27年增长了158.6倍。但是,在个人所得税收入结构中,劳务报酬所得、生产经营所得等一些高收入项目所占比例仍偏低。这表明,个人所得税应有的作用没有充分发挥出来。影响高收入者个人所得税征管的因素主要有两个方面:一是初次分配制度不规范,个人信用体系尚未完全建立,现行的综合与分类相结合税制模式不能很好地发挥收入调节功能;二是税收征管手段仍需提高,对个人收入实施有效监控,减少税收流失。因此,有必要进一步改革和完善现行个人所得税制度,采取切实有效的措施,强化税收征管,堵塞收入流失漏洞。

从企业所得税调节收入分配的机制来看。企业所得税是对企业利润的课税,它可以减少资本收益,从而缩小资本利得收入者和劳动收入者之间的收入差距。与个人所得税相似,在实行累进税率的条件下,税收的这一调节功能将发挥得更为明显。进一步而言,通过有所差别的企业所得税税率、税前扣除范围或减免政策,可以调节不同地区和不同性质纳税主体之间的收入分配。

进一步拓宽税收调节收入再分配的领域,一是开征社会保险税。社会保险税也称社会保障税,是以企业的工资支付额为课税对象,由雇员和雇主分别缴纳,税款主要用于各种社会福利开支的一种目的税。在税率方面,社会保险税一般实行比例税率,雇主和雇员各负担50%,个别国家雇主和雇员使用不同的税率。据国际货币基金组织(IMF)统计,2010年,全世界170多个国家里至少有132个国家实行社会保障税制度。在一些发展中国家,社会保险税收入大约占中央税收的 6%，在发达国家大约占 28%。我国目前是通过缴纳社会保障费的形式来筹集社保基金，因实施时间有限，也缺乏税收所特有的强制性和规范性，所以社会保障资金筹集力度不够，金额不足，对低收入群体的收入补助金额和范围都不能满足实际需要。我国已将开征社会保险税提上议事日程。二是开征遗产税、赠与税。改革开放以来，我国社会经济结构已发生了巨大变化，少数个人财富增加量很大，为了避免社会财富过度集中在少数人手中，有效利用税收资源，适时开征遗产税和赠与税，加大税收对非劳动收入的调节力度，是历史与现实的选择。

（三）第三次分配中的税收调节

我国的税收优惠保留了较强的计划经济特征，按经济成分制定不同的税收优惠政策，不利于多元的非营利组织发展；对向不同类型的第三部门的捐赠规定了不同的优惠政策；对捐赠抵免限额的设定抑制了第三次分配规模的扩大；对非营利组织的税收征管严重失控。可以说目前税制中尚缺乏支持第三次分配格局形成的有效措施。

作为对前两次分配的重要补充，支持第三部门的发展，国家可以从以下几个方面来着手完善第三次分配中的税收调节政策：

（1）完善第三部门的税收征收管理制度。根据《税收征收管理法实施细则》的规定，非营利组织发生纳税义务后 30 日内到税务机关办理税务登记和纳税申报。这种规定不利于税务机关对第三部门的管理，容易导致第三部门偷逃税行为的发生。因此，建议第三部门在成立时即应进行税务登记，采用严格的纳税申报制度，将纳税申报作为一项独立的法律义务，无论是否产生纳税义务都要进行纳税申报。

（2）区分第三部门的相关商业活动和无关商业活动，并赋予其不同的税收待遇。

（3）完善捐赠税收制度。具体包括：考虑与其他国家签订税收协定的情况，制定向国外第三部门捐赠的税收制度；扩大享受捐赠优惠政策的非营利组织范围，建立对接受捐赠的第三部门的年检制度，取消不符合条件的第三部门组织；制定向不同的第三部门组织进行捐赠的税前扣除比率标准。向不同类型的第三部门组织进行捐赠，其税收优惠可以有所差别，但差别税收待遇的确定应当有原则性规定。

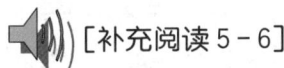[补充阅读 5-6]

Income distribution and inequality in USA

PERIOD		MID-70s	MID-80s	AROUND 1990	MID-90s	AROUND 2000	MID-2000s
Income and population measures	Age						
Real mean income	Total population	25 849.49	26 384.22	29 149.00	30 725.48	31 850.40	33 003.05
	Working age population: 18-65	28 459.79	28 764.78	31 893.97	33 415.00	34 421.09	35 407.38
	Retirement age population: above 65	21 912.25	24 546.32	26 019.81	27 311.10	27 291.29	28 436.02

（续表）

PERIOD	MID - 70s	MID - 80s	AROUND 1990	MID - 90s	AROUND 2000	MID - 2000s
Real median income Total population	23 223.34	23 207.50	25 294.95	25 813.84	27 168.50	26 990.25
Working age population: 18 - 65	25 742.54	25 683.12	28 067.65	28 546.93	30 008.54	29 501.53
Retirement age population: above 65	17 626.45	20 038.70	21 028.95	21 825.11	22 078.61	21 868.68
Mean log deviation Total population	0.19	0.21	0.23	0.24	0.25	0.29
Working age population: 18 - 65	0.18	0.20	0.22	0.23	0.24	0.29
Retirement age population: above 65	0.21	0.21	0.23	0.23	0.25	0.29
Standard coefficient of variation Total population	0.38	0.42	0.51	0.73	0.76	0.81
Working age population: 18 - 65	0.35	0.39	0.48	0.68	0.72	0.75
Retirement age population: above 65	0.58	0.52	0.59	0.72	0.65	1.08
Gini coefficient (after taxes and transfers) Total population	0.32	0.34	0.35	0.36	0.36	0.38
Working age population: 18 - 65	0.30	0.33	0.34	0.35	0.35	0.37
Retirement age population: above 65	0.36	0.35	0.37	0.36	0.37	0.40
Gini coefficient (before taxes and transfers) Total population	0.37	0.40	0.42	0.45	0.45	0.46
Working age population: 18 - 65	0.35	0.38	0.39	0.42	0.42	0.43
Retirement age population: above 65	0.56	0.56	0.58	0.59	0.59	0.60

资料来源：http://stats.oecd.org/Index.aspx?QueryId=26068。

[补充阅读 5-7]

各国基尼系数比较

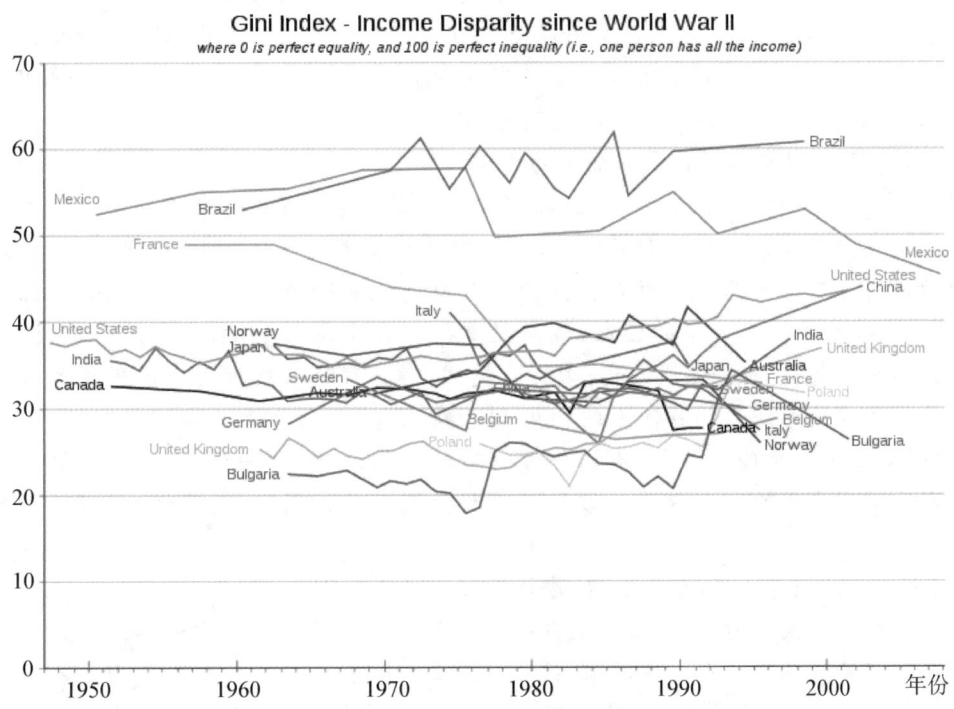

资料来源：http：//en.wikipedia.org/wiki/File：Gini_since_WWII.svg。

[补充阅读 5-8]

国外税收调节收入分配的做法与经验

一、建立以个人所得税为主的调节收入分配的税制体系

综观国外发达国家，都建立了以个人所得税为主体的税制体系，并取得了调节收入分配的良好效果。发达国家通过对高收入者征收个人所得税，降低个人收入水平，减少可支配收入，调整社会收入结构，对调节收入分配发挥着独特的作用。英国是世界上最早征收个人所得税的国家，通过征税前后基尼系数的变化可以看出英国个人所得税对贫富差距的影响是显著的。比如，2004 年，英国税前基尼系数为 0.36，税后基尼系数为 0.32，个人所得税对基尼系数的变化效应为 11.1%。

国外发达国家在个人所得税的设计上有以下共同之处：一是实行累进税率。对高收入者按较高的税率征收，从而改变居民收入分配结构，缩小高收入者和低收入者间的收入差距。二是合理确定减除费用标准。按照纳税人的具体情况，尤其是基本生活需要，规定相应费用扣除额，从根本上体现了对高收入者多课税、对低收入者少课税或者不课税的量能课税原则，有效地缩小收入差距，达到实现收入公平分配的目的。三是以家庭为单位申报

纳税,并针对不同家庭状况制定不同的征税方法。四是严格征管。对个人所得税的严格征管在确保税收收入的同时,也强化了个人所得税的调节作用。

二、充分发挥社会保障税的作用

社会保障税作为一种有指定用途的税种,专款专用于社会保障方面。这些项目受益者多为低收入阶层。从这一角度说,社会保障税也是税收调节收入分配的工具之一。据国际货币基金组织(IMF)统计,2010 年全世界至少有 132 个国家实行社会保障税制度。社会保障税已经成为许多 OECD 成员国最大的税收收入来源,很多国家的社会保障税收入占GDP 的比重在 10% 以上,最高的法国达到了 16.3%。

三、重视财产税在调节收入分配中的作用

财产是个人长期收入积累的结果,在累积中极易出现"马太效应"。财产税、遗产税和赠与税对居民财产积累具有再调节作用,能消除财富过度集中,对缓和分配不公、补充个人所得税的不足具有重大意义。财产税分为一般财产税和净值税两类。一般财产税比例税率在 1% 左右,实行累进税率的国家,最高税率也不超过 3%。有些国家是中央税收,如瑞典、智利;有些国家是地方税收,如美国。在美国,财产税收入规模占全国税收收入的比重为 10.44%,但在地方级税收收入中的比重却达到 75.43%。净值税的税率一般为 0.5% 或1%。此税多由中央政府征收,也有由地方政府征收的,如瑞士、丹麦等。遗产税和赠与税是多数发达国家采用的一个税种。该税种有利于鼓励慈善捐赠、调节收入分配、实现起点公平。

四、运用税收手段激励慈善捐赠,弥补二次分配的不足

慈善捐赠是对国民财富的"第三次分配",有利于优化资源配置、公平收入分配,起到弥补二次分配不足的作用。在发达国家,税收对慈善捐赠有着较强的激励作用。各国税收激励慈善捐赠一般有:税收扣除、税收抵免、税款指定制度和双倍扣除四种方式。一般实行累进税率的国家,多采用税收扣除的方式。如美国自 1917 年制定了捐赠扣除政策,对捐赠者的鼓励力度较大,其优惠措施主要体现为扣除范围较广,扣除比例较高,允许扣除的捐赠形式较多等。其做法:一是纳税人向公共慈善组织和私人基金会的捐赠可在税前扣除。二是如果是现金捐赠,企业向公共慈善组织和私人基金会捐赠的扣除上限为企业应税所得的10%,超过限额部分的捐赠可以向前结转 5 年,结转的捐赠扣除要优先于当年的捐赠扣除。个人向公共慈善组织进行的捐赠只要不超过收入的 50% 即可进行税前扣除。自 20 世纪以来,美国享受税收激励的慈善公益机构超过 120 万个,所掌握的资金超出 6 000 亿美元。

资料来源:曲顺兰、高国强:《国外税收调节收入分配的经验与启示》,涉外税务 2011年第 4 期,第 57～58 页,节选。

第三节　税收与经济稳定

经济稳定一般指总供给和总需求的平衡,一般表现为物价稳定。一个稳定的经济体系有四个主要标志,除了物价稳定,还包括经济增长、充分就业和国际收支平衡。要达到经济稳定运行的目标,最重要的条件是实现社会总供给和总需求的平衡。研究税收与经济稳定的关系,需要分析税收政策对总需求和总供给的影响,进而研究政府如何运用税收杠杆来促进充分就业、控制通货膨胀和实现经济稳定增长。

一、税收与国民收入水平的关系

一方面,税收是国民收入的再分配,国民收入大小直接决定着税收收入的大小,税收 T 与国民收入 Y 的一般关系为:

$$T = tY$$

式中: t 为税率,即国民收入税收率,我们可以把它看成来自国民收入的总税率。在 t 保持稳定的前提下, T 与 Y 成正比关系, Y 大, T 就大, Y 小, T 就小。这说明,税收 T 与国民收入 Y 之间存在着一种自动稳定的机制。

另一方面,可支配收入 Yd 与 T 的关系为:

$$Yd = Y - T$$

从这个公式可以看出,税收又是决定国民收入水平的一个重要变量。增加税收意味着减少人们可支配收入,削减私人消费支出。

不考虑进出口的情况下,消费 C、投资 I、政府支出 G 和国民收入 Y 的关系为:

$$Y = C + I + G$$

式中, C 又可以表述为:

$$C = C_a + bY_d = C_a + b(Y - T)$$

式中: C_a 为基础消费; b 为边际消费倾向。在投资和政府支出不变的情况下,削减私人消费支出将降低国民收入水平;反之,减少税收可以增加人们可支配收入,增加消费支出,进而提高国民收入水平。

需要指出的是,税收增减虽然会引起国民收入的减增,但税收变动引起国民收入变动在量上是不相等的,而是成倍数关系或乘数关系。这个倍数或乘数就是我们在本章第一节已经推导过的税收乘数,税收乘数 $Kt = -\dfrac{b}{1-b}$。 假定边际消费倾向 $b = 4/5$,则税收乘数 $Kt = -4/5/(1 - 4/5) = -4$。 其含义是当政府每增加1个单位的税收,则国民收入减少4个单位;当政府每减少1个单位的税收,国民收入将增加4个单位。这说明,税收与国民收入之间存在着相机抉择的机制。当经济不景气时,减税可以刺激经济增长;当经济过于旺盛,出现通货膨胀时,增税可以遏制社会总需求和物价的过快上涨。

二、税收政策的类型

(一)税收自动稳定机制

经济稳定是经济发展的重要条件,在市场经济下,税收政策是调节经济运行,促进经济稳定的重要手段。税收与经济稳定的关系,体现在税收政策对国民收入产出水平和总需求的影响上,税收通过自动稳定机制和相机抉择的税收政策可以起到稳定经济运行的作用。

税收自动稳定机制,也称"内在稳定器",是指政府税收规模随经济景气状况而自动进行增减调整,从而"熨平"经济周期波动的一种税收宏观调节机制。这种机制主要是通过累进的个人所得税和实行累进税率的公司所得税表现出来的。

以个人所得税为例,由于采取累进税率并规定有一定数量的免征额,累进的个人所得税就具有"内在稳定器"功能。具体地说,当经济发生衰退时,个人收入水平下降,纳税人数减少,适用较高税率的税基缩小,从而导致税收总量自动减少。由于累进税的收入弹性系数 $Et = \left(\frac{\Delta T}{T}\right) \Big/ \left(\frac{\Delta Y}{Y}\right)$ 比较大(通常 $E_t > 1$),这样税收的减少幅度就会超过个人收入的减少幅度,产生一种抑制力,防止消费和投资需求过度紧缩,减缓经济的萎缩力度。在经济发生膨胀时,个人收入水平提高,纳税人数增加,适用较高税率的税基扩大,从而导致税收总量自动增加。由于累进税的收入性较大,税收的增加幅度就会超过个人收入的增加幅度,产生一种控制力,防止消费和投资需求过度膨胀。

（二）税收相机抉择机制

税收相机抉择机制,是指政府根据经济景气状况,有选择地交替采取减税和增税措施,以"熨平"经济周期波动的政策。具体包括以下两方面的政策:一是扩张性税收政策。在经济发生萎缩、衰退时,政府实行减税政策,增加个人可支配收入,刺激私人消费和投资需求,促进国民收入恢复到充分就业水平。二是紧缩性税收政策。当经济出现通货膨胀时,政府实行增税政策,减少个人可支配收入,抑制私人消费和投资需求,遏制社会总需求和物价上涨势头。

紧缩性税收政策效应如图5-6所示。

在图 5-6 中,$C+I+G$ 线与45°线交于 E 点,假定由该点决定的国民收入 OA 高于充分就业水平 OF,形成需求拉动的通货膨胀。如果政府实行紧缩性税收政策,增税 100,在边际消费倾向为 2/3 的情况下,就会造成私人消费减少 67(以 $-\Delta C$ 表示),使均衡点由 E 移至 E',使国民收入减少 200,恢复到充分就业水平 OF。

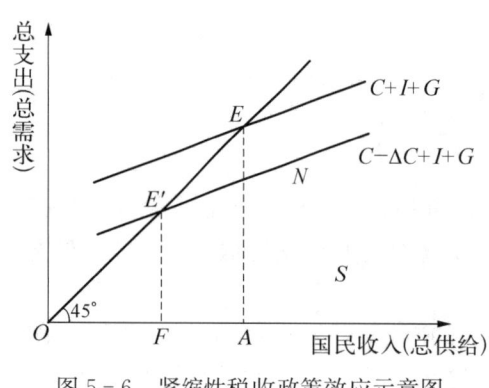

图 5-6　紧缩性税收政策效应示意图

三、税收政策对经济波动的影响

在 20 世纪 30 年代以前,西方经济学一直认为市场机制自身可以保证经济稳定,但西方国家在 20 世纪的经济运行实践却深刻地表明了经济波动的存在。30 年代的经济危机彻底动摇了市场经济能够自发维持经济稳定的信条,随之产生的凯恩斯经济学则以有效需求不足为逻辑起点,从经济行为主体的心理角度说明了经济危机产生的原因,使政府的经济干预成为必然。即使在现代国家普遍进行政府调控的情况下,进入 70 年代以来,西方国家还是出现了"滞涨"现象,通货膨胀与经济衰退的同时并存,使经济稳定增长面临着更加困难的局面。而进入到 90 年代后期,全球性的通货紧缩再一次导致世界经济遭遇"寒流"。1998年爆发了东南亚金融危机,2008 年由美国次贷风暴引发了全球金融危机。所有这些都向人们表明,经济波动是经济发展中不可避免的现象。根据美国经济学家米契尔[1]和伯恩斯[2]

---

① 韦斯利·克莱尔·米契尔(Wesley Clair Mitchell,1874—1948),美国经济学家,制度学派的重要代表人物,曾长期任美国哥伦比亚大学经济学教授,并主持全国经济研究局工作,主要从事经济理论、美国经济史、国民收入统计等的研究。

② 阿瑟·伯恩斯(Arthur F. Burns,1904—1987),出生于奥地利的犹太裔当代著名经济学家,1970—1978 年担任美联储主席,是格林斯潘的恩师兼挚友,他的经济周期理论影响深远。

在 1946 年发表的《衡量经济周期》一书中对经济周期的定义,经济周期一般分为繁荣、衰退、萧条、复苏四个阶段。既然经济增长不是按照直线趋势发展的,那么政府就应该更加充分、合理地运用各种经济调控手段,对社会总供给和总需求进行调节,平抑周期性经济波动,既克服经济衰退,又避免通货膨胀,以实现经济的稳定。

在市场经济条件下,财政政策和货币政策作为政府最重要的宏观经济政策,也是调节和干预整个经济运行各个层面最重要的武器,能否有效地将两者进行协调配合,是政府能否有效实施宏观经济调控的关键。财政政策主要通过税收、国债、预算、公共支出、政府投资等手段实现宏观经济调控目标,货币政策主要通过存款准备金制度、再贴现政策以及公开市场业务实现宏观经济调控目标。当然,在不同的经济状况下,财政政策与货币政策的选择存在着不同的搭配。通常而言,有"双紧""双松"和"松紧搭配"不同的组合模式可以选择。但无论何种模式,作为财政收入的主要形式,税收政策对于经济的宏观调整将起到十分重要的作用。

税收既可以影响总需求,也可以作用于总供给,但税收对总需求的影响较为直接,而对总供给的影响则须先改变资本存量才能影响总供给,因而是间接性的。利用自身的需求效应和供给效应,税收在维持经济稳定方面具有特殊的调节功能,可以促进社会总供求的均衡,实现经济的稳定增长。

（一）税收对就业的影响

充分就业指的是一切生产要素都处于以自己愿意的报酬参加生产的状态。充分就业是和失业相对应而存在的,在许多国家失业率不超过 4％～6％,就被认为达到了充分就业。以失业是否是出于失业者自身的愿望为标准,可以把失业区分为自愿性失业和非自愿性失业两种类型,政府要着力解决的是非自愿性失业。根据形成的原因不同,非自愿性失业又可以进一步区分为摩擦性失业、季节性失业、结构性失业和周期性失业四种。在这四种失业当中,政府控制失业的政策主要是针对周期性失业而言的。

周期性失业是市场对商品和劳务需求不足所导致的失业。当现实中的国民收入水平低于潜在的国民收入水平时,由于资源没有得到充分利用,就会因有效需求不足而产生的失业。解决周期性失业的关键,在于增加有效需求。作为总需求的一个重要变量因素,税收的变动会直接导致总需求的变动,总需求变动必然会带来产出变化,而产出和就业又是联系在一起的。当出现因总需求不足而引起的失业时,降低税率引起的连锁反应在一定程度上就能起到扩大总需求、增加产出和促进就业的功效。

（二）税收与物价稳定

物价稳定指的是一般价格水平或价格总水平的大体稳定。价格总水平是由社会总需求和社会总供给共同决定的。社会总需求与社会总供给之间的关系,一方面决定了均衡的国民收入水平;另一方面也决定了均衡价格水平。当均衡价格水平决定后,社会总需求或社会总供给的变化都会导致价格总水平发生变化。当社会总需求和社会总供给共同决定的国民收入已经达到潜在的国民收入水平时,继续增加总需求就会使总需求大于总供给,引起价格总水平上升。总供给是由生产成本决定的,生产成本的变动也会影响价格总水平。作为社会总需求和社会总供给的变量因素,税收的变化无疑会引起社会总需求或社会总供给的变化,并由此导致价格总水平的变化。

物价不稳定是指一般价格水平或价格总水平持续性地普遍上涨或下跌。通货膨胀是最为常见的一种物价不稳定的表现形式。如果要运用税收手段来抑制通货膨胀，必须首先弄清楚所面临的通货膨胀到底是需求拉动型还是成本推进型，然后再采取相应的措施。需求拉动型的通货膨胀，是由需求过度而引起的。当社会总需求和社会总供给已经达到充分就业的均衡状态时，资本和劳动力等资源已被充分利用，在这种情况下，进一步扩大需求不仅不能使产出增加，反而只能使价格上升。作为社会总需求中的重要变量因素，在通常情况下，增加税收能减少总需求。当现实的国民收入已经达到潜在的国民收入时，如果经济中还存在超额需求，那么增税将充分降低价格水平，而不会减少国民收入。在图 5-7 中，如果提高税率，则总需求曲线将从 AD_1 下降为 AD_2，价格总水平也从 P_1 降为 P_2，如果继续提高税率，总需求曲线将会从 AD_2 进一步下降为 AD_3，价格总水平降为 P_3。可见，当已经实现充分就业时，采取削减过度需求的增税政策，其全部效应都表现为减轻通货膨胀的压力。

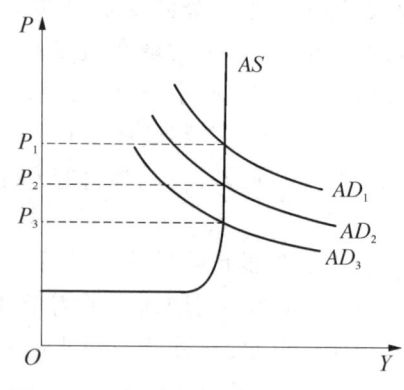

图 5-7　税收与需求拉动型的通货膨胀

成本推进型通货膨胀是由于包括自然资源和劳动力资源在内的生产投入要素的价格提高，使生产成本上升而引起的平均价格水平普遍上涨而形成的。税收不仅是社会总需求构成中的重要变量因素，而且也是成本构成中的重要变量因素。通过调整税率结构，降低对生产投入要素征税，就能降低企业的生产成本，并控制成本推动的通货膨胀。减税主要是通过影响经济运行中的劳动和资本的投入来影响总供给的。当政府采取减税政策时，经济运行中劳动和资本的投入就会增加，从而增加总供给，这在图 5-8 中表现为总供给曲线往右下方移动，即从原来的 AS_1 移至 AS_2。假定总需求不变，仍然为 AD_1，这时产出将从 Y_1 增加到 Y_2，价格总水平却从 P_1 下降为 P_2。然而在短期内，减税也具有强大的需求增加效应。降低个人所得税，会增加个人实际可支配收入，从而使作为总需求主要组成部分的消费需求增加；降低公司所得税将刺激投资增加，也将增加总需求。可见，减税既有可能使得总供给出现增加的程度大于总需求的增加程度，也有可能使总供给的增加程度小于总需求的增加程度。当减税的结果是总供给的增加程度大于总需求的增加程度，那么在图 5-8 中就表现为 AD_1 移至 AD_2 的幅度小于 AS_1 移至 AS_2 的幅度，此时产出水平将从 Y_1 增加到 Y_3，价格总水平从 P_1 下降为 P_3。当减税的结果是总供给的增加程度小于总需求的增加程度，那么在图 5-7 中就表现为 AD_1 移至 AD_3 的幅度大于 AS_1 移至 AS_2 的幅度，此时的产出水平虽然从 Y_1 增加到 Y_4，价格总水平却从 P_1 提高到 P_4，反而加大了通货膨胀的压力。

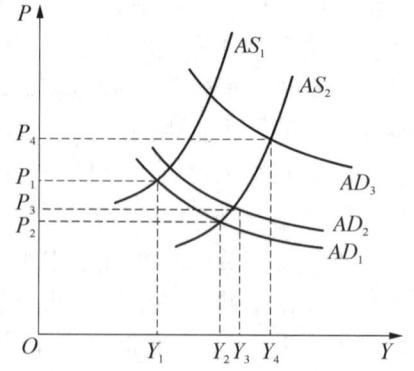

图 5-8　税收与成本推动型的通货膨胀

通货紧缩也是物价不稳定的一种表现形式，它形成的原因非常复杂，政府一般都是从财政、货币及外部环境等多方面入手来加以应对。在税收领域内，政府主要采用降低税率和增加税收优惠等减税措施来刺激企业和个人的生产、消费和投资，从而间接起到缓解通货紧缩的作用，但税收政策不可能从根本上解决问题。

[补充阅读5-9]

美国减税政策实例分析
——减税政策并非万能的灵丹妙药

从实施减税政策的实践来考察,美国具有典型意义。减税政策是一种扩张性财政政策,只适于经济衰退时期,恢复经济的活力并刺激经济的增长。扩张性财政政策的主要措施有二:一是增加财政支出;二是实行减税政策。美国自20世纪30年代大危机以来曾多次实行扩张性财政政策,在实行扩张性财政政策中,有时没有实行减税政策,有几次实行了减税政策,而减税政策有的取得了成功,有的则归于失败。对减税实例进行具体分析,对市场经济国家财政政策的抉择和实施有重要的借鉴意义。

一、罗斯福新政没有实行减税政策

为后人所津津乐道的罗斯福新政,是一种扩大政府支出的扩张性财政政策,主要用于公共工程和工作救济(即以工代赈),而没有采取减税政策。新政伊始曾谨慎地采取了一些适度增税措施,这是出于以下的考虑:一是大萧条使税基骤然减少,为了满足反萧条的扩大政府支出的需要,不能减税;二是为了避免财政赤字的过大,罗斯福倾向于赤字的税收融资,减少债务融资;三是为了避免增加所得税会加剧经济萧条,主要是增加烟、酒和汽油等的消费税和货物税。在《1935年税收法》中,则提高了个人所得税和遗产税的最高税率,对公司所得税实行累进课税,并于同年建立并实施了美国的社会保障税。尽管后人对新政的增税政策有所非议,但历史事实是不能否认的,罗斯福新政的反萧条政策取得了巨大成功。

二、肯尼迪-约翰逊政府的减税政策,是减税政策取得成功的范例

为了克服艾森豪威尔政府时期的长期经济增长缓慢状态,肯尼迪于1961年入主白宫后提出并于1964年约翰逊上台后开始实行增长性财政政策。所谓增长性财政政策的基本含义是:不仅在萧条时期,甚至在经济回升时期,只要实际产出低于潜在(即充分就业)的产出水平,都要实行扩张性财政政策,刺激经济的增长。而增长性财政政策的核心是实行减税政策。《1964年减税法案》可以说是美国历史上到当时为止的最大的一次减税行动,降低个人所得税率约20%,边际税率从20%~91%降到14%~70%的范围,公司所得税率由52%降到48%。1964年减税政策不仅扩大了总需求,增加了总产出,降低了失业率,GNP增长率1964年和1965年分别达到7.1%和8.3%,失业率由肯尼迪上台之初的6.6%,下降到1964年的5.2%,1965年又进一步降到4.5%。1964年减税政策为什么会取得成功? 其主要经验是:① 准确地估计形势。由于前任总统艾森豪威尔在任8年内经济增长缓慢,存在经济增长的较大潜力。② 慎重的决策。事前曾提出增支和减税两种方案,而且总统经济顾问委员会认为增加支出比减税具有更大的乘数效应,但考虑增支方案会遭到国会反对,而减税方案易于通过,从政治程序上考虑采取减税方案为妥。③ 当时税率较高,存在减税空间,个人所得税率最高达91%,最低为20%。减税与控制财政支出相结合,防止了赤字的扩大。④ 扩张性财政政策与扩张性货币政策相配合,保证货币供给扩大的需要,防止利率的上升。但是,对任何政策都要看到它的两面性,增长性财政政策刺激了20世纪70年代的经济增长,而到20世纪80年代当经济受到供给方面的冲击而导致"滞胀"时,增长性财政政策

的持续扩张效应也难辞其咎。

　　三、里根政府的减税政策的惨败,是减税政策失败的范例

　　共和党人里根于 1981 年入主白宫后,随着凯恩斯主义的衰落,反政府干预而信奉自由放任政策的新保守主义崛起,里根政府的经济政策主要来自供给学派和货币学派的政策主张。其主要内容是限制政府规模,减税优先策略,平衡预算,同时,为了治理 20 世纪 70 年代遗留下来的"滞胀",把抑制通货膨胀作为首要调控目标,实行松财政、紧货币的政策搭配。里根政府的税收优先策略,是基于供给学派关于降低税率会随之带来税收收入增长进而实现预算平衡的思路。里根政府制定了一个美国历史上最大的减税法案——1981 年《经济复兴税收法》,但减税政策事与愿违,带来了赤字大爆炸。1981 年前任总统卡特卸任时预算赤字是 789 亿美元,1982 年猛增到 1 279 亿美元,1983 年则高达 2 078 亿美元。由于高赤字依次导致了高债务、高利率、高汇率、高贸易赤字,里根政府的减税政策遭到惨败。失败的主要原因是:① 里根政府高估了供给学派提倡的减税可以带来税收收入增加的效应。② 控制支出的计划脱离实际,难以实现。里根政府制定了一个庞大的国防预算,仅"星球大战计划"就要消耗 1 万亿美元,而将削减预算支出寄希望于削减社会福利支出,然而社会福利支出属于刚性的"权利和强制支出",这就注定了削减支出计划难以实现。③ 松财政与紧货币的政策搭配是遭到惨败的关键,里根政府将赤字债务化转为赤字货币化,导致利率上升,利率上升又导致汇率上升,汇率上升又导致巨额的贸易赤字。

　　对减税实例的分析说明,减税政策是实施扩张性财政政策的一种选择,但减税政策并非一剂万能的灵丹妙药。减税政策必须审时度势,适应当时的具体情况,并需要相关政策的有效配合,才能取得预期效果。

　　资料来源:陈共:《财政学》,中国人民大学出版社 2009 年版,第 252~254 页。

本 章 小 结

　　1. 经济增长、经济稳定与收入分配公平是宏观经济运行中最重要的几个问题。每个国家的税收制度和税收政策都会对经济增长、经济稳定与收入分配产生影响。

　　2. 无论是税制结构的优化,还是税率的调整,都会在不同程度上影响经济增长。税收对经济增长的影响作用不容忽视,通过税收政策可以调整优化储蓄、投资、劳动力供给、技术等影响经济增长的重要因素,引导经济又好又快地均衡发展。

　　3. 洛伦兹曲线和基尼系数是分析收入分配公平与否的重要工具。税收调节收入分配可以体现在初次分配、二次分配和三次分配中,形式主要是通过累进所得税、消费税、社会保险税、税式支出和负所得税计划等来实现。税收制度和税收政策的运用在很大程度在取决于一国政府对公平和效率的权衡。

　　4. 经济稳定是经济发展的重要条件,在市场机制的作用下,经济稳定不能自动实现,有赖于政府的宏观经济政策。税收政策是促进经济稳定的重要工具之一。税收与经济稳定的关系,体现在税收政策对国民收入产出水平(总供给)和总需求两个方面的影响上,税收通过自动稳定机制和相机抉择机制起到维护经济稳定运行的作用。

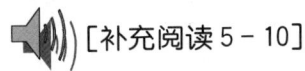

[补充阅读5-10]

推动高质量发展取得新进展

我国经济已由高速增长阶段转向高质量发展阶段。2021年上半年,全国上下坚持把新发展理念贯穿发展全过程和各领域,着力推动质量变革、效率变革、动力变革,高质量发展取得积极成效。

创新第一动力持续增强。重大创新成果竞相涌现,"天问一号"探测器成功着陆火星,空间站"天和"核心舱、"天舟二号"货运飞船、"神州十二号"载人飞船发射成功并完成对接,"华龙一号"自主三代核电机组投入商业运行。新产业新业态新模式蓬勃发展。2021年上半年,规模以上高技术制造业增加值同比增长22.6%,快于全部规模以上工业6.7个百分点;信息传输、软件和信息技术服务业增加值增长20.3%,快于整体经济增长7.6个百分点;实物商品网上零售额占社会消费品零售总额比重达23.7%。

协调内生特点日益凸显。需求结构继续改善,第二季度最终消费支出增长对经济增长贡献率为61.7%,比第一季度提高8.2个百分点。产业结构调整优化,制造业增加值占国内生产总值比重为27.9%,比上年同期提高1.3个百分点;服务业增加值占国内生产总值比重为55.7%,服务业增长对经济增长贡献率达53.0%。城乡区域发展协调性增强,城乡居民人均可支配收入之比为2.61,比上年同期缩小0.07;中部、西部、东北地区固定资产投资同比分别增长22.3%、11.4%、11.8%,均快于东部地区。

产业发展加快向绿色转型。2021年上半年能源结构调整持续推进,上半年单位GDP能耗同比下降2.0%,清洁能源消费比重提高0.4个百分点。环境质量总体改善,全国339个地级及以上城市PM2.5平均浓度同比下降2.9%;3 641个国家地表水考核断面中,水质优良(Ⅰ～Ⅲ类)断面比例为81.7%,提高1.1个百分点。

对外开放进一步扩大。广阔的市场空间和不断优化的营商环境,使我国继续成为外商投资的热土。2021年上半年,我国实际使用外资6 078亿元,同比增长28.7%。21个自由贸易试验区先行先试不断取得新进展,海南自由贸易港建设加快推进。"一带一路"高质量发展扎实推进。我国对"一带一路"沿线国家进出口额同比增长27.5%,比外贸整体增速高0.4个百分点。中欧班列跑出互利共赢"加速度",开行量同比增长43%,彰显了共建"一带一路"的强大生命力。

人民群众获得感增强。2021年上半年重点群体收入持续提高,规模以上企业就业人员平均工资同比增长11.8%。第二季度,外出务工农村劳动力月均收入同比增长17.6%。"菜篮子"商品价格稳中有降。上半年,食品价格同比下降0.2%。社会保障覆盖面进一步扩大。目前,我国基本医疗保险覆盖超13.5亿人,基本养老保险覆盖超10.1亿人。

资料来源:http://www.stats.gov.cn/tjgz/tjdt/202108/t20210806_1820315.html,节选。

练　习　题

一、名词解释

税收乘数　税收乘数效应　政府支出乘数　哈罗德-多马经济增长模型　新古典经济增长模型　新经济增长模型　库兹涅茨假说　洛伦兹曲线　第三部门　税收自动稳定机制　税收相机抉择机制

二、单项选择题

1. 税收乘数是指因政府增加或减少税收而引起的国民收入减少或增加的倍数。税收乘数与边际消费倾向有关,如果用 b 来表示边际消费倾向,那么税收乘数可以表示为（　　）。

A. $\dfrac{b}{1-b}$　　　　　B. $\dfrac{1}{1-b}$　　　　　C. $-\dfrac{b}{1-b}$　　　　　D. $-\dfrac{1}{1-b}$

2. 假定某国居民的边际消费倾向 $b=3/4$,该国政府决定实施减税政策,当政府每减少 1 个单位的税收,预测国民收入将增加（　　）个单位。

A. 3　　　　　　　B. 4　　　　　　　C. -3　　　　　　　D. -4

3. 政府支出乘数是指国民收入变化量与引起这种变化量的最初政府购买支出变化量的倍数关系,或者说是国民收入变化量与促成这种变化量的最初政府购买支出变化量的比例。如果用 b 来表示边际消费倾向,那么政府支出乘数可以表示为（　　）。

A. $\dfrac{b}{1-b}$　　　　　B. $\dfrac{1}{1-b}$　　　　　C. $-\dfrac{b}{1-b}$　　　　　D. $-\dfrac{1}{1-b}$

4. 仅仅考虑政府支出因素,政府支出的增加将刺激经济的增长。假定边际消费倾向 $b=3/4$,当政府每增加 1 个单位的支出,将增加（　　）个单位的国民收入。

A. 3　　　　　　　B. 4　　　　　　　C. -3　　　　　　　D. -4

5. 根据哈罗德-多马经济增长模型,（　　）在经济增长中起着决定性作用。

A. 储蓄　　　　　B. 投资　　　　　C. 劳动力　　　　　D. 资本积累

6. 根据新经济增长模型理论,知识积累及广泛应用促进了高新技术革命的发展和知识经济时代的到来。在这一过程中（　　）对于经济增长的关键性作用让位于（　　）。

A. 储蓄,投资　　　　　　　　　　　B. 劳动力,技术进步
C. 投资,劳动力　　　　　　　　　　D. 资本,技术进步

7. 基尼系数是经济学中衡量社会分配是否公平的重要工具,根据基尼系数的计算方法,基尼系数的数值应该在（　　）的范围内。

A. 0～100 之间　　　　　　　　　　B. 0～10 之间
C. 0～1 之间　　　　　　　　　　　D. 0～0.4 之间

三、多项选择题

1. 经济增长是由多种因素共同作用的结果。但税收对经济增长的影响却是间接的,税收需要通过作用于（　　）来影响经济增长。

A. 储蓄
B. 投资
C. 劳动力
D. 技术
E. 政府投资

2. 以下( )可以被看成为促进技术创新的税收政策。

A. 先进的进口设备免征关税和进口税

B. 企业和个人的教育培训投入予以所得税税前列支

C. 对研究开发费用给予税前超额扣除

D. 对科研机构取得的科研收入直接给予减免税

E. 对先进设备实行加速折旧

3. 以下税种中,( )能在国民收入二次分配中起到税收宏观调控的作用。

A. 增值税
B. 消费税
C. 个人所得税
D. 企业所得税
E. 社会保险税

4. 应对成本推动型通货膨胀,政府可以采取的税收政策有( )。

A. 调整税率结构,降低对生产投入要素征税

B. 调整税率结构,增加对生产投入要素征税

C. 降低企业所得税税率

D. 调高企业所得税税率

5. 以下税种中,( )具有"内在稳定器"的功能。

A. 增值税
B. 营业税
C. 累进税率的个人所得税
D. 累进税率的企业所得税

四、简答题

1. 税收与经济增长的一般关系。

2. 画出征税前后的洛伦兹曲线示意图,并给出基尼系数的公式表达。

3. 调节收入分配的税制体系具体包括哪些内容?

五、论述题

1. 根据不同的经济增长理论,谈税收对经济增长的影响。

2. 结合我国当前的经济形势,谈我国的税收制度和税收政策如何实现效率和公平的权衡。

3. 分析税收对收入分配的调节作用。

4. 分析税收对物价稳定的宏观调控作用。

5. 结合本章所学内容,谈未来税收政策该如何应对[补充阅读5-3]中反映出的问题与挑战。

六、案例分析题

【案例资料】

中国网:在初次分配过程中如何保障公平?

杨志勇:初次收入分配公平至关重要。如果初次分配严重不公,那么收入再分配政策

往往也不能奏效。党的十八大报告要求"深化企业和机关事业单位工资制度改革,推行企业工资协商制度,保护劳动所得",把握住收入分配大格局。

在市场经济条件下,非国有企业的工资发放标准,政府除了规定最低工资制度外,很难直接影响。许多人建议,政府减税给企业让利,这样,企业就有更多的收入可以用于增加工人的工资。这一愿望良好,但实施起来,往往需要其他条件配合。企业的直接目标是利润最大化。因此,只要有可能,企业总会千方百计地压缩包括工资在内的各项成本费用。推行企业工资协商制度,就可能给企业以压力,从而促进工资水平的上升。

中国网:在二次分配的过程中,可以通过哪些手段保障公平?

杨志勇:在初次收入分配问题基本得到解决的前提下,再分配制度才可能更好地发挥作用。就现实来说,再分配工具必须适应经济全球化的要求,也必然会受到经济社会发展阶段的约束。

调节收入分配,需要增加居民可支配收入。这在一定程度上可以借助于减税政策。财政收入增幅下降,减税肯定有压力。根据 2012 年政府预算,财政收入增幅为 9%,如果实现这一目标,那么预定的那些财政支出安排就没有问题。从现实来看,减税空间一年应有5 000亿~6 000亿元。财政收入增幅下降,也反映经济中存在的问题不可小觑。在这样的背景下,减税需要决心,但也意味着有可能得到更高的回报。

因为国际税收竞争,短期内个人所得税税率不仅没有上调空间,反而有下调的必要性。个人所得税收入在税收总收入中的比重偏低,也影响了现阶段调节公平作用的发挥。当然,随着经济社会的发展,税收征管环境的完善,个人所得税的作用也必然会增强。

当下,社会公平应更多地通过公共服务的改善来加以促进。教育、医疗、养老等政府投入的扩大和相关制度的完善,可以大幅度增加个人可支配收入,促进机会平等。

请根据[补充资料5-5]至[补充资料5-10]及本案例资料,回答以下问题:

(1)衡量一个国家或地区收入分配状况的经济指标有哪些?

(2)你认为一个国家经济高质量发展的标准有哪些?

(3)收入分配与经济高质量发展有何关系?

(4)税收如何对收入分配产生影响?

第六章 税收负担与宏观税负

【知识要点】

税收负担是指纳税人或负税人因税收而承受的福利损失或经济利益的损失。本章围绕税收负担、宏观税负水平的相关问题进行解析,重点介绍和分析税收负担概念的内涵和外延、税收负担的量化指标、宏观税负的计算口径及合理标准、宏观税负水平的影响因素及其国际比较,并针对中国的税收负担进行分析,在此基础上提出中国宏观税收负担的政策建议。

第一节 什么是税收负担

无论政府基于何种理由征税,征税总是给纳税人带来经济上的损失或者心理上的压力,因此,征税会给纳税人带来负担,我们把这种负担称为税收负担,简称税负。税收负担从政府角度反映了一定时期内政府通过税收手段聚财的多少,从纳税人角度则反映了纳税人一定时期的税负状况,决定着对纳税人经济利益的影响程度,对实现税收的公平与效率等原则具有重要的影响。由于各国政治、经济和社会等方面存在差异,各国税收负担水平也存在差异。如果考虑政府利用税收提供的公共产品给纳税人带来的经济或福利的影响,税收负担的轻重会发生变化。因为考虑政府税收的用途,比如增加公共产品的供给、加强社会保障等因素,税收就不一定成为纳税人或负税人的负担。因此,本章的税收负担仅从税收本身出发,不考虑政府税收用途是否会给纳税人或者负税人带来的货币收入或经济福利。本章主要从纳税人的角度看税收负担。根据税负能否转嫁,税收负担可分为直接负担和间接负担,本章只讨论纳税人的直接税收负担,不考虑税负转嫁和税负归宿的内容,也不考虑税收给纳税人带来的心理上的负担。

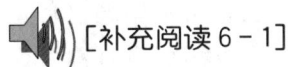 [补充阅读6-1]

红色税收之金色种子(节选)

1941年的春天,对边区财政厅厅长兼税务总局局长霍维德来说,是最难熬的一段时间。几乎每天都会有人找上门来,甚至深夜也会传来急促的敲门声。来人的共同目的都是要粮。可是霍维德知道,库空如洗,无粮可调。"你吃饱了睡觉,我们今天可还没吃饭呢!"面对这样的质问,霍维德无言以对。

实际上,中共中央对这场危机有所预见,1940年初在延安成立陕甘宁边区税务总局就是应对的体现,只是没想到它来得如此猛烈。

1939 年,包括侨款、馈赠等在内的外援,占边区全部财政的 85.8%。1940 年,经过努力,外援的比例有所下降,但依然占全部财政收入的 70.5%。

此时的陕甘宁边区,在东面府谷至宜川一线与日军隔黄河对峙,在北、西、南三面则面临国民党 30 万大军的封锁。同时,由于边区的重要地位,人口大量增加,负担沉重。但是,中国共产党人,面对本不富裕的陕北人民,很难下决心提高征粮数量。

1940 年,边区需要征集 15 万担公粮才能满足常住人口的供应。当年,财政厅下达的征粮任务是 9 万担,已经比上一年增加了 5 万担,但缺口还有 6 万担。同年 10 月"皖南事变"爆发,蒋介石不仅停发了八路军、新四军的军费,还命令封锁陕甘宁边区,不让一粒米、一匹布进入边区。不可靠的外援,不独立的财政,贸易封锁、物价上涨,让边区几乎陷入绝境,也让中国共产党人面临艰难抉择。

在延安枣园的一处窑洞里,毛泽东和几位领导人围坐在一起。毛泽东说:"现在有三条路可走,第一条是向人民借钱、借粮,第二条是大家散伙,第三条是饿死。第二和第三条都不好,而且大家也不愿意,只有第一条路可以走。"

边区政府将财政工作与"大生产运动"相结合,全力发展边区经济,完善税收制度,并提出了禁止法币流通,由边区银行发行边币,加强粮食管理,组织打盐、运盐出边区换取必要物资,组织生产加强税收 4 条措施。

1941 年,边区除税务总局之外,税务分局和县局已经有 34 个,税务所 102 个,税务人员也增加到 400 余人。在这一年里,边区税务机构框架基本定型,职责、制度、规章、条例也快速完善。

春天的粮荒,让人们深切地认识到税收是关系生死存亡的大问题。但观念的转变,还需要一个艰苦的过程。1941 年 11 月,边区财政厅厅长南汉宸总结税收工作时说,革命队伍和部分区乡政府工作人员还没有改变对税收的观念,对待税收人员像对待反革命分子一样冷酷。针对这一情况,边区政府不断加大税收宣传力度,将《解放日报》《群众日报》《税工通讯》等刊物打造成税收宣传阵地。南汉宸形象地比喻:"一张好的报纸相当于一个旅! 一篇好的宣传文章相当于一个连!"

资料来源:国家税务总局网站,http://www.chinatax.gov.cn/chinatax/n810219/n810744/c101448/c101453/c101454/c5137453/content.html。

一、税收负担的概念

税收负担是指一定时期纳税人或负税人因国家课税而承受的经济损失,反映了社会产品在国家与纳税人之间的分配数量关系。税收负担可以用绝对数表示,也可以用相对数来表示。以绝对数表示的税收负担,称之为税收负担额。以相对数表示的税收负担,称之为税收负担率。税收负担率表示税收负担的轻重程度,在数量关系上表现为纳税人或征税对象的实纳税额同课税对象数量之比。相比税收负担额,税收负担率更直观地反映出一定时期内国家参与社会产品分配的程度,即政府税收收入占社会产品的比重。因此,税收负担率是分析税收负担的主要工具和指标。与税收负担密切相关的一个概念是税率,若其他因素不变,税率的高低直接定税收负担的轻重。

二、税收负担的分类

税收负担可以从不同的角度进行划分。根据研究的需要,除了上述用绝对数和相对数进行的划分,税收负担还可以分为宏观税收负担和微观税收负担、名义税收负担和实际税收负担、直接税收负担与间接税收负担、平均税收负担与边际税收负担等。

（一）宏观税收负担和微观税收负担

按照税收负担的层次,税收负担可以划分为宏观税收负担和微观税收负担。宏观税收负担通常是指一定时期内一国政府征税总额占该国同期国民收入的比重及其内部结构状况,反映着一定时期内国民收入在政府部门与私人部门之间的配置状况。反映宏观税收负担的指标,通常用国民生产总值税负率、国内生产总值税负率和国民收入税负率来表示。其中,国民生产总值税负率,指的是一定时期的税收收入占同期国民生产总值的比重。它可以衡量一定时期内每一单位国民生产总值中被政府以税收形式拿走的部分。类似地,国内生产总值税负率,指的是一定时期的税收收入占同期国内生产总值的比重,它可以衡量一定时期内每一单位国内生产总值中被政府以税收形式拿走的部分。国民收入税负率,指的是一定时期的税收收入占同期国民收入的比重,它可以衡量一定时期内每一单位国民收入中被政府以税收形式拿走的部分。研究宏观税负,便于比较国家之间的税负水平,分析一国的税收收入与经济发展之间的相关关系。微观税收负担指微观涉税经济主体的税收负担状况,它反映税收负担的结构分布和各种纳税人的税收负担状况。由于作为微观经济主体的纳税人可以是自然人,也可以是法人,可以用企业所得税负担率、商品劳务税负担率、企业综合税收税负率和个人所得税税负率等指标来表示。研究微观税负,便于分析企业之间、行业之间、产品之间的税负水平,为制定合理的税负政策提供决策依据。

（二）名义税收负担和实际税收负担

按纳税人最终真实承担税负的情况划分,税收负担可以分为名义负担和实际负担。名义负担是指纳税人按照名义税率和相应的计税依据计算出的应纳税款,用相对值表示即为税法上规定的法定税率。实际负担是指纳税人实际缴纳税款所形成的税收负担,用相对值表示即实际税率。名义负担和实际负担可能相等,也可能不等。现实经济社会中,名义负担与实际负担往往存在背离的情况,一般是后者低于前者,究其原因,主要是存在减免税、税基扣除以及由于管理原因导致的征税不足等原因。名义税收负担和实际税收负担直接关系到不同主体的利益。纳税主体偏向于关注减免税、税基扣除的因素,因为这直接关系纳税主体纳税成本的大小。征管机构偏向于关注征税不足导致的名义税收负担与实际税收负担的背离,因为这体现着税法的规定是否得到了有效实施。

（三）直接税收负担与间接税收负担

按照税负能否转嫁,税收负担可以分为直接负担和间接负担。前者表示纳税人难以将其应承担的税款转嫁给他人的税收负担,这种情况下,纳税人即是负税人。后者则表示纳税人可以将其应承担的税款转嫁给他人的税收负担,这种情况下,最终实际承担税款的经济主体是负税人,而非纳税人。纳税人仅是法定的纳税主体。

此外,从税收的调节效应看,税收负担还可分为平均税负与边际税负。平均税负是全部应纳税收占应税收入的比例。边际税负是最后一单位计税依据所承担的税款。从税种结构看,税收负担可分为所得税负担、流转税负担、财产税负担、特定行为目的的税收负担等。从税收负担的形式可分为货币负担和实物负担。

三、税收负担的量化指标

税收负担的量化指标能直观地反映税收负担的大小,因此,为衡量税收负担的程度,需要建立一套合理的指标体系。按照纳税人的规模或覆盖面进行划分,税收负担的量化指标可分为宏观税负指标、中观税负指标和微观税负指标三种类型。根据研究的需要,上述三种类型的税负指标可进一步细分。

(一)宏观税收负担指标

宏观税收负担体现了一定时期一个国家或地区的总体税负水平,简称为宏观税负,也称总体税收负担,它反映一个国家或地区税收负担的整体状况。反映宏观税收负担的指标主要有国民生产总值税负率、国内生产总值税负率和国民收入税负率。

1. 国民生产总值税负率

国民生产总值(gross national product,GNP),是一国或地区在一定时期内国民经济各部门生产的全部最终产品和劳务价值的总和。

国民生产总值税负率是指一定时期内(通常为 1 年),国家税收总额与同期国民生产总值之比。其公式为:

$$国民生产总值税负率 = \frac{税收收入总额(T)}{国民生产总值(GNP)} \times 100\%$$

2. 国内生产总值税负率

国内生产总值(gross domestic product,GDP),是指在一定时期内(通常为 1 年),一个国家或地区的经济中所生产出的全部最终产品和劳务的价值,常被公认为衡量国家经济状况的最佳指标。

国内生产总值税负率是指一定时期内(通常为 1 年),国家税收总额与同期国内生产总值之比。其公式为:

$$国内生产总值税负率 = \frac{税收收入总额(T)}{国内生产总值(GDP)} \times 100\%$$

3. 国民收入税负率

国民收入(national income,NI)国民收入是指一个国家在一定时期内(通常为 1 年),物质资料生产部门的劳动者新创造的价值总和,即一个国家在一定时期内社会总产品的价值扣除用于补偿消耗掉的生产资料价值的余额。

国民收入税负率是指一定时期内(通常为 1 年),国家税收总额占同期国民收入的比率。其公式为:

$$国民收入税负率 = \frac{税收收入总额(T)}{国民收入(NI)} \times 100\%$$

国民生产总值税负率、国内生产总值税负率和国民收入税负率作为宏观税收负担的主要指标,不仅是一个国家或地区总体税收负担进行动态比较的重要指标,也是进行国与国之间税负比较的综合性指标,它们所反映的就是通常所说的宏观税负水平。一般说来,这一比例越高,表明一国的税收负担越重。同时,也说明一国的经济实力和税负承受能力越强。在上述三项衡量宏观税收负担的指标中,国际上较为通用的是前两项,特别是第二项国内生产总值税负率最为普遍。

(二)中观税负指标

中观税负是介于宏观税负和微观税负之间的一个概念,即某个地区、国民经济某个部门或某个税种的税收负担。合理确定中观税负,有利于分析地区税负差异,促进地区间协调发展;有利于掌握国民经济各部门各行业的纳税能力,优化产业结构,促进国民经济协调发展。反映中观税负的主要指标及计算公式简单表述如下:

$$某地区的税收负担率 = \frac{该地区的税收总额}{该地区同期 GDP} \times 100\%$$

$$某行业的税收负担率 = \frac{该行业的税收总额}{该行业同期 GDP} \times 100\%$$

$$某税种(税类)负担率 = \frac{某税种(税类)实纳税额}{该税种(税类)计税依据数量} \times 100\%$$

此处,以商品劳务税负担率为例说明中观税负的分析方法。商品劳务税负担率,是指某种商品或劳务负担的税收(包括消费税、增值税等)占其销售收入(或营业收入)的比例。其公式为:

$$商品劳务税负担率 = \frac{某种商品劳务负担的税收}{商品或劳务的销售收入} \times 100\%$$

通过计算商品劳务税负担率可以考察商品劳务税在企业所纳税收中的比重情况。由于商品劳务税税率是按产品或行业设计的,其课税对象是商品流转额或非商品营业额,因此,商品劳务税负担率的主要作用是分析某种产品或某个行业的税负水平。需要说明的是,商品劳务税属于间接税,具有税负转嫁的特点,纳税人通过多种方式可以将其应承担的负担转嫁给他人,因此,商品劳务税负担率难以真实反映纳税人的税收负担状况。

(三)微观税收负担指标

微观税收负担是指单个纳税人的税收负担及他们之间的相互关系,它反映税收负担的结构分布和各种纳税人的税收负担状况。反映微观税负的指标主要有企业所得税税负率、企业综合税收税负率和个人所得税税负率等。

1. 企业所得税税负率

企业所得税税负率是指在一定时间内,企业所缴纳的所得税税款总额与同期企业实现的利润总额的比率。其公式为:

$$企业所得税税负率 = \frac{实缴所得税总额}{实现利润总额} \times 100\%$$

企业所得税以企业利润为课税对象,企业利润则是企业收入总额扣除成本、费用、税金及损失后的余额,在企业利润总额一定的情况下,所得税负担率的高低决定企业税后利润的多少。这指标反映在一定时期内企业收益在国家和企业之间的分配状况,是衡量企业税收负担最直接的指标。

2. 企业综合税收税负率

现代税收体系是复合税收体系,由多种税种构成,因此,在现实生活中,一个企业在生产经营过程中往往要缴纳多种税。企业综合税收税负率就是指一定时期内,企业实际缴纳的各种税收总额与同期企业的盈利或各项收入总额的比率。其公式为:

$$企业综合税收税负率 = \frac{企业实际缴纳的各种税的总额}{企业盈利(或各项收入总额)} \times 100\%$$

这一指标可以表明国家以税收参与企业纯收入分配的规模,反映企业对国家所作贡献的大小,也可以用来比较不同类型企业的总体税负水平。通过这一指标的进一步分析,还可以了解各个税种在企业所纳税收中的比重情况。

3. 个人所得税税负率

个人所得税税负率是指一定时期内,个人所缴纳的所得税与个人所得总额的比率。其公式为:

$$个人所得税税负率 = \frac{个人实缴的所得税额}{个人所得总额} \times 100\%$$

该指标反映了个人在所得上承受税收负担的状况,体现国家运用税收手段参与个人所得分配的程度。

在税收衡量指标中,衡量社会总体税收负担的宏观税负指标比较能真实地反映一个国家的总体税收负担的轻重程度。但微观税收负担指标并不完全反映纳税人的实际负担状况,这主要取决于税负转嫁、实际负担和名义负担的差异大小等因素。

第二节　宏观税负水平的基本理论

一、研究宏观税负水平的必要性

宏观税负水平是从整个国民经济的角度衡量政府税收收入总量与经济总量之间的对比关系,构成国家税收政策的核心,是税制建设需要考虑的首要问题,也是进行动态比较的主要指标。宏观税负水平的高低反映了政府在国民经济总量中的集中程度,反映了政府财政收入的规模,宏观税负水平越高,表明政府集中的程度越高,它决定政府行使职能的范围和能力。宏观税负水平与经济发展水平密切相关,经济发展水平是宏观税收负担的最根本的制约因素,而宏观税负反过来也能影响经济的发展。在市场经济条件下,税收是政府宏观调控的财力基础。不同国家在不同时期的宏观税负水平是不同的,而不同的宏观税负水平对宏观经济的影响则是不一样的。通过对不同时期同一国家宏观税负水平的纵向比较,可以分析税收制度的完善与国民经济发展的协调状况;通过对不同国家间宏观税负水平的横向比较,可以分析一国税收制度与国际通行做法的差异。因此,全面研究宏观税收负担水平,对分析税收对国民经济的影响,制定有效的税收政策显得尤为必要。合理确定宏观税负水平,有利于优化资源在国家与纳税人之间的配置水平,有利于促进国民经济稳定增长和社会和谐发展,也有利于政府职能的实现。

二、计算宏观税负水平的口径

研究宏观税负水平需要清晰界定宏观税负水平的统计口径,这样才能保证指标的可比性,为进一步深入开展研究以及进行横向和纵向的比较奠定必要的基础。世界各国一般都采用税收收入总量占同期 GDP 的比重来表示国家的宏观税收负担。然而,如何科学、合理地确定我国宏观税负水平的内涵和外延,是一个重要且有争议的问题。在中国,宏观税负水平可以有三个层次的统计分析口径,即狭义的宏观税负、中间层次的宏观税负、广义的宏观税负。狭义的宏观税负是指税收收入额占 GDP 的比重;中间层次的宏观税负是指财政收入占GDP的比重;广义的宏观税负则是指财政收入与财政专户收入之和(不含公债收入)占相应时期GDP的比重。对于我国的宏观税负水平应该采取何种衡量口径,国内学者说法不一。这也是造成在比较中国的宏观税负水平与其他国家宏观税负水平过程中,大家意见不一致的主要原因。

那么,究竟应该采取什么样的计算口径来衡量我国的宏观税负水平?从理论上讲,税收是政府提供公共产品的价格,税收总额应该与所提供的公共产品总价值相符。税收具有三个特征,即非直接偿还性、强制性和规范性。基于上述理由,学术界有些观点认为,凡是由政府收取并用于提供公共产品或混合公共产品的收入,只要同时具有这三个特征,即使名称并不是税或不由税务机关征收,也应列入税收的范畴。因此,在研究宏观税负问题时,不应仅限于狭义的和中间层次的税负,还应当从更为宽泛的意义上,把一些具有税收性质的收费、基金、附加等财政专户收入纳入计算宏观税负水平的口径,甚至违法集资等制度外收入也应纳入其中。

国际货币基金组织(IMF)和经济合作与发展组织(OECD)的税收收入主要包括:① 所得税,包括个人所得税和公司所得税,即对所得、资本利得和利润的课税;② 社会保险税,包括社会保险税(费)、工薪税(费)、对雇主、雇员及自营人员的课税;③ 财产税,包括对不动产、财产值、遗产与赠与的课税;④ 国内货物与服务税,包括增值税、消费税、销售税、产品税等;⑤ 关税;⑥ 其他税。在计算"全国税收收入"时包括中央(或联邦)税收与各级地方政府税收,其中包含关税,并且扣除了出口退税,不包括行政性收费等非税收入。

相对于我国来说,多数国家由于税收法规制度比较健全,收入形式比较规范,虽然政府取得的收入中也有一定数量的收费,但比重都比较小,其财政收入绝大部分是税收收入,其用税收收入来反映的宏观税负就相当于我国的大口径宏观税负。因此,只有采用大口径的宏观税负来反映我国的税收负担水平,才能保证横向国际比较的可比性,从而得出正确的结论和政策建议。当然,针对分析问题的需要,在现实中,我们可以根据研究问题的层面来选择不同的宏观税负水平的计算口径,从而提出相关的政策建议。

具体而言,当我国的宏观税负与其他国家特别是发达国家进行比较时,为保证计算口径的一致性和指标的可比性,应将下列项目纳入我国计算宏观税负的统计口径。

1. 社会保障资金

目前世界上大多数国家都已开征社会保障(险)税或工薪税,在有些国家社会保险税已经成为第一大或第二大税种,社会保险税所筹集的资金专款专用,不足部分由政府其他收入抵补。考虑到多数国家都将社会保障税费纳入宏观税负,因此在进行国际比较时也应将我国社保基金收入纳入宏观税负统计口径。目前,中国没有开征社会保险税,也没有将社会保障资金归为税收的范畴。如果按照国际通行做法,将社会保障资金纳入税收范畴,我国的宏观税负水平将有所提高。

2. 部分财政专户收入

2011年之前,应该将预算外资金(以附加、基金和行政事业收费的形式收取)纳入宏观税负的计算口径中。2011年起,我国全面取消预算外资金收入,所有政府性收入纳入预算内管理,这方面因素的影响在减弱。

三、宏观税负水平的合理性分析

宏观税负水平的确定既关系到资源配置效率,同时也关系到社会公平和经济的稳定和发展。宏观税负水平与税收收入密切相关,但较高的宏观税负水平并不意味着能够取得较多的税收收入。宏观税负水平过高,直接导致私人部门可供支配收入的减少,进而影响到资本和劳动的投入,最终反而可能使税收收入减少。故合理的设定宏观税负水平,对一国的经济协调发展显得尤为重要。

(一)拉弗曲线与经济增长

拉弗曲线直观地反映了税收收入和税率之间的关系。供给学派著名学者拉弗最先通过拉弗曲线来说明税率与税收收入之间的关系,进而分析税收与经济增长之间的关系。拉弗曲线说明,较高的宏观税负水平,不一定都会使税收收入增加;相反,超过一定的界限,随着税率的增加,税收收入反而会减少。一个极端的例子是:当税率为 0 时,政府的税收(收益)为 0;当税率为 100% 时,政府税收也为 0。产生上述结果的原因是显而易见的。当税率为 100% 时,微观经济主体的所有成果都被政府以征税的方式取走,则厂商不再愿意投资生产,劳动者也不愿意再提供劳动,这种情况下生产中断,税基为 0,政府的税收收入自然也为 0。当税率为 0 时,意味着微观经济主体可以获得生产的全部成果,收益和纳税后的收入之间就不会加进政府税收这个"楔子"。这样,政府对生产没有妨碍作用。然而,由于税率为 0,虽然税基丰厚,政府的收益也为 0,政府就不可能提供社会正常运转所需要的公共产品。由于公共产品的特性,决定了私人领域在提供公共产品存在着不可避免的缺陷,此时,税率为 0 反过来会影响到私人部门的生产。因此,应存在一个税率水平,使政府实现税收收入最大化,又不至于造成微观经济主体过大的负担。那么,政府的活动怎样才算合适或税率应确定在哪一点最恰当呢?拉弗曲线表明,获得同样的税收收入,可以有不同的税率选择方案。

详见图 6-1 拉弗曲线。

如图 6-1 所示,如果政府将税率降到 100% 以下,如 A 点,生产将会恢复,政府也会获得与 A 点税率相对应的税收收入 T。相应地,为获得同样的税收收入 T,还有一个低税率点 B 点可以选择,在 B 点上,税率不再为 0,政府也因此获得同样的税收收入 T。在上述两种情况下,A 点代表一个很高的税

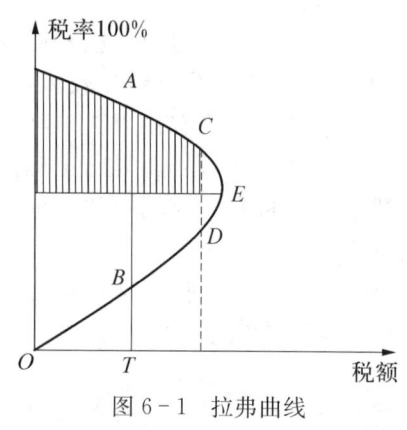

图 6-1　拉弗曲线

率和很低的产量,B 点代表很低的税率和很高的产量,然而两者为政府提供同等的税收收入。如果政府进一步将税率从 A 点降到 C 点,产量将进一步扩张,政府的税收收入也增加;而政府将税率从 B 点提高至 D 点时,政府的收益以同样的数额增加。从图形上看,到达 E 点时,政府的收益和经济产量都达到最大。在 E 点上,如果政府再降低税率,产量将增加,但政府收益将下降;如果提高税率,产量和收益都会下降。因此,理论上存在一个最优税率点,即上述 E 点对应的税率,在 E 点上,相应的税率水平既能实现政府税收收入最大化,同时,也能最好地促进经济的增长。同时,对政府来说,为获得同等的税收收入,选择 E 点及以下曲线所对应的税率优于图 6-1 中的阴影区对应的税率。

拉弗曲线说明税率与税收收入及经济增长之间存在的一般关系。这种关系体现在以下方面:

第一,一国为实现其职能征收的税收总量对应两种税负模式,即轻税负和重税负模式,两者之间理性的选择只能是前者,而非后者。因为前者促进经济增长,后者抑制经济增长。如图6-1所示,A点和B点均处在同一个税收收入水平T上,但是两者的税率水平相距甚远。B点对应的税率所代表的低税负有利于刺激劳动力和资本的投入,从而刺激经济增长,扩大税基,形成政府与微观经济主体的良性互动。相反,在A点处,过重的税负会对企业和个人的生产、工作、储蓄、投资等产生较大的扭曲作用。以劳动者为例,过高的税负可能会导致劳动者放弃劳动,转而选择闲暇。因此,税负过重,将会抑制经济增长,减少税基,最终造成政府税收收入减少。在市场经济中,市场机制对资源配置起着主导作用或基础作用,私人部门是生产、投资的主体,重税政策不利于微观经济主体扩大生产、增加投资,不利于经济增长的可持续发展,在一定程度上也制约着政府税收收入目标的实现。

第二,税率并不是越低越好。尽管在同等的税收收入条件下,低税负政策好于高税负政策,但这并不意味着税率越低越好。一方面,一国实行轻税政策,有利于促进私人扩大生产和增加投资;但另一方面,在其他条件不变的情况下,税负过轻必然减少政府的可支配收入。政府征税的理由之一就是提供公共产品和公共服务,政府支出的相当部分要用于基础设施投资和教育、医疗卫生等社会公共产品和公共服务的提供。此类公共产品或服务的提供也是经济增长的要素,有的对社会产生直接投资利益,有的带来间接利益,如国家安全保障、基础设施、公共卫生等公共产品或公共服务的提供,为私人从事生产、投资活动创造了必不可少的外部条件。综上所述,公共产品和公共服务同样是经济增长的重要因素,也是私人投资无法替代的。如果一国税负水平过低,必然降低政府的可支配收入,从而削弱政府提供公共产品、矫正市场失灵、促进收入分配公平等方面的能力,长此以往,将不利于经济长期稳定的增长。

第三,理论上存在一个最优税率,既能保证经济发展,又能实现政府税收收入最大化。从图6-1可见,在E点上,实现了政府税收收入最大化下的经济增长,这为确定合理的宏观税负水平提供了理论依据及线索。

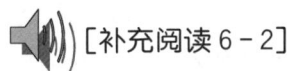 [补充阅读6-2]

拉弗曲线的背景介绍

拉弗曲线理论是由"供给学派"代表人物、美国南加利福尼亚商学院的教授阿瑟·拉弗提出的。该理论之所以被归为"供给学派"是因为它主张以大幅度减税来刺激供给从而刺激经济活动。拉弗曲线的基本含义是,税收并不是随着税率的增高在增高,当税率高过一定点后,税收的总额不仅不会增加,反而还会下降。因为决定税收的因素,不仅要看税率的高低,还要看课税的基础即经济主体收入的大小。过高的税率会削弱经济主体的经济活动积极性,因为税率过高企业只有微利甚至无利,企业便会心灰意冷,纷纷缩减生产,使企业收入降低,从而削减了课税的基础,使税源萎缩,最终导致税收总额的减少。当税率达到100%时,就会造成无人愿意投资和工作,政府税收也将降为零。

此外,税率过高不仅使企业微利甚至无利,企业会心灰意冷,而且还可能促使企业偷逃税收,从而导致税收总额的减少。如果用开口朝下的一个抛物线的高度表示税收,两个底端的连接线表示税率,把横竖两条直线交叉成一个直角坐标,这便构成一个标准的拉弗曲线。拉弗曲线表明了税收与税率之间的关系：当税率为零时，税收自然也为零；而当税率上升时，税收也逐渐增加；当税率增加到一定点时，税收额达到抛物线的顶点，这是最佳税率，如再提高税率，则税收额将会减少。当年拉弗教授在一次宴会上，为了说服当时福特总统的白宫助理切尼，使其明白只有通过减税才能让美国摆脱"滞胀"的困境，拉弗即兴在餐桌上画了一条抛物线，以此描绘高税率的弊端。后来，拉弗曲线理论得到了罗纳德·里根总统的支持。在1980年的总统竞选中，里根将拉弗所提出的拉弗曲线理论作为"里根经济复兴计划"的重要理论之一，并以此提出一套以减少税收、减少政府开支为主要内容的经济纲领。里根执政后，其减税的幅度，在美国的历史上实为罕见，经济增长也出现当时少有的景气，可以说拉弗曲线理论立下了汗马功劳。

资料来源：百度百科 http://baike.baidu.com/view/140056.htm。

（二）衡量宏观税负水平合理与否的标准

宏观税负水平的高低既是政府制定各项具体税收政策的重要依据，也是各项具体税收政策实施的综合体现。一国宏观税负水平是否合理，直接关系到经济发展和政府职能的实现。国际上习惯采用的判断一国宏观税负水平高低的指标是国民生产总值税负率。但是，简单比较国民生产总值税负率，并不能回答到底宏观税负水平为多少算合理的问题。确定衡量一个国家或者地区宏观税负水平合理与否的理论标准，需综合考虑本国的经济发展水平和政府职能范围的大小。

通常，从纯理论的角度分析，判断一国宏观税负水平是否合理有两个基本标准，即经济发展标准和政府职能标准。

1. 经济发展标准

经济增长是永恒的主题。一个国家或地区政府经济政策的中心目标，首先是为谋求经济增长以及在增长基础上的经济发展，税收负担政策也不例外。换言之，一个国家或地区宏观税负水平是否合理，首先要看该国或者地区的宏观税负水平是否有利于经济的增长与发展。

从亚当·斯密、萨伊到现代供给学派的理论，都对轻税政策与促进经济发展的关系，作了较为透彻的论述。作为供应学派理论基础之一的"拉弗曲线"，所揭示的就是经济、税收收入和税率之间的辩证关系原理。

2. 政府职能标准

筹集财政收入，满足政府职能需要，是税收的最基本的职能。政府的职能范围不同，对税收总量的需求也不一样。因此，一个国家或地区宏观税负水平的高低，应建立在政府职能范围大小的基础之上。

例如，随着经济增长和社会发展，人们对公共产品和服务的需求也随着增加，与之相适应，一方面，政府职能也随之增长，公共支出扩大已经成为社会发展的一种趋势；另一方面，不断增加的公共支出终归是要通过征税来偿付的。虽然，许多国家广泛采取发行公债的方式筹集政府资金，但是公债在本质上不过是延期的税收，其最终偿付来源仍然是税收。因此，如果政府不能保持适当的税收规模来满足政府职能正常运转的财政需要，由此形成的赤字缺口将会影响经济的长期发展。所以，在当今发展中国家，税负水平的逐步提高似乎也是一种趋势，呈现出一种规律。片面强调轻税，甚至认为税负越低越好的政策主张，不一定就是最有利于经济发展的税收政策。合理的宏观税负水平选择，应充分考虑政府职能范围的大小。

综上所述，经济发展标准和政府职能标准是衡量一个国家或地区税负水平合理与否的两项基本标准。一个国家或地区究竟选择什么样的税收负担政策，合理的宏观税负水平应在何处，以上问题的答案要结合各个国家和地区的经济发展水平和政府职能而定。因为，根据经济增长标准，税收应当有利于促进经济发展，而较低的税负水平有利于促进投资、生产。但是，依据政府职能标准，又要求政府保持适当的税收规模，否则政府职能无法完全实现，反过来又会制约经济增长。因此，各国应当结合本国国情来确定自身的宏观税负水平。

（三）影响宏观税负水平的因素

影响一个国家或地区税负水平的因素是多方面的，概括起来，主要有经济发展水平、政府职能范围、税收制度等方面。

1. 经济发展水平

经济基础决定上层建筑。经济发展水平的高低是影响一国宏观税负水平高低的决定因素。经济发展水平反映一个国家社会经济发展规模和增长速度，是税收参与国民收入分配的物质基础。税收规模的扩大和负担水平的提高，必须以企业盈利的增大和人均国民生产总值水平的提高为前提。通常，随着一国经济实力的增强，宏观税收负担水平也会呈上升趋势。这主要是因为经济发展水平越高，税源越丰富，微观经济主体对税收的负担能力越强。事实上，在大多数发达国家，税收占国民生产总值的比重平均在 30% 以上，而发展中国家平均在 30% 以下。可见，经济发展水平高、人均国民生产总值大的国家，其税收负担水平通常高于经济发展水平低、人均国民生产总值小的国家，两者呈正相关关系。这正体现了发达国家生产力发展水平和人均国民生产总值较高，税负承受能力强的特点。而发展中国家虽然财政紧张，但限于生产力水平低，税负承受能力弱，税负提高受到经济发展水平的制约。

2. 政府职能范围

税收是实现政府职能的物质保证，为国家的经济、政治、军事、文化、教育等方面发展提供必需的资金来源。政府职能的范围会在相当大的程度上影响税负水平的高低。政府职能范围涉及政府向居民提供公共商品和服务的数量和结构。政府职能不同，对税收的需求量也不一样。政府职能范围越广，则需要的税收越多，税收的负担水平也就越高；反之，政府职能范围越窄，则需要的税收越少，税收的负担水平也就越低。在 20 世纪 30 年代以前，美、英等西方发达国家受古典经济学的影响，主张市场自由竞争，反对政府干预，认为政府的职责就是做好"守夜人"，政府征税仅限于满足国防、行政等必不可少的公共需要，整个社会的税收负担比较轻。1913—1914 年，美国宏观税负为 7.8%，英国为 11.3%，法国为 14.1%，德国为 10.5%。然而 1929 年美国经济大危机席卷了西方世界之后，亚当·斯密的自由放任的经济思想遇到严重挑战，各国政府开始奉行凯恩斯主义经济政策，大力介入市场，增加税收和公共部门支出，致使宏观税负逐渐上升。以美国的国内生产总值税负率为例，1955 年为 23.69%，1960 年为 26.5%，1970 年为 29.8%，1980 年为 30.4%。以上事实表明，随着政府职能的变化，税收收入的规模和税负的轻重水平随之发生变化，政府职能范围与宏观税负的轻重存在正向变动的关系。

3. 税收制度

税收制度对宏观税负水平的影响最为直接。税收制度中主体税种的选择、税种的构成、征管水平、优惠政策等因素均会对税收负担的高低产生直接的影响。

首先,主体税种税基的宽广程度和税收收入的增长弹性是影响宏观税负水平的重要方面。在 19 世纪,许多国家以关税作为主体税种,主要实行比例税率,税收收入缺乏弹性,且由于受到贸易额的限制,税基规模有限,宏观税负不可能很高。进入 20 世纪之后,发达国家大多以个人所得税为主体税种。个人所得税实行累进税率,税负随之税基扩大而递增,税收收入富有弹性。随着经济发展和居民个人收入快速增长,个人所得税增长速度快于 GDP 的增长速度,在不考虑其他因素的前提下,这些国家的个人所得税负担也将随之升高。其次,税收优惠政策的多寡同样也影响着宏观税负水平。世界各国或多或少均实行税收优惠政策,从而减少政府实际征收的税收数额,但其对宏观税负水平的影响是复杂的。一方面,过多的税收优惠在一定程度上削弱了税收的正常增长机制,使税收与国民经济的增减变化呈现出一定的不稳定性;另一方面,通过税收优惠的引导,可能导致产业结构更为合理,最终推动经济发展,使得税源进一步扩大,带来更多的税收收入,从而提高税负水平。再次,税收征管水平的高低也影响到宏观税负水平。征管水平高,税收流失少,宏观税负水平高;反之,则宏观税负水平较低。

4. 税负统计口径

在税收收入中,除了用于一般公共支出以外,有一部分是用于特定用途的,带有专款专用、专项基金特点的税收,把这一部分考虑在内,税负水平就会明显提高;反之则会下降。社会保险税是一个比较典型的例子。如果同一个国家在统计宏观税负时,把社会保险税计入税收负担,宏观税负就会加重。如果两个国家,在其他税收负担相同的情况下,一个国家实行社会保险税,另外一个国家实行社会保险统筹,在把社会保险税计入税收负担的情况下,实行社会保险税的国家税负就重于不实行社会保险税的国家。由于社会保险税的核算口径影响到税收负担的比较,因此,国际上有把社会保险税计入税收负担和不计入税收负担两种统计口径。

5. 其他影响宏观税负水平的因素

除了上述因素外,财政收支状况、社会和军事因素、宏观政策调整等均会影响宏观税负水平。一般来说,在财政收入比较宽裕时,可适当降低税收的分配比例;如果财政出现赤字,为了实现财政平衡,除了压缩一部分支出外,还必须适当提高税负水平。另外,和平良好的国际环境有利于低税负的推行,而战争时期,为支付必要的财政支出,税收需求总量增加,必然导致宏观税负水平的提高。

总之,宏观税负水平是由多方面因素综合作用决定的,它不是一个固定的比例,而只是一个动态的相对指标。对一个国家和地区的宏观税负水平的评价不能简单地分析税收占GDP 的比重,而应结合该国具体情况进行全面考虑。合理的宏观税负水平应该既能保证为政府正常运转筹集到充足的财政收入,又能推动经济健康可持续发展。

第三节　宏观税负水平的国际比较

通过宏观税负水平的国际比较分析,可以揭示各国宏观税负水平的运行规律和特点,分析不同国家之间税收与国民经济协调发展的状况,从而为制定合理的宏观税负水平提供参考依据。因此,研究税收负担有必要进行国际比较研究。在进行税负比较研究时,除了需要剔除不可比因素,尽量统一计算口径以外,还应充分考虑不同国家各自所处的发展阶段、政府职能以及税制结构等因素。

一、税收负担类型的国际比较

参照世界各国不同税负水平,可以将各国的税收负担分为高税负型、中等税负型和低税负型三种类型。

1. 高税负型

这是指国内生产总值税负率一般在 35% 以上。大多数发达国家,特别是西欧、北欧国家就属于这种类型,详见表 6-1。这些国家的高税收负担水平是由这些国家的国情决定的。从可能性方面看,这些国家的人均收入高,纳税能力强;从需要的角度看,国家的职能范围较大,公共服务支出多,特别是在统筹社会保障方面,享受面大,标准高,被誉为福利国家,形成了财政的多收多支。虽然税收负担水平可随经济发达程度而提高,但税负的过重会影响经济发展。目前在高税负福利国家,都普遍遇到社会福利和经济发展之间的矛盾和冲突。由于高税负不利于激励人们增加工作、投资和储蓄的积极性,财政负担越发沉重,经济发展速度缓慢。因此,取消部分社会福利,降低税负,刺激经济的发展是这些国家近年来主要的政策选择。

2. 中等税负型

这是指国内生产总值税负率一般介于 20%~35% 之间。多数国家属于此种类型。如肯尼亚、南非、突尼斯、斯里兰卡、巴西等。这一类国家中的大多数国家,从满足政府支出的需要角度考虑,政府希望增加税收,但限于国家经济发展水平低,税源不丰厚,国民负担能力较弱,税负水平难以提高。

3. 低税负型

这是指国内生产总值税负率一般不超过 20%,大多在 15% 左右,有的还不及 10%。从目前来看,低税负国家有三种类型。第一类属于实行低税模式的避税港,政府为了吸收外资,繁荣本国或本地区经济,通常在税收上实行低税或免税等税收优惠政策;第二类属于经济落后国家,国民生产总值低,税源小,提高税负可能性较小;第三类是靠非税收入为主要来源的资源国,特别是石油输出国,由于税收占财政收入的比重低,税收占 GDP 的比重自然也低,像阿联酋的财政收入几乎百分之百来自非税收入,科威特的非税收入占 95%。

综上所述,在考虑了某些不可比因素之后,不难发现各国宏观税负类型选择的若干带有规律性的东西。一是发达国家的税负水平通常要高于发展中国家,这主要是由于发达国家收入水平高,纳税人负税能力强,公共服务支出多,导致高支出和高税收;而发展中国家经济发展水平低,税源和负税能力有限。二是一国税负水平受经济运行体制的影响。市场经济国家的税负水平低于计划经济国家,因为在市场经济条件下,政府的职能仅限于提供公共商品,职能范围较窄,而计划经济下的政府则实行大包大揽,财政分配实行高收高支。所以,一些原社会主义国家在计划经济向市场经济转轨的过程中,税负水平均出现较大程度下降。三是近年来,各国增加了对社会保障、环境保护等方面支出,各国税收负担出现了逐步上升趋势。四是一国税负的适当水平取决于它的具体国情,各国政府通常会根据自己不同时期的具体情况,对税负水平进行合理调整,使之满足经济和社会发展的需要。

表 6-1

部分 OECD 发达国家的宏观税负水平（1994—2019 年）

国家＼年份	加拿大	美国	澳大利亚	日本	新西兰	比利时	丹麦	法国	德国	希腊	爱尔兰	意大利	荷兰	葡萄牙	西班牙	瑞典	英国	均值
1994	34.40%	26.29%	27.51%	25.46%	35.42%	42.91%	46.53%	42.82%	36.19%	26.83%	34.33%	38.58%	39.73%	28.80%	31.90%	44.30%	30.60%	34.86%
1995	34.63%	26.55%	28.29%	25.85%	35.57%	42.84%	46.50%	42.45%	36.31%	28.31%	31.73%	38.45%	37.25%	29.28%	31.31%	45.31%	29.36%	34.71%
1996	34.94%	27.04%	28.92%	25.81%	33.75%	43.35%	46.71%	43.56%	35.67%	28.45%	32.27%	40.15%	37.34%	29.96%	31.11%	46.95%	29.18%	35.01%
1997	35.79%	27.48%	28.67%	26.18%	33.93%	43.81%	46.73%	43.78%	35.35%	29.56%	31.37%	41.57%	36.8%	29.93%	31.95%	47.84%	29.86%	35.33%
1998	35.71%	27.87%	29.43%	25.67%	32.28%	44.44%	47.30%	43.54%	35.54%	30.75%	30.84%	39.92%	36.25%	30.18%	32.76%	47.88%	31.32%	35.39%
1999	35.49%	27.93%	29.80%	25.20%	32.31%	44.24%	47.88%	44.25%	36.25%	31.82%	30.89%	40.79%	37.16%	30.97%	33.14%	48.38%	31.97%	35.79%
2000	34.67%	28.29%	30.46%	25.78%	32.54%	43.85%	46.88%	43.43%	36.37%	33.42%	30.78%	40.52%	36.91%	31.06%	33.05%	48.77%	32.80%	35.86%
2001	34.09%	27.26%	28.93%	25.94%	31.94%	43.69%	45.92%	43.10%	35.13%	31.94%	28.68%	40.13%	35.61%	30.83%	32.80%	46.72%	32.36%	35.00%
2002	33.08%	24.99%	29.80%	24.91%	33.25%	43.91%	45.41%	42.40%	34.56%	33.15%	27.88%	39.62%	35.01%	31.26%	33.24%	45.03%	31.43%	34.64%
2003	32.70%	24.48%	29.96%	24.53%	33.16%	43.34%	45.58%	42.24%	34.74%	31.49%	28.53%	39.95%	34.80%	31.36%	33.09%	45.41%	31.06%	34.50%
2004	32.71%	24.77%	30.27%	25.15%	34.20%	43.47%	46.39%	42.41%	34.33%	30.47%	29.60%	39.23%	34.81%	30.17%	34.04%	45.67%	32.16%	34.70%
2005	32.66%	26.10%	29.98%	26.24%	36.06%	43.36%	48.01%	42.90%	34.42%	31.87%	30.06%	39.05%	35.01%	30.83%	35.24%	46.69%	32.55%	35.35%
2006	32.73%	26.78%	29.39%	27.03%	35.27%	43.22%	46.46%	43.27%	34.94%	31.05%	31.41%	40.46%	36.05%	31.33%	36.00%	46.08%	32.75%	35.54%
2007	32.49%	26.77%	29.52%	27.55%	33.88%	42.92%	46.42%	42.55%	35.38%	31.80%	30.83%	41.56%	35.69%	31.81%	36.41%	45.09%	32.82%	35.50%
2008	31.23%	25.74%	26.83%	27.40%	32.89%	43.59%	44.77%	42.33%	35.84%	31.80%	29.02%	41.60%	35.95%	31.69%	32.10%	44.14%	32.14%	34.65%
2009	32.35%	22.96%	25.53%	25.97%	30.24%	42.70%	44.96%	41.53%	36.68%	30.75%	27.97%	41.97%	34.94%	29.92%	29.68%	43.87%	31.06%	33.71%
2010	31.01%	23.46%	25.27%	26.53%	30.27%	42.88%	44.76%	42.15%	36.95%	32.04%	27.66%	41.70%	35.66%	30.46%	31.28%	43.06%	32.13%	33.87%
2011	30.80%	23.85%	25.89%	27.46%	30.05%	43.51%	44.79%	43.33%	36.81%	33.64%	28.38%	41.64%	35.44%	32.34%	31.19%	42.13%	32.72%	34.31%
2012	31.18%	24.00%	26.91%	28.24%	31.64%	44.33%	45.51%	44.36%	37.26%	35.81%	28.63%	43.62%	35.59%	31.80%	32.37%	42.32%	32.12%	35.01%
2013	31.13%	25.57%	27.11%	28.86%	30.48%	45.04%	45.89%	45.37%	36.95%	35.74%	28.91%	43.83%	36.11%	34.03%	33.12%	42.70%	32.05%	35.46%
2014	31.27%	25.92%	27.27%	30.27%	31.27%	44.76%	48.53%	45.45%	36.81%	36.00%	29.00%	43.33%	37.05%	34.19%	33.89%	42.38%	32.11%	35.85%
2015	32.82%	26.18%	27.90%	30.69%	31.61%	44.13%	46.06%	45.28%	37.26%	36.39%	23.37%	42.96%	37.01%	34.39%	33.84%	42.85%	32.44%	35.60%
2016	33.26%	25.81%	27.62%	30.73%	31.52%	43.32%	45.49%	45.37%	37.72%	38.36%	23.61%	42.24%	38.41%	34.06%	33.60%	44.31%	32.64%	35.77%
2017	33.11%	26.74%	28.50%	31.38%	31.61%	43.80%	45.85%	46.07%	37.79%	38.62%	22.76%	41.91%	38.70%	34.12%	33.87%	44.31%	32.83%	36.00%
2018	33.22%	24.41%	28.68%	32.03%	32.88%	43.95%	44.35%	45.93%	38.54%	38.92%	22.67%	41.87%	38.80%	34.82%	34.60%	43.92%	32.89%	36.03%
2019	33.45%	24.47%	—	—	32.31%	42.92%	46.34%	45.40%	38.81%	38.71%	22.66%	42.45%	39.33%	34.84%	34.65%	42.91%	32.98%	36.82%

注：上述比重是按照经济与合作组织（OECD）界定的税收收入（口径）统计而来，包括个人所得税、公司所得税、社会保险税（含社会保险费）、财产税、商品劳务税（含关税）、工资薪金税以及其他税。不包括行政性收费等非税收收入。"—"代表缺失值。

资料来源：根据 OECD 官网统计数据整理得到。

二、我国宏观税负与 OECD 国家的比较

我国近年来狭义宏观税负水平在 19% 左右,不但低于发达国家 35% 的平均水平,也低于发展中国家 20% 左右的水平。详见表 6 - 2 和图 6 - 2。

表 6 - 2

OECD 部分发展中国家宏观税负情况表(1994—2019 年)

年份	墨西哥	韩国	捷克	匈牙利	冰岛	波兰	土耳其
1994	12.00%	18.42%	35.48%	42.73%	30.10%	36.44%	16.14%
1995	10.11%	18.64%	34.50%	40.77%	30.68%	36.62%	16.38%
1996	9.91%	19.25%	33.11%	39.42%	31.83%	36.61%	18.45%
1997	10.50%	18.91%	33.40%	37.74%	31.54%	36.11%	20.23%
1998	10.96%	18.93%	32.30%	37.50%	33.66%	35.33%	20.60%
1999	11.73%	19.22%	33.12%	38.28%	35.96%	35.02%	22.55%
2000	11.46%	20.92%	32.34%	38.58%	35.96%	32.94%	23.48%
2001	12.19%	21.20%	32.41%	37.66%	34.18%	32.90%	25.36%
2002	12.61%	21.31%	33.27%	37.42%	33.85%	33.03%	23.83%
2003	12.67%	21.99%	34.10%	37.26%	35.31%	32.49%	24.98%
2004	11.56%	21.18%	34.49%	37.06%	36.30%	31.92%	23.09%
2005	11.36%	21.66%	34.23%	36.56%	39.41%	32.96%	23.14%
2006	11.59%	22.63%	33.84%	36.45%	40.13%	33.61%	23.37%
2007	12.01%	23.73%	34.10%	39.36%	38.59%	34.62%	22.87%
2008	12.60%	23.58%	33.30%	39.42%	34.52%	34.12%	22.96%
2009	12.47%	22.70%	32.09%	38.90%	31.18%	31.20%	23.32%
2010	12.84%	22.38%	32.23%	37.19%	32.30%	31.36%	24.65%
2011	12.77%	23.18%	33.02%	36.64%	33.34%	31.80%	25.71%
2012	12.65%	23.70%	33.44%	39.16%	34.01%	32.05%	24.76%
2013	13.30%	23.14%	33.71%	38.59%	34.52%	31.87%	25.16%
2014	13.70%	23.38%	32.85%	38.55%	37.34%	31.90%	24.46%
2015	15.92%	23.74%	33.13%	38.90%	35.40%	32.44%	24.96%
2016	16.62%	24.75%	34.03%	39.41%	50.81%	33.41%	25.13%
2017	16.10%	25.36%	34.44%	38.28%	37.56%	34.12%	24.68%
2018	16.17%	26.75%	34.99%	37.45%	37.23%	35.16%	23.99%
2019	16.47%	27.38%	34.93%	35.77%	36.08%	35.38%	23.08%
均值	12.78%	22.23%	33.57%	38.27%	35.45%	33.67%	22.97%

资料来源:根据 OECD 官网统计数据整理得到。

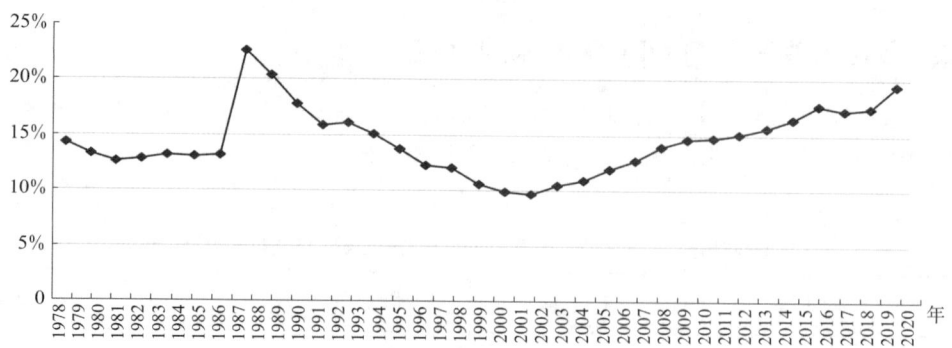

图6-2　我国狭义宏观税负变动趋势图(1994—2020年)

资料来源:由中华人民共和国国家统计局的相关数据整理计算绘制得出。

将我国历年的宏观税负水平与OECD发展中国家相比,不难发现我国目前宏观税负水平仍处于世界较低水平。自1994—2020年,我国的宏观税负水平没有一年超过多数OECD发展中国家,与OECD发达国家的税负差距则更大。考虑到OECD国家税收统计口径包括社会保险税(含社会保险费),目前我国尚未将其纳入总体税收负担。故若将社会保险税(费)的因素考虑在内,中国与OECD国家的总体税负差距将会有所缩小。

第四节　我国的税负水平分析

一、我国税收负担的分布状况

我国的税收负担在微观经济主体、产业及区域间的分布各具特点。

首先,从税种角度分析,企业是我国主要的纳税主体。1994年分税制改革以后,中国的流转税所占比重持续上升。近年来,随着经济的进一步发展,所得税比重有所上升,税制结构进一步优化。如表6-3所示,截至2019年,我国的流转税占全部税收收入的比重为48.80%,由企业所得税和个人所得税构成的所得税收入占全部税收收入的30.18%,其他税占比为21.01%。具体看,国内增值税和国内消费税占47.41%,而直接向个人征收的个人所得税比重较小,2019年征收个人所得税10 388.53亿元,占税收收入的6.57%,征收企业所得税37 303.77亿元,占税收收入的23.61%。因此,我国是以流转税为主体的国家,这也决定了企业成为国家税收的主要纳税人。

表6-3

2019年中国税收结构

税　　　种	金额(亿元)	比　　重
一、流转税	77 110.08	48.80%
国内增值税	62 347.36	39.46%
国内消费税	12 564.44	7.95%

（续表）

税　　　　种	金额（亿元）	比　　重
进口货物增值税、消费税	15 812.34	10.01%
出口货物退增值税、消费税	−16 503.19	−10.45%
关税	2 889.13	1.83%
二、所得税	47 692.3	30.18%
企业所得税	37 303.77	23.61%
个人所得税	10 388.53	6.57%
三、其他税	33 198.08	21.01%
资源税	1 821.64	1.15%
城市维护建设税	4 820.57	3.05%
房产税	2 988.43	1.89%
印花税	2 462.96	1.56%
城镇土地使用税	2 195.41	1.39%
土地增值税	6 465.14	4.09%
车船税	880.95	0.56%
船舶吨税	50.26	0.03%
车辆购置税	3 498.26	2.21%
耕地占用税	1 389.84	0.88%
契税	6 212.86	3.93%
烟叶税	111.03	0.07%
环境保护税	221.16	0.14%
其他税收收入	79.57	0.05%
总计	158 000.46	100.00%

注：由于四舍五入的因素，表6-3中比重的总计数存在0.01的误差。

资料来源：根据国家统计局网站年度数据以及2019年度全国一般公共预算收入决算表整理得出。

其次，从产业结构来看，中国的税收收入主要依赖第二产业部门，税负水平一直较高，随着经济发展，第三产业的税负也开始逐渐上升，国家对第一产业则主要采取扶持政策，税负相对较轻。

再次，地区间税负不均衡的问题较为突出，东部沿海地区的税负水平在总体上要低于中西部地区，随着国家大力推行区域均衡发展的战略，区域税负不均衡的局面有望逐步改变。

二、我国的宏观税负

宏观税负水平与经济发展密切相关。中国是一个发展中国家，应当选择怎样的宏观税负水平，才能更好地推动经济发展和较好地满足政府履行职能的需要？这是学界和实务界共同关心的话题。界定中国合理的宏观税负水平,首先需要在全面把握中国现行总体税负水平的基础上,结合国际的、历史的比较,才能得出相应结论。

根据统计口径的不同,中国的宏观税负水平分为三个层次:一是狭义宏观税负,又称小口径的宏观税负;二是中间层次税负,又称中口径的宏观税负;三是广义宏观税负,又称大口径的宏观税负。从数量分析的角度看,狭义宏观税负等于特定时期的税收收入除以相应时期的GDP,中间宏观税负等于特定时期的财政收入除以相应时期的GDP,而广义宏观税负等于特定时期的财政收入与预算外收入之和除以相应时期的GDP。表6-4反映了中国不同口径的宏观税负水平。

表6-4

中国历年的宏观税负(1985—2020 年)   金额单位:亿元

年份	税收收入(1)	财政收入(一般公共预算收入)(2)	预算外收入(非一般公共预算收入)(3)	国内生产总值(4)	狭义宏观税负(5)=(1)/(4)	中间宏观税负(6)=(2)/(4)	广义宏观税负(7)=[(2)+(3)]/(4)
1985	2 040.79	2 004.82	1 530.03	9 098.90	22%	22%	39%
1986	2 090.73	2 122.01	1 737.31	10 376.20	20%	20%	37%
1987	2 140.36	2 199.35	2 028.80	12 174.60	18%	18%	35%
1988	2 390.47	2 357.24	2 360.77	15 180.40	16%	16%	31%
1989	2 727.40	2 664.90	2 658.83	17 179.70	16%	16%	31%
1990	2 821.86	2 937.10	2 708.64	18 872.90	15%	16%	30%
1991	2 990.17	3 149.48	3 243.30	22 005.60	14%	14%	29%
1992	3 296.91	3 483.37	3 854.92	27 194.50	12%	13%	27%
1993	4 255.30	4 348.95	1 432.54	35 673.20	12%	12%	16%
1994	5 126.88	5 218.10	1 862.53	4 8637.50	11%	11%	15%
1995	6 038.04	6 242.20	2 406.50	61 339.90	10%	10%	14%
1996	6 909.82	7 407.99	3 893.34	71 813.60	10%	10%	16%
1997	8 234.04	8 651.14	2 826.00	79 715.00	10%	11%	14%
1998	9 262.80	9 875.95	3 082.29	85 195.50	11%	12%	15%
1999	10 682.60	11 444.08	3 385.17	90 564.40	12%	13%	16%
2000	12 581.50	13 395.23	3 826.43	100 280.10	13%	13%	17%
2001	15 301.40	16 386.04	4 300.00	110 863.10	14%	15%	19%
2002	17 636.50	18 903.64	4 479.00	121 717.40	14%	16%	19%
2003	20 017.30	21 715.25	4 566.80	137 422.00	15%	16%	19%
2004	24 165.70	26 396.47	4 699.18	161 840.20	15%	16%	19%
2005	28 778.50	31 649.29	5 544.16	187 318.90	15%	17%	20%
2006	34 804.40	38 760.20	6 407.88	219 438.50	16%	18%	21%

（续表）

年份	税收收入(1)	财政收入（一般公共预算收入）(2)	预算外收入（非一般公共预算收入)(3)	国内生产总值(4)	狭义宏观税负(5)＝(1)/(4)	中间宏观税负(6)＝(2)/(4)	广义宏观税负(7)＝[(2)＋(3)]/(4)
2007	45 622.00	51 321.78	6 820.32	270 092.30	17%	19%	22%
2008	54 223.80	61 330.35	6 617.25	319 244.60	17%	19%	21%
2009	59 521.60	68 518.30	6 414.65	348 517.70	17%	20%	22%
2010	73 210.80	83 101.51	5 794.42	412 119.30	18%	20%	22%
2011	89 738.39	103 874.43	—	487 940.20	18%	21%	—
2012	100 614.28	117 253.52	—	538 580.00	19%	22%	—
2013	110 530.70	129 209.60	88 405.53	592 963.20	19%	22%	37%
2014	119 175.31	140 370.03	95 303.28	643 563.10	19%	22%	37%
2015	124 922.20	152 269.23	89 550.64	688 858.20	18%	22%	35%
2016	130 360.73	159 604.97	97 492.99	746 395.10	17%	21%	34%
2017	144 369.87	172 592.77	119 421.34	832 035.90	17%	21%	35%
2018	156 402.86	183 359.84	150 953.67	919 281.10	17%	20%	36%
2019	158 000.46	190 390.08	169 320.26	986 515.20	16%	19%	36%
2020	154 310.06	182 894.92	170 382.21	1 015 986.20	15%	18%	35%

资料来源：根据国家统计局网站 2021 年最新数据及中国政府网相关资料整理计算得出。

注：(1) 1993—1996 年的预算外资金收入范围分别有所调整，与以前各年不可比。从 1997 年起，预算外资金收入不包括纳入预算内管理的政府性基金(收费)。从 2004 年起，预算外资金收入为财政预算外专户收入。自 2011 年起我国全面取消预算外资金，所有政府性收入纳入预算内管理，国家统计局网站数据也不再有预算外资金的统计数据。

(2) 表中财政收入指的是一般公共预算收入。

(3) 2013 年起，表中第四列的数据为非一般公共预算收入，非一般公共预算收入＝全国政府性基金收入＋全国国有资本经营预算收入＋全国社会保险基金收入。

通过对表 6-4 并结合图 6-2 的分析，可以发现，1985 年以来，中国宏观税负水平有以下三个特点：

第一，总体税负水平呈先升后降再升的变动趋势。从狭义宏观税负看，1985 年，平均狭义宏观税负突然飙升，冲至 22%。这主要是由于国营企业"利改税"制度的实施所导致的，是税制改革的结果。从 1986—1996 年，狭义宏观税负基本上呈现持续下降的趋势，究其原因，这主要是由于中央政府和地方政府采取的以"分灶吃饭"为特征的财政收入包干分配制显著降低了税收组织效率。1997—2014 年，狭义宏观税负一直保持平稳增长的势头。2015 年至今，我国的宏观税负水平逐年下降，这和我国近年来的减税政策相匹配。

第二，狭义税负水平偏低。根据国际经济组织和许多国家通常采用的分类标准，高税负国家的 T/GDP 比值一般在 35% 以上，中等税负国的 T/GDP 比值一般在 20%～35%，而低税负国家的 T/GDP 比值一般不超过 20%，大多在 15% 左右。随着中国经济发展和政府职能的扩大，我国的宏观税负水平有所升高，但相比大多数发达国家和发展中国家，我们的狭义宏观税负水平依然较低。

第三,社会保险税(费)收入未纳入总体税收负担。发达国家的社会保险税负担约占总体税收负担的 1/4～1/3,中国目前这一收入未纳入狭义宏观税负。考虑到 OECD 经济国家都将社会保障税费纳入宏观税负,因此在进行国际比较时本研究也应将我国社保基金收入纳入宏观税负。由于目前尚未统一开征社会保险税,如果将地方政府和部门征收的社保规费纳入税收体系一并计算,中国与其他一些发达国家的总体税负差距就会有所缩小。

三、我国宏观税负水平的评价及政策选择

(一)我国宏观税负水平的评价

我国现行宏观税收负担水平依然较低,且存在结构性的缺陷,主要体现在以下两个方面:一是狭义的宏观税负要低于广义的宏观税负水平,政府所得到的收入与纳税人所感觉到的负担之间存在差距;二是税负结构不均衡。如前所述,纵向比,我国狭义宏观税负较低,1985 年至今,最高不过 22%,最低则只达到 10%。横向比,我国的狭义宏观税负水平不仅低于发达国家,在发展中国家也是偏低的。狭义宏观税负水平偏低影响了政府可直接支配的收入,有可能导致公共商品的供给不足。这种缺陷对中国经济发展造成的危害表现在:① 广义宏观税负水平高于狭义宏观税负可能引起投资扭曲;② 增加纳税人的成本,侵蚀税基,降低税收收入,游离于税收之外的收费或其他制度外收入加重了微观经济主体的负担;③ 在某种程度上可能扰乱市场运行机制,降低资金使用效率。另外,我国税负在产业、区域、不同所有制企业之间的差异,也影响着经济的协调发展。

(二)我国宏观税负政策的选择

优化社会的财政税收负担结构,必须加快推进公共财政体制改革,制定适应市场经济发展需要的税收负担政策。适度提高税负水平,合理调整税负结构将继续成为我国税负政策的重要选择。根据我国国情,提高宏观税负水平、调整宏观税负结构的主要政策措施可概括为以下几个方面。

1. 建立富有收入弹性的税制体系

税收收入弹性,是指税收收入变化率与 GDP 变化率的比例。弹性状况分为三种情形:① 弹性系数大于 1,即税收收入增长大于 GDP 的增长,此时政府所获得的实际收入高于政府可能获得的收入,表明税制体系具有较高的收入弹性和较强的筹集收入的能力。② 弹性系数等于 1,即政府的税收收入与 GDP 同步增长,政府获得的实际收入等于其可能获得的收入,表明税制体系有单一的收入弹性。③ 弹性系数小于 1,即政府税收收入的增长低于 GDP 的增长,政府所获得的税收少于其可能获得的收入,税制体系缺乏弹性,筹集收入的能力较弱。

2. 调整税制结构

调整和优化税制结构既是充分发挥税收职能的需要,也是不断提高税收收入弹性的方式。从各国税制发展的趋势来看,发展中国家随着人均收入的提高,其直接税的比重会不断升高,税制结构将由以间接税为主体向以直接税为主体过渡。一般而言,当一个国家人均 GDP 达到 2 000 美元左右时,其个人所得税和企业所得税收入会急剧上升。在我国企业所得税比重较低,而流转税比重相对较高,适度提高所得税的比重,降低流转税的比重有利于优化企业税收负担水平和促进经济的稳定发展。因为所得税是一种较能体现公平、合理的税种,它能较好地体现税收的公平原则。而且所得税的弹性大,有利于经济的稳定发展。

而流转税尽管刚性约束强,但弹性小。另外,从税收公平原则上看,流转税只要企业有收入,即使亏损也要缴税,不如所得税有利润才缴税显得更为合理。因此,调整、优化税制结构需要进一步完善增值税、个人所得税、企业所得税和财产税,研究开征遗产税、赠与税和社会保险税的可能性。适当降低部分行业、地区纳税人的税收负担,努力实现公平税负。

3. 开辟新财源,扩大税基

在我国目前的税收收入中,大部分是企业缴纳的。随着经济的发展,个人收入的提高,增加个人所得税的比重成为一种可能。目前,新财源的开辟和税基扩大的重点应放在个体经济、民营经济和高收入居民阶层的税收征管上,坚持依法纳税,堵塞偷漏税,防止税款的流失,及时将税法规定的应纳税款足额征收,是提高宏观税负率的有效途径。

4. 区别税收负担和非税负担

规范国家和企业的分配制度,提高企业负担的透明度。目前90%的税收是企业缴纳的,对企业税收负担水平及结构的选择是我国税收负担政策的核心内容。根据前面的分析,我国企业的税收负担水平并不高,但现实中企业感觉实际税负比较重,究其原因在于非税负担较重。名目繁多的摊派和社会性支出具有很大的随意性,增加了企业负担,严重的情况下甚至会搞乱社会的分配秩序。因此,需彻底清理各种社会摊派,取消不合理的收费,逐步清理基金、收费项目。考虑设置社会保障税,建立健全社会保障制度,使企业负担规范化。通过这些措施,可以有效减轻企业和居民个人负担,使宏观税负水平更合理。

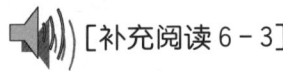 [补充阅读6-3]

走出宏观税负的误区

比较分析宏观税负水平,不能脱离不同国家所处的发展阶段和政府职能范围,宏观税负水平没有放之四海而皆适用的统一标准;中国的公共产品和服务需求处于快速上升阶段,宏观税负水平随着经济发展相应提升;由财政预算安排增加对居民的各种补助性支出,同样可以提高居民收入的比重,只是实现的途径不同;宏观税负水平的上升应随着经济发展循序渐进,必须把握好节奏和力度。而且,适度提高宏观税负水平要与深化税制改革和规范政府收入分配秩序等结合起来,使整体税负结构更加趋向合理。

在现代社会,除了有意仿效鲁滨逊式的生存方式之外,要试图寻找一个脱离税收影响的空间是徒劳无益的。18世纪末,美国著名发明家、政治家本杰明·富兰克林(Benjamin Franklin)说过一句在西方国家广为流传的话:这个世界上只有死亡和征税是确定无疑的。

现实生活中,税收负担问题受到社会各界普遍关注。微观税负的轻重,影响着纳税人可支配收入的规模,以及消费、投资和储蓄的能力;宏观税负的高低,则关系着社会资源和财富收入在国家与纳税人之间分配的格局,乃至经济运行和社会福利的状况。税收负担问题始终是治国理政的要务。在收入分配已成为中国现阶段矛盾焦点之一的情况下,对宏观税负水平的认识和把握,是进一步深化税制改革必须审慎对待的问题。

税负痛苦指数的谬误

关于目前中国宏观税负水平的认识和分析,除了基于学术和政策研究的讨论外,也有出于商业或其他方面的需要,由一些传媒或咨询机构发布的所谓调查结论。其中,国外某杂志发布的所谓2009年税负痛苦指数排行,一度吸引了国内媒体的关注。按其方法测算,中国税负痛苦指数为159,在其公布的65个国家和地区中排列第二,仅次于欧洲某国。对于诸如此类的评论,如果不加甄别,把戏说当作正史来解读,甚至作为学术研究的依据,产生的误导将贻害各方。

——评价方法的常识性错误

税负痛苦指数的评价方法,是确定六个税(费)种,包括公司和个人所得税、雇主和雇员缴纳的社会保险金、销售税、财产税,并将其法定最高税率相加后进行比较,数值高低与所谓痛苦指数成正比(中国税负痛苦指数159,是由增值税最高税率17%、企业所得税最高税率25%、个人所得税最高税率45%、企业缴纳的社会保险金最高费率49%、个人交纳的社会保险金最高费率23%相加得出)①。虽然这六种税(费)涵盖了收益所得、货物劳务和财产类税收,在各国税制安排上具有普遍性,但其评价和比较方法极不科学,其谬误主要是将各税种最高边际税率简单相加,将税率等同于税负。

税率是税制的基本要素之一,也是决定税收负担的重要因素,但不是唯一因素,税率与税负不能等同。确定税收负担的另一个决定因素是计税依据,即税基。税基与税率的乘积等于应纳税额。不同种类的税收,税基不尽相同,即便是相近的税种,税基也会存在较大差异。例如,在货物劳务类税收中,销售税(营业税)的税基是销售额(营业额),而增值税的税基是增值额,前者的税基要明显大于后者。尽管目前世界上实行销售税的国家的一般税率普遍低于实行增值税的国家的标准税率,但由于税基不同,不能简单地得出增值税税负高于销售税税负的结论。所以,用税率直接代表税负是一个常识性错误。

——计算依据存在明显偏差

将税率等同于税负的评价方法,也没有客观反映税率的真实状况。例如,中国现行个人所得税法规定了11项应税所得,对不同类型所得确定了不同税率。工资、薪金所得实行5%～45%累进税率,个体工商者生产经营所得等实行5%～35%累进税率,其他所得名义上统一实行20%的比例税率。将个人所得税的税率笼而统之地按工资、薪金所得的最高边际税率45%计算,在所谓痛苦指数(159)中占28.3%,显然有失公平。

社会保险金虽然不是法定意义上的税收,但具有强制性,属于准税收收入,作为计算宏观税负水平的要素无可厚非。问题在于,将中国企业和雇员缴纳的社会保险金的最高边际费率按72%计算,并占到所谓痛苦指数(159)的45.3%,明显与事实相悖。根据有关制度规定,中国现行养老、失业、医疗、工伤、生育等五种法定社会保险金的企业和个人缴费率,最高的是养老保险,企业和个人分别按工资总额缴纳20%和8%,其他几个险种费率都不高。几项费率加在一起,最高值也达不到72%。

将税率简单相加并以税率等同于税负的评价方法,既缺乏科学意义,也没有实际价值,中国对外开放特别是外商直接投资并未受此影响。统计数据显示,2006—2009年,外商在中国非金融领域直接投资分别为:630.2亿美元、747.7亿美元、924.0亿美元、900.3亿美元,其中,2009年外商在华投资规模位居全球第二。

与将税收负担冠之以"痛苦"之名形成对照的是,近年来,那些税制不透明、对有关所得

---

① 福布斯杂志发布的税负痛苦指数如上文所述采用的基本方法中涉及6种税费,但是由于各国税制差异较大,在具体计算过程中涉及税费数量并不一定是6种税费。例如,该杂志公布的卡塔尔、阿拉伯联合酋长国和中国香港地区在2009年分列全球税负最轻地区第一、第二、第三位。其中,卡塔尔只征收公司所得税,而阿联酋没有公司税但征收社会保障税,这三个地区有一个共同点即都不征收增值税。而其在计算中国2009年的税负痛苦指数时涉及文中所述5种税费。

没有或仅有名义上课税的国家和地区,受到了国际社会的严厉谴责。这些被视为"避税天堂"的国家和地区,由于为其他国家(地区)的企业和个人等避税乃至洗钱提供方便,破坏了税制的公平与公正,影响了国际金融体系的稳定,因而广遭诟病。2006 年 6 月,经济合作与发展组织(OECD)曾提出了一份包括 40 多个国家和地区在内的"避税天堂"名单。2009 年 4 月,20 国集团(G20)伦敦峰会期间,经合组织发布了一份对 84 个国家和地区实施国际公认税务标准的调查评价清单,在 G20 伦敦峰会发表的声明中,就此问题明确提出,对不合作的国家和地区,包括"避税天堂"采取行动。同年 9 月,在伦敦召开的 G20 财长和央行行长会议表示了更加强硬的态度,准备对"避税天堂"采取反制措施。

如果说,有关税负痛苦指数的排行,是个别传媒制造的噱头或恶搞,那么,有关"避税天堂"问题则为国际社会所不容。在经济全球化的背景下,税收负担和税务透明度问题已经不再单纯是一个国家的内部事务,也要有国际判断标准并接受国际社会监督。

宏观税负的比较分析

目前,国际上衡量一个国家的宏观税负水平,一般是用一定时期(比如一年)政府集中的税收总量或税收和非税收入总量占同期国内生产总值(GDP)的比重来测算。经合组织(OECD)、国际货币基金组织(IMF)等国际组织,以及一些国家的政府机构,通常用此方法测算不同国家的宏观税负水平并公布这方面的数据。

根据 IMF《政府财政统计年鉴(2009)》所列的数据相对齐全的 47 个国家和地区 2008 年的资料(该年鉴在有关条目下列出了 134 个国家和地区,其中有 59 个国家和地区基本数据缺失,28 个国家和地区数据未及时更新,年份不可比),按税收收入计算的宏观税负水平如下:

23 个发达经济体的国家(包括比利时、塞浦路斯、芬兰、法国、德国、希腊、爱尔兰、意大利、卢森堡、荷兰、葡萄牙、西班牙、澳大利亚、加拿大、丹麦、冰岛、以色列、挪威、新加坡、瑞典、马耳他、英国、美国,以下简称发达国家)平均为 27.7%,最高为 47.1%,最低为 14.6%。

24 个新兴和发展中经济体的国家和地区(包括毛里求斯、摩洛哥、南非、马尔代夫、泰国、保加利亚、克罗地亚、捷克、爱沙尼亚、拉脱维亚、立陶宛、波兰、罗马尼亚、斯洛伐克、亚美尼亚、白俄罗斯、摩尔多瓦、蒙古、俄罗斯、乌克兰、智利、洪都拉斯、秘鲁、中国澳门,以下简称发展中国家和地区)平均为 22.7%,最高为 37.7%,最低为 16%。

按包含税收和政府非税收入等在内计算的宏观税负,发达国家平均为 43.3%(其中,社会保险缴款占 10.4%),最高为 58.7%,最低为 21.7%;发展中国家和地区平均为 35.6%(其中,社会保险缴款占 6.9%),最高为 52%,最低为 21%。

相比之下,在这 47 个国家和地区中,发达国家按税收收入计算的宏观税负平均比发展中国家和地区高出 5 个百分点,这主要是由经济发展水平和政府履行职能范围决定的;按税收和政府非税收入计算的宏观税负,发达国家平均比发展中国家和地区高出 7.7 个百分点,这主要是因发达国家社会保险缴款等规模要超过发展中国家。

在 IMF《政府财政统计年鉴(2009)》中,中国的数据为 2007 年。按照中国现行各类预算管理制度规定,并以 2009 年数据测算,中国税收收入占 GDP 的比重为 17.5%;加上政府性收费和基金等非税收入,宏观税负约为 30%(其中,国有土地使用权出让收入占 4.2%,社会保险基金收入占 3.8%)。有的研究机构和学者,根据相关数据分别测算或估算中国目前宏观税负水平比 30%要略高一些。笔者以为,其中可能存在数据转换口径的差别,或者没有完全剔除关联数据之间的重复计算因素。

必须指出的是,用政府集中的各项税收和非税收入占同期实现的 GDP 比例来衡量宏观税负水平,虽然是目前一些国际组织和政府机构常用的比较方法,但仍然有其局限性。

首先,国家间财政制度安排上的差异,会不同程度影响税负比较的公正性。由于各个国家的财政政策和相应的制度安排,分别体现了本国执政当局的治国策略和管理思想,即使是方向一致的政策主张,也可能会在操作层面做出不同的规定,并影响到宏观税负水平的变化。

此类情况并非罕见。例如,基于某种政策意图,政府对企业或公民的财政支持,既可以实行税收减免方式,也可以采取资金补助形式。实行前一种方式,政府集中的税收减少;采取后一种形式,并不影响政府集中的税收,占 GDP 的比重也会相应高于前者。目前,世界上一些国家为减少税收漏洞,一般都控制实施减免税政策,采用由预算安排资金补助。也有一些国家或地区,为吸引资本流入,鼓励某些行业或区域发展,对企业实施不同形式的税收优惠。如果是采取税收减免方式,将直接减少收入;如果是实行税收先征后返,即将税收先缴入国库,再通过预算支出安排,将缴纳的部分或全部税收返还给纳税人,名义上统计入库的税收没有减少,但这部分收入并没有实际形成公共财政资源。

其次,统计数据的非一致性,也会或多或少影响税负比较的合理性。尽管 IMF 对政府收入的构成及分类做了界定和说明,然而,囿于资料的匮乏,我们无法区分不同国家在税收和政府非税收入统计上的具体差别。

根据 IMF 的分类,政府各类收入中,包括税收、社会保险缴款、捐赠收入、其他收入。税收虽然是各国收入中共有的项目,但是,存在着上述不同制度安排出现的迥异结果的影响,进行项目间的调整,也难以保证各国数据口径完全一致。社会保险缴款反映了不同国家养老等社会保险管理体制的差别,以税收筹集社会保险资金的国家,这项收入很少或不存在,而以非税形式筹集社会保险资金的国家,这项收入规模较大。例如,欧盟一些国家虽然税收收入占 GDP 的比重不到 30%,但社会保险缴款一般都超过 10%。这也表明,尽管税收是构成宏观税负的主体,非税收入负担也同样需要关注。

捐赠收入所占比重不大,尤其来自外国政府或国际组织的赠与收入,与本国创造的 GDP 并无关联。其他收入,包括各种财产性收入、出售商品和服务收入,以及罚金和罚没收入等,各个国家多寡不一,有的国家财产性收入超过了税收收入,也有一些国家这项收入缺失。另外,根据使用者付费原则,政府提供的某些服务(如办理证照等),由受益者负担成本费用,并不增加非受益者负担。

财政制度安排存在的差异和统计数据的非一致性,难免会给比较分析研究带来一些困难,使宏观税负问题的讨论出现不同认识,甚至陷入罗生门。由此产生的纠结实属正常,无需渲染。或许只有在国际普遍建立政府会计制度后,对政府的各项收支和资产负债等情况进行全面记录和核算,才能得出更加合理的诠释。遗憾的是,受制于多方因素,目前能够建立政府会计制度的国家微乎其微。

虽然用政府集中的税收和非税收入占 GDP 的比重测算宏观税负水平有一定局限性,但仍具有参考意义,可以使我们对宏观税负问题的认识更加全面和深入。宏观税负既有总体水平问题,也有结构性差异,不能忽略具体项目和负担对象。宏观税负水平高,并不意味着政府可以统筹支配的财力资源一定就多,非税收入的许多项目具有特定用途,政府无法转移使用(比如,社会保险缴款只能用于社会保障支出,中国土地出让收入等也属于这类情况)。宏观税负水平低,也并不表示政府使用的财力资源一定就少,政府可能还有其他融资方式(比如,政府发行公债等)。比较分析宏观税负水平,不能脱离不同国家所处的发展阶段和政府职能范围,各国的具体国情不同,宏观税负水平没有放之四海皆适用的统一标准。

中国宏观税负的趋势判断

宏观税负的经济内涵,显示了一国政府为社会提供公共产品和服务所占用的财力资源在该国当年实现的 GDP 中所占的份额,它不仅体现了政府履行职能与所需财力资源的关系,也反映了政府集中的各项收入与经济发展的关系。

——公共产品和服务需求处于快速上升阶段

纵观世界现代化历程,随着经济不断发展和社会文明进步,社会成员期望享有的公共产品和服务的规模、质量与水平也愈来愈高。今后 10 年是中国全面建设小康社会的关键时期,如何由一部分人先富起来,逐步平稳过渡到全体人民共同富裕,既关系到兑现已向世人宣告的庄严承诺,又涉及国家的长治久安。

目前,中国经济快速增长中日益凸显的收入分配问题,已经成为社会矛盾的一个焦点。初次分配体现了效率优先,兼顾公平显然不够。收入再分配面临着平衡分配差距,促进社会公平正义的艰巨任务。必须着力调整和完善收入分配政策,加快健全公共财政体系,积极推进公共服务均等化,合理调整预算支出结构,扩大公共产品和服务的有效供给,尤其是增加社会保障、教育文化、医疗卫生、保障性住房等与改善民生密切相关的支出。这不仅是服务型政府应尽的职责和公共财政的应有之义,也是缩小收入分配差距,化解社会矛盾的有效举措。

进入 21 世纪以来,经过各级政府的共同努力,在构建公共财政基本框架的理念下,财政支出结构不断调整,与改善民生有关的支出迅速增长。2009 年与 2000 年相比,财政社会保障支出年均增长 19.6%,预算内教育经费支出年均增长 20.8%,预算安排的医疗卫生支出年均增长 25.4%。尽管如此,仍难以满足社会民众,特别是中低收入群体对民生改善的迫切需要。

社会保障体系亟待加快健全和完善,要逐步将社会保障制度覆盖各类群体,并积极创造条件统一基本社会保障制度,随着经济发展和收入的增加,相应提高保障水平。按照有关部门的数据,目前中国财政安排的社会保障支出和社会保险基金支出,约占 GDP 的 5%以上,还适应不了社会保障事业的发展要求。

前不久颁布的《国家中长期教育改革和发展规划纲要》,明确到 2020 年要基本实现教育现代化,包括实现更高水平的普及教育,形成惠及全民的公平教育,逐步实现基本公共教育服务均等化。目前中国财政性教育经费支出占 GDP 的比重约为 3.5%,实现纲要提出的到 2012 年达到 4%的目标,尚需继续努力。要进入人力资源强国的行列,2012 年以后,财政性教育经费支出占 GDP 的比重仍应保持合理规模。

正在实施的医药卫生体制改革,提出要加快推进基本医疗保障制度建设,初步建立国家基本药物制度,健全基层医疗卫生服务体系,促进基本公共卫生服务逐步均等化。虽然近几年各级财政明显加大了医疗卫生经费投入力度,2007—2009 年财政用于医疗卫生的经费支出年均增长 39%,但要全面完成医疗卫生体制改革的各项任务,这方面的支出还有待继续增加。

保障性住房建设属于政府公共政策的重要内容，随着城镇化进程的加快和低收入群体解决住房问题的迫切性越来越强，中国保障性住房的建设任务十分繁重。今年各级财政安排的保障性住房支出约 830 亿元，到 2012 年年末要实现基本解决 1 540 万户住房困难家庭的住房问题，必须保证支出稳定增长。如果要逐步达到发达国家保障性住房的水平，还应付出更大的努力。

上述几个方面的公共需求，目前都不同程度地存在供给数量不足、质量有待改善、水平需要提高等问题。对于低收入群体而言，显然无力通过市场化商业运作方式，根本改变在社会保障、教育、医疗卫生、基本住房等方面的弱势状况，只能依靠政府的援助增进自身的福祉。这就需要合理调整收入分配格局，在增加中低收入者收入的同时，一方面努力扩大公共产品和服务供给，着力改善民生；另一方面通过税收参与初次分配和再分配，为政府履行公共服务职能提供财力资源保障。目前，政府集中的税收收入还无法满足迅速增长的公共支出需求，有必要随着经济发展逐步合理提高税收收入占 GDP 的比重。

　　——宏观税负水平随着经济发展相应提升

世界银行及美国学者曾进行的一项研究表明，一国的宏观税负水平与该国人均 GDP 大体呈正相关关系，即随着经济发展，宏观税负水平会相应上升，达到一定水平后将趋于基本稳定。进入 21 世纪以来，中国国民经济实现了持续快速发展。2009 年与 2000 年相比，GDP 年均增长 10.3%，人均 GDP 年均增长 9.6%；与此同时，宏观税负水平也相应提升，按税收收入测算的宏观税负由 12.7% 上升到 17.5%（平均每年上升 0.53 个百分点），按税收和政府非税收入测算的宏观税负由 17.8% 上升到约 30%（平均每年约上升 1.35 个百分点），其中，国有土地使用权出让收入上升了 4.1 个百分点，社会保险基金收入上升了 1.6 个百分点。

在全面建设小康社会的关键时期，通过加快转变经济发展方式，调整和优化产业结构，中国经济将继续保持平稳较快发展，经济增长的质量也会不断提高，税收增长的基础更加稳固。同时，随着税制改革逐步深化，税制安排趋向合理，税收筹集收入和调节分配的功能将进一步增强。在综合考虑结构性减税等因素后，下一个十年，中国税收增长的弹性系数总体上仍可能继续保持大于 1 的态势，税收收入占 GDP 的比重在目前 17.5% 的水平上有继续上升的空间和条件。

近一段时间，关于调整国民收入分配格局的讨论中，有一种观点认为，政府集中的税收收入规模不宜再扩大，应让利于民，增加居民收入比重。这种意见并不完全客观。税收在筹集收入的同时具有调节收入分配的功能，财政在预算资金的安排中可以发挥转移支付的作用。逐步提高居民收入在国民收入分配中的比重，既要靠初次分配，也需要再分配。通过合理扩大政府税收收入规模，适度提高税收收入占 GDP 的比重，由财政预算安排增加对居民的各种补助性支出，同样可以提高居民收入的比重，只是实现的途径不同。

面对目前失衡的收入分配格局和凸显的社会矛盾，在初次分配强调效率优先的社会价值理念仍居主导的情况下，从实现社会公平正义的要求出发，不仅需要逐步提高劳动报酬在初次分配中的比重，也要高度重视再分配调节的积极效应，保持一定力度的再分配，有助于缩小最终分配差距。否则，收入分配状况很难得到合理改善，提高居民收入比重的意愿也会部分落空。

从这个意义上讲，税负水平的合理提升与促进社会和谐稳定并行不悖。这也是许多国家和地区通过调整分配政策校正市场分配扭曲的重要原因之一。国际经验表明,在税负合理增加的情况下,如果社会民众能够感受到政府明显扩大了公共产品和服务的供给,大多数人的福利状况得到了改善,纳税人对自己的生活状况普遍感到满意,通常会理解和支持政府的税收政策。

上述分析旨在阐明,宏观税负是广受多项条件影响的矛盾体,需要辩证地认识和把握,不能简单地评论税负水平孰高孰低。今后一个时期,中国宏观税负不仅有上升的需要,也有提升的空间。如果政府收入不能满足履行公共服务职能所必需的支出,或者税收收入增长无法保证公共财政政策的连续性,政府只能要么通过发债等方式筹措资金,要么削减预算开支。

实践证明,过度发债极易导致通货膨胀,受影响最大的是低收入民众,经济体也会受到侵害。目前,有些国家虽然宏观税负水平并不显高,但政府债务依存度却很高,有的甚至超过 100%。IMF 最近组织的一项调查显示,国债每增长 10 个百分点,平均每年会影响 0.2 个百分点的经济增长。一味削减预算开支也非长久之策,尤其是福利性支出具有刚性,直接关系社会成员切身利益,连续削减不利于稳固执政基础。

需要指出的是,宏观税负水平的上升应伴随着经济发展循序渐进,必须把握好节奏和力度。如果税负水平上升过快、过高,不仅容易产生超额税收负担,挫伤纳税人的积极性,也会降低市场配置资源的效率,给整个经济运行带来负面影响。而且,适度提高宏观税负水平要与深化税制改革和规范政府收入分配秩序等结合起来。通过优化税制安排,减轻中低收入者的税收负担,合理增加高收入者的税收贡献,以此体现收入能力强的群体关心和帮助收入能力弱的群体。

针对近几年政府非税收入占 GDP 的比重上升较快的局面,要统筹考虑税收负担与非税收入负担的关系问题,通过实行费改税等措施,进一步理顺政府收入分配渠道,规范非税收入秩序,在宏观税负水平随着经济发展稳步合理上升的同时,使整体税负结构更加趋向合理。

资料来源:搜狐财经网站,http://business.sohu.com/20101001/n275385759.shtml。

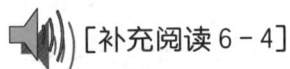 [补充阅读 6-4]

"十三五"时期支持科技创新减税累计超 2.5 万亿元

中国法学会民法学研究会理事鲁晓明认为,近年来,国家推出了一系列减税降费政策,切实减轻了企业负担,有效激发了市场主体活力。尤其是疫情防控期间,税务部门及时推出了很多便民利企的暖心举措,营造了更好的营商环境。

近年来,我国不断完善支持科技创新的税收政策,税收鼓励创新力度不断加大。数据显示,"十三五"时期,我国鼓励科技创新税收政策减免金额年均增长 28.5%,5 年累计减税 2.54 万亿元。税收优惠更多惠及制造业和高技术服务业,制造业、信息传输和信息技术服务业、科学研究和技术服务业三大行业享受减税额合计占比近九成。

"更好地提高企业自主创新能力,离不开税收政策的支持和鼓励。"厦门大学经济学院金融系教授潘越说,近年来,税务部门出台了一系列支持企业创新的税收优惠政策,比如研发费用加计扣除等税收优惠政策给企业研发成本做了"减法",高新技术企业税收优惠政策帮助企业加快产品升级创新,企业能更好地一心一意搞研发、提高自主创新能力。

完善绿色税收体系方面,"十三五"以来,我国加快推进资源税和环境保护税改革,促进资源合理开发利用和企业清洁节能生产,并出台支持减排税收减免、设备投资税收抵免等一系列优惠政策。国家税务总局税收科学研究所所长谭珩说,要注重通过税收手段促进形成绿色发展方式和生活方式,税务部门将充分发挥税收职能作用,持续落实好各项绿色税收政策,巩固绿色税制改革成果。

助力打赢脱贫攻坚战方面,"十三五"时期,税务部门聚焦易地扶贫搬迁、贫困人口就业、扶贫捐赠等脱贫攻坚重点领域和关键环节,不断加大税收政策支持力度,充分释放减税降费红利,支持脱贫攻坚税收优惠政策减免金额从 2015 年的 263 亿元增加到 2019 年的 742 亿元,2020 年达到 1 022 亿元,年均增长 30.6%。

促进制造业发展方面,2016—2020 年,全国制造业企业销售收入年均增长 11.2%。高新技术制造业是"十三五"时期制造业发展的突出亮点,销售收入累计增长超过 1 倍,年均增长 15.1%。

数据来源:国家税务总局网站,http://www.chinatax.gov.cn/chinatax/n810219/n810780/c5162396/content.html。

本 章 小 结

1. 税收负担是指一定时期纳税人或负税人因国家课税而承受的经济损失,反映了社会产品在国家与纳税人之间的分配数量关系。税收负担率是分析税收负担的主要工具和指标。

2. 按照税收负担的层次,税收负担可以划分为宏观税收负担和微观税收负担。宏观税收负担通常是指一定时期内一国政府征税总额占该国同期国民收入的比重及其内部结构状况,反映着一定时期内国民收入在政府部门与私人部门之间的配置状况。微观税收负担指微观涉税经济主体的税收负担状况,它反映税收负担的结构分布和各种纳税人的税收负担状况。

3. 按纳税人最终真实承担税负的情况划分,税收负担可以分为名义负担和实际负担。名义负担是指纳税人按照名义税率和相应的计税依据计算出的应纳税款。实际负担是指纳税人实际缴纳税款所形成的税收负担。名义负担和实际负担可能相等,也可能不等。

4. 按照纳税人的规模或覆盖面进行划分,税收负担的量化指标可分为宏观税负指标、中观税负指标和微观税负指标三种类型。反映宏观税收负担的指标主要有国民生产总值税负率、国内生产总值税负率和国民收入税负率。反映中观税负的主要指标有某地区的税收负担率、某行业的税收负担率以及某税种(税类)的负担率。反映微观税负的指标主要有企业所得税税负率、企业综合税收税负率和个人所得税税负率等。

5. 合理的宏观税负水平的标准有两个:一是经济发展标准,一国总体税负水平的选择首先要以有利于经济的增长与发展为前提;二是政府职能标准,即一国总体税负水平的高低,要视政府职能范围的大小而定。

6. 影响宏观税负水平的因素主要有经济发展水平、政府职能范围、税收制度以及税负的统计口径等几个方面。

7. 参照世界各国不同税负水平,可以将各国的税收负担分为高税负型、中等税负型和低税负型三种类型。

8. 根据统计口径的不同,中国的宏观税负水平分为三个层次,即狭义宏观税负、中间层次税负、广义宏观税负。

练　习　题

一、名词解释

税收负担　国民生产总值税负率　国内生产总值税负率　国民收入税负率　商品劳务税负担率　企业所得税税负率　企业综合税收税负率　个人所得税税负率　宏观税负　拉弗曲线　税收收入弹性

二、单项选择题

1. 宏观税收负担通常是指一定时期内一国政府征税总额占该国同期国民收入的比重及其内部结构状况,反映着一定时期内国民收入在政府部门与私人部门之间的配置状况。下列指标能反映一国宏观税收负担的是(　　　)。

A. 企业所得税负担率　　　　　　　　B. 个人所得税负担率
C. 商品劳务税负担率　　　　　　　　D. 国内生产总值税负率

2. 按税收负担的层次划分,税收负担可分为(　　　)。

A. 宏观税负和微观税负　　　　　　　B. 名义负担和实际负担
C. 名义负担和微观负担　　　　　　　D. 宏观负担和实际负担

3. 在衡量宏观税负的指标中,(　　　)在国际上运用最为普遍。

A. 国民生产总值税负率　　　　　　　B. 国内生产总值税负率
C. 企业综合税负率　　　　　　　　　D. 国民收入税负率

4. 国内生产总值税负率是指一定时期内(通常为 1 年),国家税收总额与同期(　　　)之比。

A. 国民生产总值　　　　　　　　　　B. 国民收入
C. 国内生产总值　　　　　　　　　　D. 投资

5. (　　　)直观地反映了税收收入和税率之间的关系。

A. 拉弗曲线　　　　　　　　　　　　B. 洛伦兹曲线
C. 库兹涅茨曲线　　　　　　　　　　D. 税收乘数

6. 宏观税负水平过高,可能导致私人部门可供支配收入(　　　),进而影响到资本和劳动的投入。

A. 过高　　　　　　B. 过低　　　　　　C. 不确定　　　　　　D. 不变

三、多项选择题

1. 以下属于衡量宏观税负的指标有(　　　)。

A. 国民生产总值税负率　　　　　　　B. 国内生产总值税负率

C. 企业所得税税负率　　　　　　　　　D. 国民收入税负率

2. 判断宏观税负水平合理与否的标准有(　　　)。

A. 经济发展标准　　　　　　　　　　　B. 政府职能标准

C. 基尼系数　　　　　　　　　　　　　D. 税收痛苦指数

3. 以下影响税收负担的因素有(　　　)等。

A. 经济发展水平　　　　　　　　　　　B. 政府职能范围

C. 政府财政收支状况　　　　　　　　　D. 税收制度

E. 税负统计口径等

4. 参照世界各国不同税负水平,可以将各国的税收负担分为(　　　)。

A. 高税负型　　　　　　　　　　　　　B. 中等税负型

C. 低税负型　　　　　　　　　　　　　D. 中偏低税负型

5. 低税负国家有三种类型,它们是(　　　)。

A. 属于实行低税模式的避税港　　　　　B. 属于经济发达国家

C. 属于经济落后国家　　　　　　　　　D. 以税收收入为主要来源的国家

E. 以非税收收入为主要来源的资源国

6. 宏观税负水平的高低反映了(　　　)。

A. 政府在国民经济总量中地集中程度

B. 政府财政收入的规模

C. 直接负担

D. 实际负担

7. 拉弗曲线说明(　　　)。

A. 税率与税收收入及经济增长之间存在的一般关系

B. 一国为实现其职能征收的税收总量对应两种税负模式

C. 税率并不是越低越好

D. 理论上存在一个最优税率,既能保证经济发展,又能实现政府税收收入最大化

四、简答题

1. 名义税收负担和实际税收负担有什么区别?

2. 简述宏观税收负担的主要指标及其含义。

3. 列举表示中观税收负担的主要指标。

4. 简述微观税收负担的主要指标及其含义。

5. 简述研究宏观税收负担水平的意义。

6. 拉弗曲线的含义是什么?

7. 参照世界各国不同税负水平,税收负担可分为哪几种类型?

8. 简述合理宏观税负水平的标准及内涵是什么?

9. 简述影响宏观税负水平的因素包括哪些?

五、论述题

试述我国应如何进行税收负担政策调整?

六、案例分析题

【案例资料】

习近平总书记指出,减税降费政策措施要落地生根,让企业轻装上阵。2021年的政府工作报告晒出2020年减税降费成绩单,全年为市场主体减负超过2.6万亿元,其中减免社保费1.7万亿元。税务总局统计数据显示,"十三五"时期,5年新增减税降费规模合计超过7.6万亿元。

"十三五"时期,党中央、国务院精准实施经济逆周期调节,有序推出一系列减税降费政策。2016—2018年,全面推开营改增试点、简并和降低增值税税率、提高个税减除费用标准等。2019年实施更大规模减税降费,2020年又出台7批28项税费优惠政策支持疫情防控和经济社会发展。随着党中央、国务院一系列减税降费政策落实落地,2016—2019年,我国宏观税负(即一般公共预算收入中税收收入占GDP比重)分别为17.47%、17.35%、17.01%和16.02%,2020年进一步降至15.2%,比"十二五"末2015年的18.13%降低近3个百分点。

资料来源:节选自国家税务总局网站《十组税收数据反映"十三五"时期中国经济社会发展取得新的历史性成就》。

请阅读上述资料,应用税收学相关理论,回答以下问题:

(1)衡量宏观税负合理与否的标准是什么?

(2)影响宏观税负水平的因素包括哪些?

(3)"十三五"期间我国宏观税负水平呈现什么趋势?简述2016年以来我国宏观税负水平逐年降低的原因。

(4)简要分析我国当前的宏观税负水平是否合理?

第七章 税负转嫁与归宿

【知识要点】

税负转嫁与归宿是以税收负担为研究对象,分别从税负运动的过程和税负运动的最终结果来研究税收负担。本章围绕税负转嫁、税负归宿的相关问题进行解析,重点介绍和分析税负转嫁和归宿的概念、税负转嫁的方式及其影响因素、税负转嫁与归宿的经济效应以及税负转嫁与归宿的局部均衡分析方法和一般均衡分析方法。

第一节 什么是税负转嫁与 税负归宿

税负转嫁与归宿问题的实质是收入分配问题,也是税收的公平问题。因为一个人的可支配收入是指在其全部收入中减去各种税负以后的收入,这个税负并不完全取决于其在法律上所承担的税负,而取决于他最终承担的税收。在存在税负转嫁的情况下,一个人可能将其所缴纳的税,通过改变价格的手段部分或全部转嫁给他人,在这种情况下,纳税人和负税人不再一致,在法律上所承担的税负不能完全反映纳税人的真实负担情况。因此,只有弄清楚各种税收在具体的经济环境中最终由谁来承担,才能设计出有助于实现政策目标的税制。

一、税负转嫁与税负归宿

(一)税负转嫁

税负转嫁(tax shifting)是指纳税人在名义上缴纳税款之后,在市场交易的过程中,通过改变价格的方式将税收负担部分或全部转由他人负担的一种经济现象,是税负运动的一种方式。税负转嫁与商品交易密不可分,纳税人只有在与他人发生经济交易的情况下才可能通过价格调整等手段将税收负担转嫁出去,所以商品交换是税负转嫁的前提条件。通过税负转嫁,纳税人与负税人可能存在背离的现象。依据转嫁的程度,税负转嫁可以分为全部转嫁和部分转嫁。全部转嫁,顾名思义是指纳税人通过一定方式将税收负担全部转嫁出去,纳税人不承担任何税款。而部分转嫁则是指纳税人通过一定方式只把部分税收负担转嫁出去。税负能否转嫁受多种因素影响。按照税负能否转嫁为依据,我们可以将税收分为直接税和间接税。税负不容易转嫁的是直接税,容易转嫁的则是间接税,当然这种区分并不是绝对的。通常,商品劳务税更容易在商品流转过程中通过变动价格的形式转嫁税负,因此,商品劳务税被称为间接税;而所得税由于纳税主体承担税负的直接性,很难将税负转嫁出去,故被称为直接税。

（二）税负归宿

税负归宿(tax incidence)，是指税收负担的最终归着点或税收转嫁的最终结果。从政府征税至税负归宿是一个从起点到终点的税负运动过程：政府向纳税人征税，构成税负运动的起点；纳税人把缴纳税款转由他人负担的过程，构成税负转嫁；税负由负税人最终承担，不再转嫁，形成税负归宿。税收负担无论经过多少环节的运动和转移，最后总要落在最终负担者身上，即税负归宿。税负归宿是税收负担的核心问题，决定了由谁最终为税收"埋单"。不同税种在不同经济条件下，其转嫁的方式、转嫁的过程和转嫁的结果是不同的。但任何一种税收最终都要由一定的人负担，一旦税收的最终负担者也是税负归宿确定了，税负转嫁的过程也就结束了。根据税收的实际负担情况，税负归宿可以分为法定归宿和经济归宿。

（1）法定归宿(legal incidence)。税法中明确规定的负有纳税义务的单位及个体，即纳税义务人。税负的法定归宿是从税收法律制度的角度分析税负的归宿。

（2）经济归宿(economic incidence)。税收负担随着经济运动不断转嫁以后的税负归着点，即实际承担税负的单位或个人。税负的经济归宿是从税收经济运行的角度分析税负的归宿。

由于税负转嫁的存在，法定归宿与经济归宿并不一定一致。税负转嫁导致纳税人实际资源配置或收入分配的变化，这种变化的大小取决于税负转嫁的程度。同时，税负转嫁与税负归宿问题不仅仅会引起资源配置和收入分配的变化，也影响着政府税收政策的透明度和有效性。弄清税收转嫁的路径和税负的经济归宿，对政府制定税收政策有着重要的意义，只有弄清税负的经济归宿，才能对所制定政策的税收调节功能或税收调节的结果有清晰的认识。因此，税负归宿研究的核心主要是经济归宿。

二、税负转嫁的方式

根据税负运动方向的特点，税负转嫁可分为前转、后转、税收资本化、混转、消转等几种方式。

（一）税负前转或顺转

税负前转(forward shifting)也称为税负顺转，是指纳税人在经济交易过程中通过提高其所提供的商品或生产要素价格的方法，将其所缴纳的税款向前转移给商品或生产要素的购买者或最终消费者负担的一种方式。

前转是税负转嫁最普遍和最典型的方式，通常表现为商品劳务课税的转嫁方面。例如，在生产环节对化妆品等消费品征税，生产者可以提高化妆品的销售价格，将税负转嫁给批发商，批发商也采取同样方式将税负转嫁给零售商，最终零售商将税转嫁给消费者。实际上，不论消费者是否知情，他在购买商品时已经支付了部分或全部税收。

（二）税负后转或逆转

税负后转(backward shifting)也称为税负逆转，是指纳税人在经济交易过程中通过压低生产要素的价格，将税负转嫁给生产要素的提供者或生产者的一种方式。

后转发生的主要原因是市场供求条件不允许纳税人以提高商品价格的形式向前转移税收负担。例如当对某一商品在零售环节课税，并且该商品在市场上处于供过于求的情况下，销售价格难以提高，此时零售商便难以通过提高商品价格的方式将税收负担向前转移，而只能通过压低商品进价将税收负担转嫁给批发商,批发商则通过同样方法将税负转嫁给生产商,而生产商又通过压低原材料价格或工人工资等办法,将税负转嫁给生产要素的提供者。所以,零售商是纳税人,但实际的税收负担则由原材料供应商和工人所负担。

(三)税收资本化

税收资本化(capitalization of taxation)也称为"资本还原",税负资本化是在特定商品的交易中,生产要素购买者将所购买的生产要素(主要指土地、房屋、机器设备)在以后年度所必须支付的税额,在购入要素的价格中预先一次性扣除,从而降低商品的成交价格,将其应承担的税负向后转移给生产要素出售者的一种形式。这种由买主在以后年度所必须支付的税额转由卖主承担,并在商品成交价格中扣除的税负转嫁方式称为税负资本化。

税负资本化是税负后转的一种特定方式,它同一般税负后转既有共同点又有不同点。它们的共同点在于都是买主支付的税款通过压低购入价格转由卖主负担。而不同点表现在以下两点。

首先,两者的转嫁对象存在差异。税负后转的对象是一般消费品,而税负资本化的对象是耐用资本品,主要指土地。

其次,两者的转嫁方式存在差异。税负后转是商品交易时发生的一次性税款一次性转嫁,而税负资本化是商品交易后发生的预期历次累计税款一次性转嫁。

所以,税收资本化是税负后转的一种特殊形式。

税收资本化的计算如下:如果一块土地出售,土地租金收益为 R,那么土地价格的计算公式为:

$$P = R_1/(1+r) + R_2/(1+r)^2 + \cdots + R_n/(1+r)^n = \sum_{i=1}^{n} R_i/(1+r)^i$$

式中: $R_1,\cdots,R_n$ 为资产在 n 期中的各期收益; r 为贴现率; i 为土地使用年限。现对土地年租金收益征税后,土地价格的现值计算公式为:

$$P_1 = (R_1 - T_1)/(1+r) + (R_2 - T_2)/(1+r)^2 + \cdots + (R_n - T_n)/(1+r)^n$$
$$= \sum_{i=1}^{n} (R_i - T_i)/(1+r)^i$$

征税使土地价格下降了 $\sum_{i=1}^{n} T_i/(1+r)^i$,土地购买者通过压低土地市场价格将税收负担嫁给土地所有者。土地税与土地价格存在反向变动关系,土地税增加,土地价格就下降;土地税降低,土地价格就上升。

(四)税负的其他转嫁方式

1. 税负混转(mixed shifting)

税负混转也称为税负"散转"。即在现实经济生活中,转嫁形式不可能是纯粹的前转或后转,往往是对于同一税额,一部分通过前转转嫁出去;另一部分则通过后转转嫁出去。

2. 税负消转(diffused shifting)

消转也称为"税收转化"。即纳税人对其所缴纳的税款既不向前转嫁,也不向后转嫁,而是通过改善生产管理、改进生产技术、提高生产效率、降低成本等方式,补偿其纳税损失,自行消化税收负担,使其纳税前后的利润水平相同。消转需具备一定的条件,如生产技术方法存在改进和发展的余地等。在消转的情况下,纳税人并没有将税负转移给他人,没有特定的负税人。关于"消转"是否为税负转嫁的一种形式,西方财政学界尚有争议。支持者认为,衡量税收是否转嫁的基本标准是,纳税人纳税前后的利润水平是否相同,如果征税后利润水平没有下降,则发生了税负转嫁;反之,则没有发生税负转嫁。而纳税人通过"消转"方式来弥补因纳税所带来的损失,利润水平没有下降,因此"消转"符合税负转嫁的基本标准。反对者则认为,在税负转嫁的情况下,纳税人与负税人是分离的。而在"消转"的形式下,纳税人即为负税人,因此"消转"并非严格意义上的税负转嫁。

虽然税负转嫁有各种形式,但事实上,在现实经济生活中,税负转嫁的各种方式是并存的,甚至有的经济业务会几种税负转嫁方式结合起来一起使用。

三、税负转嫁的影响因素

税负转嫁出自纳税人的理性行为。为了实现利益最大化,纳税人可能会有意识地采取税负转嫁手段,以期将其应承担的税款部分或全部转嫁给他人,减少自身因税收带来的经济损伤。然而,在现实经济生活中,税负转嫁的多少受到各种客观经济条件的约束。税负最终转嫁的程度取决于各个因素综合作用的结果。具体来说,税收负担能否转嫁、转嫁多少主要取决于产品、服务和要素的供求弹性、价格决定模式、征税范围、税种形式、反映期限等等多种经济因素。

（一）供求弹性对税负转嫁的影响

在市场竞争中,价格能否变动,主要取决于市场供求规律,因此,价格变动对税负转嫁的影响最终取决于商品供求弹性。

一般来说,在其他条件相同的情况下,需求弹性越大,税收越难转嫁出去;需求弹性越小,税收越容易转嫁出去。需求弹性与税负转嫁成反比关系。需求弹性大,说明当某种商品因征税而提高价格时,购买者将很快做出不买或少买的反应,迫使商品价格回落或阻止价格提高。此时,卖方就难以向前转嫁税负。一个极端的例子就是,当需求曲线平行于横轴时,需求具有无限弹性,此时,无论卖方如何提高价格,税负全部由卖方承担,税负无法实现转嫁。反之,需求弹性小,说明某种商品因征税而提高价格时,购买者选择余地小,价格提高阻力小,卖方容易实现税负转嫁。

供给弹性与需求弹性的情况相反。在其他条件相同的情况下,供给弹性越大,税收越容易转嫁出去;供给弹性越小,税收越难转嫁出去。供给弹性与税负转嫁成正比关系。供给弹性越大,说明某种商品增加税负时,卖方会因为利润减少迅速作出削减供给数量的反映,由于供给减少,价格势必上涨,税收容易转嫁。类似于上述需求弹性的分析方法,当供给具有无限弹性时,在不考虑其他因素的前提下,税负能够实现完全转嫁。反之,供给弹性小,虽然税负增加,但因受生产条件等限制,在短期内较难减少商品供给数量,此时,只要卖方有利可图,就会继续供给商品,从而难以提高价格,税负难于实现转嫁。

根据上述供求弹性对税负转嫁影响的分析显示,选择不同的产品或服务作为课税对象,对税负转嫁和归宿的影响各不相同。主要原因是不同的产品或服务的供求弹性不同,具体而言可归纳为以下几种情况:

（1）选择生活必需品、不易替代的商品、用途狭窄的商品或耐用品作为课税对象,由于这类商品的需求弹性较小,买方处于不利地位,卖方容易实现税负转嫁。

（2）选择奢侈品、易于替代商品、用途广泛的商品或非耐用品作为课税对象,由于此类商品需求弹性较大,买方处于有利地位,卖方不容易实现税负转嫁。

(3) 选择资本密集型商品、生产周期较长的商品作为课税对象,由于此类商品短期内生产变动困难,供给弹性比较小,卖方处于不利地位,税负会更多地向后转嫁或不能转嫁。

(4) 选择对劳动密集型商品或生产周期较短的商品作为课税对象,此类商品供给弹性比较大,卖方处于有利地位,容易实现税负的前转。

综上所述,税负转嫁最终取决于供求之间的弹性关系。在需求弹性大于供给弹性的情况下,税负更多倾向由卖方承担;反之,税负更多地倾向由消费者负担。

(二) 价格决定模式对税负转嫁的影响

典型意义上的税负转嫁是纳税人通过变动价格来实现的,税负转嫁的实现及其转嫁的程度,必然受到价格变动可能性的制约,而价格变动则受价格决定模式的影响。因此,不同的价格决定模式对税负的转嫁有重要影响。现代国家的价格决定模式主要有市场定价和计划定价(公共定价)两种。

市场定价是指商品价格由市场供求决定的一种定价方式,当商品需求大于供给时商品价格上升,而当商品需求小于供给时商品价格下降。因此,在市场定价模式下,税收负担存在转嫁的可能性,税负可以通过商品价格变动而发生转嫁,但转嫁多少则取决于供求弹性、征税范围等因素。实际上,在一般情况下,价格的变动都会受市场供求情况影响,因此,供求弹性对税负转嫁起到关键性的作用。

计划定价是指商品价格由政府物价部门按计划制定,虽然计划价格由成本、利润和税金三要素组成,计划价格要反映商品价值和供求,但计划价格更多的是体现国家的价格政策,且价格确定以后较少变动。因此,在计划价格下,税收难以通过影响商品价格变动而发生税负转嫁。

(三) 征税范围

征税范围的大小也会影响到税负转嫁的数量及其难易程度。一般来说,对生产者或销售商而言,征税范围越广,税负越容易转嫁;征税范围越窄,税负越难转嫁。

征税范围越窄,税收对商品或生产要素的替代效应就越大,需求弹性也就越大,税收也就难以转嫁。通俗地说,征税范围包含的商品或生产要素越少,买方就越不容易接受提价,如果卖方提价,则买方将改变抉择,减少征税商品或生产要素的购买,而选择其他商品或要素作为替代。例如,在仅对大米征税的情况下,消费者会减少大米的购买量,而增加小麦、大豆等替代品的消费量,此时大米的价格就难以提高,税收也就难以转嫁。与此相反,征税范围越广,替代效应越难以发生,需求越缺乏弹性。在上面所提到的例子中,如果除了对大米征税之外,还对小麦、大豆等其他粮食也征税,那么,大米的替代效应就不会发生太大变化,其价格提高也相对较为容易,税收也就容易转嫁。事实上,征税范围对税负转嫁的影响也是间接地通过供求弹性的变化产生的。

(四) 税种设置

不同的税种对税负转嫁与归宿也有不同的影响。具体而言,流转税作为间接税,税收能够通过提高或降低商品价格转由他人负担。因此,流转税是能够转嫁的税种,但转嫁多少则取决于商品定价方式、价格弹性、征税范围等因素。所得税作为直接税由于是对收益所得额征税,一般由纳税人负担不能转嫁。其中,个人所得税不能转嫁的结论比较明了。但企业所得税负担和转嫁问题较为复杂。如果企业由于征税而提高商品价格,有可能将税负转嫁给商品消费者负担;如果企业由于征税而降低职工工资,有可能将税负转嫁给企业职工负担;如果企业不能将税负转嫁给商品消费者和企业职工,税负则由企业所有者负担。财产所得税的税负转嫁相当于所得税,一般不容易转嫁。财产交易税的税负转嫁相当于流转税,财产卖方在出售财产时有可能因征税而提高财产销售价格,将税负转嫁给财产买方负担。在财产供给无弹性的情况下,也可能出现税负资本化,即财产出售时由买方将今后应缴纳的财产所得税通过降低财产出售价格的方式由卖方负担。

除了上述四种影响税负转嫁的因素外,诸如计税单位、生产者对相关产品生产以及消费者对相关产品的消费对政府征税作出反应的时间等因素同样会对税负转嫁产生影响。

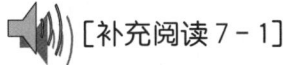
[补充阅读 7-1]

税收绝对转嫁论与税收相对转嫁论

税收转嫁理论上的可能性并不等于税负转嫁的现实性。关于税收能否转嫁,西方经济学中存在两种观点:税收绝对转嫁论和税收相对转嫁论。

西方学者对税收绝对转嫁论的观点

税收绝对转嫁论认为一切税收都可以转嫁,或只有某些税种可以转嫁,其他税种无论什么情况下都不能转嫁。税收绝对转嫁论的代表学说主要有重农学派转嫁论、古典学派转嫁论和均等分布转嫁论等。

重农学派转嫁论认为,除土地税以外的税收都可以转嫁。重农学派的创始人魁奈,基于其只有农业部门创造"纯产品"的理论,认为获得"纯产品"收益的地主,是税收的负担者。因此课征于土地"纯产品"的税,不存在税负转嫁的问题,由地主负担;而课征于工商业等方面的一切税收,都是能够转嫁的,并最终转嫁给地主负担。

古典学派转嫁论认为,一切税收都来源于纯所得,某些税可以转嫁,某些税不能转嫁。如亚当·斯密认为,个人的收入来源有地租、利润和工资三种,各种税由其中某一种收入或三种收入共同支付。他认为,课征于地租、利息和奢侈品的税不能转嫁,而课征于工资、利润和必需品的税能够转嫁。

均等分布转嫁论认为,税收无论用什么方式课征,都是必定要转嫁的,而且是所有的人均等分担。此学说又分乐观派与悲观派两种。乐观派认为一切利益最终都达到均衡,而税收负担最终也会均摊,渐次、分散转嫁于各方公平负担。悲观派认为一切税收都是能够转嫁的,并最终转嫁给消费者负担,而且大多数是贫民阶级负担,税收负担极不公平。

西方学者对税收相对转嫁论的观点

税收相对转嫁论认为税收是否转嫁及转嫁到什么程度,是受价格、供求弹性以及其他经济条件制约的。

法国的 J·B·萨伊最早提出相对转嫁论观点。他批判了绝对转嫁论的观点,认为税负能否转嫁是受价格和供求弹性影响的。当对某种货物生产者课税时,货物的价格能随之而提高,税负将转嫁给消费者负担,否则就全部落在生产者身上。同时,由于涨价引起供求关系的变动,可能部分税负转嫁给消费者负担,部分税负由生产者负担。

自法国的 J·B·萨伊之后,西方经济学家相继提出了各种相对转嫁论的观点,并使其逐渐成为西方国家流行的观点。主要观点有:

德国的劳吾论述了税负转嫁的原则,有供求弹性等七项。

美国的塞里格曼提出较为系统的税负转嫁与归宿的理论体系。他主张税负转嫁理论是价值论的一部分,并且运用价值规律和供求弹性的理论,论述了税负转嫁与归宿的一般规律,认为税收能否转嫁受许多因素和条件的影响,直接税中也有能转嫁的,间接税中也有不能转嫁的。

资料来源:转引并整理自许建国、薛刚:《税收学》,经济科学出版社 2006 年版,第 129 页。

第二节　税负转嫁与归宿的经济效应

税收职能的实现及其经济效应的良好发挥和税负转嫁与归宿密不可分。因此,在制定税收政策时,必须充分考虑税负转嫁及税负归宿的经济效应。税负转嫁与归宿的经济效应主要表现在对资源配置和收入分配的影响。

一、税负转嫁与归宿对资源配置的影响

税负转嫁与归宿对资源配置的影响是通过市场价格传导,影响供求量变动来实现的。

（一）税负转嫁与归宿对市场价格和供求的作用机制及效应

在没有税收的情况下,假设不考虑其他因素,市场供给与需求均等时形成均衡价格,与之对应的是均衡产量。政府对已经达成均衡的商品征税,将改变商品的均衡价格和均衡产量,税收对市场价格的影响,表现在征税之后买方所支付的价格和卖方实际得到的价格,两者之间的差额就是税收的数额。

上述税收对均衡价格和供求的作用机制及效应如图 7-1 所示。S 和 D 分别代表某商品在征税前的供给曲线和需求曲线。此时,供给和需求相等时的均衡点为 E 点,均衡价格为 P_1,均衡产量为 Q_1。对该商品征收定额税 T 后,买方面临的价格水平就会由 P_1 上升到 P_2,卖方面临的价格水平则会由 P_1 下降到 P_3。P_2 与 P_3 之间的差额就是税款 T。由于价格发生变化,原有的供求均衡状况就会被打破,新的均衡点出现在产量为 Q_2 时,但均衡点的位置取决于征税方式。当对卖方征税时,卖方的供给曲线将会向上移动至 S_1,供给减少,新的均衡点为 E_1;当对买方征税时,买方的需求曲线就会向下移动至 D_1,需求减少,新的均衡点为 E_2。

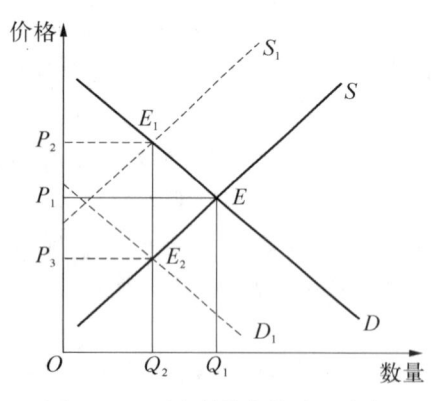

图 7-1　税负转嫁与归宿对市场价格及供求的影响

一般而言,由于存在税负转嫁,对卖方征税时,卖方会通过加价的形式将税负转嫁出去,但卖方价格上升的幅度并不一定等于税收的数额,价格上升的幅度 P_2-P_1 的大小取决于供求弹性。对买方征税时,买方会通过压低价格的形式减轻应承担的税负,但买方压低价格的幅度并不一定等于税收的数额。价格的降幅 P_1-P_3 的大小依然取决于供求弹性。

根据供求弹性的特点和纳税人的差异，存在以下极端情况。

对卖方征税时存在两种极端情况，分别是：① 当需求弹性为 0 或供给弹性为 ∞ 时，$P_2 - P_1$ 刚好等于 T，此时，政府对卖方征多少税，卖方的价格就上升多少；② 当需求弹性为 ∞ 或供给弹性为 0 时，$P_2 - P_1 = 0$，此时，市场价格保持不变。

对买方征税时存在两种极端情况，分别是：① 当需求弹性为 0 或供给弹性为 ∞ 时，$P_1 - P_3 = 0$，此时，市场价格保持不变；② 当需求弹性为 ∞ 或供给弹性为 0 时，$P_1 - P_3 = T$，征多少税，买方就通过压低价格的形式将其应承担的税负全部转嫁出去，即价格的降幅等于政府征税的数额。

（二）税负转嫁与归宿对微观经济主体行为的作用机制及效应

由于税负转嫁与归宿的存在，征税通过对微观经济主体行为的影响对资源配置既可能带来正面效应，也可能带来负面效应。

首先，我们分析税负转嫁与归宿对资源配置的负面效应。如果税负转嫁与归宿没有形成税收的超额负担，即资源只是在政府和私人部门之间配置，并没有导致总体可用资源的减少，此时，征税只产生收入分配效应，没有导致总体资源的耗损，即没有造成社会效率净损失。然而，由于税负转嫁的存在，税收最终要通过生产要素价格的变化，不同程度地归宿到不同的对象身上，因此税负转嫁会改变生产要素的相对价格，影响消费者选择和生产者的选择，从而影响了生产要素在各部门间的配置数量，最终可能带来税收的超额负担，造成社会效率的净损失，对整个社会的资源总量产生不良影响。税负转嫁与归宿对微观经济主体行为的作用机制及效应详见 7-2 图所示。

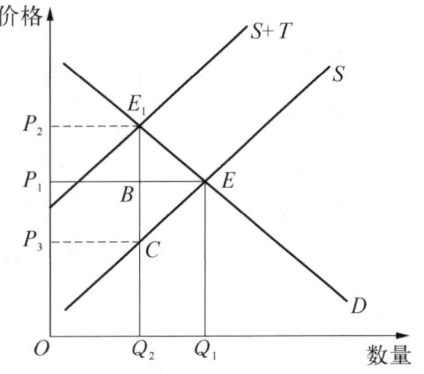

图 7-2　税负转嫁与归宿对资源配置的影响

如图 7-2 所示，征税后，生产者剩余损失为 $P_1 P_3 CE$，其中 $P_1 P_3 BC$ 是销售者承担的税收；消费者剩余损失为 $P_1 P_2 E_1 E$，其中 $P_1 P_2 E_1 B$ 为购买者承担的税收。而 $CE_1 E$ 就是征税所造成的效率损失，即税收带来的超额负担。具体来说，当课税商品的需求弹性或供给弹性越大，$CE_1 E$ 的面积越大，则对该商品征税所引起的超额负担就越大；相反，需求弹性或供给弹性越小，$CE_1 E$ 的面积越小，效率损失也就越小；而当需求弹性或供给弹性为 0 时，征税所引起的效率损失就为 0，此时均衡产量的水平没有发生变动。

以上分析显示，征税可能会造成社会效率净损失。那么，什么情况下税负转嫁与归宿对资源配置会产生正面效应呢？答案是对某些具有负外部效应的商品或要素征税会增进效率。例如，对卷烟征消费税时，税收负担会向前转嫁给卷烟的消费者，使得消费者减少对卷烟的消费量，最终导致卷烟的生产成本与社会生产成本一致，从而减少卷烟的生产产量，优化资源配置。

综上所述，供给弹性或需求弹性为 0 时，税负转嫁不会改变商品或要素的均衡数量，征税对资源配置效率没有影响，此时社会效率净损失为 0。通过上述分析，我们得出以下结论：① 在需求与供给都较有弹性时，对产品或要素征税或多或少均会对资源配置造成扭曲效应；② 在经济活动之间具有的替代性越高，征税的效率成本就越高；③ 为将征税对资源配置的扭曲效应降至最低，只应对那些供给弹性或需求弹性为 0 或很小的产品或要素征税。当然，以上结论仅考虑税收对效率的影响。事实上，考虑到税收对公平效率的影响，税收政策的选择会表现出不同的特点。一般而言，当社会以追求收入分配公平为目标时，偏离税收效率的政策有时也是合理的。

二、税负转嫁与归宿对收入分配的影响

税收是政府调节收入分配的主要手段之一，分析税收对收入分配的影响需要弄清楚特定税收对不同收入阶层的影响。在存在税负转嫁与归宿的情况下，特定税款的纳税人与负税人并不一定一致。因此，为实施一定的收入分配目标，必须准确把握税负转嫁的路径及其税负的最终归着点。

税负转嫁与归宿对收入分配的影响与税种和课税对象的选择密切相关。由于不同的税种对不同收入阶层的人的影响程度是不同的，因此，要弄清一个税种是否有利于实现公平，首先需弄清税负归宿，或者说最终由谁来负担税收。一般而言，以促进公平分配，缩小收入差距为目标，适合选择一些消费人群较小的奢侈品征收较重的税，而对一些大众需要的生活必需品征收较轻的税或免税。此外，选择一些不易转嫁的税种，如财产税、所得税等税种来达到调节收入差距的目标。

下面，以增值税为例来说明税负转嫁与归宿对收入分配的影响。

增值税是间接税的一种，对商品征收的增值税绝大多数都转嫁给消费者，但由于穷人的边际消费倾向通常高于富人，所以穷人承担的增值税在其收入中所占的比例大于富人。假定增值税名义税率为 10%，在增值税税负全部转嫁给消费者的情况下，某穷人月收入为 1 000 元，拿出 800 元的收入购买生活必需品，会承担增值税 80 元（800×10%），则该增值税在其收入中所占的比例是 8%（80÷1 000）；而某富人月收为 10 000 元，拿出 5 000 元购买商品，会承担增值税 500 元（5 000×10%），则该富人承担的增值税在其收入中所占的比例为 5%（500÷10 000）。由上述例子可见，名义税率均为 10%，对于任何纳税人都是公平的，但由于存在税负转嫁，富人最终承担的税负实际上轻于穷人。而对一些穷人没有能力消费的奢侈品征收的税收，如消费税、财产税、遗产税等一般都是由富人所承担，这对于缩小收入差距具有一定作用。与此相对应，对一些生活必需品征税，通常会更多地损害低收入者的利益，这是因为这些商品劳务的需求弹性较小，课税之后，价格上涨，税收负担会向消费者转嫁，而这些商品在低收入者的消费中占有很大比重，因此会在更大程度上损害低收入者的利益。

综上所述，研究税负转嫁与归宿应关注公平和效率产生影响。在具体政策制定过程中，两者如何权衡则取决于政策制定者的意图和施政目的。由于两者各有利弊，一方面，如果仅针对富人的消费或财产征税，则会过多损害富人的利益，进而影响他们的工作积极性，带来效率的损失；另一方面，如果针对税负容易转嫁的生活必需品征税，则税收过多地转嫁给了中低收入者，又会有碍于社会的公平。因此，为了兼顾公平和效率，达到特定的政策目标，在设计税制结构时必须综合考虑税负的转嫁与归宿对资源配置和收入分配的综合效应。

第三节　税负转嫁与归宿的局部均衡分析

分析税负转嫁与归宿可采用局部均衡分析和一般均衡分析两种分析方法。前者只分析税收征收对征税商品或要素的直接影响;而后者则是在前者基础上进一步分析税收征收对整体市场的连锁影响。在现实经济生活中,税负转嫁必然受到客观经济条件的制约,因此分析税负转嫁与归宿必须结合特定的经济环境。本节采用局部均衡分析方法,分析完全竞争市场和不完全竞争市场条件下税负转嫁与归宿的规律。

局部均衡分析是在假定其他条件不变的情况下,分析某种商品或要素的供给与需求达到均衡时的税负转嫁与归宿及其对价格的影响。如上面所述,影响税负转嫁的变量很多,除了上面已经讲到的供求弹性、价格决定模式、征税范围、税种设置等因素之外,还有市场结构、课税对象、计税方法等许多变量均会对税负转嫁产生影响。为了简化分析,我们通常假定其他变量不变,选择某一变量对税负转嫁与归宿的影响进行分析。

一、完全竞争市场条件下税负转嫁与归宿

（一）需求弹性处于两种极端情况时的税负转嫁与归宿

需求弹性是需求的价格弹性,即商品或生产要素的需求数量于价格变动的反应程度,其数量上等于某种商品或是生产要素的需求量变动的百分比与其价格变动的百分比之比,需求弹性系数用公式表示如下:

$$Ed = \frac{\Delta Q_d}{Q_d} \bigg/ \frac{\Delta P}{P}$$

式中:E_d 为需求弹性系数;P 为价格;ΔP 为价格的变化量;Q_d 为需求数量;ΔQ_d 为需求数量的变化量。当需求弹性系数的绝对值大于 1 时,被认为需求有弹性,反之,被认为需求缺乏弹性。

1. 需求无弹性供给有弹性时的税负转嫁与归宿

当需求无弹性供给有弹性时,税负全部由需求方承担。供求曲线如图 7-3 所示。

当需求完全无弹性而供给有弹性时,$E_d = 0$,$E_s \neq 0$。此时,消费者或购买者不会因商品的价格变化而改变购买数量。当政府对需求弹性为 0 的商品或要素征税时,会导致商品价格上涨,上涨的幅度等于所征收的税收,即税收全部向消费者转嫁。如图 7-3 所示,需求曲线 D 是一条与横轴垂直的直线,即需求弹性为 0。需求曲线 D 与供给曲线 S 相交于 E 点,此时的均衡价格分别为 P 和 Q。政府对商品或生产要素征收 T 数额的税收后,商品或要素的价格也随之提高,供给曲线移动到 $S+T$,供给与需求在 E_1 点达到新的均衡,新的均衡价格为 P_1,均衡数量仍为 Q,此时 $P_1 - P = T$,表明价格

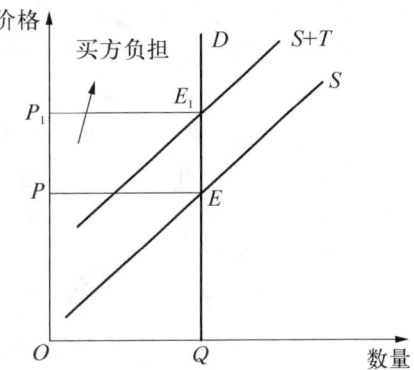

图 7-3　需求完全无弹性供给有弹性时的税负转嫁与归宿

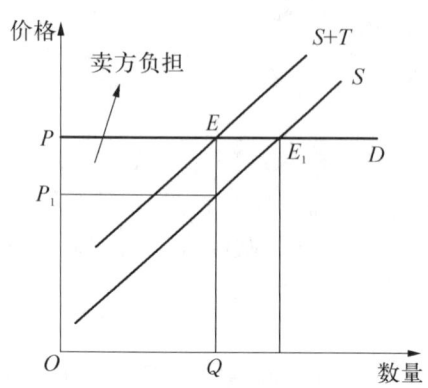

图 7-4　需求完全弹性供给有弹性
时的税负转嫁与归宿

上升的幅度等于政府征税的数额。所以,在 $E_d = 0$,税收完全转嫁给消费者或购买者。这是一种极端情况,如在粮食匮乏的情况下,粮食的需求弹性为 0,此时,政府对粮食征收的税收将全部转嫁给消费者。

2.需求具有无限弹性供给有弹性时的税负转嫁与归宿

需求具有无限弹性供给有弹性时税负全部由供给方承担。此时的供求曲线如图 7-4 所示。

当需求具有无限弹性,E_d 趋近于∞时,也称需求完全弹性。此时,价格的任何微小变化都会引起需求数量变为 0。当政府对需求弹性趋近于∞的商品或要素征税时,商品或要素的价格不会发生任何变化,税收不能转嫁给购买者,即税收全部由供给者承担或向后转嫁。如图 7-4 所示,需求曲线是一条与横轴平行的直线,即商品或要素的价格始终保持不变;供给曲线为 S,供求曲线相交于 E 点,均衡价格为 P,均衡数量为 Q。当政府对商品或要素征收数额为 T 的税收之后,供给曲线向上移动到 $S+T$ 的位置,均衡价格仍然为 P,但均衡数量却由 Q 降为 Q_1,而卖方所获得的净价格则从 P 下降到 P_1,$P-P_1$ 正好等于 T。这说明,在需求完全弹性的情况下,卖方不能通过提高价格的形式将税负向前转嫁给买方,而只能采取其他方式进行转嫁。

（二）供给弹性处于两种极端情况时的税负转嫁与归宿

供给弹性是供给的价格弹性,即商品或生产要素的供给数量对于价格变动的反应程度,其数量上等于某种商品供给量变动的百分比与其价格变动的百分比之比。供给弹性系数用公式来表示即为:

$$E_s = \frac{\Delta Q_s}{Q_s} \bigg/ \frac{\Delta P}{P}$$

式中:E_s 为供给弹性;P 为价格;ΔP 为价格的变化量;Q_s 为供给数量;ΔQ 为供给数量的变化量。当供给弹性系数的绝对值大于 1 时,被认为供给有弹性,反之,被认为供给缺乏弹性。

1. 供给无弹性需求有弹性时的税负转嫁与归宿

供给无弹性需求有弹性时税负全部由供给方承担。此时的供求曲线如图 7-5 所示。

供给完全无弹性时,$E_s = 0$。此时,供给数量不会因价格的变化而发生任何变动。如图 7-5 所示,当 $E_s = 0$ 时,供给曲线为一条与横轴垂直的直线,供给曲线与需求曲线相交于 E 点,均衡价格为 P,均衡数量为 Q。当政府征收数额为 T 的税收后,价格相对下降,下降的数额等于 T。需求曲线就向下移动到 $D-T$ 的位置,税后的均衡价格为 P_1,均衡数

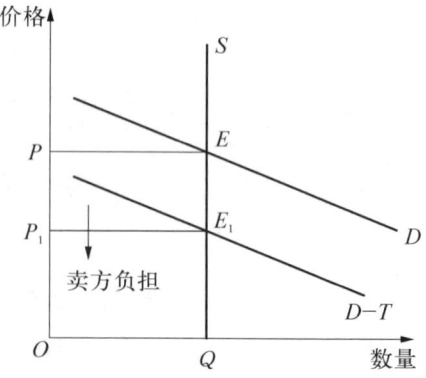

图 7-5　供给完全无弹性需求有弹性
时的税负转嫁与归宿

量仍为 Q。此时卖方税后的净收入比税前减少$(P-P_1)\times Q$，正好等于政府征收的税收 T。这说明在 $E_s=0$ 的情况下，税收不能向前转嫁，而是全部由卖方负担。

2. 供给具有无限弹性需求有弹性时的税负转嫁与归宿

供给具有无限弹性需求有弹性时税负全部由需求方承担。此时的供求曲线如图 7-6 所示。

当供给具有无限弹性时，E_s 趋近于 ∞，即供给完全有弹性。此时，所征的税收会全部向前转嫁，由买方全部负担。如图 7-6 所示，供给曲线 S 与横轴平行，均衡价格为数量为 Q，均衡价格为 P。政府征税后，供给曲线向上移动到 $S+T$ 的位置，均衡价格上升到 P_1，均衡数量下降到 Q_1。卖方通过了提价的方式，将其应承担的税负全部转嫁给购买者负担。

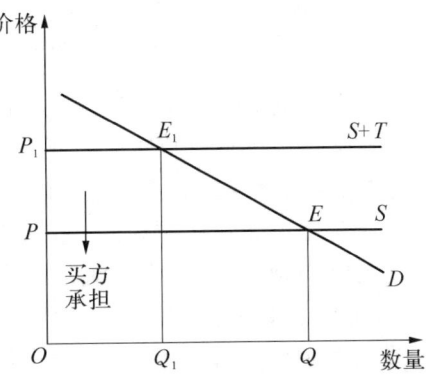

图 7-6　供给完全弹性需求有弹性时的税负转嫁与归宿

（三）供求弹性均介于 0 到∞时的税负转嫁与归宿

上面分别就供给弹性和需求弹性各自处于两种极端情况时的税负转嫁与归宿的情况进行了分析。以下将考察供求弹性均介于 0 到∞时的税负转嫁与归宿。

1. 无关性定理

无关性定理是指税收对价格和产出量的影响与究竟对卖方还是对买方征税无关。通俗地说，税收最终由谁负担和名义上由谁纳税无关。如果市场是完全竞争的，税负的转嫁与归宿主要取决于供求双方的弹性。

关于无关性定理的代数推导过程如下：

已知：

$$E_d=\frac{\Delta Q_d}{Q_d}\bigg/\frac{\Delta P}{P}$$

$$E_s=\frac{\Delta Q_s}{Q_s}\bigg/\frac{\Delta P}{P}$$

这里，假定税前均衡价格与均衡产量分别为 P_0 与 Q_0，税收引起供给量的变化为 ΔQ_s，卖方净价格变化为 ΔP_s，买方支付的价格变动为 ΔP_d。由上述公式变形可得：

$$\Delta Q_d=\frac{E_d\Delta P_d Q_0}{P_0}$$

$$\Delta Q_s=\frac{E_s\Delta P_s Q_0}{P_0}$$

当实现税后均衡时，即 $\Delta Q_d=\Delta Q_s$ 时，则可推导出：

$$\frac{E_d}{E_s}=\frac{\Delta P_s}{\Delta P_d}$$

由于在税后均衡时，ΔP_s 即为卖方承担的税负，ΔP_d 即为买方所承担的税负，两者之和刚好等于政府所征收的税额。上式表明供求双方各自承担的税负与各自的弹性成反比。

这种关系可直观地表达为下述文字表达式：

$$\frac{需求弹性}{供给弹性} = \frac{卖方负担的份额}{买方负担的份额}$$

由无关性定理的推导结果可以看出，完全竞争市场条件下，税负的转嫁与归宿主要取决于供求双方的弹性。供求弹性的大小对比与其应承担的税负呈反比关系。在供求弹性相等的情况下，无论是对卖方还是对买方征税，税负均由各自负担一半；若供求弹性不等，则弹性相对小或无弹性的一方负担较多或全部的税负。换言之，买卖双方在价格变化时调整产量的能力越强，就会承担越少的税负。

2. 供求弹性均介于 0 到 ∞ 时税负转嫁与归宿的图形解析

根据无关性定理，在完全竞争市场条件下，税收对价格和产出的影响与对卖方还是买方征税没有关系。下面通过图解的方式，来说明这种关系。

首先，分析对卖方征税的情况。供求曲线变动情况如图 7－7 所示。

图 7－7 显示 E_d 和 E_s 均介于 0 和 ∞ 之间，某商品或要素的供给曲线 S 与需求曲线 D 相交于 E 点，均衡价格为 P_1，均衡数量为 Q_1。当就该商品或要素向卖方征收数额为 T 的税收之后，供给曲线向上（向内）移动到 $S+T$，均衡点为 E_1，均衡价格为 P_2，均衡数量为 Q_2。征税后，商品或要素价格由 P_1 上升到 P_2。而供给者所获得的价格则从 P_1 下降到 P_3。此时在消费者实际支付的价格 P_2 与供给者实际获得的价格 P_3 之间存在着一个差额，这个差额通常被称为"税收楔子"。显然，卖方并没有将税收负担完全转嫁给购买方。政府所征收的税收由供需双方分摊。购买者所承担的税收数额为 $Q_2 \times (P_2 - P_1)$，供给者所承担的税收数额为 $Q_2 \times (P_1 - P_3)$，两者相加为 $Q_2 \times (P_2 - P_3)$，正好等于 T。

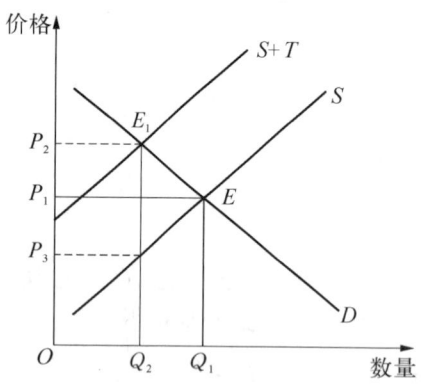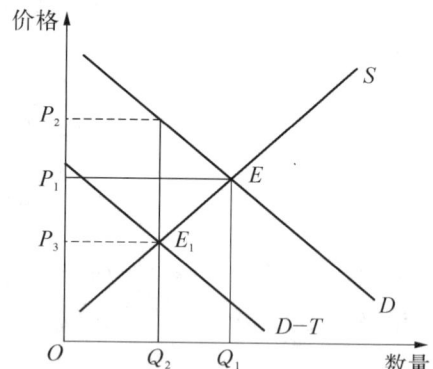

图 7－7　供求弹性均介于 0～∞ 时对卖方征税的税负转嫁与归宿　　　　　图 7－8　供求弹性均介于 0 到 ∞ 时对买方征税的税负转嫁与归宿

其次，我们分析对买方征税的情况。供求曲线变动情况如图 7－8 所示。图 7－8 与图 7－7 的区别仅在于图 7－7 以供给曲线上移（内移）表示对卖方征税，或者说由卖方纳税；而图 7－8 以需求曲线内移表示对买方征税，或者说由买方纳税。而卖方和买方各自应付的税款并没有因为纳税人的不同而产生变化。这也再次印证了无关性定理。

综上所述，在完全竞争市场条件下，无论是对卖方征税，还是对买方征税，税负转嫁与归宿并不会因此而改变。买卖双方最终所承担的税负主要取决于供求双方的弹性。

二、不完全竞争市场条件下税负转嫁与归宿的分析

不完全竞争市场可分为独占市场和垄断竞争市场两种市场情况。

（一）垄断市场条件下的税负转嫁与归宿分析

独占市场又称为独家垄断市场，是指市场处于完全由一家厂商所控制的状态。在独占市场，独占者可以决定价格和产出。在独占市场下的税负转嫁与归宿详见图 7 - 9 所示：税前边际收益曲线 MR 和边际成本曲线 MC 相交所决定的均衡价格和产出分别为 P_0 和 Q_0，从量定额征税 T，以净收益表示的边际收益曲线 MR 向内平行移动至 MR^1，并与边际成本曲线 MC 相交所决定的价格和产出分别为 P_1 和 Q_1，生产者的税后收益为 P_2。征税使产出由 Q_0 减至 Q_1，消费者价格由 P_0 上升至 P_1，生产者收益由 P_0 减至 P_2，政府税收由消费者和生产者共同负担，分担比例则取决于供求弹性比率。在独占市场，即使价格由生产者决定，但在利润极大化原则下，税收仍然需视商品价格弹性由生产者和消费者共同负担。

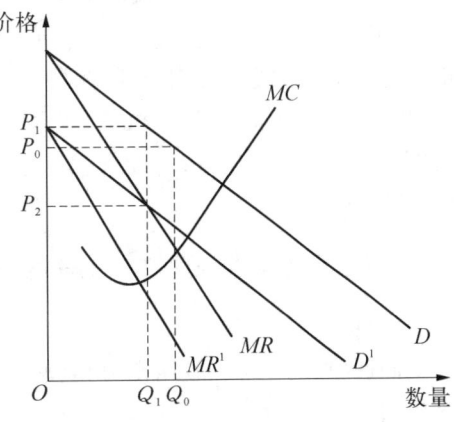

图 7 - 9　垄断市场条件下的税负转嫁与归宿

（二）垄断竞争市场的税负归宿

完全竞争市场和独占市场是两种极端的市场形态，现实中，绝大多数企业是处于完全竞争和独占之间的不完全竞争市场。但不完全竞争市场的税负转嫁和归宿的相关理论还不成熟，主要是因为税负转嫁与归宿主要取决于征税引起的价格变化，但对于不完全竞争市场定价方法还没有一种可被普遍接受的模式。因此，税负转嫁及其最终的税负归宿取决于定价方法的假定。如果任何一个垄断竞争者相信，对征税商品提高价格都会引起消费者转移消费至其他竞争者，任何生产同类商品的企业由此而不相应提高征税商品价格，结果消费者价格不变，税收全部由生产者负担。相反的情况是如果生产同类商品企业对征税商品联合行动，同时提高商品价格，在这种情况下，大部分税收可能被消费者负担。第三种情况是垄断竞争企业采用成本补足定价法或成本加价法，把税收作为成本的一部分计入价格，由消费者支付比较高的价格而使税负转嫁给消费者承担。

三、局部均衡分析方法的局限性

为简化分析，局部均衡分析方法通常假定其他变量不变，选择某一变量对税负转嫁与归宿的影响进行分析。在假定其他条件不变的情况下，分析某种商品或要素的供给与需求达到均衡时的税负转嫁与归宿及其对价格的影响。然而，由于影响税负转嫁与归宿的因素较多，因此，局部均衡分析忽略其他商品或要素相对价格的变化，由此所得出的结论是不完全的，局部均衡分析税负转嫁与归宿是有局限性的。局部均衡分析的重要缺陷表现在两个方面：一是局部均衡分析只能告诉我们课税商品或要素的价格变化，而不能告诉我们征税引起其他商品或要素价格的相对变化；二是局部均衡分析只能告诉我们征税引起某一商品或要素在某一市场上的价格变化，而不能告诉我们征税对整个经济要素的影响。

第四节　税负转嫁与归宿的
一般均衡分析

　　税负转嫁与归宿的局部均衡分析,仅分析征税商品的需求和供给变化、价格和数量变化以及在生产者和消费者之间的税收负担比例。一般均衡分析不但分析对一种商品征税对该种商品价格和数量的影响,而且分析对该种商品的替代品和补充品的价格和数量影响;对商品征税不但影响商品价格和数量,而且影响要素的价格和数量。因此,与局部均衡分析方法不同,一般均衡分析是在各商品和生产要素的供给、需求、价格相互影响的假定下,分析所有商品与生产要素的供给与需求达到均衡时的税负转嫁与归宿。也就是说,在因政府征税而引起的一系列连锁反应中,分析税负转嫁与归宿的问题。这种分析方法更加贴近现实,也更全面。

一、税负转嫁与归宿的一般均衡分析模型

（一）基础模型

　　人们通常采用的一般均衡分析模型是美国经济学家哈伯格所提出的"税收归宿的一般均衡模型"。该模型首先假设:整个经济体系仅有制造品市场和食品市场两个市场;家庭没有储蓄,所以收入等于消费;只有资本和劳动力两种生产要素,资本和劳动力可以在不同部门之间自由流动。

　　这个模型中共有四种税:只对某一部门某种生产要素收入征收的税;对两部门的某种生产要素收入征收的税;对某种商品消费征收的税;综合所得税。其具体模型见表7-1。

表 7-1

税收等价关系

T_{KF}	$+$	T_{LF}	$=$	T_F
$+$		$+$		$+$
T_{KM}	$+$	T_{LM}	$=$	T_M
$\parallel$		$\parallel$		$\parallel$
T_K	$+$	T_L	$=$	T_T

　　表7-1中,F代表食品业;M代表制造业;L代表劳动力;K代表资本;T_{KF}代表以食品业的资本收入为征税对象的税;T_{LF}代表以食品业的劳动者工资为征税对象的税;T_F代表以食品的产出为征税对象的税;T_{KM}代表以制造业的资本收入为征税对象的税;T_{LM}代表以制造业的劳动者工资收入为征税对象的税;T_M代表以制造业的产出为征税对象的税;T_K代表以食品和制造业两个部门的资本收入为征税对象的税;T_L代表以食品和制造业两个部门的劳动者工资收入为征税对象的税;T_T代表一般所得税。

（二）税收等价关系

　　税收等价关系是税负归宿与转嫁一般均衡分析的理论框架和分析基础。由于税负转嫁与归宿的一般均衡分析不但要考虑税收的直接影响,还要考虑税收的间接影响,往往因经济关系过于复杂而无从着手。税收等价关系以两部门经济中的多种可能税收和相互关

系为基础,从中选择税种进行税负归宿的一般均衡分析,为简化税负归宿的一般均衡分析搭建了分析框架和基础模型。表 7-1 反映了各种税收之间的等价关系。这一模型能够评价某一局部要素的课税对产出市场的影响,可以揭示出各税种之间的相互作用、相互影响的结果。它反映了以下几种等价关系:

(1)如果政府既征收 T_F 又征收 T_M,且税率相同,则相当于征收一般所得税,即对所有产品征收 T_T。其原因在于,如果对消费者的各方面支出额分别按相同的税率征收所得税,其效果等于对消费者的全部收入按与前相同的税率征收综合所得税。

(2)如果政府既征收 T_K 又征收 T_L,且税率相同,则相当于对所有要素征收 T_T。其原因在于,如果对各种来源的收入分别按相同的税率征收所得税,其效果等于将所有来源的收入相加,并按与前相同的税率统一征收综合所得税。

(3)如果政府既征收 T_{KF} 又征收 T_{KM},且税率相同,则相当于对资本收入征收 T_K。其原因在于,如果两个部门的资本收入分别按相同的税率征收所得税,其效果等于将所有经济部门的资本收入汇总相加,并按与前相同的税率统一对资本收入征收所得税。

(4)如果政府既征收 T_{LF} 又征收 T_{LM},且税率相同,则相当于对工资收入征收税收 T_L。其原因在于,如果两个部门的劳动者工资收入分别按相同的税率征收所得税,其效果等同于对社会全部劳动者工资收入按与前相同的税率统一征收所得税。

(5)如果政府既征收 T_{KF} 又征收 T_{LF},且税率相同,则相当于对食品产出征收税收 T_F。其原因在于,对同一部门的资本收入和劳动者收入分别按相同的税率征收所得税,其效果等于政府对该部门的全部收入额或增值性流转额征收了流转税。

(6)如果政府既征收 T_{KM} 又征收 T_{LM},且税率相同,则相当于对制造业产出征收税收 T_M。其原因与 5 相同。

二、税负归宿一般均衡分析

税负转嫁与归宿的一般均衡分析是在局部均衡分析基础上,进一步分析由此引起的连锁影响。下面重点用一般均衡分析方法分析商品课税、生产要素收入课税的税负转嫁与归宿。

(一)商品课税税负转嫁与归宿的一般均衡分析

根据上述模型,首先可以对商品课税的转嫁与归宿进行均衡分析。

在应用这个模型时,要有以下几个假设条件:每个生产部门都使用资本和劳动力这两种生产要素,但部门间所使用的资本和劳动力的比例不一定相同,资本与劳动力的替代率可以不一样;资本和劳动力可以在各个生产部门间自由流动,而造成这一流动的原因在于部门间收益率的差异;总的生产要素供给量固定不变,即劳动力和资本的供给总量是一个常量,政府征税不会造成劳动力和资本的供给总量的变动;所有消费者的行为偏好相同;税种之间可以相互替代;市场处于完全竞争状态。

以模型中所涉及的 T_F 为例,来说明商品课税归宿的一般均衡分析。

1. 生产者角度的分析

对食品征税提高食品价格,从而减少食品的消费数量。如果食品和制造品可相互替代,以增加制造品消费来替代食品消费,从而食品生产部门的资本和劳动力流向制造品的生产部门。假定食品部门和制造品部门在生产的技术构成上不同,制造品部门是资本密集型的生产部门,而食品部门是劳动密集型的生产部门。这就意味着,随着社会商品结构的变化,各种生产要素的需求结构也会发生变化。食品业流动的劳动力相对较多,资本相对较少。而制造业扩大生产规模所需要吸收的劳动力相对较少,资本相对较多。这就造成在食品部门的资本和劳动力流向制造品部门时,制造业出现资本供给相对短缺,劳动力供给相对过剩。食品业流出的劳动力若要为制造业所吸收,劳动力的相对价格必须下降。而劳动力的相对价格一旦下降,税收负担就会有一部分落在劳动者的身上。而且,不仅食品业的劳动者要承担税负,制造业的劳动者也要承担税负。两个部门的生产技术构成差异越大,资本和劳动力的相互替代越是困难,劳动报酬率的下降幅度越大,劳动所有者承担的税收负担也就越大;反之则越小。如果上述两个部门的生产的技术构成情况相反,假定食品部门是资本密集型,而制造品部门是劳动密集型,那么,就会发生相反的情况,资本的相对价格下降,使资本所有者承担部分税收负担。如果上述两个部门的生产技术构成情况相同,那么税收在生产要素方面的影响也随之消失。

2. 消费者角度的分析

对食品征税提高食品价格,必然减少食品的消费数量,增加对制造品的替代消费数量,制造品需求增加也提高了制造品价格,使制造品的消费者也承担了部分税收负担。也就是说,食品税的负担不仅会落在食品消费者身上,也同样会落在所有其他商品的消费者身上。

综上所述,对某一生产部门的商品课税,其影响会波及整个经济。不仅该商品的消费者要承担税负,其他商品的消费者也要承担税负。不仅该生产部门的生产者和生产要素提供者有可能承担税负,其他生产部门的生产者和生产要素提供者也可能承担税负。据此得出的结论是:整个社会的所有商品和所有生产要素的价格,几乎都可能因政府对某一生产部门的某一产品的课税而发生变动。包括消费者、生产者和生产要素提供者在内的所有人,几乎都有可能成为某一生产部门某一产品税收的直接或间接的归宿。

(二)生产要素收入课税税负转嫁与归宿的一般均衡分析

生产要素收入课税是假定对资本或劳动力要素征税。生产要素收入课税税负转嫁与归宿的一般均衡分析也可以从要素和商品两个方面来进行。以模型中的 T_{LM}(即对制造业的劳动者工资收入课税为例)来说明生产要素收入课税税负转嫁与归宿的一般均衡分析。

1. 生产者角度的分析

对劳动力要素征税,如果资本和劳动力是可替代的,必定减少对劳动力需求,增加对资本需求,使资本价格提高,资本需求者也承担了部分税收负担。如果不可替代,劳动力需求下降,资本需求也下降,使资本供应者承担部分税负。

2. 消费者角度的分析

对劳动力要素征税,使提高了劳动力要素价格。由于劳动力需求者提高对劳动力报酬的支付,从而增加了生产成本,并相应提高商品价格,使商品消费者承担了部分因对劳动力要素征税而连锁反应引起的税收负担,商品消费者的税收负担数量也取决于供求弹性及相关因素。

通过上述分析,可以得出这样一个结论:政府对某一生产部门的某一种生产要素收入的课税,其影响亦会涉及整个经济。不仅该生产部门的资本所有者要承担税负,其他生产部门的资本所有者也要承担税负。整个社会资本的所有者不但要承担相当于政府所征税收的负担,还有可能承担比政府所征税收更多的额外负担。

通过哈伯格的一般均衡模型我们还可以得出：① 对全部产品征收一种同样比例的税，其效应相当于对全部要素开征一种税率相等的要素税；② 对某种供给弹性为 0 的要素征税不会造成效率成本，只要税收不改变对产品的相对需求，也不改变别的要素的供给量，那么，资源配置将不受影响，税收将完全由课税要素承担；③ 对一种劳动密集型产品征税，会使劳动者状况恶化，并且肯定会降低效率；④ 对于劳动密集型产业中的劳动征税，会使全社会的劳动者的状况恶化。

三、一般均衡分析方法简评

相比局部均衡模型，一般均衡模型在分析内容上更加全面，分析方法上也更加科学合理。但是，税负转嫁与归宿的一般均衡分析在分析方法上仍然以个别税种作为分析对象，仅就每一种税对收入分配的直接和间接影响进行考察和分析，而不考虑其他税种或财政支出对税收分配的抵消作用。为更深入和全面地研究税负转嫁与归宿，现在已经发展了差别税负归宿分析法和平衡预算税负归宿分析法。差别税负归宿分析法是在总税收和总支出不变的情况下，分析以一种税替代另一种税对收入分配的影响，如以所得税替代人头税的税收影响。而平衡预算税负归宿分析法是在税收和政府支出同时增加保持预算平衡的情况下，分析税收对收入分配的影响。这些研究都进一步增强了税收转嫁与税负归宿一般均衡分析对实践工作的指导意义。

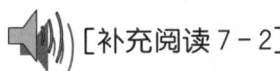[补充阅读 7 - 2]

哈伯格税收归宿分析一般均衡模型的主要假设条件

哈伯格（Harberger）是将一般均衡模型运用于税收归宿分析的先驱者。他的模型有以下一些主要假设条件：

（1）技术。每一部门的企业都使用资本和劳动来生产其产品。在每一部门，投入品同时增加一倍，产量也增加一倍，即规模收益不变。然而，部门之间的生产技术可能不同。一般来说，生产技术的不同表明在两方面：一是资本替代劳动的难易程度（替代弹性）不同；二是生产中使用的资本与劳动的比率不同。例如，食品生产中的资本-劳动比率，是纺织品生产中的资本-劳动比率的 2 倍。资本-劳动比率相对较高的行业，被称为资本密集型行业；反之，被称为劳动密集型行业。

（2）要素供给者的行为。资本和劳动供给者都追求总收益最大化。而且，资本和劳动是完全流动的。它们可以按照其所有者的意愿在部门间自由流动。结果，每个部门的资本净边际收益必然相等，劳动净边际收益也必然相同。否则，重新配置资本和劳动，就有可能使净收益总额增加。

（3）市场结构。企业是互相竞争的并追求利润最大化，所有价格（包括工资率）具有完全弹性。因此，生产要素得到充分利用，而且每一生产要素得到的收益等于其边际产品价值，边际产品价值是最后一单位投入品所生产的产品给企业带来的价值。

（4）要素总供给。在整个经济中，资本和劳动的总量是固定的。但是，如上所述，两种要素可以在部门间完全自由流动。

（5）消费者偏好。所有消费者都有相同的偏好。因此，一种税不可能通过影响人们对收入的使用而产生任何分配效应。这个假设使我们能集中讨论税收对收入来源的影响。

（6）税负归宿的分析框架。该分析框架是差别税负归宿：我们考察的是以一种税替代另一种税。因此，税前和税后的收入数额大致相同，故不必考虑总收入变化如何改变需求和要素价格。

资料来源：哈维·罗森：《财政学》（第六版），中国人民大学出版社 2003 年版，第255 页。

本 章 小 结

1. 税负转嫁是指纳税人在名义上缴纳税款之后，在市场交易的过程中，通过改变价格的方式将税收负担部分或全部转由他人负担的一种经济现象，是税负运动的一种方式。通过税负转嫁，纳税人与负税人可能存在背离的现象。税负归宿是指税收负担的最终归着点或税收转嫁的最终结果。从政府征税至税负归宿是一个从起点到终点的税负运动过程：政府向纳税人征税，构成税负运动的起点；纳税人把缴纳税款转由他人负担的过程，构成税负转嫁；税负由负税人最终承担，不再转嫁，形成税负归宿。

2. 税负转嫁有前转、后转、税收资本化、混转、消转等形式。

3. 影响税负转嫁的因素主要有供求弹性、价格决定模式、征税范围、税种设置等。在完全竞争条件下，税收最终由谁负担与名义上对谁征税无关，而主要取决于供求弹性。

4. 税收职能的实现及其经济效应的良好发挥与税负转嫁与归宿密不可分。因此，在制定税收政策时，必须充分考虑税负转嫁及税负归宿的经济效应。税负转嫁与归宿的经济效应主要表现在对资源配置和收入分配的影响。

5. 分析税负转嫁与归宿可采用局部均衡分析和一般均衡分析两种分析方法。前者只分析税收征收对征税商品或要素的直接影响；而后者则是在前者基础上进一步分析税收征收对整体市场的连锁影响。

6. 局部均衡分析是在假定其他条件不变的情况下，分析某种商品或要素的供给与需求达到均衡时的税负转嫁与归宿及其对价格的影响。局部均衡分析方法比较简单，但其忽略其他商品或要素相对价格的变化，由此所得出的结论是不完全的。一般均衡模型在分析内容上更加全面，分析方法上也更加科学合理。但是，税负转嫁与归宿的一般均衡分析在分析方法上仍然以个别税种作为分析对象，仅就每一种税对收入分配的直接和间接影响进行考察和分析，而不考虑其他税种或财政支出对税收分配的抵消作用。

练 习 题

一、名词解释

税负转嫁 税负归宿 无关性定理 前转 后转 税收资本化 混转 消转 税负转嫁与归宿的局部均衡分析 税负转嫁与归宿的一般均衡分析

二、单项选择题

1. 以下税种中，税负容易实现转嫁的是（   ）。

A. 增值税   B. 企业所得税

C. 房产税   D. 个人所得税

2. 从征税范围和税负转嫁的关系看,征税范围广,销售商的税负(　　)转嫁。

A. 容易   B. 难以

C. 不确定   D. 以上答案均不正确

3. 在需求弹性大于供给弹性的情况下,税负更多倾向(　　)承担。

A. 卖方   B. 买方

C. 不确定   D. 以上答案均不正确

4. 与直接税相比,间接税(　　)实现税负转嫁。

A. 较容易   B. 不容易

C. 不确定   D. 以上答案均不正确

5. 垄断市场条件下,政府对垄断产品征收的税收最终由(　　)承担。

A. 消费者   B. 垄断产品的生产者

C. 消费者和垄断产品的生产者   D. 以上答案均不正确

6. 从资源配置角度分析,一般商品税所造成的超额负担要(　　)选择性商品税。

A. 小于   B. 等于

C. 大于   D. 以上都不对

三、多项选择题

1. 下列过程属于税收负担后转(也叫"逆转")的有(　　)。

A. 买方压低价格将税负转嫁给卖方

B. 卖方压低价格将税负转嫁给买方

C. 税收资本化

D. 批发商通过提高价格将税负转嫁给零售商

2. 税收资本化过程中,生产要素购买者所购买的生产要素主要包括(　　)。

A. 土地   B. 日用品

C. 房屋   D. 机器设备

3. 以下影响税负转嫁的因素有(　　)。

A. 需求弹性   B. 供给弹性

C. 征税范围   D. 税种

E. 计税方法

4. 税收转嫁与归宿的经济效应主要表现在(　　)方面。

A. 影响市场价格   B. 实现收入再分配

C. 调节供给与需求   D. 影响资源配置

5. 以下表述中,正确的有(　　)。

A. 税收对价格和产出的影响与究竟对卖方还是对买方征税有关

B. 税收对价格和产出的影响与究竟对卖方还是对买方征税无关

C. 税收最终由谁负担和名义上由谁纳税无关

D. 如果市场是完全竞争的,税负的转嫁与归宿主要取决于供求双方的弹性

四、简答题

1. 计算机市场产值 15.6 亿元,平均单价 9 870 元,已知需求价格弹性为 -1.2,供给价格弹性为 1.0,单位税 2 640 元,求:

(1) 消费者税收负担多少?

(2) 生产者税收负担多少?

(3) 社会福利损失多少?

2. 什么是无关性定理?

3. 税负转嫁的形式有哪几种?

4. 税负转嫁取决于哪些主要因素?

5. 请说明什么是税收等价关系。

6. 为什么说直接税与间接税的划分不是绝对的?

7. 税负归宿的局部均衡和一般均衡分析主要区别是什么?

五、论述题

1. 请分析税负转嫁与物价上涨的关系。

2. 请你设计一种很难发生转嫁的税种,它应该具备什么样的特征。

3. 依据一般均衡分析对一种商品征税会引起哪些连锁反应?

六、案例分析题

【案例资料】

《2012 中国控烟观察:民间视角揭烟草营销大骗局》2012 年 12 月 25 日在京首发。这是一份由民间控烟组织——新控健康发展研究中心发布的中国年度控烟观察报告。

在即将过去的 2012 年,已有 176 个成员签署并批准了世界卫生组织(WHO)《烟草控制框架公约》,覆盖了全球近 90% 的人口。2012 年 11 月,在韩国首尔召开的第五次缔约方会议通过了实施第 6 条的一系列指导原则和建议。WHO 建议烟草制品零售价的至少 70% 来自消费税。由于烟草的致命性危害,越来越多的政策都在提高烟草税率,提高烟草零售价格,从而达到控制烟草消费目的,同时能够提高政府的税收。

新探健康研究中心副主任吴宜群介绍说,目前高收入国家平均烟草税额占零售价格的比例为 63%,而且还在不断提高。英国、法国烟草税率都超过 80%。我国的卷烟总税率为零售价格的 40% 左右,这一税率远低于国际上卷烟税 65%～70% 的平均范围,在世界上排名为倒数第三,仅高于柬埔寨(20%)和刚果(32%)。

吴宜群指出,世界卫生组织《烟草控制框架公约》的精神是提高消费税,税价联动。烟草业的观点经不起推敲。烟草业认为,提高烟草制品税收和价格,有可能导致非法卷烟市场反弹,导致消费者改吸手卷烟、旱烟,继而影响国家税收,损害消费者利益。而国际经验表明,税收和价格等经济手段是最有效的单项控烟措施,尤其是对于未成年人、年轻人及低收入者效果明显。

据介绍,2009 年,财政部、国家税务总局联合印发《关于调整烟产品消费税政策的通知》,上调了卷烟生产环节消费税和从价税。此项政策增加了 500 亿元的财政收入。由于规定烟税上调的卷烟价格不变,差价在行业内消化,结果导致"提税不涨价",没有起到控烟的效果。

　　资料来源:http://world.people.com.cn/n/2012/1225/c1002-20009573.html。

　　请阅读上述资料,应用税收学相关理论,回答以下问题:

　　(1) 简述无关性定理,并列出简要的表达式。

　　(2) 运用税负转嫁与归宿的局部均衡分析方法,简要说明政府提高烟草税,对买方征税和对卖方征税会对资源配置结果产生不同的影响吗?

　　(3) 运用税负转嫁与归宿的局部均衡分析方法,简要分析政府提高烟草税对不同消费群体的可能影响。

　　(4) 运用税负转嫁与归宿的一般均衡分析方法,简要分析政府提高烟草税可能产生的系列影响。

第八章 最优税收理论与税制结构

【知识要点】

本章介绍了最优税收理论、税制结构、税制结构的国际比较以及中国税制结构及其优化四块内容。第一，本章以最优税收理论为起点，在介绍最优税收的核心是效率和公平问题的基础上，重点阐释了税收效率和公平与最优税收之间的关系，并详细介绍了最优税收理论主要研究对象最优商品税和最优所得税。第二，在介绍税制结构的概念和作用的基础上，将税制模式分为单一税制和复合税制两种模式，对税制结构类型进行分类，并介绍了影响税制结构的客观因素和主观因素。第三，在介绍世界各国税制结构演变规律与发展趋势的基础上，对各国的税制结构进行了比较说明。第四，介绍了中国税制结构的演进及其税制结构优化的方向。

第一节 最优税收理论

最优税收理论(optimal tax theory)是一种规范性的税收经济理论，它从公平与效率的税收原则出发，运用寻求权衡公平和效率的思路和方法，利用福利经济学和数学工具，通过分析各种税收的性质、效应及其权衡关系，找出进行最优税收决策的决定因素及一般原则，提供经济扭曲效应最小的税收组合。

从方法论角度讲，最优税收理论是数学中最优化方法应用于经济问题的结果，是在一定假定下求极值而得出的规则。因此，并不是任何以提高治税的效率和公平目标的理论研究成果(包括如何实现征收费用最低，税收征管效率最高的研究)都属于最优税收理论，并不是任何为实现社会福利最大化而设计的税收制度和政策的主张(如降低税率的主张、简化税制的主张、优化税制结构的主张等)都属于最优税收理论，而只有在一定假定下，以减少税收扭曲效应的分析体系(包括最优商品税、最优所得税)才属于最优税收理论体系。所谓最优商品税、最优所得税也并不是意味着人们已经设计出了此类税收，而仅仅是提供了并且在非常严格假定下描述最优税制特征的理论和方法。最优税收理论的意义就在于为我们的税制改革提供了由现实向理想税制逼近的依据。

最优税收的话题至少可追溯到亚当·斯密。然而，真正从理论上分析最优税收理论的基本原理始于英国科学家、哲学家、经济学家拉姆齐(Frank Plumpton Ramsey，1903—1930)。具体来说，从经济学史的角度看，最优税收理论先后经历了三次大发展。最先，英国剑桥大学的福利经济学家拉姆齐1927年发表在《经济学杂志》上的论文《对税收理论的一个贡献》(*A Contribution to the Theory of Taxation*)奠定了现代最优商品税的理论基础，他提出了税制设计的反弹性准则与等比例下降准则,即通常所称的拉姆齐规则。当时,拉姆齐的那篇天才论文并没有引起足够的重视,只有在 20 世纪 50 年代初与 70 年代初被讨论过两回。其后,美国哥伦比亚大学教授威廉·维克利(与米尔利斯同时获得 1996 年度诺贝尔经济学奖)撰写的《累进税日程》(*Agenda for Progressive Taxation*)一书(1947 年出版)则集中探讨了累进税问题。时至今日,此书仍是该领域的经典著作。第三位作出开拓性贡献的经济学家便是英国剑桥大学教授詹姆斯·米尔利斯,他于 1971 年发表的《最优所得税理论探讨》(*An Exploration in the Theory of Optimum Income Taxation*)一文使最优所得税的研究于 20 世纪 70 年代进入高层次阶段。最优税收理论代表了当代税制理论研究的最前沿,其实质是对税收原则的细化和延伸。早期的最优税收思想侧重于从理论上进行阐述,现代意义上的最优税收理论更侧重于数学工具的运用,对税收理论研究的发展具有重要意义。

一、公平、效率与最优税收

(一) 最优税收

最优税收理论的核心是公平与效率的问题。所谓最优税收,是指依据税收中性原则设置或征收的、不产生税收超额负担和不造成任何经济扭曲,且符合税收公平原则的税制结构安排。最优税收的定义包含了两层含义:一是最优税收只产生收入效应而不产生替代效应,不会对相对价格产生干扰,其符合效率原则;二是最优税收符合公平原则。从理论上讲,只有一次性总额税或人头税,无论是在效率上还是在公平上,都算得上是最优的。除此之外的其他税收,都不可能满足上述要求,因而都不能称之为最优。

显然,税收的公平和效率与最优税收理论密不可分。换言之,最优税收理论的目标函数中包含了公平和效率问题。最优税收理论的目标函数确定后,则需要考虑如何实现最优目标,即考虑实现目标的手段或变量的问题。在最优税收理论中实现最优的手段就是税种与税收结构,具体包括直接税和间接税。一般来说,最优间接税所需要确定的是对不同商品所征收的税率 t。理论界关注最优间接税的一个主要问题是税收结构方面的,即对不同商品所征收的税率 t 的水平:究竟应该采取税率单一(对所有商品征收单一税率 t)的中性税收,如增值税,还是采用税率存在差异的选择性税收,如消费税。而对于直接税,由于它是针对收入征收的税收,理论上所需要确定的是一个基于收入的税收表。即假设收入为 Y,那么,应有何种税收收入 T 与之相对应形成的税收表。关于最优直接税,理论界讨论的主题是不同收入水平的税率确定问题。显然,最优间接税和最优直接税在确定税率方面是存在差异的。间接税中的 t 对所有的个体和家庭都是一样的。而在直接税中,由于不同个体所获得的收入存在差异,所适用的税率也存在差异。在确定了实现最优税收的目标函数和变量后,最优税收理论的均衡求解还要具体考虑相关的约束条件,这些约束条件主要包括信息约束、个人理性约束和收入条件约束三个方面。其中,信息约束是税收制度制定者对于个人纳税能力、商品消费量等方面的信息掌握情况,不存在信息约束(完全信息)和存在信息约束(非对称信息或非完全信息)对于优化行为的选择——最优税收制度结构的制定,具有非常不同的含义;个人理性约束是与非对称信息联系在一起的,当政府不能完全知晓个人的情况(个人的纳税能力、对一揽子消费品的消费量)而不能选择那些无法规避的税收、不能对所有的消费品都征收税收时,税收制度与结构的安排必须考虑到理性的纳税人对税收结构的反应,即最优税收应该是将个体反应考虑在内的、具有激励相容性质的税收;收入条件约束则是给定政府为了某种目的(比如提供某种公共设施)要从居民或企业身上征收一笔总的税收收入。此外,除了上述三个约束条件以外,最优税收的设计还需要一定的理论假设前提。拉姆齐在其早先关于最优税收的经典文献中就提出了最优税收理论的几个假设前提,包括完全信息、完全竞争市场等。这些假设前提被视为外生变量,不对最优税收的均衡解产生直接的影响。

总之,最优税收目标、税收种类以及约束条件(特别是信息约束)三者构成了最优税收理论的三大要素,同时也一起决定了最优税收理论的基本研究框架和研究内容[①]。

（二）税收效率与最优税收

最优化必然要求效率。税收效率是建立在经济效率基础上的。经济效率通常指的是资源配置的效率,即经济资源的充分和有效利用问题,现代经济学一般采用帕累托效率标准来检验经济效率的状况。严格的效率原则要求税收呈中性,即税收不要对资源配置进行干预,避免纳税人在支付税款之外,还要因纳税而改变自己有效率的经济活动,使社会福利蒙受额外损失。在市场有效运行的前提下,税收中性意味着税收不应破坏资源有效配置的一系列帕累托效率条件。这些效率条件主要包括:每个消费者的边际替代率都相同;每个生产者的技术边际替代率(边际转换率)都相同;对消费者和生产者双方来说,生产者方面的产品的边际转换率等于消费者方面的边际替代率等。根据效率原则,最优税收必然是一个中性的税收,或者说,最优税收应是不产生替代效应、税收超额负担最小的税收。

根据税收效率原则,凡产生税收超额负担的"非中性"税收,就不是最优税收,因为税收超额负担属于社会资源配置上的效率损失,它产生于扭曲性的税制结构。然而,在实际中,完全满足以上条件的税收可以说是没有的。例如,征收单一消费税似乎不影响商品市场的效率,$P_x(1-t)/P_y(1-t)=P_x/P_y$。但请注意,这一结论隐含着一个前提,即 x、y 商品的相对需求价格弹性相等。否则,即使相同的税率,各种商品的相对价格上升幅度也会有差别,通常,弹性低的商品价格上升幅度高于弹性高的商品。此时,单一消费税仍会破坏效率条件。另外,征税还会扭曲人们的储蓄与消费行为以及扭曲人们对工作与闲暇的选择,从而产生税收的超额负担。因此,中性税收只是一种理想化的情形。更为合适的税收效率原则是,承认税收会对人们的行为产生扭曲,或者说承认税收会引起效率损失,但关键在于如何设计税制以使效率损失降到最低。

（三）税收公平与最优税收

最优税收问题不仅仅是效率问题,而是效率和公平的组合。公平,是一个内涵极为丰富的经济伦理价值范畴,不同的人可能对公平存在不同的评价。尽管如此,人们在对一种税收是否公平的判断问题上,逐渐地形成了税收公平的两大准则:受益原则和能力原则。受益原则所遵循的公平原则是规则公平,该原则认为应根据市场经济所确立的等价交换原则来确定个人应承担的税负,即个人对于国家的税负应与他从政府公共提供者的受益一致,以实现对每个人的公平对待。根据受益原则,横向公平即为受益相同者承担相同的税负,纵向公平即为受益多者承担较多的税负。但随着时间的推移,特别是功利主义的兴起,受益原则受到了猛烈的攻击与责难。其中,J·S·穆勒指出,受益原则的三大问题是受益

---

① 胡怡建:《税收经济学》,经济科学出版社 2009 年版,第 63 页。

的衡量问题、人际比较问题以及忽视初始的收入分配是否公平的问题。且举一例,按照受益原则的逻辑,那些最没有能力自助和保护自己的弱者从国防和法制中的获益最大,因而应强迫他们分担公共品价格的最大份额,可是这种累退性的税收显然有悖于分配的正义。由于以上原因,受益原则逐渐为能力原则所取代。能力原则主张,税收只应对有纳税能力的人课征,并且税额的大小应依各自不同的纳税能力而变化。根据能力原则,横向公平即为经济情况相同或纳税能力相等的人,税收待遇应相同;纵向公平即为经济情况不同或纳税能力不等的人,税法应区别对待。简单而言,能力原则的公平观认为应根据各人的纳税能力来确定各人应承担的税收。即应以不同的税收负担政策对待纳税能力不同的人。

如果一种税或税制结构安排能够实现公平的征收,那么这种税收就是最优的,否则,就不是最优的。

总的来说,最优税收理论主要研究最优商品税和最优所得税,这是由最优税收目标函数的变量所决定的。根据目标强调的是效率还是公平和效率兼顾,基于约束条件的不同,经济学家们从不同角度论证了最优税收理论,为政府设计税制和制定税收政策提供一种理想的参照系。

二、最优商品税

最优商品税问题可以简单表述为,在税收总额或公共支出一定的前提下怎样征税才能使社会的福利损失最小或税收的超额负担最小。显然这是一个效率问题。当代的最优税收理论研究是以拉姆齐发表的重要学术论文《对税收理论的一个贡献》为标志的。下文重点介绍拉姆齐的最优商品税法则。

(一)拉姆齐法则

1. 拉姆齐最优商品税的问题表述

拉姆齐所要研究解决的问题是:假如政府只能依靠扭曲性的商品税来为公共支出筹集收入,应选择什么样的商品税结构才能使效率损失最小而社会福利最大。与传统的经济理论认为只有非扭曲性的单一商品税才是税收的最优选择不同,拉姆齐的研究目的在于证明差别税率的商品税同样可以使效率损失最小,关键在于税收要使消费者税后消费的减少对于任何一种商品来说都是同比例的。上述问题的简单表述是,为了保证既定财政收入的实现,又要使社会福利最大化,应当如何设计商品税的税率,才能使商品税达到最优。

2. 拉姆齐法则的内容

拉姆齐法则的前提假定是:① 市场是完全竞争的;② 除商品税收,政府不征收其他扭曲性的税收;③ 劳动的形式只有一种且劳动是唯一的投入品;④ 每一生产部门只生产一种产品,且生产的规模报酬不变;⑤ 经济中的每个家庭都具有相同的偏好结构。

借助数学工具,拉姆齐推导得出公式:

$$\frac{\Delta x}{x} = \frac{\Delta y}{y} \tag{8-1}$$

式(8-1)中,x 和 y 为两种商品的需求量,其中一个变量除以其总值正好等于该变量的比例变化。式(8-1)所表达的含义是,为了使总体的商品税超额负担或扭曲程度最小化,税率的确定应当使各种商品的需求量按相同的比例下降。这一结论被称为拉姆齐法则(以其发现者拉姆齐的名字命名)。但是,为什么有效率的课税应当使需求量发生等比例变化,而不是使价格发生变化呢？原因在于超额负担是数量扭曲的结果。要使总体超额负担最小化,就要求各种商品需求量的变化是同比例的。

　　进一步考察拉姆齐法则与需求弹性之间的关系,将需求弹性引入公式(8-1),具体而言,用 e_x、e_y 分别代表对商品 x、y 的补偿性需求弹性,用 t_x、t_y 分别代表商品 x 和商品 y 的税率。此时,t 是从价税率而不是定额税率。根据从价税的定义,t 是该税引起的价格上升的百分比。根据拉姆齐法则,要是总体超额负担最小化,各商品价格变动引起的需求量下降的百分比要相等,据此,结合弹性含义和公式,我们可以推导出式(8-2)：

$$t_x e_x = t_y e_y \tag{8-2}$$

式(8-2)变形可得式(8-3)：

$$\frac{t_x}{t_y} = \frac{e_y}{e_x} \tag{8-3}$$

　　式(8-3)称为"反弹性法则",当各种商品的需求相互独立时,对各种商品课征的各自的税率应当与该商品自身的需求弹性的大小成反比。具体来说,对具有不同补偿需求弹性的商品课税,要想做到效率损失最小化,各自不同的税率应遵循这样的原则,即各商品税率的高低应与其本身补偿需求弹性成反比。反弹性准则的政策含义十分明显,即对需求弹性小的商品应课以高税,而对需求弹性大的商品,则少征税或不征税。现实中,对烟、酒、盐等低弹性商品征收高额消费税,就是该准则在实践中的一个应用。但是,应注意反弹性原则也有其局限性。例如,需求弹性较小的商品大多是生活必需品,对其课以重税无疑加重了低收入者的负担,当社会追求社会公平目标时,偏离这种原则的政策设计也是合理的。

　　3. 拉姆齐法则的局限性

　　拉姆齐的研究为优化商品税理论奠定了基础,对优化税收理论的贡献无疑是开创性的。但是,由于其严格的前提假设在现实中很难存在,同时其只考虑效率而不考虑分配的公平问题,这些使得其不足之处也是显而易见的。

　　第一,该法则忽略了商品之间的替代性和互补性。如果考虑了商品之间的相互关系,则不同商品的需求弹性就不是简单直接的了。举例来说,对于替代性较强的高级面粉和普通面粉,前者税前价格需求弹性大,后者较小。按拉姆齐法则,应该对高级面粉征低税,后者征高税。在两种面粉税后价格相差不太大的前提下,人们将会选择高级面粉来代替普通面粉,这样的税制对相当一部分中低收入水平消费者的选择产生了干扰,同时对生产商也会产生干扰,势必产生较大的替代效应,导致效率损失。

　　第二,更主要的是,该法则与公平原则直接冲撞。这一点上文中已经提到,对大多数人日常所需的必需品征高税,对少数高收入阶层所消费的奢侈品征低税,这显然违背了公平原则。虽然也有人这样争辩,商品税的主要职能并不是要解决公平问题,所得税才需要体现公平原则。但是,这也是在社会追求多重目标时不可回避的问题。

　　第三,该法则没有考虑闲暇这类特殊商品的征税问题,这样的商品税制仍然是不完善的。

　　(二)科利特-黑格法则

　　闲暇作为一种特殊的消费品,在人们的生活中是非常常见的,但却不引人注意,它与一般消费品之间或多或少具有一定的替代性或互补性。对一般消费品的征税必然会影响人们对劳动供给和闲暇的选择,为纠正产品课税对工作和闲暇关系的干扰,科利特和黑格于1953 年提出对拉姆齐法则进行修改,采取一种补偿性措施。即对与闲暇互补的产品,如高尔夫球场、游艇等产品课征较高的税率,对与闲暇替代的产品,如工作服、工作手套等课征较低的税率,这样的考虑可有效实现对闲暇的征税。同时,该法则也从另一角度考虑了公平原则,因为闲暇是劳动的替代品,大部分与闲暇有互补关系的商品属高收入阶层的消费品,而大部分与闲暇有替代关系的商品属低收入阶层的消费品,对前者征高税,对后者征低税的做法符合公平原则。自拉姆齐、科利特和黑格之后,大量的学者和经济学从新的视角对最优商品税进行了拓展研究。

戴蒙德和米尔利斯(1971)、费尔德斯坦(1972)、阿特金森和斯蒂格利兹(1976)、米尔利斯(1976)等相继将收入分配问题纳入考察视野,这些最优税收理论学者的贡献在于其不仅考虑效率标准,而且还将公平标准以及信息不对称理论引入分析最优商品税问题,从而发展了最优商品税理论。在他们看来,商品税的纳税人是不同质的,其收入高低不等,需求弹性大小不同,即便是收入水平相同的人,对某些商品的需求弹性也存在较大差异。根据兼顾效率和公平的优化标准,政府课征差别性商品税时,就必须考虑不同个人的收入水平和需求弹性的差异,而这一决策过程在很大程度上依赖于对个人信息的掌握情况。事实上,戴蒙德和米尔利斯(1971)、费尔德斯坦(1972)、阿特金森和斯蒂格利兹(1976)、米尔利斯(1976)等引入分配问题后的研究结果表明,商品税的效率目标和公平目标难以兼得,在具体税制设计时需要进行权衡。斯特恩(1987)考虑公平问题时,指出即使对需求弹性大的商品课税会产生较大的额外负担,但为达到社会公平起见,也应当对需求弹性低的商品征收较低的税收,而对需求弹性高商品征收较高的税收。

目前,经过逐步发展,尤其是英国剑桥大学教授詹姆斯·米尔利的贡献,最优税收的数理特征越来越明显,问题的讨论也逐渐深入,研究方法也逐渐转向实证分析。

三、最优所得税

西方最优税收理论的另一个经典是以斯特恩、米尔利斯、维克里等为代表的最优所得税理论。财政学家斯特恩(Stern)形象地将最优所得税描述为"馅饼大小和分配间的经典替代"。所得税对劳动力供给的(负)激励效应和人在劳动能力上的差异是最优所得税理论研究的中心问题。原因表现在两方面:① 如果没有负激励效应,收入的分配只要能使收入对每个人的社会边际效用相同即可以达到最优状态;② 如果没有劳动能力等方面的差异,通过一次性总付税(lump-sum tax)就可以获得所需的税收。因此,最优所得税理论必须考虑所得税的负激励与人们在劳动能力上的差异。最优所得税的实质问题是:在选定以所得作为课税基础之后,设计何种程度的累进税率能实现公平准则? 埃奇沃斯最早对这一问题的研究做出了贡献,后来,维克里、斯特恩、米尔里斯等作了进一步研究。

(一)埃奇沃斯的最优所得税理论

19 世纪末,埃奇沃斯(Edgeworth,1897)以边沁主义社会福利学说为基础,认为最优税收的目标就是使社会福利即个人效用之和达到最大。埃奇沃斯用一个简单的模型考察了最优所得税课税问题。该模型的前提假定包括:① 各个人的效用函数完全相同;② 效用的大小仅仅取决于人们的收入水平;③ 收入的边际效用是递减的,且效用递减的比例超过收入增加的比例;④ 可获得的收入总额是固定的,即使税率达到 100% 对产出也没有影响。

基于这些假定,埃奇沃斯论证了要使社会福利最大,则应使每个人的收入的边际效用相同。由于个人的效用函数完全相同,所以,只有当收入水平也完全相同时,收入的边际效用才会相同。这就要求所设计的税制能够使税后收入完全平等。这样就应当对富人的所得课以高税,因为富人损失的边际效用比穷人的小,如果收入分配已达到完全平等,那么,政府如果要增加税收收入,增加的税款应该平均分配到各个人。可见,埃奇沃斯模型意味着,所得税制要实行高度累进税率制度,消减高收入者的收入,直到完全平等为止。实际上,对高收入者课征的边际税率为 100%。埃奇沃斯的结论建立在所得税不会影响产出的假定前提下,而实际上由于闲暇的存在所得税会对劳动和闲暇之间的选择造成影响。高税率的所得税会对劳动供给产生抑制性效应,从而造成额外负担。个人的效用函数完全相同的假定也不符合实际,此外设计一种所得税能够让税后个人收入的边际效用完全相等也没有现实性,因为个人的收入边际效用无法用数据表示。后来,经济学家研究了当放宽某些假设条件时,埃奇沃斯模型的结论会有什么变化。

(二)现代最优所得税理论

1. 斯特恩的最优所得税理论

最优所得税制的设计必须考虑到实现公平所付出的代价(以超额负担表示)。根据埃奇沃斯模型,实现更公平的收入分配的代价为零。事实上,由于劳动和闲暇之间存在替代,故埃奇沃斯的目标难以在现实中实现。

斯特恩(1976)将所得税对劳动供给的影响加以考虑,即所得(劳动)和闲暇之间存在替代关系,并结合负所得税设想提出了一种线性所得税模型①。这是一种具有固定的边际税率和固定的截距的线性税收模型。根据这个线性模型,斯特恩研究后认为,劳动的供给弹性越大,边际税率的值应越小。基于所得(劳动)与闲暇间的替代弹性为 0.6,社会福利函数选择以罗尔斯主义为标准等严格的前提假定,他计算出要实现社会福利最大化的目标,则边际税率值应为 19%。斯特恩的研究否定了累进税率应当随收入递增最后达到 100% 的结论。但是,斯特恩认为实现社会福利最大化的目标边际税率值应为 19% 的主张,是否具有可行性? 回答是不确定的。斯特恩严格的假定前提着眼于社会中境况最差者福利水平的增进,由于现实生活中出现劳动与闲暇替代弹性为 0.6 的情况是特殊的,如果这一数值发生了变化,最优所得税边际税率为 19% 的结果就会改变的。同时,人们判断社会福利的标准不相同,在采用其他福利函数为基础时,这一结论也不成立。此外,线性所得税还基于一次总额补助,而进行这样的总额补助可行性较差。

2. 米尔利斯的最优所得税理论

米尔利斯在最优税制设计和不对称信息条件下的激励理论方面作出的杰出贡献,他于 1996 年被授予诺贝尔经济学奖(与之共同获奖的还有哥伦比亚大学的维克里教授)。一些学者着眼于非线性所得税的研究。与线性所得税不同,它有多个边际税率,对不同的收入水平,适用不同的税率,也就是说税率是累进的(或者累退的)。最优非线性所得税的核心问题是,在效率和公平两者兼顾的情况下,应该如何确定所得税的累进(累退)程度。换句话说,应该如何设定所得税的边际税率才能同时兼顾到效率和公平目标。

米尔利斯在 1971 年发表的著名论文《最优所得税理论探讨》(*An Exploration in the*

---

① 详细论证参见:Stern,N.H.,"On the Specification of Models of Optimum Income Taxation",Journal of Public Economics,1987(6)。

Theory of Optimum Income Taxation)中对最优非线性所得税进行了详细的论证[①]。米尔利斯的非线性所得税模型的假定前提包括：① 不考虑跨时问题，即假定经济是静态的，税收对储蓄没有影响，税收仅对劳动供给产生影响；② 只考虑劳动收入，不考虑财产收入；③ 个人偏好没有差异，个人通过理性来决定所提供的劳动的数量和类型，每个人的效用函数都相同，适当地选择了个人效用函数后，福利可表示为个人效用之和；④ 个人提供的劳动量不会对其价格产生影响，个人仅在他们的税前工资或生产率（就业技能水平）上有区别，只存在一种劳动，因此劳动的类别没有差异，一个人的劳动完全可以替代其他人的劳动，劳动的供给是连续的；⑤ 移民不可能发生；⑥ 国家对经济中的个人的效用及其行动具有完全信息，实施最优税收方案的成本可忽略不计。

基于上述假定条件，米尔利斯经过研究，得出如下结论：

（1）一个具有行政管理方面优点的近似线性所得税方案是合意的。所谓近似线性所得税，其性质是边际税率近似不变，所得低于免税水平的人应当获得政府补助。

（2）所得税并不像我们通常所想象的那样，是一项缩小不平等程度的有效工具，因为税率低不一定导致多工作。在消费水平和技能水平处于最优的情况下，即在这一技能水平上，整日劳动会使人得到与消费水平相等的工资，低于这一技能水平的人不会选择工作。即使低税率也不会鼓励工作。因此，没有证据证明，对低收入者应当征收较低税收。同样，由于技能的差异，为了效率起见，我们应该让劳动技能最差的人少工作，而让劳动技能较高的人多工作。具有较高技能的人的劳动供给可能是相当缺乏弹性的（假设中排除了移民的可能性），为了贫困集团的利益，对具有较高劳动技能并且具有较高收入的人征收高的边际税率，可能牺牲更多的产出。

（3）我们要设计与所得税互补的税收，从而避免所得税所面临的困难。如引入一种既依赖于工作时间又依赖于劳动所得的税收方案，还要考虑如何抵消我们中的某些人从基因和家庭背景中得到的先天优势。

斯特恩（1986）将米尔利斯以及后来的相关研究取得成果概括为以下 3 个观点，并通称之为米尔利斯模型的结论。具体为：

（1）边际税率处在 0 和 1 之间。

（2）对最高收入的个人的边际税率应为 0。

（3）如果具有最低工资率的人正在最优状态下工作，那么对他们的边际税率也应为 0。

米尔利斯的最优所得税理论阐述了一个基本观点是，一个完善的税收体系必须是符合现代经济学中的"激励性相容"原则的体系。这种体系应当给予人们一种激励，通过人们对工作努力程度的选择，透露出他们真实的生产率和纳税能力。事实上，以米尔利斯和维克里为代表的现代最优税收理论学派的一个重要研究目标即是，在政府信息不充分的情况上，建立一种兼顾效率与公平，具有"激励相容"机制的优化税收制度，诱使人们说真话、不偷懒，鼓励那些能力较强的人更加努力的工作，以便提高经济效率和增加政府收入，进而增进整个社会的福利。

米尔利斯认为，过去一些工业化国家奉行的高额累进税制是与公平、效率目标和"激励性相容"原则相背离的。因为在劳动供给不受所得税影响的情况下，实现完全平等的最佳

---

① 转引自杨斌：《对西方最优税收理论之实践价值的质疑》，《管理世界》2005 年第 8 期。

边际税率应等于100％。但是，所得税不可能不影响劳动的积极性和供给，如果边际税率为100％，额外的劳动所得全部用于缴税，作为理性的经济人而言，谁都不愿去工作，税前所得也就为0。他认为，在可以自由选择边际税率的非线性所得税制下，对最高所得课征的最佳边际税率应当为0。因为在税率表既定的情况下，最高所得的个人在赚取Y美元之前，其适应的边际税率随所得的增加而提高，当他的所得超过Y美元后，如果增加的所得适用的边际税率为0，最高所得者就可能觉得多工作更划算而选择增加工作。倘若如此，他的境况就更好，而政府的税收收入并未减少，因为Y美元所得的纳税额没有变。这样，最高所得者的效用增加了，其他人的效用也没有降低，因而符合帕累托改进条件。

米尔利斯关于最高收入者的边际税率可以为零的理论表明：并非一定要通过对高收入者征重税才能使低收入者的社会福利函数达到最大。事实上，让高收入者承担过重的税负，其结果也会使低收入者的福利水平下降。在此基础上，米尔利斯进一步提出了所谓"倒U形"优化所得税税率模式。具体内容是：根据兼顾效率与公平的原则，对中等收入阶层的边际税率可以适当提高，因为提高他们的税率能够比提高高收入阶层的税率带来更多的税收收入，并使得对这两个阶层征税的扭曲保持在同一水平上；相反，对处于两极的低收入阶层和高收入阶段，其边际税率则可适当降低。因为降低低收入阶层的边际税率，有利于增进穷人的福利，体现社会分配的公平；而降低高收入阶层的边际税率，则可以强化对经济主体的刺激，改善效率，增进总的社会福利。

回顾现代最优所得税理论的发展历程，自1946年美国哥伦比亚大学教授威廉·维克里从不充分信息对优化税制的约束条件入手，在公平和效率并重的条件下研究最优所得税对经济主体的刺激问题以来，到米尔利斯、斯特恩、戴蒙德等经济学家将其研究推向纵深发展。

包括米尔利斯、斯特恩、戴蒙德等经济学家对现代最优所得税研究的意义在于否定了一个传统观点的普遍性，即否定了"为了实现公平目的，应当设计边际税率表，边际税率随收入的上升而上升"的观点。他们认为，在特殊情况下，边际税率随收入的上升而上升这一观点不成立，所得税不是在任何情况下都是一项缩小不平等程度的有效工具。

最优所得税理论告诉人们，必须格外慎重地看待"公平意味着递增的边际所得税税率"这样的传统原则。最优所得税必须在较高的边际税率所产生的公平收益和较高的边际税率所导致的效率损失之间进行权衡。

3. 米尔利斯最优所得税理论的局限性

以米尔利斯为代表的现代最优所得税理论同样也存在局限性，因此其研究结论并不具有普遍意义，不能简单地以此为依据进行税制改革。科学的思维方式应当是全面考察结论的假定前提，如果现实社会中他们的假定前提不存在或极其特殊，那么结论就不具有普遍意义[①]。米尔利斯最优所得税理论的局限性表现在：① 最优所得税理论的假定与现实世界相去甚远，而米尔利斯模型对假定极其敏感，假定稍稍改变，结论也就发生改变；② 从制度设计来看，米尔利斯模型不具有可行性。即使我们认可最高收入和最低收入的边际税率均为0，但如何确定这个最高收入和最低收入的界限？从实际看，很难确定收入的顶部和基部；③ 从制度运行来看，由于现实生活中，国家对经济中的个人的效用及其行动不具有完全信息，实施最优税收方案需要成本。

---

① 转引自杨斌：《对西方最优税收理论之实践价值的质疑》，《管理世界》2005年第8期。

由于上述缺陷的存在,使得最优所得税模型的结论难以应用到实践中去。

总之,无论是最优所得税和最优商品税,都不能简单的照搬到现实的税制制定中去。由于最优税收理论的所有观点和结论,都只是在其严格假定前提下,才是成立的,因此这些理论是解决特殊问题的,而不是处理普遍问题的,同样不能简单地将其中某些结论或观点作为普遍的税制改革原则。政策的实施要充分考虑信息和行政问题,当理论上最优税收的实行所需要的信息获取和行政成本过高时,就没有实施的可行性,最优的但没有实施可行性的税制远不如不是最优的但具有可行性的税制。特别是在我国这样市场经济不发达的社会中,由于信息披露的有限性、经济的市场化货币化程度低、经济发展呈多元化和不平衡局面、正式规则和以面子人情关系为特征的"潜规则"并存,最优税收的假定前提所描述的社会经济特征更是属于稀少和个别现象。因此,最优税收理论的结论作为政策具有更少的可行性。税制改革原则不仅要从理论分析中汲取养分,以便深化对税制公平和效率协调的重点和难点的认识,更要充分考虑改革的政治目标、社会的福利函数取向、税收成本、经济发展水平和文化特征所决定的制度运行效率等。只有将各种因素与效率、公平等原则综合加以考虑,才能使得最优税收理论能够为现在与未来的税收实践提供更为有力的指导,推动税制的发展和完善。

第二节　税　制　结　构

一、税制结构的概念和作用

(一) 税制结构的概念

税制结构是指一国税收体系的整体布局和总体结构,是一个国家根据其生产力发展水平和经济条件,合理设置税类、税种、税制要素等而形成的主次分明、相互协调、相互补充的税制体系和布局。税制分类的方法有多种,研究的角度不同,依据的标准不同,则分类也不尽相同。税制有广义和狭义之分。广义的税制结构是指一国税制中不同税类之间、税种之间、税制要素之间以及各自内部之间的关系。狭义的税制结构仅指各个税类、税种之间的主辅关系。根据广义和狭义税制的内涵,税制结构可分为三个层次的内容:

第一,主体税种和辅助税种之间的地位及相互关系。税制结构的研究重点是各税系或税类在社会再生产中的分布状况及相互之间的比重关系,这主要涉及主体税种的选择以及主体税种与辅助税种的配合等问题。主、辅税种在税收分配中的比重差异,决定了两者在税制中的地位和作用亦不尽相同。如果其中的某一类税种在履行税收职能中处于主导地位,它便属于税制中的主体税种,其他税种则构成辅助税种。主、辅税种的选择和搭配,形成了狭义的税制结构,亦称税种结构和税制模式。

第二,税系内部和税系之间的税种关系。一国的税制体系可以分为不同的税系。税收制度及其构成体系均由税种组成,各个税种之间的关系可以表现为税系内部和税系之间这两个层面的税种关系。比如,按课税对象的性质划分税制结构,可将税收划分为对商品(或劳务)的课税、对所得(利润)的课税和对财产的课税。这是当前各国最常用、最基本的税收分类方法。据此,形成商品劳务税、所得税以及财产税等不同的税系。以中国为例,则商品劳务税主要由增值税、消费税、关税等税种组成。其中增值税是商品劳务税中的主导性税种,其他税种居次要地位,以上各税种均反映商品劳务税内部税种之间的组合和搭配关系,即税系内部的税种关系。而如果是增值税与企业所得税之间的关系,则反映的是税系之间的税种关系。

第三,税制要素的组合关系。税制要素的不同组合和选择方式,也会形成不同的税制结构。这种制约关系通常有三种表现形式:① 同一税系内部课税要素的选择,影响该税系的基本格局和功能配置。例如,我国的增值税实行比例税率,而消费税中有的税目则实行定额税率。② 同一税种内部不同要素之间配置关系。例如,我国增值税中纳税人及其相应税率的设置和搭配关系。③ 同一税系或同一税种内部某一税制要素采取不同的形式,影响税系或税种的构成。仍然以我国的增值税为例子,我们将我国的增值税纳税人分为一般纳税人和小规模纳税人,针对不同的纳税人采取不同的计税和管理办法,这直接影响到我国增值税的功能和构成。

（二）税制结构的作用

税制结构是一国税制体系建设的主体工程,合理地设置各类税种,从而形成一个相互协调、相互补充的税制体系,是有效发挥税收职能作用的前提,也是充分体现税收公平与效率原则的有力保证。然而,一国税制结构的形成与发展,受其客观的社会经济条件的制约,不以人们的主观意志为转移。在现实中,多数国家的税制结构并非经过事前的完整设计或周密计划,它的形成与发展往往受到某个发展阶段社会经济体制、生产力发展状况、政府宏观管理水平等因素的影响与制约,同时也受政治上各派势力集团力量对比的左右,并在各种重大历史事件积累的基础上形成。

二、税制模式分类

税收制度以构成的税种多少为标准,可以划分为单一税制模式和复合税制模式。税制结构是指税收制度中税种的构成及各税种在其中所占的地位。只有在复合税制条件下,才会谈到税制结构。

（一）单一税制

单一税制是指只有一个税种的税收体系。在税收的历史上,曾经有人积极主张实行单一税制,但它始终只是在理论上存在,世界各国并未实行,因此在税收学上也称为单一税论。关于单一税制的主张较多,而且都与不同时期的政治主张、经济学说相呼应,其理论根据及其经济基础各有差异,大致可分为四类。

1. 单一土地税论

主张单一土地税的为重农学派,魁奈为其主要代表人物。这种税收经济理论是以“纯产品”学说为基础的,认为只有农业才能创造纯产品,地主是唯一占有纯产品(剩余产品)的阶级,所以主张实行单一土地税,由占有纯产品的地主阶级负担全部税收,而免除租地农场主和商业者的一切税收负担。至19世纪,单一土地税又被美国经济家亨利·乔治再次提出,他积极主张推行“单一地价税”,亨利·乔治认为,资本主义制度的弊病就在于社会财富分配不公,虽然随着社会生产技术的进步,物质财富迅速增长,但由于地主垄断土地,社会进步带来的全部利益都转化为地租收入,使得人民陷于贫困,生产发展受到阻碍,所以亨利·乔治主张实行单一土地税,以使土地增值收益全部归社会所有。

2. 单一消费税论

主张单一消费税的多为重商主义学派学者。17世纪,英国人霍布士主张实行单一消费税,废除其他一切税收。他认为,人人都要消费,对消费品课税,能使税收负担普及于全体人民,限制贵族及其他阶层的免税特权。至19世纪,德国人普费非也主张实行单一消费税。他从税收平等原则出发,主张税收应以个人的全部支出为课税标准,也就等于就全部消费课税。因为消费是纳税人纳税能力的体现,消费多者,负税能力大,消费少者,负税能力小,对消费支出课税,符合税收平等原则。

3. 单一资本税论

单一资本税的代表人物是法国人计拉丹和门尼埃。单一资本税论主张以资本的价值为标准征税。这里所说资本是指不产生收益的财产。对资本课税既可以刺激资本用于生产,又可以促使资本的产生,并能捕捉所得税无法课及的税源。这一学说又分为两种观点:一是以美国学者为代表所主张的以资本为课税标准,但资本仅以不动产为限;另一种则是以法国学者为代表所主张的应以一切有形的资本为课税对象。

4. 单一所得税论

早在16世纪,法国人波丹曾经讨论过单一所得税。18世纪初叶,法国重农派经济学家沃邦提出"什一税"这种单一所得税。19世纪下半叶,单一所得税盛行于德国,特别是拉萨尔等人基于改造私有制的立场,主张采取高度累进的所得税以平衡社会财富。他们认为消费税是对多数贫农的课税,而所得税则是对少数富有者的课税,因而提倡单一所得税制。历史上单一税制理论的提出有其时代背景,主要是由于当时税制复杂,政府横征暴敛,人民不堪其苦,或者是由于税收分配不公平,而遭到了人民的反抗。另外,单一税论的提出,也是由于人们看到了它的一些优点:① 税收的课征只有一次,对生产和流通影响很小,有利于经济的发展;② 稽征手续简单,减少了征收费用;③ 可使纳税人轻易了解其应纳税额。

但是,单一税制也有很多缺点,以税收原则的要求来看,主要表现在以下几个方面:① 从财政原则看,单一税制很难保证财政收入的充足,也就难以满足国家经费的支出需要;② 从经济原则看,单一税容易引起某一方面经济上的变动;③ 从社会原则看,单一税制的征税范围很小,不能普及一切人和物,不符合税收的普遍原则。同时,单一税只对某一方面课税,而对其他方面不课税,也难以实现税收的平等原则。

(二) 复合税制

复合税制是国家选择多种税,使其同时并存、相互协调、相互补充,而成为有机的税收体系。税制结构要具备一定的功能,而具备一定的功能必须符合各项税收原则的要求,一个税种不可能合乎一切税收原则的要求,只有复合税制才能做到。

复合税制的优点体现在:就财政收入而言,税源较广且普遍,伸缩性大,弹性充分,收入充足;就社会政策而言,具有平均社会财富,稳定国民经济的功能;就税收负担而言,从多方面捕捉税源,可以减少逃漏税。所以说,复合税制是比较科学合理的税制结构。复合税制为当今世界各国所普遍采用。

当然,复合税制也有一些缺点,表现在:税收种类较多,对生产和流通可能带来不利影响;征收手续繁杂,征收费用较高;容易产生重复课税。

三、税制结构的类型

(一) 税制结构的类型

当今世界大部分国家都实行复合税制。复合税制可划分为不同的结构类型。划分的标志就是主体税种的选择。主体税种是一个国家税制结构中占据主要地位,起主导作用的税种。其特征是在同一征税权主体设置的税种中收入比重最高,主体税种决定一个税制结构的性质和主要功能。

一般说来,税收可分为四大类。第一大类是所得税,包括个人所得税、公司(法人)所得税、社会保障税。第二大类是商品税,包括全值流转税和增值税。第三大类是财产税,有一般财产税、个别财产税、遗产赠与税等。第四大类是行为税。这些税种中,有的可充当主体税种,有的则永远只能充当辅助税种。税收发展的历史表明,只有一般财产税、所得税和多阶段课征的流转税、关税以及增值税才能充当主体税种,这是由这些税种的性质决定的。

从理论上讲,一个复合税制结构中可只有一个主体税种,也可有两个、三个甚至多个主体税种,因此,复合税制结构类型可划分为单主体税的税制结构、双主体税的税制结构、多种税并重的税制结构。就单主体税的税制结构看,有个人所得税(含具有个人所得税性质的社会保障税)为主体的税制结构,法人所得税为主体的税制结构、全额流转税为主体的税制结构、增值税为主体的税制结构和财产税为主体的税制结构。

(二)主要税制结构类型

复合税制结构的理论类型很多。而实践中税制结构的类型并没有那么多。综观当今世界各国税收实践,各国税制结构虽千差万别,但从大的方面来看,处于同一经济发展水平的国家在税制结构选择上还是具有一些共性的。目前,世界各国存在三种税制结构模式:一是以所得税为主体的税制结构模式;二是以流转税为主体的税制结构模式;三是所得税和流转税并重的"双主体"税制结构模式。下面对这三种主要税制结构模式进行介绍。

1. 以所得税为主体的税制结构模式

在以所得税为主体的税制结构中,个人所得税和社会保障税普遍征收并占据主导地位,法人(企业)所得税也是重要税种。通过所得税所筹集的税收收入占全部税收的主要部分,对社会经济的调节主要通过所得税来实现,同时辅之以选择性商品税、关税和财产税等,以起到弥补所得税功能欠缺的作用。

以所得税为主体的税制结构模式就其内部主体税特征而言,又可以划分为以个人所得税为主体、以企业所得税为主体和以社会保险税为主体等三种税制结构模式。

归纳以所得税为主体的税制结构特征,表现在以下方面[①]:

(1)以所得税额或财产额为课税对象,税源比较固定,聚财功能较强,较易适用累进税率。当经济过热、需求过旺时,由于所得税的累进性,其增长速度高于国民收入的增长速度,从而会抑制需求。相反,在经济衰退、需求不足时,所得税可自动减税,起到刺激需求的效应。同时,通过相机抉择税收政策的运用,即在不同的经济发展周期,对所得税率、各种减免扣除项目及其数额进行调整和变动,可实现对社会总供给和总需求的调节,有利于在市场机制无法合理地配置资源时促进经济协调发展,对经济能起重要调节作用。

(2)个人所得税考虑了基本扣除、配偶扣除以及抚养扣除等个人情况,实现对高收入者多课税、对低收入者少课税或不课税的量能课税原则,体现纵向公平和横向公平。所得税中的个人所得税的征收实行源泉扣缴制度,可控制税源,因此其对收入调节更为直接有效。社会保障税的征收为社会保障制度提供了物质基础,虽然就社会保障税征收本身而言,对

---

① 王乔、席卫群:《比较税制》,复旦大学出版社 2009 年版,第 20～21 页。

社会成员间收入差距的调节作用不大,但通过社会保障基金的支付,即对低收入者多支付、高收入者少支付,可实现社会成员间收入的再分配,促进社会公平和社会稳定目标的实现。

(3) 税负不易转嫁。

(4) 税收变动不会对物价产生直接的影响。

但是,所得税在征收管理上,相对于其他税种,尤其是对照商品税要复杂得多。所得税的计税依据是应税所得,应税所得是经过复杂的计算后得出的,而且要加以核实,所以征收管理相对困难,征收成本居各税之首。此外,因税负不易转嫁,纳税人感到负担重,偷、逃税较多,尤其是在法制不健全的发展中国家。当然,如果在税率结构上进行比较好的选择,如起征点较高、累进档次不多、边际税率不高,但仍有一定累进性的所得税,再辅之以良好的征管条件和较好的经济发展背景,应该能够兼顾公平与效率,成为较好的税制结构模式。

综上所述,所得税为主体的税制结构模式在实现税收公平目标上占有优势。当然,其纵向公平原则的贯彻会影响到经济效率,即在公平和效率目标上存在矛盾,矛盾的关键点在于税率结构如何选择。同时,这一税制结构的聚财功能也是强的。

2. 以流转税为主体的税制结构模式

顾名思义,流转税为主体的税制结构是以流转税为主体税种。流转税的具体税种从名称上看,有货物税、销售税、周转税、增值税、关税等。从课税对象来说,除增值税以增值额为计征依据,其余税种都是就商品或劳务的全部收入征税[①]。

(1) 以全额流转税为主体的税制结构。全额流转税的课税对象是流转金额,其中周转税对多阶段、多环节,如产制、批发、零售和劳务进行普遍全额征收;销售税则对上述某一环节的产品或劳务收入全额征收。不难看出,全额流转税的显著特点是税基宽,具有较强的聚财能力,对税收征管条件要求相对较低,稽征简便易行,对经济调节灵活,针对性强,可配合价格共同调节。上述优势适于在较落后的发展中国家推行,因而曾在许多国家成为主体税种。

但是,全额流转税有其致命的缺陷:一是重复征税;二是累退性,不符合公平原则。由于全额流转税既不利于专业分工协作,又难以按纳税人的实际负担能力征税,因而不少国家逐渐用增值税取而代之。不过一些经济基础较差国家和地区由于条件的限制,还是以全额流转税作为主体税种。目前,大约有50多个国家和地区采用了该模式,甚至几个国家,如乌干达、哥斯达黎加等还以关税为主体税种,对全额流转税有很强的依赖性。在已实行增值税的国家,全额流转税也并非束之高阁,而是视情况启用,弥补增值税调节功能不足的缺陷,挖掘税收收入。

(2) 以增值税为主体的税制结构。增值税对商品和劳务的增值额征税,征税范围包括生产、批发、零售各个环节。在实际运作过程中,由于经济发展水平、财政状况、国民纳税习惯、国家具体情况等因素,增值税因法定扣除项目的规定不同,分为生产型增值税、收入型增值税和消费型增值税。

增值税税负与商品周转环节次数没有关联,只与增值额相关,可以避免重复征税,税基宽广,对经济影响是中性的。但增值税的直接征税成本高于全额流转税,需要有完整的会计制度与税收征管制度配合,如果该条件不能具备,即使实行增值税也无法达到预期的某

① 王乔、席卫群:《比较税制》,复旦大学出版社2009年版,第19~20页。

些政策目标,偷、逃税现象会应运而生。此外,增值税呈累退性,不同收入阶层在商品购买和消费中,实际承担的税负相对于其收入比重是递减的,即收入越高,所负担的税收比例越低,不符合税收公平原则。

以增值税为主体的税制结构,在公平和聚财方面不亚于全额流转税,在效率方面可以从根本上克服全额流转税为主体的税制结构的缺陷,是一种比较好的税制结构。

3. 所得税和流转税并重的"双主体"税制结构模式

"双主体"税制结构模式,即所得税和流转税并重的税制结构模式,是指在整个税制体系中,流转税和所得税比重相当,在财政收入和调节经济方面均起着主导作用。双主体税制结构模式的特点是,既能确保财政收入的稳定可靠,又能使税收的刚性与弹性相结合,充分发挥税收对经济的宏观调控作用。双主体的税制结构模式虽然是一种现实的税制结构模式,但从发展角度分析,只是一种转换时期的过渡模式,将被流转税为主的税制结构模式或所得税为主体的税制结构模式所替代①。

四、影响税制结构的因素

在同一时期,经济和社会发展水平不一样的国家通常会采用不同的税制结构,即使是在同一国家不同时期税制结构也可能存在较大差异。影响税制结构的因素包括一国的经济形态,经济运行机制,国民经济结构,经济发展水平,财产制度及其分配结构,以及政府的政治、经济和社会的政策目标等因素。所有上述这些因素都会对一国的税制结构,在税种的选择与布局安排,税负在不同产业、地区和部门的分担与设计,主辅税种的选择,以及每种税在整个税制结构中的地位等等产生影响。理清影响税制结构的因素,有利于充分理解各国选择特定税制结构的背景和规律,为本国制定符合国情的税制结构模式和税制结构优化提供参考。尽管影响税制结构的因素较多,但归结起来可分为主观因素和客观因素两方面。每个方面又可进一步细分。

(一)客观因素

1. 经济形态

人类社会经历了自然经济和商品经济两种经济形态。在自然经济条件下,一般是以自给自足的农业经济为主,商品交换极不发达。因此,那时的国家,大都以农业收获物为税收课征的主要对象,辅之以对土地、房屋等财产的课税。其税制结构也势必是以农业税为主体税。在商品经济条件下,商品生产和商品交换的迅速发展,使以商品流转额和非商品流转额为征税对象的流转税成为主要税类,从而形成了以流转税为主体的税制结构。随着商品经济的进一步发展和扩大,一方面在商品交换中所实现的国民收入价值,集中到作为交换主体双方的企业和个人的手里,形成了一个新的主要税收来源;另一方面对商品流转额的课税,也逐步显露了它在国内市场和在国境边界上对自由贸易人为干扰的不利影响。于是,一个新的以企业和个人的所得为征税对象的所得税迅速上升,以致在一些国家取代了原来的流转税地位。从而使一部分国家的税制结构又从以流转税为主体逐渐演变为以所得税为主体。

2. 经济发展水平

经济发展水平既会影响征税对象的形式,又将直接制约着税收收入的总量。经济发展

---

①　胡怡建:《税收学》,上海财经大学出版社 2004 年版,第 86 页。

水平的重要标志是人均国民生产总值。一般来说,人均国民生产总值越高,税收占国民生产总值的比重也越大。在不同的国家,或者同一国家的不同历史时期或不同地区之间,经济发展的水平都会呈现出较大的差异性。这种经济发展水平的差异必然制约着税种的设置,税目、税率的设计和主体税种的确定,从而影响着一国的税制结构。

以世界银行公布的 1980 年的调查材料为例,在人均国民生产总值 260 美元的低收入国家里,国民生产总值税负率为 13.2%;人均国民生产总值为 2 000 美元的中等收入国家,这一比率为 23.3%;而在人均国民生产总值为 10 000 美元的高收入国家,这一比例是 28.1%。世界银行曾对 86 个国家的税制结构与人均 GNP 之间关系进行分析,得出令人信服的结论:所得税具有随人均 GNP 增长而上升的趋势,流转税具有随人均 GNP 增长而下降的趋势[①]。显然,一国国民生产总值税率越高,税负承受能力越强,从而为税制结构的调整提供了物质基础。

人均国民收入水平是反映经济发展程度的另一指标。在人均国民收入较低的发展中国家,流向企业和个人的纯收入极为有限,税收只能主要来源于商品劳务税。相反,在人均国民收入较高的工业化国家,企业和个人的所得占国民收入的份额较大,从而为实行以所得税为主体的税制模式提供了可能。这些都表明了经济发展水平和国民收入(或 GDP)状况对税制结构有决定性的影响。

3. 经济运行机制

在同一的社会经济形态中,处于不同的经济发展阶段的国家,其经济运行机制的差异将导致其税制结构也会由此发生较大的差异。

在计划机制条件下,商品和劳务的价格由国家计划规定,反映劳动力价格的工资水平和标准也由计划规定。因此,计划价格成为调节商品利润,从而也是调节企业利润的重要手段。对商品课征的流转税,由于它同价格的内在联系被用来配合计划价格共同对利润进行调节,从而形成以商品税为主的税制结构。这也就是在采取计划运行机制的国家,税制结构一般都以流转税作为主体税的原因。

在市场运行机制条件下,商品的价格基本上由市场供求决定。为了避免对市场机制的人为干扰和扭曲,对商品课征的流转税,已从原来作为调节商品利润,从而调节商品供求结构的手段,转变成为中性税收。于是商品税为主的税制结构让位于对利润直接课征的所得税。这就是为什么大多数采取市场运行机制的国家,都以所得税为主体税的原因。

不同的经济运行制度,要求有与之相适应的税制结构,这种制约关系,在社会主义转型国家中税制结构选择问题上表现得十分明显。自 1978 年以来,中国税制结构的变革与完善的历程,在一定程度上就反映了经济运行机制对税制结构的影响。

4. 财产制度及其分配结构

财产制度实际上是指生产资料所有制,可分为公有财产制和私有财产制。在以公有制经济为主的国家里,个人只拥有生活资料,不拥有或很少拥有生产资料;只取得工资收入,而没有或很少拥有基于生产资料所带来的收入。生产资料基本上都归属于劳动者集体所有或由代表全体人民的国家所有。在这种情况下,政府的税收收入主要来源于企业,而很少来源于个人。因此,企业成为纳税主体,并主要采取流转税的形式。在私有制经济为主

---

① 胡怡建、朱为群:《税收学教程》,上海三联书店 1994 年版,第 129 页。

的国家里,个人既拥有生活资料,也拥有生产资料,即生产资料主要属于个人所有,而很少属于企业或者国家所有,在这种情况下,政府税收主要来自个人,并且有必要采取所得税形式。

（二）主观因素

1. 政府的政策目标

一国政府在一定时期内都有一定的政策目标,包括政治的、经济的和社会的政策目标在内。税收作为掌握在政府手中的一个重要分配工具,也是宏观经济调控的工具,必然要被用来为实现其政策目标服务。这就需要选择具有相应功能的税种,安排好这些税种之间的协调配合和合理布局。根据政策目标最终是服务于效率、公平或稳定的选择,各个时期的税制结构会存在差异。例如,发达国家早期以自由放任政策为主基调,奉行税收中性原则,将效率看作首要目标,目的在于加快商品经济发展。因此,当时这些国家的主体税种为流转税。第二次世界大战以后,发达国家在政策导向上将公平原则置于重要地位,税制结构也随之调整。福利经济学此时也对税制结构变革产生影响,发达国家通过所得税实现收入分配均等化更加普遍。20世纪80年代之后,发达国家在漫长的经济衰退中又重新审视经济政策,并将税收政策重要目标进行调整,即由公平转向效率。在这种情况下,发达国家对过大的所得税比重进行调整,适当增加流转税比重,使税制结构更加趋于优化。

2. 不同社会主体的利益平衡

税收是国家凭借其政治权利进行的强制、无偿地课征。对于纳税人来说,无论政府出于何种理由征税,均形成了利益的损失。税制结构的设计,须充分考虑各利益主体的利益平衡。由于不同税种的组合,会对不同社会主体的利益产生不一样的影响,由流转税为主的税制结构转为所得税为主的税制机构,势必将对家庭、企业、消费者、不同级别的政府产生不同的影响。因此,税制结构的最终形成,必然受社会各主体的利益权衡所影响。

3. 政府对税收职能的定位

财政收入职能和调节经济职能是税收的两大职能。在不同的国家、不同的历史时期,各国政府对税收职能的定位将影响到税制结构的选择。具体而言,根据流转税和所得税各自的优缺点,会产生以下不同的职能定位,进而影响一国对税制结构的选择。一种情况是,由于流转税和所得税各自的优缺点,一个经济还不够发达且要过多考虑保证财政收入的国家,必然要较多采用以流转税为主体的税制结构。而对于一个经济比较发达的国家必然要偏向以所得税为主体的税制结构。另一种情况是,如果一个国家既要考虑保证财政收入、平衡财政收支,又要注重对经济实施调控、促进经济持续稳定增长,那必然要偏向采用"双主体"的税制结构。

总体而言,侧重组织财政收入的税制结构设计较为简单,而侧重调控经济的税制结构则较为复杂的,这与经济行为和经济生活的复杂性有关。两者间的选择表面上看带有主观性,但实际上也是以客观的经济条件为基础的。例如,在一个经济比较落后的国家要建立一种所得税为主体的税制结构是缺乏物质基础的。同样,在一个经济高度发达的国家,要建立一种以流转税为主体的税制结构,也必然会影响到经济运行的效率,因此在现实中也未必是最优的选择。因此,在一定程度上主观和客观因素并非是绝对的,主观因素的考虑总是建立在现实的基础之上。

第三节　税制结构的国际比较

税制结构是根据国情,为实现税收的效率、公平、财政目标,由若干不同性质和作用的税类、税种、税制要素等组成的主次分明、层次得当、长短互补、具有一定功能的税收体系。由于经济发展水平、社会文化传统等因素的影响,世界各国税制结构及统计口径差别较大。即使在经济发展水平接近的国家,税制结构也有较大差异。如何确定较为适合本国国情的税制结构,是各国着力解决的问题,也在相当程度上决定了一个国家税收功能的发挥程度。任何国家的税制结构都不是一成不变的,都会随其经济发展阶段和社会组织结构的演变而调整。本部分重点介绍和分析世界各国税制结构的演变规律和发展趋势,并对发达国家与发展中国家税制结构进行比较,以期为优化我国税制结构提供参考。

一、世界各国税制结构的演变及发展

回顾世界各国税收发展的历程,世界各国特别是西方国家税制结构的演变大致经历了四个阶段,依次是以古老的直接税为主体的税制模式,以间接税为主体的税制模式,以所得税为主体的税制模式,以直接税与间接税并重的多元化税制模式。

（一）以古老的直接税为主的税制结构

古老的直接税是早期奴隶制和封建制国家实行的税制模式。在当时自然经济处于统治地位、商品经济处于从属地位的情况下,国家无法从其他方面课征足够的税收,只能以土地和人口作为征税对象,采用直接对人或物课征的人头税、土地税、房屋税、户税等直接税形式保证政府取得必要的收入。这些简单、原始的直接税,大多按照课税对象的部分外部标志来规定税额,如人头税按家庭人口课征等。马克思曾经指出:"直接税作为一种最简单的征税形式,同时也是一种最原始最古老的形式。是以土地私有制为基础的那个社会制度的时代产物。"[①]

这种模式在税收发展史上延续数千年,然而,它的弊端是明显的:① 古老的直接税通常以课税对象的某些外部标志作为标准,而不考虑课税物品带给其所有者的收入及负担能力,因而失之公允。② 这种税制缺乏必要的收入弹性,很难及时而充分地满足财政需要。③ 在古老的直接税制下,封建贵族、僧侣阶层易于获得豁免税收的特权,税收不公常引起人民的强烈不满。④ 农村中,古老的直接税加速了农民破产,封建国家常采取加重对城市工商业课税的办法予以弥补,如执照税、资本税等,这些城市的直接税严重阻碍着资本主义工商业的发展。因此,当资本主义商品经济关系在封建母体内孕育成长时,就已经预示着这种古老的直接税逐渐衰退的历史必然性。

（二）以间接税制为主的税制结构

资本主义发展之初,西方国家奉行自由放任的经济政策,税收政策主要遵循中性原则,把追求经济效率作为首要目标。一方面对国内生产、销售的消费品课征国内消费税,以代替原先对工商产业直接征收的工商业税,从而减轻了资本家的税收负担;另一方面为保护本国资本主义工商业,对国外制造和运输的进口工业品课以关税。这时的税制结构,按照

---

① 《马克思恩格斯全集》第 8 卷,人民出版社 1958 年版,第 543 页。

发展资本主义的要求,在城市取消对工商业者征收的原始直接税,代之以间接税即消费税。由于消费税金可以随销售一同转嫁出去,这样,经营工商业的资本家一般不会负担税收。而且,在资本主义发展初期,农村自给自足的经济占主导地位,加之资本主义工业产品虽然质量高但价格昂贵,因此,购买这些商品并负担消费税的,还是那些富裕的贵族和大地主阶级。马克思在《哲学的贫困》中指出:"消费税只是随着资本主义统治的确定才得到充分的发展……在它手中,消费税是对那些只知道消费的封建贵族们的轻浮、逸乐、挥霍财富进行剥削的一种手段。"①这种征收手段在当时起着双重作用:一方面解决新兴资产阶级政府的财政困难;另一方面削弱封建势力的经济实力。

消费税有狭义和广义之分。前者指的是对消费品课征的个别消费税,如烟税、酒税、关税等,这在封建社会时就已存在;资产阶级所要求的是后者,即广义的以商品流转额为对象的一般消费税,如营业税、商品税、消费税等,从 16 世纪到 18 世纪中叶,这类消费税已逐步发展成为主导性税收,形成了以间接税为主体的税制模式。

然而,以间接税为主体的税制模式实行一段时间后,资产阶级发现,这种税制开始阻碍资本主义经济发展,同资产阶级利益时常发生矛盾。一方面,国境消费税即关税制度,过去曾经是保护资本主义工业发展的有力武器,然而,当本国工业已经发展壮大起来,出口竞争能力增强,需要向国外销售产品,或向国外购买廉价原材料时,保护关税就成为实行自由贸易政策的桎梏。另一方面,在国内,消费税的范围扩展到全部生活必需品和资本工业品,且税率不断提高,这对于资本主义发展造成了相当大的消极效应。这些消极效应表现在:① 消费税通常只能课及大工业生产的商品,难以课及自给产品,在客观上限制着资本主义商品生产发展;② 由于当时的商品税一律采取多阶段、台阶式课征方法。商品生产的流转环节越多、范围越广,税收负担就越重,削弱了资本主义工业品的竞争优势。所有这些正如马克思所指出的:"由于现代化分工,由于大工业生产,由于国内贸易直接依赖于对外贸易和世界市场,间接税制度就同社会消费发生了双重冲突。在国境上,这种制度体现为保护关税政策,它破坏或阻碍同其他国家进行自由交换。在国内,这种制度就像国库干涉生产一样,破坏各种商品价值的对比关系,损害自由竞争和交换。"②

（三）以现代直接税（所得税）为主的税制结构

随着资本主义的日益发展,以消费税为主的间接税制逐渐暴露出其与资产阶级利益之间的冲突。面对消费税所引起的矛盾,资产阶级陷入了两难选择。若取消消费税为主的间接税,会给以它为基础的整个财政制度带来灾难性的后果;若恢复或增加原始的直接税,不仅要激起日益贫困化的农民的强烈反抗,同时也无法满足国家不断增加的财政需要。如果对所得和财产征收直接税,也不符合资产阶级的利益,因为"直接税不允许进行欺骗",即资产阶级也要为此支付相应的份额。从 18 世纪中叶到 19 世纪末,资产阶级在上述矛盾的权衡中,在间接税为主体和所得税为主体的模式间,踌躇徘徊了整整一个世纪。与此同时,资本主义的快速发展,带来了所得额稳步上升的丰裕税源,为实行所得税创造了丰富的税源,为所得税的开征奠定了物质基础。因此,第一次世界大战前后,西方各国相继建立了以所得税为主体税种的税制结构。

---

① 《马克思恩格斯全集》第 4 卷,人民出版社 1958 年版,第 179 页。
② 《马克思恩格斯全集》第 8 卷,人民出版社 1961 年版,第 543 页。

（四）以直接税与间接税并重的税制模式

20 世纪 70 年代末、80 年代初,资本主义经济发展遇到了严重的经济危机,西方国家普遍陷入"滞胀"困境之中。西方国家普遍认识到,以所得税为主体的税制结构虽然有利于社会公平,但高所得税抑制了纳税人储蓄、投资和风险承担的积极性,抑制了经济增长。为了促进经济的增长,西方国家在供给学派思想指导下,再次把税收政策的目标转向经济效率,各国纷纷开始了大规模的税制改革,80 年代中期以后,普遍开征了增值税,许多国家逐步扩大了增值税的征收范围,出现税制结构重返间接税的趋势,形成了所得税与商品税并重的税制格局。

（五）"低税率、宽税基、简税制、严征管"的税制改革进展

20 世纪 80 年代以来世界各国的税制在原有基础上不断改革和创新,税制结构的选择和税制改革朝着务实方向发展。1985 年 5 月 29 日,美国总统里根向国会提交了一份关于税制改革的咨文,由此拉开了以美国为首的世界各国大规模税制改革的序幕。1986 年美国政府提出了堪称美国历史上最重要的一个税制改革方案。此后,世界各国纷纷效仿,形成了以"低税率、宽税基、简税制、严征管"为特征的全球性税制改革浪潮。此次税制改革是半个世纪以来税制原则的一次重大调整,主要表现在:① 税收的经济效率原则方面,由全面干预转向适度干预;② 税收公平与效率原则的权衡方面,由偏向公平转向突出效率;③ 税收公平原则的贯彻方面,由偏重纵向公平转向追求横向公平;④ 税收效率原则的贯彻方面,由注重经济效率转向经济与税制效率并重。

20 世纪 80 年代以来世界各国税制改革的内容主要包括四个方面:一是大幅降低所得税税率,特别是减少个人所得税的税率档次、降低边际税率;二是提高增值税在整个税收收入中的比重,扭转了长期以来重视所得税,忽视商品税的状况;三是调整和优化直接税和间接税的比重;四是税制理论和方法上的创新。具体表现在:

第一,降低所得税税率,减少所得税的税率档次及其边际税率。20 世纪 80 年代到 90 年代末,发达国家大多降低了个人所得税和公司所得税的税率,拓展了税基,美国、日本、德国、瑞典等国所得税比重均有所下降。在降低所得税税率的同时,美、英等发达国家还降低了个人所得税的税率档次。税制改革后,美国的个人所得税由 11%～50% 的 15 档税率层次减少到只剩 15%～28% 两档税率,最高边际税率由 50% 降为 28%。公司所得税也由原来的 15%～46% 的 5 档税率减少为 15%、25% 和 34% 的 3 档税率。英国的个人所得税税率从改革前的 6 档,改为现在的 25% 和 40% 两个税率档次。其他西方国家的所得税税率档次都从以前的多个档次减少到不超过 5 个档次,还普遍降低了所得税的边际税率。至此,西方国家基本上不存在边际税率超过 60% 的所得税[①]。这样既吸收了比例税率易于征税的优点,又保持了累进税率的收入调节功能。

第二,提高增值税在税收中的比重。20 世纪 80 年代末期,西方国家在减少所得课税的同时,加强和改进了商品课税,主要是普遍开征了增值税。从 1985 年起,土耳其、葡萄牙、西班牙、新西兰、希腊、日本、加拿大等国先后开征了增值税。与此同时,许多国家提高了增值税的税率,扩大了增值税的税基,OECD 国家增值税的平均税率由开征时的 12.5% 提高到了 1996 年的 17.5%。具体来说,法国由 1986 年的 18.6% 提高到 1995 年的 20.6%,德国由 1986

---

① 施本植、梁柯:《西方国家税制结构的演变及其对我国的启示》,《财贸经济》2004 年第 12 期。

年的 14％提高到 1998 年的 16％,西班牙由 1986 年的 12％提高到 1995 年的 16％,瑞典由 1986 年的 23.5％提高到 1995 年的 25％,英国由 1986 年的 15％提高到 1995 年的 17.59％。

第三,优化税制结构,调整和改善直接税和间接税的比重关系。在税制结构问题上,发达国家已经有了共识,即增值税是流转税的最佳选择,在不造成动荡的情况下,应逐渐提高增值税的地位。同时认为实行宽税基、低税率的所得税是对窄税基、高税率所得税的改进。因此,某些发达国家直接税和间接税的比重逐步调整,两者之间逐步接近。按照 1990 年的数据,直接税和间接税的比重在英国为 59.3∶40.7,联邦德国为 50.1∶49.9,法国为 40∶60,意大利为 57.2∶42.8[①]。

发展中国家受经济条件的约束大都以流转税为主体税种,尽管如此,发展中国家也积极进行税制的现代化和国际化的改革。具体而言,中东欧国家普遍建立了国际通行的税制结构,包括废止国有企业的利润上缴,改征企业所得税(企业利润税或公司所得税);开征增值税以取代原来的周转税;实行累进税率的个人所得税制,并多数以"综合型"代替以往的具有所有制差别的"分类型"。独联体的部分国家开始从关税入手,走税收一体化的道路,甚至在经济不够发达的北非马格里布地区,阿尔及利亚、摩洛哥和突尼斯三国在 20 世纪 90 年代初也全部完成了现代化的税制改革,体现了税制的趋同性。从发展中国家的税制发展分析,随着经济的发展,人均 GNP 的增加,征管水平的提高,所得税呈现出逐渐上升的趋势,接近甚或超过流转税,但在相当长时期内,流转税仍将在这些国家占据主导地位。因为在发展过程中,发展中国家对财政收入的庞大需求使政府不会刻意为增加所得税比重而削弱流转税,这就决定了发展中国家税制结构的变化将是渐进的过程。

第四,税制理论和方法上的创新。一是跳出了供给学派"单向"减税以刺激总供给的框架,强调应该通过减税与增税"双向"调节社会经济活动。这在美国克林顿的税收政策中表现得尤为明显,增税主要包括对最富有阶层增收所得税,扩大针对有关医疗保险的工薪税税基,提高联邦汽油税等,而减税则主要针对中低收入家庭与小企业,并扩大对劳动所得税额扣抵的范围。其他 OECD 国家也有类似情况。二是在效率与公平原则及其他政府目标的结合与轻重权衡上,普遍调整了片面追求效率、忽视公平及其他政府目标的做法,努力促进各种原则和目标的协调。三是不片面强调追求"理想优化状态"和使用绝对中性的"非扭曲性"税收工具,强调对各种约束限制条件的研究,注重"次优状态"的获取。四是更注重改革的循序渐进,注重经济行为主体的反馈信息,并没有刻意追求一步到位。

综上所述,世界各国税制经历了一个由原始直接税到间接税到现代直接税再到直接税与间接税并重的"双主体"税制模式演变和发展的过程。世界各国税制模式的演变表明,税制结构是一个动态发展的过程,再次印证了税制结构的形成受经济形态、经济发展水平、社会发展程度等多方面因素的制约和影响,即影响税制结构的因素变化,必然导致税制结构的变化。各国税制模式的演变和发展规律表明,在现代经济社会中,国家对于不同性质税种的要求都是迫切的,没有一个国家只依靠某个(类)税种就可以实现自己所有的调控目标。也就是说,寻求不同税类之间合理的搭配是今后税制发展的最终目标,无论是发达国家还是发展中国家,直接税和间接税都是其不能缺少的,关键是解决好两者之间的搭配问题。

[①] 转引自国家税务总局:《西方税收理论》,中国财政经济出版社 1997 年版,第 230 页。

显然,世界上并没有一种最优的税制模式,各国税制演变和发展表现出既趋同,又存异的特征。各国应根据自身的国情,借鉴国际经验,取长补短,建立符合本国发展的税制结构。

二、税制结构比较

（一）世界各国税制结构概览

根据各国每年人均 GDP 水平,世界银行把全世界经济体划分为四个收入组别,即高收入国家、上中等收入国家、下中等收入国家和低收入国家。以其 2020 年的标准,人均 GDP 在 1 036 美元以下的为低收入国家,人均 GDP 在 1 036~4 045 美元的为下中等收入国家,人均 GDP 在 4 045~12 535 美元的为上中等收入国家,人均 GDP 在 12 535 美元以上的为高收入国家。不同收入类型的国家,其税制结构各有不同,具体如表 8-1 所示。

表 8-1

各类税收占税收收入总额的比重

国家类别	所得税				流转税				财产税、工薪税等其他税	
	所得税（含资本权益税）		社会保障税		货物与劳务税		国际贸易税			
	2010 年	2018 年	2010 年	2018 年	2010 年	2018 年	2010 年	2018 年	2010 年	2018 年
下中等收入国家	25%	25%	0	1%	30%	39%	6%	7%	0	0
上中等收入国家	21%	24%	8%	5%	39%	34%	4%	3%	1%	1%
高收入国家	22%	24%	30%	30%	32%	30%	0	0	1%	1%
撒哈拉以南非洲国家	24%	25%	0	0	30%	34%	12%	11%	1%	1%
南亚国家	16%	19%	0	0	30%	42%	16%	12%	0	0
拉美和加勒比地区国家	24%	27%	12%	11%	40%	36%	4	3%	1%	1%
东亚和亚太地区国家	34%	32%	0	0	27%	26%	3%	3%	1%	1%
欧洲和中亚国家	17%	18%	32%	30%	34%	34%	0	0	1%	1%
北美国家	50%	53%	31%	29%	3%	3%	1%	2%	0	0

注:表中数据的最新更新时间为 2021 年 2 月 17 日。

资料来源:世界银行《世界发展指标》。

尽管上述表中反映的只是世界各国税制结构的大致轮廓,但仍然可以看出,经济越发达国家,所得税(包括社会保险税)越重要,对流转税的依赖性不大,对关税的依赖性极其微弱;而经济越落后国家对流转税的依赖性越强。

以下将重点对发达国家和发展中国家的税制结构进行比较分析。

（二）发达国家的税制结构

大多数市场经济工业国,即经济发达国家,其现行税制结构明显地表现为所得税为主体的税制结构。即所得税占总税收的比重最大,而且,随着社会保障制度的逐渐完善,社会保障税也已成为税制体系中的主体税种之一。发达国家总体税制结构及分国别税制结构情况见表 8-2。

表 8 - 2

发达国家的税制结构（占总收入的百分比）

税种	2000 年	2010 年	2017 年	2018 年
个人所得税	24.0%	22.5%	23.4%	23.5%
公司所得税	9.5%	8.9%	9.7%	10%
社会保障税	24.8%	26.4%	25.6%	25.7%
工薪税	1%	1%	1.1%	1.2%
财产税	5.5%	5.5%	5.9%	5.6%
货物与劳务税	33.6%	33.8%	33%	32.7%
其他税	1.6%	1.9%	1.3%	1.3%

资料来源：OECD（2020），Revenue Statistics 2020。

由表 8 - 2 可看出，经济发达国家的税制结构主体税种大多选择所得税。除此之外，发达国家税种数量也呈现出多税种、宽覆盖、高重叠的特征。发达国家的税种数量较多，如美国多达 80 多个（可统计数），德国有 52 个，日本 57 个，法国 50 多个。而且其税种的覆盖面也较宽，遍及生产、流通、消费各个环节，涉及法人和自然人，课税范围包括财产、收入和行为等。税种重叠度也较大，一个纳税人需要缴纳多种税。

（三）发展中国家的税制结构

发展中国家的现行税制结构明显地表现为以商品税为主体的税制结构。商品税一般占其税收总额的比重为 70%～85%。根据国际货币基金组织编制的《政府财政统计年鉴》（1993 年），在 130 个国家（地区）中，以国内商品（劳务）课税包括增值税（不含关税）为第一号税种的国家有不丹、尼泊尔、巴基斯坦、菲律宾、泰国、斯里兰卡、缅甸、印度、土耳其、摩洛哥、南非、突尼斯、扎伊尔、津巴布韦、赞比亚、乍得、吉布提、加蓬、加纳、肯尼亚、立陶宛、匈牙利、波兰、玻利维亚、智利、哥伦比亚、危地马拉、牙买加、墨西哥、尼加拉瓜、秘鲁、乌拉圭等 47 个。如果加上对进出口贸易的课税，以商品税为第一号税种的国家（地区）还要加上贝宁、利比里亚、几内亚、刚果、毛里求斯、卢旺达、尼日尔、坦桑尼亚、斐济、孟加拉国、马尔代夫、马来西亚、伊朗、约旦、多米尼加、洪都拉斯、苏里南、圭亚那等 39 个，这样两项相加，以商品及劳务税为主体的国家达到 86 个。虽然大多数发展中国家都是选择以商品税为主体税种，但是具体分析，处于不同收入水平的发展中国家，其商品税的地位也有差异。

低收入国家商品及劳务税占全部税收的比重平均达到 70%。所得税与商品税相比所占比重过低，只有 26%。其中主要依赖公司所得税，尚未开征社会保障税，其他税所占比重也微乎其微。这些国家包括印度、缅甸、肯尼亚、卢旺达、埃塞俄比亚等。

中等收入国家（中等收入国家包括巴西、韩国、马来西亚、印度尼西亚、菲律宾、泰国、墨西哥等）的大多数虽也是以商品税为主的税制结构，但商品税占全部税收的比重比照低收入国家要低，所得税和其他税所占比重明显提高。商品税与所得税之比平均为 49：43，即呈现出商品税与所得税平分秋色的格局。不仅如此，随着规范化社会保障制度的建立，一些国家已开征了社会保障税。

部分发展中国家的税制结构情况见表 8-3。

表 8-3

部分发展中国家税制结构表（2018 年）

国家＼税种	所得税（含资本权益税）	社会保障税	货物与劳务税	国际贸易税	财产税、工薪税等其他税
菲律宾	37%	0	27%	21%	6%
印度	46%	0	41%	5%	0
秘鲁	30%	12%	36%	1%	7%
保加利亚	16%	25%	42%	0	0
泰国	30%	5%	42%	3%	1%
墨西哥	38%	11%	29%	2%	1%

注：表中数据的最新更新时间为 2021 年 2 月 17 日。

资料来源：世界银行《世界发展指标》。

　　发展中国家的税制结构从税种数量看，比发达国家要少得多。大部分发展中国家的税种一般不超过 20 个。如印度 22 个，新加坡 14 个。税种的覆盖面和重叠度也较低。

　　综上所述，以所得税为主体税种和以流转税为主体税种是当今世界两大税制结构模式。但是值得注意的是，近年来，发展中国家实行对外开放政策，经济发展迅速，所得税比重有所提高，同时推广现代间接税——增值税。发达国家 20 世纪 80 年代以来的税制改革，逐步降低所得税，开征或提高增值税，总的趋势是向所得税和流转税均占一定比重的"双主体"税制方向发展。究其原因是所得税与增值税具有不同的功能效应，这两者的配合有利于税制结构多元目标和整体效应的实现。衡量税制结构优劣的主要标准是收入、效率、公平。增值税有中性功能，能够保证市场对资源配置的基础性作用，符合效率标准，所得税具有公平效应，增值税和所得税在现代税制中的有机结合就是效率、公平协调和均衡的结果。基于上述归纳，我们可以做如下总结：无论发达国家或发展中国家都面临共同的问题，即优化税制结构，互相取长补短。各国税制结构从根本上呈现出这样一个发展趋势，既趋同，又存异，在与国际税制接轨基础上，保持本国税制结构的特点。因此，不能简单地以所得税或流转税为主体税种来衡量税制结构的优劣。根据本国国情，全面发挥税制功能，才是符合本国的税制结构。

第四节　中国税制结构及其优化

一、税制结构优化的一般理论

　　最优税收理论为提供经济扭曲效应最小的税收组合提供了理论参考，也为衡量税制是否优化提供了衡量标准，即达到税制效率和公平的统一。但税制结构如何接近或实现最优税收理论遵循的原则或目标却是一个实践问题。从可操作性看，最优税收理论的目标和内容在现实中难以操作，而税制结构却是可以调整的。只有通过税制结构的优化这个途径，才能实现改革税制内容、优化税收的目的。当然,实现最终的完美结合是困难的,但它至少为税制结构的优化提供了一个可以比较的参照系。税制结构优化主要考察各个税种构成关系的选择,即主体税的选择问题。同时,税制结构优化还应考虑主、辅助税的内部结构问题和税制结构的功能定位等问题。

（一）主体税种的选择

主体税种是指在税收制度中居于主导地位、起主导作用的税种,是表现一定税制结构类型的主要标志。因此,主体税种的选择也就成为确定税制结构目标模式的关键。主体税种的基本特征:一是在全部税收收入中占较大比重;二是在履行经济调节职能等方面发挥主要作用;三是其征税制度变化会给整个税制带来举足轻重的影响。一国税制对主体税种的不同选择,形成不同类型的税制模式。因此,主体税种并非所有税种都能问鼎,必须有其内在特质、雄厚基础和可观潜力,同时也与国家税制设计相关,即需要国家审时度势,确立该税种的主体地位。在现代社会,政府课征的税种主要有商品劳务税、所得税和财产税。其中,由于商品劳务税和所得税具有明显的主导地位,主体税种的选择主要在商品劳务税和所得税中进行,两者的选择和搭配成为税制结构优化的重要内容。

辅助税种尽管地位上不及主体税,在整个税制结构中处于辅助地位,但其辅助作用也并不是可有可无的。辅助税种因其功能的特殊性、设置的灵活性、职能范围的特定性和负担的直接性等特点,在特定时候发挥着自身的作用。例如,由于辅助税种功能的特殊性和职能范围的特定性,故其能在主体税种不能发挥作用的领域体现其补充功能和体现国家特定的征税目的。又如,由于辅助税种的灵活性和负担直接性的特点,使其税种的设置具有较大的灵活性和因地制宜性,并且税负透明度高,影响利益直接。

鉴于主、辅税种的功能定位和地位的差异,两者的合理搭配直接影响着税制结构及其功能的发挥。各国应结合本国情况,合理搭配主辅税的结构和比重,实现税制结构优化的目标。

（二）税种的合理配置

在主体税种确定的前提下,还需合理安排主、辅税种的内部结构。

第一,合理安排好主体税种内部的结构。主体税种内部结构安排主要包括流转税的结构安排和所得税的结构安排。流转税的内部结构主要涉及增值税、消费税、营业税等税种的搭配问题。考虑到流转税对效率的影响,应尽量选择具有中性特征的增值税,并辅之以流转税中具有非中性特征的特别消费税等税种,发挥流转税对资源配置的优化和影响。所得税的内部结构包括企业所得税和个人所得税的结构和比重关系。到底以个人所得税为主,还是企业所得税为主,取决于一国具体的经济特征和政府政策目标。

第二,合理设置辅助税种及其结构。在主体税种设置好的前提下,为使总体税制结构优化,还需合理设置辅助种及其结构,发挥其辅助税种对主体税种的补充和特殊调节功能。辅助税种主要包括资源税、财产税、行为税、特定目的税等,各国国情不同,辅助税种包含的内容也不尽相同。原则上应本着简化税种,优化功能的原则,形成税种相对较少,征收比较简单,功能比较合理的辅助税的内部结构模式。

（三）税制结构设置应遵循的原则

一般而言,除了主体税种的选择和税种的合理配置以外,无论是主、辅税种的选择还是各自内部税种的搭配,税制结构的优化还需遵循以下四个原则:一是税制结构的设置能够保证政府财政收入,满足公共支出的需要;二是税制结构应有效地服务于公平和效率目标;三是税制结构应有利于宏观经济的协调发展;四是征管成本较小,能够被政府掌控和实施。

二、中国税制结构的演进及现状

（一）中国税制结构的演进

中华人民共和国成立60多年来,随着国家政治、经济形势的发展,税收制度的建立与发展经历了一个曲折的过程。总体上看,60多年来我国税制改革的发展大致上经历了三个历史时期:第一个时期是从1949年新中国成立到1957年,即国民经济恢复和社会主义改造时期,这是新中国税制建立和巩固的时期。第二个时期是从1958年到1978年年底中共十一届三中全会召开之前,这是我国税制曲折发展的时期。第三个时期是1978年中共十一届三中全会召开之后的新时期,是我国税制建设得到全面加强、税制改革不断前进的时期。

在上述三个时期内,我国的税收制度先后进行了五次重大改革。

第一次是新中国成立之初的1950年,在总结老解放区税制建设的经验和全面清理旧中国税收制度的基础上建立了中华人民共和国的新税制。具体来说,1950年1月,按照"公私兼顾、劳资两利、城乡互助、内外交流"的原则,政务院颁布了《全国税政实施要则》,规定全国统一开征14种税,初步形成了以产品流转额和所得额为主要课税对象的税种,以及其他一些税种相配合的多环节税制体系。该税制结构中,流转税无疑是主体税种,其税收收入占整体税收的70%。1950年工商税收收入总计26.32亿元,而货物税、工商业税中的营业税就达到16.36亿元。

第二次是1958年的税制改革,其主要内容是简化税制,以适应社会主义改造基本完成、经济管理体制改革之后形势的要求。具体来说,在1958年,按照"在基本保持原税负的基础上简化税制"的方针,对工商税制进行了改造,形成以工商统一税和工商所得税为主的税制结构。

第三次是1973年的税制改革,其主要内容仍然是简化税制。具体来说,1973年,根据"合并税种,简化税制"的指导思想,对工商税制进行又一次改变。其最终结果使中国的工商税收制度简化得近乎单一。除农业税外,中国实际上只开征了8种税。在这样一个税制结构下,工商税的收入占绝对主导地位,实际上形成了近似单一的流转税税制结构。

第四次是1984年的税制改革,其主要内容是普遍实行国营企业"利改税"和全面改革工商税收制度,以适应发展有计划社会主义商品经济的要求。具体来说,本次改革是在1978年改革开放以来税制改革的深化。1980年、1981年我国先后制定并颁布征收中外合资经营企业所得税、个人所得税、外国企业所得税,还明确了对涉外企业征收工商统一税、城市房地产税、车船使用牌照税,逐步形成了比较完整的涉外税收制度。1983年,对国营企业全面实行征收所得税,即第一步"利改税"。1984年,又开始实行第二步"利改税",同时对工商税收制度进行全面改革。这些改革从根本上改变了中国的工商税制面貌,初步实现了由单一流转税制向以流转税和所得税为主,其他税种相配合的复税制体系的转变。1984年工商税制改革后的几年,双主体税制结构似乎已具端倪,1985年,流转税比重为46.7%(不含关税),所得税比重提高为34.3%[1]。

---

[1]　转引自邓子基:《税种结构研究》,中国税务出版社2000年版,第216页。

第五次是 1994 年的税制改革,其主要内容是全面改革工商税收制度,以适应建立社会主义市场经济体制的要求。我国现行税法体系基本上是在 1994 年税制改革时期形成的。1994 年税制改革的主要内容包括:第一,全面改革了流转税制,实行了以比较规范的增值税为主体,消费税、营业税并行,内外统一的流转税制。第二,改革了企业所得税制,将过去对国营企业、集体企业和私营企业分别征收的多种所得税合并为统一的企业所得税。第三,改革了个人所得税制,将过去对外国人征收的个人所得税、对中国人征收的个人收入调节税和个体工商业户所得税合并为统一的个人所得税。第四,对资源税、特别目的税、财产税、行为税作了大幅度的调整,如扩大了资源税的征收范围,开征了土地增值税,取消了盐税、奖金税、集市交易税等 7 个税种,并将屠宰税、筵席税的管理权下放到省级地方政府,新设了遗产税和证券交易税(但是一直没有立法开征)。

经过 1994 年税制改革和多年来的逐步完善,我国已经初步建立了适应社会主义市场经济体制需要的税收制度,对于保证财政收入,加强宏观调控,深化改革,扩大开放,促进经济与社会的发展,起到了重要的作用。可以说,1994 年改革后的税种设计达到了真正意义上的初步规范,为今后税种的进一步完善和优化奠定了基础,也为税制结构的优化创造了条件。直到今天,现行税制也只是在 1994 年税制改革的基础上进行相应调整。

2003 年,中共十六届三中全会通过了《完善社会主义市场经济体制若干问题的决定》(以下简称《决定》),明确了要分步实施税收制度改革。《决定》确定了八个方面的改革内容:改革出口退税制度;统一各类企业税收制度;增值税由生产型改为消费型;完善消费税,适当扩大税基;改进个人所得税;实施城镇建设税费改革;在统一税政前提下,赋予地方适当的税政管理权;创造条件逐步实现城乡税制统一。一般的看法认为,这标志着进入新世纪之后我国新一轮税制改革的开始。可以说 2003 年以来我国税制改革取得了突破性进展。

2003 年以来,相关部门按照中共十六届三中全会提出的"简税制、宽税基、低税率、严征管"原则,积极稳妥地推进税制改革,先后取消了农业税、统一了内外资企业所得税、实现了增值税由生产型向消费型的转型。

特别是十二五以来,随着"营改增"、资源税改革、财产税制改革的稳步推进和顺利实施,我国税收实体法制度建设进一步完善,以完善立法为首要任务的财税改革拉开序幕,依法治税理念逐步贯彻实施,一套科学的税制体系正在形成。

回顾新中国建立以来的税制结构的演进过程,在绝大多数时期,都是实行的以流转税为主的税制结构,体现出税收制度发展中自发的"路径依赖"特征,只有在税制受到明显制度性调整的 1984 年工商税制改革那段时期,才略微显现流转税和所得税的"双主体"税制结构的变化。现在,我国又回归到以流转税为主的税制结构模式。我国税制结构的演进过程反映税制结构受经济和社会发展的影响,同时,我国税制结构的选择也是与经济条件和征管能力相符的现实选择。

(二)我国税制结构的现状

1. 流转税是我国税收的主要来源,比重呈逐年下降趋势

目前,流转税仍然是我国的主体税种,但比重呈现逐年下降的趋势。以 2019 年为例,2019 年全国税收收入完成 158 000.46 亿元,其中,流转税占税收收入总额的比重由 2000 年的 70.9% 下降到 2019 年的 48.8%。

2.所得税收入逐年增长,对税收增长的贡献逐年上升

随着企业经济效益和个人收入水平的持续增长,所得税所占税收收入的比重逐年上升。依然以 2019 年为例,2019 年所得税收入为 47 692.3 亿元,占税收收入比重为 30.18%。较之 2000 年的 13.2% 增加了近 16.98 个百分点。根据近年数据显示,我国流转税比重有所降低,所得税的比重有所提高。但 1994 年的税制改革以来我国形成的以流转税为主体税种的税制结构体系并未发生根本改变。

3.辅助税种设置及结构不尽合理,有待完善

第一,收益税类方面。我国目前社会保障制度实施采用的是行政收费制度,并局限于城镇范围,分省市区域运行。我国现行的以费代税的社会保障制度严重地制约着我国社会保障制度建设的发展,而社会保障税的缺位则在客观上影响我国社会保障制度的发展。

第二,财产税类方面。我国目前税收制度中财产税类税种设置尚不齐全,已开设的财产税种只有房产税、契税、车船税。

第三,资源税类方面。我国目前在对资源征税方面,除了对矿产资源和盐等征收资源税外,对土地资源开征了土地增值税、城镇土地使用税和耕地占用税等。

根据我国税制结构的现状,不难发现我国税制结构还存在一定的问题,主要表现在以下方面:① 主体税种有待优化。目前,我国事实上依然是流转税为主体的税制结构,所得税的比重占到 30% 左右,真正的双主体税制结构尚未实现。② 辅助税种调控乏力。辅助税种占收入的比重不足,调控作用与理想设计相去甚远,社会保障税、财产税长期处于缺位或半缺位状态。③ 税负结构失调。从税源区域分析,我国税收主要来源于东部,其次是中部;从产业结构分析,我国税收主要来源于第二、第三产业;从产品结构分析,我国税收主要来源于对商品流转额和所得额的课税;从课税对象分析,我国仍有许多税种未能及时立制开征,导致税源遗漏。④ 税收管理体制有待进一步规范。1994 年建立的分税制,主旨在于提高中央税收收入比重,而且是在承认地方既得利益的基础上进行的。这导致税权的划分未能充分体现税收的公平和效率原则,也没有理顺各级政府间的财政分配关系。税收管理体制仍需优化。

三、我国税制结构优化

当前我国采用"双主体税制结构"模式的优点是显而易见的,一方面其适应中国以生产资料公有制为主导的多层次生产力与生产关系结构的经济基础以及多种经营的经济形式,使税收涉及社会再生产各环节、各领域,充分发挥税收的经济杠杆作用。同时,"双主体"的税制结构模式可发挥流转税与所得税各自的优点,使之配合得当,产生互补作用,流转税的优势在于聚财稳定,征收便利;所得税的优势在于较为公平,可调节收入分配,并产生经济"内在稳定器"的效果。两者各有所长,若合理配置,则相得益彰。然而,尽管 1994 年我国的分税制改革进一步确立以流转税和所得税"双主体"并重的税制结构模式,目前,我国实质上仍然是以流转税为主的税制模式,离"双主体"税制结构模式还有一段距离,税制结构有待优化。

（一）税种结构的优化

1.我国主体税种的优化

主体税种的选择也就成为确定税制结构目标模式的关键。主体税种的选择不仅要注

重其所筹集收入在整个税收收入中所占比重的大小,还要重视其对实现税收政策所起到的调控作用。因此,我国主体税种的选择应确立流转税(主要是增值税)和所得税并重的"双主体"税制结构。从增值税角度分析,增值税征税范围广,涉及生产流通的各个阶段、各个领域,对社会经济生活起到普遍的调节作用。增值税征收管理的特殊性,使其具有较强的聚财功能,有利于保证财政收入随着经济发展而增长。我国增值税实现全面"营改增"之后,未来应考虑增值税自身优化的问题。从所得税来分析,所得税具有自动稳定器和收入分配调节功能。从我国近年来经济发展的过程看,存在着经济波动和收入分配不公等问题,需要运用一定的政策手段熨平经济波动和调节收入分配公平。随着我国生产力水平的提高,通过所得税取得的收入在税收收入中所占比重也会相应增加。特别是随着国际交往的日趋频繁,经济全球化带来的人员、服务、资本等跨国流动速度的加快,会使居民个人跨国收入和非居民个人本国所得都相应增加,这必然要求强化所得税及其管理。综合两者考虑,增值税与所得税具有不可相互替代的功能和特点,只有两者相互协调配合、优势互补,共同构成主体税种,才能有效地实现公平与效率的目标。如果仅以流转税为主体,存在难以解决的诸多问题;而如果仅以所得税为主体,为保证财政收入,同样会导致过高的所得税税率或较高的累进性而抑制劳动者工作、储蓄、投资和风险承担的积极性,阻碍资本积累和技术进步,不利于本国商品在国际市场上参与竞争等负面效应。因此,应该在经济不断发展的基础上创造条件,提高所得税比重,使之逐步接近流转税,这种渐进式提高所得税比重的终极结果是所得税接近或超过流转税,成为真正的"双主体"税制结构模式。至于是否达到以所得税为主体税种的单极税制结构模式,则视将来的经济发展水平及客观需要而定。

2. 我国辅助税种的优化

辅助税种是主体税种的重要补充。为补充主体税种在实现税收政策目标中的不足,应根据税收环境的变化,对现行税制中的辅助税种进行相应的调整和完善,使之更加符合经济发展的需要。① 适时增设我国税收体系中缺位的税种。比如,结合社会保障制度的完善开征社会保障税,稳定社会保障资金的来源;适时开征遗产和赠与税等税种。② 取消设置不当或已失去意义的税种,包括固定资产投资方向调节税、土地增值税、耕地占用税、城市维护建设税等税种。

(二)主要税种内部结构的优化

在主体税种选定之后,主、辅税种内部结构的调整也关系到整个税制结构的优化。具体来说,在增值税方面,当前应重点关注税率层级及负担率优化问题。在所得税方面,内外资企业所得税合并之后,主要问题在于个人所得税。我国现行的个人所得税已实现综合和分类相结合课征模式的初步转变。未来,应针对个人所得税实施中存在的主要问题,采取相应措施完善个人所得税。例如,对于综合所得部分的征税,可适当降低其边际税率,减少税率档次,适当拉大税率级差,增加其税前可以扣除的项目及额度等。

(三)中央税与地方税结构的优化

税制结构优化还需要处理好中央税与地方税的结构问题①。

第一,按照税种的功能性质划分中央和地方的收入。改变按企业行政隶属关系和经济性质划分中央税和地方税的做法,实行按税种的功能性划分收入的做法。可考虑将与宏

① 施本植、梁柯:《西方国家税制结构的演变及其对我国的启示》,《财贸经济》2004 年第 12 期。

观经济稳定和对收入分配关系密切的税种和收入规模较大的税种作为中央税。除按现行分税办法将消费税、关税继续作为中央税外,建议将个人所得税和社会保障税也作为中央税。从国际上看,多数国家均将个人所得税作为中央税。企业所得税、增值税则应作为中央与地方的共享税,实行税源共享,并取消中央对地方的税收返还。

第二,在给予地方政府必要税权的基础上,完善地方税体系。企业所得税和增值税应成为地方主要的收入来源。同时,地方可以根据本地的实际情况开征新税种,并有权对地方税税种进行适合本地情况的调整。

第三,建立和完善省以下分税制。使省以下各级地方政府把有与其经济增长相关性较强且具有较强收入弹性,具有一定的增长潜力的税种作为其主体税种,形成完善的地方税体系,保证地方经济和各级政府税收收入的稳定增长。

本 章 小 结

1. 最优税收理论是一种规范性的税收经济理论,它从公平与效率的税收原则出发,运用寻求权衡公平和效率的思路和方法,利用福利经济学和数学工具,通过分析各种税收的性质、效应及其权衡关系,找出进行最优税收决策的决定因素及一般性原则,提供经济扭曲效应最小的税收组合。

2. 最优税收理论的核心是公平与效率的问题。总的来说,最优税收理论主要研究最优商品税和最优所得税,这是由最优税收目标函数的变量所决定的。根据目标强调的是效率还是公平和效率兼顾,基于约束条件的不同,经济学家们从不同角度论证了最优税收理论,为政府设计税制和制定税收政策提供了一种理想的参照系。

3. 最优商品税问题可以简单表述为,在税收总额或公共支出一定的前提下怎样征税才能使社会的福利损失最小或税收的超额负担最小。显然这是一个效率问题。

4. 最优所得税的实质问题是:在选定以所得作为课税基础之后,设计何种程度的累进税率能实现公平准则。

5. 税制结构是指一国税收体系的整体布局和总体结构,是一个国家根据其生产力发展水平和经济条件,合理设置税类、税种、税制要素等而形成的主次分明、相互协调、相互补充的税制体系和布局。

6. 税收制度以构成的税种多少为标准,可以划分为单一税制模式和复合税制模式。单一税制是指只有一个税种的税收体系。复合税制是国家选择多种税,使其同时并存、相互协调、相互补充,而成为有机的税收体系。

7. 复合税制结构类型理论上可划分为单主体税的税制结构、双主体税的税制结构、多种税并重的税制结构。目前,世界各国存在三种税制结构模式:一是以所得税为主体的税制结构模式;二是以流转税为主体的税制结构模式;三是所得税和流转税并重的"双主体"税制结构模式。

8. 影响税制结构的因素可分为客观因素和主观因素,客观因素包括:经济形态、经济发展水平、经济运行机制、财产制度及其分配结构等。主观因素包括:政府的政策目标、不同利益主体的利益平衡及其政府对税收职能的定位等。

9. 世界各国特别是西方国家税制结构的演变大致经历了四个阶段,依次是以古老的直接税为主体的税制结构模式,以间接税为主体的税制结构模式,以所得税为主体的税制结构模式,直接税与间接税并重的多元化税制结构模式。

10. 税制结构优化主要考察各个税种构成关系的选择,即主体税的选择问题。同时,税制结构优化还应考虑主、辅助税的内部结构问题和税制结构的功能定位等问题。

11. 税制结构的优化需遵循以下四个原则:一是税制结构的设置能够保证政府财政收入,满足公共支出的需要;二是税制结构应有效地服务于公平和效率目标;三是税制结构应有利于宏观经济的协调发展;四是征管成本较小,能够被政府掌控和实施。

12. 总体上看,60多年来我国税制改革的发展大致上经历了三个历史时期:第一个时期是从1949年新中国成立到1957年,即国民经济恢复和社会主义改造时期,这是新中国税制建立和巩固的时期。第二个时期是从1958年到1978年年底中共十一届三中全会召开之前,这是我国税制曲折发展的时期。第三个时期是1978年中共十一届三中全会召开之后的新时期,是我国税制建设得到全面加强、税制改革不断前进的时期。

13. 我国税制结构的优化可以从税种结构、主要税种内部结构以及中央税与地方税结构三个方面入手,应选择确立流转税(主要是增值税)和所得税并重的"双主体"税制结构。应根据税收环境的变化,对现行税制中的辅助税种进行相应的调整和完善,使之更加符合经济发展的需要。应调整和完善主、辅税种内部结构。应处理好中央税与地方税的结构问题。

练 习 题

一、名词解释

最优税收理论　最优税收　反弹性法则　科利特-黑格法则　税制结构　税制模式　单一税制　复合税制　"双主体"税制结构　主体税种

二、单项选择题

1. 一般商品税对个人收入的再分配效果是(　　)。
A. 累退的　　　　B. 累进的　　　　C. 无影响　　　　D. 不能确定

2. 从公平角度分析,为实现公平分配目标,在选择性商品税的情况下,应选择(　　)的商品征税。
A. 弹性小　　　　B. 弹性大　　　　C. 与弹性无关　　　　D. 以上都不对

3. 税收公平观要求以不同税收负担政策对待纳税能力不同的人,这种公平观是(　　)。
A. 横向公平观　　B. 纵向公平观　　C. 机会公平　　　D. 起点公平

4. 我国现行的税制模式是(　　)。
A. 以所得税为主的税制模式　　　　B. 以流转税为主的税制模式
C. 以增值税为主的税制模式　　　　D. 以社会保障税为主的税制模式

5. 以下不属于单一税制优点的是(　　)。
A. 税收的课征只有一次,对生产和流通影响很小,有利于经济的发展

B. 稽征手续简单,减少了征收费用

C. 可使纳税人轻易了解其应纳税额

D. 可实现税收的平等原则

6. 税收制度以构成的税种多少为标准,可以划分为(　　)。

A. 单一税制模式和复合税制模式　　　　　B. 直接税和间接税

C. 以所得税为主体的税制结构　　　　　　D. 以流转为主体的税制结构

7. 根据最优商品税的结论,对于生活必需品适用(　　)税率。

A. 低税率　　　　　B. 高税率　　　　　C. 免税　　　　　D. 都不对

三、多项选择题

1. 从效率角度分析,为使超额负担极小化,在选择性商品税的情况下,应选择(　　)的商品征税。

A. 弹性小　　　　　B. 弹性大　　　　　C. 生活必需品类　　　D. 奢侈品类

2. 影响税制结构的主要因素有(　　)。

A. 经济因素　　　　　B. 制度因素　　　　　C. 地理因素　　　　D. 管理因素

E. 政策因素

3. 单一税制是指只有一个税种的税收体系,大致可分为(　　)。

A. 单一土地税论　　　　　　　　　　　B. 单一消费税论

C. 单一所得税论　　　　　　　　　　　D. 单一资本税

4. 以下属于复合税制优点的有(　　)。

A. 弹性充分,收入充足

B. 具有平均社会财富,稳定国民经济的功能

C. 不容易产生重复课税

D. 可以减少偷漏税

四、简答题

1. 最优税收理论的核心问题是什么?

2. 论最优税收理论。

3. 最优商品税如何在公平和效率间权衡?

4. 最优所得税如何在公平和效率间权衡?

5. 税制结构的基本特征是什么?影响税制结构的基本因素有哪些?

6. 以构成的税种多少为标准,可以将税收制度划分为几种模式?试评述各种模式的优缺点。

7. 简述税制结构的类型及其各自的特点。

8. 从世界各国税收发展的历史过程来分析,世界税制发展有哪几种税制模式?

9. 主体税种在税制结构中的作用是什么?

五、论述题

1. 试述发达国家与发展中国家税制结构的异同。

2. 论"双主体税"税制结构模式。

3. 论如何优化我国的税制结构。

六、案例分析题

【案例资料】

税务总局新闻发言人、办公厅副主任郭晓林介绍,卷烟消费税改革初见成效,控烟与增税双赢。2015 年 5 月 10 日起,卷烟批发环节消费税税率由 5% 提高至 11%,并在批发环节加征 0.005 元/支的从量消费税。从 6 月份首个税款征收期看,卷烟批发环节从价计征消费税 63.4 亿元,同比增加 34.3 亿元,同比增 118.13%;从量计征的消费税 5.8 亿元,为净增长。两项合计增收 40 亿元。

根据卷烟商业批发企业纳税申报的情况测算,5 月 10 日至 31 日,卷烟商业批发环节销量同比减少 15.9%,实现了控烟与增税的双重效应。

资料来源:节选自曾金华:《上半年税收情况发布——税制改革红利持续释放》,《经济日报》,2015 年 7 月 28 日。

请阅读上述资料,应用税收学相关理论,回答以下问题:

(1) 什么是"反弹性法则"? 简述"反弹性法则"的局限性。

(2) 根据"反弹性法则",简述提高烟草税是否符合最优商品税中的效率原则?

(3) 试述提高烟草税是否符合最优税收理论中的公平原则?

(4) 试分析我国现行卷烟税的效果,并提出改进建议。

第九章 税 式 支 出

【知识要点】

　　税式支出是财政支出的一种特殊形式。本章以税式支出的历史沿革为起点,介绍和分析了税式支出的基本理论、税式支出的经济效应、税式支出制度的基本内容、税式支出的预算管理以及中国税式支出管理等方面的内容。

第一节 税式支出的基本理论

　　税式支出是财政支出的一种特殊形式,也是各国政府制定税收政策必须考虑的重要内容之一,它的出现被西方财政经济学家誉为"过去二三十年来财政领域中的主要革命"。税式支出造成了政府收入的减少和政府隐性财政支出的增加,是对标准税制结构运行的偏离。因此,税式支出的大小不仅对一国税收负担的分布情况、财政支出规模以及微观经济主体的行为产生不同的影响,而且还对一国乃至国际社会、政治和经济产生直接或间接的影响。阐明税式支出的内涵、范围、特征和税式支出制度的实际运行情况,不仅有助于理解标准税制结构的运行情况,还有助于正确认识一国的税收负担分布情况,也有助于政府部门了解财政支出的真实规模,为一国制定财税政策提供更全面的参考。

一、税式支出的概念和特征

（一）税式支出的概念

　　税式支出(tax expenditure、tax subsidy、tax aid or tax break)是由政府放弃税收收入的形式形成的政府支出,它是在总结税收优惠实践的基础上发展起来的一种制度创新。尽管税式支出的基本原理不难理解,从形式上来说就是政府对税收收入的主动放弃,但对税式支出的解释、税式支出这一经济范畴的内涵和外延,由于观察和分析视角的差异以及各国的税收政策或税收制度的不同,各国政府和理论研究者形成不同的界定。

　　美国 1974 年国会预算法案将税式支出定义为:"由于有些联邦税法条款允许一些特殊的不征税、免税或计税扣除,以及特殊的税收抵免、优惠税率、延期纳税,从而造成的财政收入减少。"1982 年,美国政府又对税式支出定义作了修改,进一步申明税式支出即"与现行税法的基本结构相背离而通过税收制度实现的支出计划。它适用的范围有限,仅仅适用于交易和纳税人,因此它们对特定市场的影响可以鉴定和衡量"。

　　加拿大政府在界定基准税制时更强调税制"中性"。其认为:"基准税制是不会基于人口统计的特点、所得的来源与用途、地理位置或者仅适用于某些纳税人或纳税集团的其他任何特殊情况而给予纳税人优惠待遇的税制。"但是,在定义税式支出概念时,加拿大政府也采用了与美国 1982 年定义类似的定义,即认为基准税制结构不应明显背离"大众所理解的"现行税制,而税式支出则构成"一项等同于直接支出计划的净支出"。

德国财政部对税式支出也尚未形成一个固定的概念。如原联邦德国财政部在 1976 年的第一个财政补贴报告中将税式支出定义为"税式鼓励是对一种税收规范概念的特别偏离,而这种偏离包括收入的减少"。而在其第 6 个财政补贴报告中则将税式支出称为"为维持或适应新情况、促进私人经济部门的生产力和经济增长,降低某种商品或劳务价格成本,刺激储蓄而在税制中给予的各种补贴"。

奥地利对税式支出的定义与原联邦德国相似,即税式支出是为了给予特定个人和法人以财政福利,偏离基准税制而引起的政府收入损失。

法国财政部将税式支出描述为"如和正常的税收结构所产生的结果相比较,凡使国家产生收入损失并因而使纳税人减轻税负的立法或行政措施都是税式支出"。

西班牙将税式支出定义为"与基准税制相背离的任何税收鼓励或者补贴"。

荷兰的税式支出定义为"税式支出是偏离法律规定的基本征收条款而导致的政府支出,这种支出可以是税收收入的损失或延迟"。

澳大利亚把税式支出定义为"税法中针对某些特定纳税人及某些特殊活动制定的偏离既定基准税制结构的条款和原则上可以由直接支出代替的税收措施"。

OECD 财政事务委员会 1984 年对部分成员国税式支出的比较研究报告将税式支出概念表述为:"为了实现一定的经济和社会目标,通过税收制度而发生的政府支出。"

以上是各国政府和组织对税式支出的不同表述。事实上,学者们对税式支出的表述也各有不同。

S・詹姆斯和 C・诺布斯认为:"税式支出,主要是指通过减少纳税人的纳税义务,而不是用现金补助的方式,把财政上的利益给予某些人或某些行为。"[1]

M・威森斯指出:"税式支出说明统一的税基和税率制定的一种例外情况,即某些项目部分地或全部地划出税种之外,课征比其他项目较低的税收。税式支出结果使某种收入来源或作用的个人与企业得到较低的税收负担。"[2]

刘心一认为,税式支出"就是不属于某税的基本结构的税收放弃"。

曹立瀛将税式支出定义为:税式支出是在现行税制结构不变的条件下,对于某些纳税个人、企业或其特定经济行为,实行激励性的区别对待,给予不同的税收减免的税收优惠(不给予直接现金补助)。所以称之为'支出',是因为这类优惠和其他政府支出的项目一样,作为开支,列入预算[3]。

综观各国政府和学者对税式支出的界定和认识,尚未形成统一的结论。那么,究竟什么样的税式支出定义更贴近现实呢?或者说各种税式支出的定义中有没有共同的因素呢?我们打算通过对不同的税式支出定义中,找寻出共同的规律,挖掘其内涵,在此基础上归纳总结税式支出的定义和特征。

(1)税式支出是对基准税制或法规的背离。基准税制是税式支出的对称,从这个角度分析,税收制度或法规是由两类不同性质、不同功能的相互对立的要素所组成:一类是一般

①　S・詹姆斯、C・诺布斯:《税收经济学》,中国财政经济出版社 1988 年版,第 43 页。
②　Michael Veseth: Public Finance, Reston, Virginia: Reston Publishing, 1984,p.22.
③　曹立瀛:《西方财政理论与政策》,中国财政经济出版社 1995 年版,第 369～370 页。

性条款,即基准税制结构,如纳税人、纳税对象、计税依据和税率等税制要素的基本条款,这些基本条款是保证税收及时、足额入库,满足税收财政收入职能的基本保障条件。另一类是与基准税制结构相背离的特殊条款,即政府为了特定目的而制定的旨在优待特定行业、特定活动或特定纳税人的各种税收优惠措施,此类特殊条款构成了一国税制中的税式支出政策,是政府对税式支出受益者的一种不同于直接拨款、贷款或其他政府资助形式的支出——间接的、隐性的支出。因此,从政府理财的角度来看,税式支出既是国家对财政收入的放弃,同时又是财政支出的一种特殊实现形式。只有背离了基准税制条款,才有可能形成税式支出。因此,税式支出是与基准税制或法规的背离,这意味着一种特定的税收减免优惠项目要形成税式支出,必须在同一税制中含有与其对应且背离的规范性条款。否则,只有税收减免优惠条款,但无规范性的条款与之对应,也不能形成税式支出。

(2)税式支出是通过税收制度的安排实现的一种财政支出方式。从政府支出角度看,政府在实施财政支出和以财政支出干预经济及实施社会政策的过程中,实际有两种方式:一种是通过政府预算的直接支出,表现为预算拨款和现金支付;另一种是通过税收制度规定的各种减免优惠条款,表现为放弃的税收收入。不同的是,前者的实现将同时反映在政府的收支账户上,相当于政府先收了一笔钱,这笔钱会反映在收入账户上,然后为实现特定的目标再等额支付一笔钱,这笔钱同样也会反映到支出账户上。而后者则不能在收支账户上反映出来。但是,对于实现既定的政策目标来讲,减少或放弃纳税人应缴税款与先将这部分税款上缴国家,然后再通过预算支出的方式拨付给纳税人,其性质和作用基本相同。减少了多少税款,就等于国家支出或补贴了多少钱。从受益人即纳税人的角度看,政府给予的财政补助,无论是直接支付现金,还是给予税收优惠,其财务效果是一样的,都可以减少纳税人的经济负担或增加其经济收益,进而影响纳税人的经济行为。因此,税式支出作为一种通过税制体系进行的财政补助的特殊形式,也应视为一种政府支出,并与基准税制结构相对和与直接预算支出相区别,税式支出同政府的直接财政支出作用无异,可以相互替代。

(3)税式支出的目的是政府为了实现特定的社会经济政策目标。税式支出是政府为了实现特定社会经济政策目标而采用的一种隐性支出方式,税式支出是通过减少国家税收收入及减轻纳税人的纳税义务达到政府预期目标的手段之一。政府在税收制度中做出税收减免优惠安排,从而主动放弃一部分税收收入的目的,在于贯彻、执行政府的特定经济社会政策。换言之,政府通过背离基准税制或规定,通过税收减免优惠的安排而主动放弃的税收收入形成的支出,只有在有明确的经济社会政策目标的情况下,才会形成税式支出。否则,若无明确的经济社会政策目标,即使政府有意放弃了一部分税收收入,所减征的这部分税收,也不能计入税式支出之列。

综上所述,本书将税式支出定义为:一国政府基于特定的经济社会政策目标,通过采取与基准税制或规定相背离的税收法律制度,将按基准税制规定应收的税款间接无偿地让渡给特定的纳税人,以实现其税收照顾和激励作用的间接财政支出。

(二)税式支出的基本特征

1. 税式支出的财政转移性

财政直接支出可分为购买性支出和转移性支出两类,其中,购买性支出是政府用于购买商品和服务的支出。转移性支出是公共部门无偿地将一部分资金的所有权转移给他人所形成的支出。税式支出与财政直接支出中的转移性支出一样,支出后无须收回,也不能取得相应的商品和劳务补偿。这就是为什么有的国家和学者将税式支出定义为"一项等同于直接支出计划的净支出",或者将税式支出视为一种"财政补贴""财政补助""财政福利"或"公共福利"的缘故,也是为什么世贸组织规则将有关的税收优惠政策视同政府补贴加以规制的原因所在。综上,我们不难看出,财政转移性支出既可以采取直接预算支出的方式,也可以采取税式支出的方式,而财政购买性支出只能采取直接预算支出的方式。

2. 税式支出具有间接性和隐蔽性

税式支出是通过税收制度规定和在税制实施过程中实现的一种税前支出或"坐支",其在政府收入实现之前就已经发生,不具有直接支出的先收后支和按照预算由国库账户直接划拨的支出实施程序。税式支出的这种间接性,使得它在没有编制税式支出预算之前,无须经过立法机关的同意,而是径直利用税收制度的特殊条款达到政府所要实现的目标。如果说直接预算支出中的财政补贴是"明给"的话,税式支出则属于一定意义上的"暗予"。因此,税式支出又表现出很强的隐蔽性,很容易导致政府出于某种原因对它的特殊偏爱(如为避免招致公众舆论对企业补贴或社会救济的尖刻指责和非难。因为直接的企业补贴或社会救济的再分配性质过于外露),造成税式支出过多的现象。更何况许多国家不仅税收与预算支出的管理分属不同政府部门,而且税法的起草、修订与支出预算的编制也分属不同的权力机关。由于各自的政治利益及认识和政策偏好不同,往往使得税式支出变得更加复杂,并难以与财政支出预算公开协调。故其又被比喻为政府的"隐蔽性预算""看不见的预算"[①]。正因为如此,为了了解政府真实的支出规模和税负结构特征,有必要将税式支出纳入财政支出预算加以公开化和明晰化。不过,即使建立了税式支出预算,由于以下两条原因,使得税式支出不如直接支出那样透明。一是税式支出分散附加在众多具体的税收制度条款中,再加之十分严格的界分基准税制与税式支出存在一定困难和分歧,其在内容上远比预算中的直接支出条款曲折复杂。二是非常准确地估算一项税式支出的数额也存在一定技术上的困难,它更多地表现为政府因一项税式支出放弃的收入总和。

3. 税式支出具有灵活性和及时性

基于税式支出间接性和隐蔽性的特点,税式支出受支出规模的限制较少,财政部门可以自主地实现政府的税式支出计划,税式支出表现出相对的灵活性。与之相反,多数国家的预算审批机关都对财政预算支出规模有严格限制,支出规模与支出项目的变动一般须经预算审批机关批准。同时,税式支出具有及时性。税式支出和财政拨款或现金支付等一般性财政支出都是将一部分国家资金转移给特定单位及个人支配使用。两者的区别在于:采用一般性财政支出,首先必须通过税收、国债等方式把财政收入集中上来,然后在支出项目安排上,还要经过立法、编制预算等一系列程序,才能把资金拨付给特定的受益对象,收入和支出表现为两个分开的过程。而税式支出无须单独立法,不需要完成实际的支出程序,它通过优惠政策完成常规性的纳税支付和政府拨付资金两个资金转移过程,这比一般性的财政支出大大缩短了资金转移过程的时间,因此,在应付紧急临时性支出方面,税式支出尤为方便,它具有灵活性和及时性的特点。

4. 税式支出具有非中性特征

税式支出仅适用于特定的受益对象。税式支出的受益者承担较普通纳税人低的税负,

---

① 孙钢、许文:《关于我国实行税式支出预算管理的初步研究》,载《税式支出理论创新与制度探索》,中国财政经济出版社 2003 年版,第 260 页。

甚至不承担税负。政府通过对税收收入的无偿转让实现激励和照顾两种目的。税式支出通过税收减免、税收优惠等手段发挥作用，本身就造成了对基准税制的背离，因此具有非中性特征。这决定了税式支出的用途范围，应局限于存在市场失灵的领域，而不能过度干预微观经济主体，带来不必要的效率损失。当然，即使在应该采取税式支出进行干预的领域，也要注意控制税式支出的成本和规模。

（三）税式支出的概念探析

1. 税式支出与财政直接支出

如前所述，税式支出与财政直接支出既有联系又有区别。税式支出和财政直接支出都是政府的支出手段，从这种角度讲，两者并没有差异。同时，从支出的结果看，税式支出与财政直接支出中的转移性支出具有同质性和财政替代性。但是，税式支出与财政购买性支出就不能简单地做直接替代。另外，税式支出也表现出与直接预算支出不同的特点。例如，税式支出表现出灵活性和及时性、间接性与隐蔽性、行政费用低等特点，这些特点使其与财政直接支出区别开来。

2. 税式支出与税收优惠

税收优惠是实现税式支出的途径，但税式支出与税收优惠并不是简单的名词替换关系。税式支出的内涵和外延要远大于税收优惠。税式支出是政府支出的形式之一，从征税主体的角度来说明国家的支出行为。正如上文所述，国家可以通过购买性支出和转移支付的方式来进行支出行为，而税收优惠只是一个税制要素，解决如何纳税的问题，可通过税基优惠、税额优惠、税率优惠以及纳税时间优惠等形式减轻纳税人的税收负担。从理论上说，税式支出也应和政府的其他支出一样，纳入规范的预算管理程序。而如果单纯把税收优惠作为政府对财政收入的一种放弃，则无须执行严格的预算管理程序。两者的社会效果也有差异，税收优惠容易使受益人产生错觉，认为政府不过是将本来属于自己的钱又归还给自己，长期下来，受益的概念会逐渐淡漠，甚至可能产生国家本来就不该收取这部分税款的想法。而税式支出通过强调财政支出的观念及在国家预算中明确列示的方法，将暗补变为明补，使纳税人真真切切地体会到国家对自己的扶持。总之，税式支出与税收优惠间主要体现为本质和现象的关系，税式支出需要通过税收优惠来实现，而税收优惠是税式支出的具体表现形式。

二、税式支出制度的历史沿革

税式支出是由西方财税理论界于20世纪60年代提出的，是凯恩斯主义关于财经理论的一种变通，是西方国家四十多年来形成并正在发展的一种财税理论，受到财税理论界和各国政府的普遍重视。

（一）税式支出概念的产生

长期以来，传统的财政理论一直把财政收入和财政支出作为两个不同的财政范畴或财政活动。传统的财政理论认为，税收是财政收入的主要来源，税收优惠是税收要素之一，现实中税收优惠的存在导致了财政收入的减少，但税收优惠或者减免与财政支出并没有什么关联。自税式支出概念提出之后，税收优惠不再仅被视为政府在税收收入方面对纳税人的一种让渡，而被视为政府财政支出的一种形式。区别于财政直接支出，税式支出体现为间接支出的形式，不需要国家编制预算，只需要利用税收制度中的特殊条款来实现财政直接支出的目的。这种以税式支出进行的财政支出的模式,比财政直接支出更加灵活,但同样属于财政支出的范畴。

税式支出的初步设想最早源于英国皇家利润及所得税委员会。1955 年该委员会的一份报告认为,政府在税收制度中规定的各种税收优惠和减免条款,目的在于减轻某些人的财务困难,鼓励或协助私人经济部门的某些活动,政府为促进社会和经济政策实施而提供的这种救济或协助,是以放弃部分税收收入为代价,其实质就是政府通过税收制度所做出的一种间接支出。该委员会认为纳入税制中的诸多税收减免规定,实际上就是一种财政资金补助。虽然该委员会并未直接提出税式支出概念,但实质上已经为税式支出制度的实施提出了框架。

自此,税收减免问题就不仅被从收入的角度进行研究,而且从支出角度进入人们的视线。1959 年,美国国会税收委员会主席威尔伯·米尔斯会同一批税务专家编写了一部长达三卷、题为《税制修正纲要》的巨著,书中着重指出了税收水平上的不公平、税收漏洞和"意外收益"而引起的扭曲导致高收入阶层和大公司享受的优惠过多等问题产生。他所说的"税收漏洞""意外收益""优惠过多"等,实际上指的就是税式支出。1959 年联邦德国首次公布了包含 Invisible Subsidies(i.e. Tax Subsidies)的补助报告,随后,更加详细的涉及税收补助的财政报告被要求附在预算文件中。

但直至 20 世纪 60 年代,将税式支出作为一种财政分析工具,通过编制税式支出预算,对税式支出进行成本估计和预算控制,如实反映政府一定时期的财政支出总量,才开始被部分西方国家财政部门所注意和重视。当时,各国积极进行经济的宏观调控,不断增加税收鼓励和税收补贴,导致正常税制结构和税负分配的扭曲,财政支出的规模和效果难以得到有效控制和考核,进而影响了政府正确选择和实施经济干预政策。因此,对税式支出进行分析、估测和预算显得尤为必要。

1967 年,哈佛大学前法学院教授斯坦利·萨里在担任美国财政部主管税收政策的助理部长时,正式提出了税式支出的概念,因此,税式支出这一概念的正式形成则源于美国。1967 年 11 月 15 日,斯坦利·萨里在纽约一家金融集团公司的演讲上首次提出了税式支出的概念,他指出:"那些包含特别豁免、宽免、扣除和其他税收利益的联邦所得税条款实际上是一种提供政府财政扶持的方法,这些条款并非所得税自身结构所必需,而是通过税制实现的政府支出。因此它们与列在常规预算中的直接支出在目的上是一致的。但由于它们是通过减少税收而不是直接援助的途径来提供扶持,我称它们为'税式支出'。"在这次演讲中,萨里还特别强调了统计税式支出的意义。因为当时既没有官方文献也没有私人研究对通过税制的财政扶持予以列示和计量,萨里率先进行了"税式支出预算"的探索,并将结果发表在 1968 年的财政部年度报告中。在这份预算中,萨里估计美国的税式支出数额为 600亿~650 亿美元之间,相当于同期一般预算的 1/4。该概念的提出对美国财政预算管理产生了一定影响。1968 年,美国联邦政府首次将税式支出正式纳入联邦预算管理体系,财政部官员对 1968 年前的税收优惠和税收刺激状况进行了专门的数量分析,编制了包括各个方面税收收入损失的估计表。该表分类项目与预算直接补助支出的分类项目相一致,并在两者之间进行比较对照,这样就出现了最初的税式支出概念和税式支出表。1969 年,萨里回到哈佛大学法学院后继续对税式支出概念进行研究。1973 年,他在《税收改革的途径》一书中,结合美国实践,第一次从理论上全面分析了税式支出的各个方面及其数量对经济的影响,提出了重新审视税式支出的正确方法,寻求通过修改和限制税式支出以实现削减税收逃避和低效政府补贴的税制改革之路。自此,"税式支出"作为财政学上的一种新理论正式出现,税式支出制度在范围及其应用上得到了迅速的推广。

(二)税式支出制度的发展

税式支出概念提出后,许多西方国家都把税式支出制度运用于国家财政预算案,并加强对税式支出的理论研究,这些都有力地推动了税式支出制度在实践中的运用。1974年,美国国会通过的预算法案要求政府所有预算必须包括税式支出分析,提供各个税种的税式支出数据。自1975年以后美国各级预算都包含了税式支出项目。1981年,美国国会通过的税收改革方案中,已把税式支出预算的建立正式作为改革的一项重要内容。英国于1978年引进税式支出概念并将税式支出列入政府每年财政支出计划,其内容是通过编制直接税折让和减除一览表,反映所得税和财富转让税的税式支出。加拿大从1979年开始对预算和税收制度进行税式支出分析,政府预算文件中设置"税式支出账户",全面反映和分析所得税、销售税等主要税种的税式支出。法国财政部于1980年9月份公布了第一份税式支出预算,原联邦德国早在1967年已经编制类似于税式支出预算的税收一览表。目前其税式支出预算每两年编制一次,并把所有税式支出分为企业补贴、个人补贴和困难救济三个类别加以反映。其他诸如西班牙(1978年)、奥地利(1979年)、葡萄牙(1980年)、澳大利亚(1981年)、爱尔兰(1981年)等国家也相继仿效编制并公布本国的税式支出预算或税式支出一览表。

税式支出制度的广泛运用也引起国际财税学术界的普遍关注,并把它列入国际税收范畴加以研究。1976年在耶路撒冷举行的国际财政学会上,正式接受了"税式支出"概念,税务专家提出税式支出不仅是国内税收,而且是国际税收研究的课题。1977年召开的第三十三次国际财政研究会代表会议通报了各国有关税式支出的实施情况。国际税收协会也在1977年将税式支出列为每年年会讨论的重要课题。1984年,来自经济合作和发展组织6个国家的财政学者第一次完成了经合组织各国税式支出的比较研究。1996年,OECD在进一步总结14个国家税式支出制度发展的基础上完成了题为《税式支出:近期的经验》的专题报告,内容涉及各国税式支出的研究背景、概念界定、预算报告的内容和范围、测算方法及用途。2002年,美国世纪基金会(Century Foundation)税式支出工作组出版了《无处不在的税式支出》[1],对直接支出和税式支出进行了比较,认为应努力抵制制定新的、不公平的税式支出条款并增加税式支出的透明度。

目前,世界各国对税式支出问题的研究,已从对税式支出进行概念界定和准则判断深入到税式支出对预算改革、税收政策和经济发展的影响及税式支出的优化等问题。税式支出预算及政策选择越来越受到各国学界和政府的关注。

(三)税式支出在中国的产生和发展

中国引进税式支出概念并将其作为税制改革的重要课题加以研究,时间并不长。直到20世纪80年代后期,国外税式支出理论才引入我国。自此,税式支出的概念开始被我国理论界和实践界所注意。1989年,国家税务总局和中国国际税收研究会把税式支出列为重点研究课题,税式支出理论在我国得到了广泛的关注和热烈的讨论。2004年,国家税务总局、

① 刘佐:《对税收支出问题的再探讨》,《税务研究》2003年第3期,第28~29页。

财政部在全国范围内首次对减免税情况进行了一次普查,主要是为了掌握各地减免税的总体情况,为下一步税制改革做准备。目前,尽管我国社会各界对如何界定和运用税式支出来解决税收问题的讨论尚在进行中,但是人们所达成的基本共识是,中国的税制建设以及财政税收实践,应当也必须应用税式支出这一有效的分析工具。

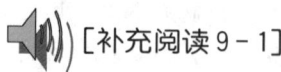 [补充阅读9-1]

关于我国税式支出的官方言论

2002年,财政部副部长楼继伟在税式支出国际研讨会上指出,建立有中国特色的税式支出管理制度,是一项非常重要的财税配套改革措施。研究和探讨国际上的各种税式支出政策和管理制度,对规范中国的税收优惠政策,进一步改革和完善财税管理体制有重要意义①。

2006年,财政部副部长朱志刚在接受媒体采访时表示,"十一五"期间,财政部将本着对国家、对纳税人负责的精神,加强税收政策管理,建立起税收政策执行的检查评估和信息反馈机制;借鉴国际经验,逐步建立进口税收税式支出制度②。

三、税式支出的经济效应

税式支出的效应是指税式支出作用于社会经济的效能和影响结果。税式支出作为国家宏观经济调控的重要手段之一,其政策制定与执行对资源配置、收入分配等经济和社会发展状况产生不同的效应,这些效应表现为正反两个方面。清楚认识税式支出的效应,有利于税式支出政策的制定和有效实施。

(一)税式支出对资源配置的正面效应

1. 鼓励高新技术产业的发展和风险项目投资,增加科技投入,推动科技进步

科技进步是现代生产发展中最为活跃的因素和最主要的推动力量,同时科技投入又具有很大的风险性,因此需要政府广泛运用各种政策手段鼓励科技投入、推动科技进步。税式支出是促进科技进步的主要手段之一,其作用具体表现在两个方面:一是在所得税方面,例如我国新企业所得税法对符合条件的技术转让所得免征、减征企业所得税政策、对国家需要重点扶持的高新技术企业,减按15%的税率征收企业所得税等。除了上述免征、减征和税率优惠外,所得税方面的优惠还可以采取加速折旧,放宽科技开发费用的列支范围及标准,或者将投资额在税前一次或分次扣除,或采取再投资退税等优惠办法,减轻甚至免除最初或一定时期内的所得税负担。二是在流转税方面,对新产品试制、技术咨询、技术转让收入以及高新技术企业实行减免税政策或退税政策,增加技术进步的收益。政府实行税式支出政策支持高新技术企业的发展和科技的开发利用,既分享了企业的投资利润,也承担了企业投资损失,成为企业科技风险投资的"合伙者",提高了企业科技投入的积极性,从而使全社会的科技投入保持较高水平,推动企业与全社会的科技进步与经济增长。

2. 鼓励具有外部效益的商品和服务的生产和提供,提高社会总体资源的配置效率

在市场经济条件下,商品生产者和服务提供者根据供求状况做出生产策略或决定服务

---

① 楼继伟、解学智:《税式支出理论创新与制度探索》,中国财政经济出版社2003年版。
② 《努力完善"十一五"进口税收政策》,《中国财经报》2006年1月1日。

提供量,以实现企业利润最大化目标。在利润最大化目标的驱动下,商品生产者或服务提供者一般不愿意生产和提供那些微利有益商品和具有外部效益的商品,或者生产提供量不能满足社会效益最大化的要求。在这种情况下,如果政府实行适当的税式支出政策,对此类产品或服务给予一定的税式支出激励政策,可以使商品的外部效益内在化为生产企业的经济利益,增加微利产品或外部效益产品的税后利润,就能有效鼓励外部效益商品和服务的生产和提供,从而增进社会的总体福利。

3. 优化资源在产业和区域间的配置,促进产业结构调整和地区经济协调发展

通过税式支出政策的贯彻实施,可以从宏观上引导社会资源流向国家鼓励的产业和地区,从而实现产业结构调整和地区经济协调发展的战略目标。产业结构的调整包括限制增长过快产业和鼓励支持相对滞后产业的发展两方面的内容,主要是通过调整资产存量、调节资产增量的方式来实现的。一方面,税式支出可以促进企业对资产存量的调整,实现资产由长线产品向短线产品的转移;另一方面,税式支出可以影响新增投资的方向和规模,从而实现对资产增量的调节。同时,地区倾斜性的税式支出政策还可以增加投资者的经济利益,只要投资者因税式支出存在而获得的收益大于或等于较差的投资环境造成的成本增量,他们就有向政策倾斜地区投资的可能。因此,税式支出政策可以促进落后地区经济的快速增长,实现区域经济的协调发展。我国改革开放初期区域性税收优惠政策、新企业所得税法中实施的产业优惠相关政策和西部大开发税收优惠政策等系列措施,均是发挥税式支出促进产业结构调整和地区经济协调发展效应的具体应用。

4. 有利于吸引外资和引进先进技术,有利于促进我国企业对外投资,发展对外贸易

尽管税式支出在吸引外商投资的过程中并不是首要的或者决定性的条件,但却是评价投资环境的重要因素之一。在政治局势、基础设施、市场状况以及外汇管制等其他因素相同的情况下,税式支出可以增加投资者的税后收益,成为吸引外资和引进先进技术的因素。同时,税式支出也有利于推动我国企业进行对外投资,稳步实施"走出去"战略,推动我国对外经贸的发展。

(二) 税式支出对收入分配的正面效应

经济发展的目标应是逐步缩小社会成员之间收入、财产的差距,达到全社会成员福利的最大化。税收是调节个人收入和财产占有差距的重要经济杠杆之一,税式支出是增加中低收入者收入的较为便捷的措施。税式支出,尤其是为税负承受能力较弱的中低收入纳税人和贫困地区提供的照顾性税式支出,将有利于增加中低收入者的收入,缩小贫富差距,促进收入分配公平,提高社会整体福利水平。税式支出增加中低收入者的收入可以通过具体的税收政策来实现。

首先,在所得税方面,除了对高收入者课以重税外,可以通过规定起征点、免征额,或对特定所得减免税和对特定支出予以税前扣除等税式支出政策,直接降低中低收入者的税收负担水平,保证其基本生活需要,推动收入公平分配的实现。如通过设置起征点、免征额,将大部分达不到既定收入额的低收入者排除在"税网"之外,使其不必承担纳税义务。又如将全部所得区分为勤劳所得和非勤劳所得,对勤劳所得适用较低的税率,考虑到勤劳所得在低收入者总所得中所占的比重一般来说要大于高收入者,因而,也有利于调节社会收入分配。此外,对农业的灾歉减免,对老年人、残疾人、其他弱势群体及欠发达地区的税收减免,对社会保障基金、慈善公益性捐赠的税收扣除,对非营利机构和社会团体的税收优惠

等,都体现了调节收入分配的政策意图。

其次,流转税方面,对奢侈消费品课以重税,对生活必需品从轻课税,同样有利于减轻低收入者的税收负担水平,提高中低收入者对必需品的购买能力,改善其生活状况。具体而言,流转税属于间接税,易于向前转嫁,其最终税负将主要由消费者承担。因此,对生活必需品采取低税或免税的优惠政策,将降低这些消费品的价格,加惠于消费者。且收入越低的人生活必需品消费在其全部消费中所占的比重越高,其从减免税政策中获益的比例也越大;同理,对非生活必需品和奢侈品课征特别消费税,由于收入越高的人非生活必需品和奢侈品消费在其全部消费中所占的比重也会越高,其承担特别消费税的比例也越大。所以,对奢侈消费品课以重税,对生活必需品从轻课税,有利于促进收入分配公平的实现。

再次,财产税方面,通过规定起征点、免征额或对特定财产的减免税,同样可以调节社会财富分配。财产税一般分为静态财产税和动态财产税,前者既包括对特定财产的课税(如房产税、车船税),又包括对抽象财产价值的课税(如财富税、资本税),后者主要是指对财产价值转移的课税(如遗产税与赠与税、继承税)。由于财产是衡量纳税能力的主要依据之一,因此,财产方面的税式支出也能起到促进收入分配公平的作用。

(三)税式支出对资源配置的负面效应

1. 影响投资结构,容易造成资源配置的扭曲

从公平的角度看,税式支出作为一种向特定纳税人转移利益的工具,对于其他大多数纳税人来说意味着不公平,是一种税收歧视。税式支出获得者的额外"收益"并不是纳税人的主观努力程度所决定,也不表明其劳动成果,是一种不平等竞争的结果。在这种差别政策诱导之下,人们往往因追逐这种税收利益而改变投资结构,投资不是按市场机制作用流向能够获得正常的最大利益的地方,而是流向政策最优惠之处,一部分生产要素就可能长期滞留在低效益但能获得税式支出的行业中,这时差别税收政策扭曲了原来有效的生产要素组合,使得资源无法实现最优配置。这意味着税式支出政策适用于调节市场失灵和市场调节乏力的领域。

2. 诱导企业发生寻租行为,背离市场经济所要求的税收公平原则

在市场经济体制下,微观经济主体主要通过价格、财税、金融政策等信号做出资源配置的判断,而税式支出的过度引用会改变税收信号。在特定的情况下,可能诱导企业发生寻租行为,使得资源过分寻求税收优惠而向低效率的部门流动,结果扰乱了市场秩序,成为保护落后的一种手段。如果企业发现依赖税收优惠比改善经营管理更简便且获益更大,那么对政府的依赖性就会加强,而企业通过加强管理、提升竞争力的内在动力将会被弱化。比如有的企业为了能够享受福利企业的税收优惠,到处招募残疾人员。更有甚者在不满足税收优惠条件的情况下,通过寻租、创租等形式给自己带来超额利润,也弱化了政府最初实施税式支出的目的。

(四)税式支出对收入分配和税收征管的负面效应

1. 税式支出的"逆向"效果和对非纳税人的排除影响其收入分配公平的功能

税式支出的"逆向"效果是指随着所得额的增高,税式支出受益程度扩大,因此大部分税式支出流向高收入纳税人。由于高收入者适用较高税率,因此同等数量的收入就相对地获得了较多的税式支出;同时,税式支出也降低了高收入者的适用税率,进一步减轻了其税收负担,这就使得高收入者获得了双重收益。除了税式支出的"逆向"影响外,不论是扣除

额、延期纳税,还是税收抵免、优惠税率等,一般都要求受益人拥有足够的所得和税负,这必然将非纳税人排除在外。这些非纳税人包括:所得不足起征点的个人、亏损企业、免税组织等,而实际上他们中间有很多应是税式支出扶持的目标。因此,在特定的情况下,财政直接转移性支出比税式支出更有效率,补助和扶持的政策目标更容易实现。

2. 侵蚀税基,加剧了税法的复杂化,增加征管难度,造成税收收入流失

税式支出是以政府放弃一部分本应收取的税收收入为代价的,侵蚀了国家的税基,造成政策型的税收收入流失。同时,税式支出作为一种特别措施,虽然只限少部分纳税人,但由于税式支出的种类繁多、形式各异,并且都有其特定的政策目标、实施范围和执行标准,因而增加了税法的复杂性。这不仅体现在税法本身,也存在与税法相联系的规定中,影响了税法的统一性和严肃性,从而进一步增加了征管难度,加大了税收流失的可能性。

综上分析,税式支出犹如一把"双刃剑",为保证税式支出正面效应的有效发挥,需减少行政干预对资源配置的扭曲,尽量将税式支出政策的实施用于市场失灵且政府调控更有效果的领域,以最大限度地发挥税式支出的正面效应,降低其负面效应。

第二节　税式支出制度的基本内容

税式支出制度本质上是基于对税式支出的合理界定,对各种税式支出所放弃的税收收入进行统计、分析、测算、评估、报告和计划控制的预算管理制度。一个完整的税式支出制度应该包括两个方面:一是政府为实现一定的社会经济目标在税收上规定的各种优惠条款,即税式支出的具体表现形式;二是为管理和控制已有的税收优惠采取的各种制度措施,主要体现为税式支出预算管理制度和税式支出效果的评价。

一、税式支出的分类

依据不同的标准,税式支出可以分为不同的类型。合理的分类有利于理清税式支出的目的和形式。

第一,根据税式支出的意图划分,税式支出可分为鼓励性税式支出和照顾性税式支出两种。

鼓励性税式支出是政府试图对某项活动予以支持而做出的税收奖励性措施。如为了鼓励高新技术的研究开发和应用,在税法中可以规定相应的优惠措施。

照顾性税式支出是针对纳税人面临意外事故而导致纳税能力下降的情况而做出的道义上的宽免措施。例如,对于遭受天灾人祸的纳税人,给予一定期限和幅度的优惠税,可以帮助其从灾难中走出来。

第二,根据税式支出的实现工具来划分,税式支出可分为三种基本类型:一是税基式税式支出;二是税率式税式支出;三是税额式税式支出。

税基式税式支出是通过直接缩小计税依据的方法来实现降低税收负担的目的。常见的具体方式有起征点、免征额、项目扣除、跨期结转等。起征点是指计税依据的数额或数量达到征税的起点,免征额是指全部应税金额中可以免税的金额,就超过免征额的部分计税。例如,如某人计税收入为 5 000 元,当税法规定起征点为 2 000 元时,这个人就要将其全部计税收入 5 000 元纳税;而当税法规定免征额为 2 000 元时,这个人可以将全部计税收入扣除

2 000 元,按 3 000 元纳税。

税率式税式支出是指对某些情形制定低于正常水平的税率。例如,企业所得税的正常税率为 25%,如果税法规定某种特殊情况可以减按 20% 的税率征收,这就是税率式优惠。这种方法的特点是不改变税基,而通过降低应纳税额与税基的比率来减轻纳税义务,因此在实施中比较简便和有效。但由于税率的确定和变更一般须通过比较严格的立法程序,故难以作为经常性的灵活手段加以实行。因此,低税率优惠一般适用于需要给予长期鼓励或照顾的情形。

税额式税式支出是指在税基和税率保持不变的情况下直接降低应纳税额的优惠方式。税额式税式支出的主要方式有规定减征比例、退税、税收抵免和税收饶让抵免等。

二、税式支出的具体形式

税式支出的具体形式即是实现税式支出的工具。不论税式支出是出于何种目的,何种原因,总是通过各种形式表现出来的。尽管由于国情或经济社会发展状况的不同,税式支出在不同国度,不同历史时期可能有不同的表现形式。但总体看来,在实践中,税式支出的具体形式可以根据税式支出的第二类划分方法,并结合税式支出具体形式的特点,划分为以下四类,在此基础上可进一步细分。

(一)税基式税式支出的具体形式

1. 税前扣除

税前扣除是指在征税对象的全部数额中扣除一定的数额,只对超过扣除额的部分征税。这种形式的特点是在既定税率的条件下,通过缩小税基来减轻税负。在实行累进税制情况下,因税收扣除造成的税基缩小还将降低适用税率,纳税人因此而获得税负减轻的双重收益。需要注意的是,如果税法规定的税收扣除适用于任何纳税人,那么这部分扣除应属于税制的正常结构部分,不能视作税式支出。只有那些特殊的、适用于少数纳税人的税收扣除,才能作为税式支出。例如,依据我国财税〔2009〕70 号文规定,企业安置残疾人员所支付的工资,在按照支付给残疾职工工资据实扣除的基础上,按照支付给残疾职工工资的 100% 加计扣除。这个条款是对基准税制中对工资薪金扣除规定的背离,且仅适用于特定的人群服务于特定的目的,故此项扣除属于符合税式支出条件的税前扣除。通常,税前扣除适用于所得税和财产税等直接税。对自然人纳税人规定税前扣除,主要目的在于照顾个别人的纳税能力,一般用于生计费用的扣除;对法人纳税人的税收扣除,一般采取规定税前列支项目的形式,直接缩小所得税的税基,减轻纳税人的负担,它不仅体现政府对某些纳税人的纳税能力的照顾,还可以体现国家的激励目的。

2. 盈亏互抵

所谓盈亏互抵,是准许企业以某一年度的亏损,去抵消以后年度的盈余,以减少以后年度的应纳税额,或是冲抵以前年度的盈余,申请退税。前者为向后结转,后者为向前结转。但不论是哪种方式,结转的年限都有一定限制。我国目前企业所得税亏损弥补的期限规定为 5 年。盈亏互抵这种税式支出形式,只能适用于所得税,对于扶持新办企业的发展具有一定作用,对风险投资也有较大的激励效应,尤其对市场风险大、盈亏不确定性高的企业具有均衡税负的积极作用。

(二)税率式税式支出的具体形式

税率式税式支出的具体表现形式是实行低税率的税率优惠政策。这种方法的特点是不改变税基,而通过降低应纳税额与税基的比率来减轻纳税义务,因此在实施中比较简便和有效。但由于税率的确定与变更一般须通过规定的立法程序,故难以作为经常性手段。因此,低税率形式一般适用于需要给予长期鼓励或照顾的情形。目前,我国企业所得税法就给予符合条件的高新技术企业 15％的优惠税率。

（三）税额式税式支出的具体形式

1. 税收减免

免税是指纳税义务的全部免除,是一种最典型、最彻底的税式支出形式。免税一般有定期免税和永久免税。除税法列举的免征项目属于永久减免以外,一般的免税都属于定期免税性质,规定有具体的减免期限,到期就应恢复征税。减税是指纳税义务的减轻,是纳税义务局部或部分的免除。这也是一种较为典型和普遍的税式支出形式。减税常用的基本方法是规定减征比例。规定减征比例就是对应纳税额打折扣,纳税人只承担应纳税额减去上述折扣后差额部分的税负。这种方法的特点是既不改变原有的税基,也不改变既定的税率,而是对应纳税额所做的一种部分免除。因此,它能较好地体现税式支出政策的灵活性,便于解决税收征纳过程中所出现的各种特殊情况。

2. 税收抵免

一是跨国税收抵免,它是指一国政府对其居民纳税人实行居民管辖权时,就其来源于国外的所得征税,为避免重复征税,在对境外所得按国内税法计税后,允许把国外已纳税款从国内应纳税款中按照一定的比例抵扣。跨国税收抵免是避免国际重复征税,有利于对外投资的一种重要手段。从投资国内部来看,这种税收抵免使政府放弃了部分可能的税收收入,属于税式支出的范畴。但从国际范围和纳税总额来看,纳税人并未获得实际利益,所以,从严格意义上讲,它并不能视为税式支出。

二是投资税收抵免。即允许企业将投资额的一定比例抵免应纳税额。投资税收抵免相当于提取双重的折旧。正常的折旧保证了固定资产成本的补偿,额外的税收抵免又给投资者一笔税收补贴。我国现行企业所得税法中,对企业购置并实际使用文件规定的环境保护、节能节水、安全生产等专用设备的,该专用设备的投资额的 10％可以从企业当年的应纳税额中抵免这一条款就属于投资税收抵免的类型。

3. 优惠退税

优惠退税是指政府出于某种特定的政策目的而对纳税人已纳税款或实际承担的税款予以退回。它主要运用于促进产品出口和鼓励再投资,主要包括两种情形:

（1）出口退税。它是指政府为鼓励出口,使出口产品以不含税的价格优势进入国际市场而给予纳税人的税款退还。

（2）再投资退税。它是指政府为鼓励投资者将分得的利润用于再投资,而给予其退还就再投资部分已纳税款的优惠待遇。

出口退税是促进对外贸易的一项措施,再投资退税则旨在鼓励投资者从企业分得的税后利润继续投资,因此,它一般适用于对所得的课税。支持产品出口的退税措施一般适用于对产品课征的流转税,一种是退还进口税,即用进口原料或半成品加工制成成品后,在出口时退还已纳的进口税;另一种是退还已纳的国内销售税、消费税、增值税等,即在产品出口时退还已纳的国内税收。与减税、免税或税收扣除等税式支出形式相比,退税着眼于对纳税人行为的事后调节,政府只有在事后经过确认纳税人的行为符合其政策意图后,纳税人才能获得这种税式支出。

4. 税收豁免

税收豁免是指行使居民税收管辖权的国家,单方面放弃对本国纳税人来自国外所得的征税权利,从而使国际双重征税得以消除的方法。从国家放弃税收收入的角度看,税收豁免属于税式支出。但是,只有当收入来源国课税额小于居住国课税额时,纳税人才能真正享有豁免收益,获得严格意义上的税式支出。税收豁免也是促进国际投资的手段之一。

5. 税收饶让

税收饶让是指一国政府对本国居民纳税人在国外得到减免的那部分所得税,同样给予抵免待遇,不再按本国税率补征。它可以避免跨国投资者因享有减免税优惠所减轻的税负被居住国政府补征,使资本投入国因实行优惠政策而放弃的税收收入真正为投资者受益,切实起到吸引国际投资的作用。

(四)税收递延

税收递延,又称为税收延后,即允许纳税人在规定的年限内,分期缴纳应纳税款。税收递延有两种形式:一种是延期纳税;一种是加速折旧。

1. 延期纳税

延期纳税是指允许纳税人在税法规定的时限内延期缴纳税款,可称为直接延期纳税。对纳税人来说,延期纳税的好处在于将纳税义务向后推迟,可以暂时减轻当前的税负,实际上是税负的后移。虽然纳税人最终仍需承担这部分等额的纳税义务,但由于时间价值和通货膨胀的因素,纳税人实际上获得了一种定期的政府贷款。当然这种贷款不是通过金融机构提供,而是通过税收制度所给予的。纳税人延期缴纳税款,在不支付任何资金成本的情况下,相当于获得了一笔无息贷款。对于政府只是损失了相当于纳税人从银行借得同额资金的利息成本,负担比较轻微,而且有利于保证国家财政收入,因此,政府比较容易采取这种形式。延期纳税的适用范围较广,可用于各种税收。

2. 加速折旧

加速折旧是指在固定资产使用初期计提较多的折旧基金,可称为间接延期纳税。由于折旧是计算应纳税所得额的一个扣除项目,税法允许加速折旧,就会使固定资产最初几年的折旧费增大,减少应纳税所得额,从而减轻最初几年的所得税负。从纳税人无偿占用国家税款来看,加速折旧是一种变形的延期纳税形式。虽然某项固定资产的折旧总额并没有变化,但是纳税人在最初几年无偿占用了一笔税款,获得了免息的好处。这种利息是税款运动的结果,它实际上是一种税式支出。

综上所述,税式支出的具体形式丰富多样。在政策实践中究竟采用哪种形式或者选择哪几种形式组合,取决于政策目标和政策的实现成本。

三、税式支出预算管理

建立税式支出预算制度不仅可以将税收优惠规范化,而且可以有效避免和克服税式支出的随意性和盲目性,实现对税式支出规模的有效控制和合理的绩效考核,提高税式支出的政策效应,确保国家预算的完整性和统一性。国际经验表明,编制税式支出的预算表,将税式支出纳入财政预算程序是税式支出管理的有效途径。

(一)税式支出预算模式选择的国际经验

目前,世界各国税式支出预算制度大致可分为全面预算模式、重点项目预算模式、非制度化的临时监督与控制模式三种。

第一种是以美国、加拿大为代表的全面预算模式。即将各个税式支出项目纳入统一的账户,按规范的预算编制方法和程序定期编报,并作为政府预算报告的组成部分送交议会审批。具体而言,全面预算模式要求建立统一的税式支出科目和规范的支出预算,对全部支出项目定期编制报表,连同主要支出成本的估价放于年度预算之后,使之成为国家预算分析的组成部分。在这种模式下,税式支出是执行社会、经济政策的主要方式之一,其规模大小、支出效果如何,对整个财政经济活动影响较大,可以把条件具备的大多数支出项目统一纳入预算程序,实施全面监控。同时编制全面统一的税式支出账目,政府能以相同的预算方法来衡量直接财政支出成本与税式支出成本,并比较不同支出项目的利弊得失,择优采用。

第二种是以意大利、荷兰为代表的重点项目预算模式,又称有选择性的税式支出预算模式。即只对一些比较重要的税收减免项目按规定编制定期报表,纳入预算控制过程。它既未严格区别税式支出项目与属于正常税制结构的某些项目,也未建立独立的税式支出体系。这种模式的主要特点是定期把那些比较重要的税收减免项目或其他项目纳入预算控制过程,但只作为预算报告的说明,无需议会审批。

第三种是非制度化的临时监督与控制模式。即当一国政府决定以税收优惠方式援助某特定项目时,才建立税式支出账目,对因此而放弃的收入进行评价和控制。这种模式主要发生于经济合作与发展组织的一些国家。在这些国家,税式支出项目往往针对特定地区、行业或项目,具有临时性、数量不大的特点。这种模式下,税式支出账目只是在考察某一特殊问题时才被提出来,对支出项目的监控也未制度化。

上述三种税式支出预算模式的管理效果依次递减。各国应根据经济发展和征管水平选择适合自身情况的模式。

(二)税式支出项目的鉴别与成本估算

在税式支出预算模式确定之后,需要对税式支出具体项目进行鉴别,在此基础上对税式支出的成本估算,具体测定各项税式支出的成本。测定这一成本,需要运用一些统计方法和数理分析。税式支出项目的鉴别是对税式支出的定性分析,即对某一税种的税收优惠或减免条款进行鉴别,以判明此项税收优惠或减免是否属于税式支出,并在已判定确属税式支出的基础上测算此项支出的数额,即对税式支出进行定量分析。税式支出项目的鉴别和税式支出成本的合理估计是编制税式支出预算,实现税式支出预算控制的前提条件。

1. 税式支出项目的鉴别

税式支出项目鉴别,是指根据税式支出概念的内涵和外延,按照一定的标准,从纳税人、税基、税率、纳税期限、管理措施等各方面税收要素,对各种税收宽免条款与基准税制结构进行比较分析和鉴定,判断某项税收宽免措施是否具有税式支出的性质,从而确定具体税式支出的项目。对众多的税收优惠项目进行鉴别的目的是把属于税式支出的优惠项目与不属于税式支出的优惠项目分列开来,使隐性的税式支出显性化,便于进行宏观管理。由于税式支出内涵的界定并不具有操作性,同时,税式支出作为对基准税制的背离,对其项目的鉴别有赖于基准税制的范围界定,而这一点在税收制度中是没有明文规定的,必须依据各国的具体历史、传统和现实国情进行判断。

目前,世界各国采用的税式支出鉴别方法主要有两种:一种是较细致、具有较严格的具体标准的鉴别方法;另一种是较粗略、标准不太具体的鉴别方法。采用第一类鉴别方法的国家(如美国、法国、西班牙、澳大利亚、加拿大)在鉴别基准税制与税式支出时涉及的衡量标准分别有:中性标准、适用范围有限性标准、实用性标准、政策目的性标准、直接支出替代标准、功能均等标准等。采用第二类鉴别办法的国家(如英国、爱尔兰、葡萄牙等)认为,就全部的税收宽免来看,基准税制结构和根据政府特殊计划而进行的减免的确切界限是难以严格划分的,故他们主要是以税收收入减少为依据,试图开列一个简单的税收减免项目表、确定哪些属于税式支出,哪些属于基准税制的组成部分,以此来回避具体鉴别的困难①。

2. 税式支出的成本估算

目前,OECD 国家估算税式支出成本的方法主要有三种:收入放弃法、收入获得法及等额支出法。

收入放弃法(revenue foregone method),即计算政府在每一年度内由于实施税收优惠而减少的税收收入,或者是国家放弃某一征税权力而给予纳税人的退税额,也就是纳税人获得政府税收优惠之后少缴纳的税款。这是对于某种税收优惠成本的事后测量。利用收入放弃法来估算税式支出规模,适用于所有的税式支出项目。它以包含有关税收优惠条款的实际税制与没有包含税收优惠条款的标准税制之间的比较为基础,估算由于税收优惠的存在而减少了多少税收收入。收入放弃法的数据来源比较方便简单,只要知道实际税制与标准税制的差异就可以估算出由于税式支出而放弃的收入总额。

收入获得法(revenue gains method),即计算政府由于取消税收优惠而增加的税收收入,这是假定取消减免、收入预期增加的一种事先测量。但收入获得法不同于收入放弃法,要考虑税收优惠的取消对纳税人行为和税收结构的影响。即必须熟知纳税人的行为以及有关弹性标准的资料。由于取消一项税收优惠应该考虑的效应很多,有纳税人的行为效应、反馈效应、各税种间的相互影响等。因此,在实践中,对纳税行为变化的预测较为困难,数据来源较少,因此,运用收入获得法来估算税式支出并不是一件易事,许多国家要应用此法也要忽略由于税收优惠项目的取消而引致的各种效应。

等额支出法(outlay equivalent method),即计算政府如果以相应的直接财政支出取代一项税式支出,需要多少政府的直接支出才能达到相同的受益或者效果。如此估算的直接支出额即为税式支出的成本。这种方法是假定纳税人行为不改变,测量通过财政直接支出提供与税式支出同样经济效益的成本。此方法有利于与相应的直接财政支出相比较。

税式支出成本估计方法的选择,一般采用收入放弃法比较适合。因为它不需要事先考虑税式支出项目之间的相互效应,增加或减少一项税式支出对纳税人行为的影响,进而对税基的影响以及预期税式支出的效果能否显现,在短期还是长期显现等一系列复杂而不确定的因素,只要相对简单的统计方法,对某项税收优惠的实施成本进行事后检验即可。

总之,正确鉴别税式支出项目和准确估计税式支出成本,是进行税式支出预算控制的重点和评估与提高税式支出效率的基础。税式支出预算控制的目的是在加强税式支出微观管理的基础上,注意收集、统计有关税式支出成本—效益的材料,以此为基础,尽可能利

---

① 李艳:《税式支出理论与应用——基于制度构建层面的研究》,安徽大学出版社 2009 年版。

用现代化数据处理系统与技术,评估各项税式支出的效率,从而提高税式支出的整体效率。加强税式支出的项目鉴别和成本估测,是进行预算编制、管理和监督的基础,有利于对税式支出进行总量、方向、效益、风险的预算控制,从而有利于提高税式支出制度的规范性、科学性和有效性。

(三) 税式支出预算的编制、审批与执行程序

建立税式支出预算的目的在于控制税式支出总量,明确优惠目标,限定优惠范围和使用方向,以便于考核优惠效果,加强监督管理,这是防止狭义税收流失的根本措施。建立税式支出预算制度,将税式支出看作运用财政资金的一个方面纳入综合财政计划加以全面平衡和核算,可以从总量、使用方向、管理方式等多方面规范税式支出、提高税式支出政策的效率。

编制税式支出预算表是对税式支出进行预算管理的重要内容,具体程序包括以下几个方面。

1. 税式支出预算总额的确定

编制税式支出预算,首先要控制税式支出预算总额,也就是说要根据财政承受能力、优惠政策的需求与财政支出结构和财政收支总量平衡关系,确定税式支出的数量界限。考虑到财政收支总量平衡关系和财政支出结构这两个因素,可以推导出税式支出规模的合理范围,得出税式支出预算总额的取值范围:

$$税式支出最高限额 \leqslant 应征税收收入 + 其他非债财政收入$$
$$+ 符合未来偿债能力的公债收入$$
$$- 不可以用税式支出替代的直接支出$$

2. 编列统一支出账目

为形成税式支出与直接支出项目的对应关系,便于分析比较,税式支出项目的分类按预算职能分类,在每一职能项下再按税式支出项目进行分类分析。利用税式支出分析方法经过甄别筛选,逐步将税式支出的全部项目编列成与国家预算科目相对应的账目体系,这是税式支出制度的核心。其主要意义在于,通过这个账目连同政府直接支出计划,可以如实反映各级财政的支出总量和支出流向,并和直接支出进行单项比较,为税收立法和各级政府选择适当支出形式,提供决策参考。编制支出账目的主要内容包括:

(1) 进行税式支出分析。对税收优惠项目进行税式支出分析是建立统一支出账目的基本前提。税式支出分析要求根据税式支出的内涵,对各种税收优惠条款进行鉴定,以判明这些条款是否具有税式支出属性。任何一种税收优惠只要具备以下三个条件,即可成为税式支出:一是优惠项目有着特定的政策目的;二是对同一应税行为,税制中存在着偏离规范性税法条款的特殊条款;三是特定纳税人或经济活动可以从两类条款的差异中获取财政援助。只有根据上述标准,才能把税式支出项目从众多的税收优惠规定中挑选出来,编列税式支出科目及其支出明细表,奠定支出预算分析的基础。

(2) 参照国家预算编制方法,编列税式支出账目。为了实现将政府直接财政支出同税式支出进行比较分析的目的,要参照预算的分类方法,把所有税式支出的项目分门别类,形成与国家预算科目相对应项目体系,以及为满足税式支出预算分析所需的其他科目。国外的税式支出表多是按预算职能来分类编制的,每一职能下再按税种和优惠项目进行细分。基本形式参见表9-1。

表 9－1

国外按职能划分的税式支出表

预 算 职 能	财 政 年 度					
	公　司			个　人		
	2018 年	2019 年	2020 年	2018 年	2019 年	2020 年
一、一般公共服务						
(一)所得税						
1. 对政治捐赠的扣除或税收抵免						
2. 对外交官员的特别津贴不征税……						
(二)财富税						
5. 对政治组织(机构)捐款不予计列						
二、国防事务						
所得税						
6. 武装部队人员的抚恤金和津贴不予计列						
三、公共秩序及安全事务无减免项目						
四、教育事务						
所得税						
7. 政府拨付的教育补贴不予计列						
8. 奖学金和研究补助金不予计列……						
(二)财富税						
11. 对教育的捐款扣除						
五、卫生保健事务						
(一)所得税……						
(二)财富税……						
六、社会保障与社会福利事务……						
七、住宅和社区公共环境事务和服务……						
八、文化、娱乐、宗教事务……						
九、农林牧渔业事务……						
十、燃料及能源设施及服务……						
十一、采矿业和矿产资源生产事务……						
十二、交通运输事务……						
十三、其他经济事务与服务						

　　资料来源：楼继伟、解学智：《税收支出理论创新与制度探索》，中国财政经济出版社 2003 年版，第 275 页。原表内共计 17 类 134 个小项，这里为说明问题只列举了部分内容，并更改了财政年度。

　　(3) 设立税式支出账目体系。应当考虑以下因素：一是同国家预算科目相对应，便于税式支出和直接财政支出进行比较；二是全面反映税式支出的总量、结构和用途。这个账目体系由以下五类税式支出表组成：① "税式支出计划表"，反映全国分地区的税式支出总规模和计划执行情况；② "税式支出预算分析表"，用于财政直接支出和税式支出的比较分析；③ "税种税式支出表"，反映各种税的税式支出情况；④ "中央和地方税式支出表"，反映中央税、地方税及共享税的税式支出数额、用途和负担情况;⑤"税式支出成本—效益分析表",反映和评估税式支出效果。

3. 纳入预算控制程序

税式支出预算同国家预算相比,在管理原则、内容和方法上有很大的不同,但这并不妨碍参照预算控制程序和管理办法,将税式支出视同预算支出进行管理。管理的内容主要包括:

(1)建立税式支出预算的法规和制度,制定涉及税收优惠项目选择、优惠资金提取、使用和管理的基本准则。

(2)试编税式支出预算。按照税式支出和预算支出对口,分类分项编列的原则,拟定税式支出计划,并随同国家预算报经审查批准。

(3)执行税式支出预算。这是加强税式支出预算管理的重要环节,其主要任务是加强对优惠资金提取、使用的管理和监督,不断提高资金使用效益。

(4)编制税式支出决算。税式支出决算是税务机关执行税式支出预算的总结,各级税务机关和预算机关都要按照各税种的优惠权限。确定各项税式支出的预算管理级次,汇编本级税式支出的提取、使用及效果的情况,逐级报告,最后形成国家总的税式支出决算,随同国家决算一起报经审查批准。

4. 立法机关审议监督

税式支出预算的编制由税务部门和财政部门的预算机构、税政管理机构共同负责,税务部门负责税式支出预算的执行。规范化的税式支出预算,必须经过法定程序,由立法机关审议批准。税式支出的规模、方向和资金使用效果也都必须置于立法机关的监督之下。所以,在这一阶段,不论是试编税式支出预算,还是汇编税式支出决算,都应当作为国家预、决算文件的一部分,报经立法机关审议通过,使它和国家预、决算一样,具有正式法律效力,强化国家权力机关对税务机关、财政机关执行税式支出计划的督促检查。

对税式支出进行预算监督,要求各级财政机关从税式支出计划编制到执行结果审查,自始至终都要参与其中的管理和监督工作。预算监督的任务是监督同级税务机关是否严格执行税式支出计划,是否突破总量指标,优惠资金是否用于规定用途,审查年终计划执行情况,参与评估支出效果。同级税务机关要定期向预算监督机关报送有关税式支出执行情况和支出效果的评估材料。预算监督机关如果发现税式支出执行过程中出现违反税法和支出计划的情况,有权向上级财税机关报告,并根据财政体制有关规定予以纠正。

目前,我国尚无设计税式支出预算管理制度的专门法律。具体看,没有像直接预算支出那样在《预算法》中进行详细、严格的规定,也缺乏对税式支出的鉴别和成本估算,客观上造成了人们对税式支出不重视,影响了税式支出管理制度的权威性和可操作性。因此,需结合我国的具体国情,构建适合我国国情的税式支出预算管理制度,加强我国税式支出的绩效管理。

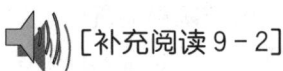 [补充阅读9-2]

各国的税式支出预算一览

➤ 美国 2000—2004 财年税式支出预算总额高达 34 273 亿美元,其中 2004 年税式支出预算数为 7 390 亿美元。

➤ 澳大利亚 2001—2002 财年税式支出预算数为 7 390 亿美元,占 GDP 的 4.2%。

➤ 荷兰 2003 年对所得、利润和财产课征的直接税税式支出预算为 72.19 亿欧元,对流转额课征的间接税税式支出预算为 45.06 亿欧元。

➤ 德国 1994 年税式支出预算总额为 324.65 亿马克,其中联邦政府税式支出预算为 138.20 亿马克。

➤ 英国 1994—1995 财年所得税、资本利得税、遗产税、印花税、国民保障税和增值税的税式支出预算总额为 370 亿英镑。

资料来源:转引自万莹:《税式支出的效应分析与绩效评价》,中国经济出版社 2006 年版,第 3 页。根据其资料整理而得。

第三节　中国税式支出制度管理

一、中国现行税式支出制度的演变及现存问题

(一) 中国税式支出制度的演变

我国多年来有实施税收优惠政策的实践。从 1949 年新中国成立以来的历次税制改革来看,都有许多税收优惠方面的规定,在减免税审批、金额统计和效果分析等方面也做了一些工作。

20 世纪 90 年代,中国确立了社会主义市场经济的改革目标,并在 1994 年对原有税收制度进行了全面、深刻的改革,税式支出的政策目标已从原来粗放型、吸引外资数量的单纯政策目标,转向有选择、有重点,并能较好地体现公平税负原则的产业导向政策目标。其具体表现为:首先,改变内、外两套税制的旧框架,实现流转税制和个人所得税制的内外统一;其次,改变了内外资企业税负不同的不合理状况,实现了内外资企业所得税制的统一;最后,严格控制减免税权限,除保留涉外税式支出和对小规模企业、受灾企业和符合国家产业政策的企业以及民族自治地区的税式支出外,基本取消其他方面的不合理税式支出。

“十一五”以来,在科学发展观的指导下,我国政府进一步转变经济发展方式,完善社会主义市场经济体制。为此,促进经济社会全面、协调发展,税收政策也进行了很大的调整。

首先,实现多项内外资税制的统一。主要举措有:① 合并内外资企业所得税法,实施新的企业所得税法。2007 年 3 月 16 日第十届全国人民代表大会第五次全体会议通过的《企业所得税法》,2007 年 11 月 28 日国务院第 197 次常务会议通过的《企业所得税法实施条例》。新企业所得税法统一了税收优惠政策,实行“产业优惠为主、区域优惠为辅”的新税收优惠措施,于 2008 年 1 月 1 日正式实施。② 实现车船税、城镇土地使用税和房产税的内外统一。

其次,实现了增值税由生产型向消费型的转变。2008 年 11 月 5 日国务院第 34 次常务会议修订通过、自 2009 年 1 月 1 日起施行的《中华人民共和国增值税暂行条例》(国务院第 538 号令)。现行增值税法对购进固定资产的进项税额准予按照税法规定进行抵扣,节省了企业的成本,有利于激励企业固定资产的更新。

近两年,财政部开始关注并组织力量专门研究税式支出问题。主要目的是试图通过建

立一种新的模式解决中国税收优惠政策执行中存在的缺乏系统控制,管理和监督,过多过滥、不透明、目标不清等问题。财政部认为,税式支出的基本含义是政府为实现一定的社会经济政策目标,通过对基准税制的背离给予纳税人的优惠安排。税式支出制度则是实现这种优惠安排的制度和相应的管理制度。税收不仅仅作为政府取得财政收入的工具而存在,还可以作为政府的一项支出计划,作为政府直接支出、信贷或者其他政策工具的替代方案而存在。提出税式支出概念的意义在于把大量的税收优惠以科学、规范的形式管理控制起来。因此,税式支出制度的改革和完善是下一步中国财税改革的重点之一。

（二）我国现行税式支出存在的问题

1. 税式支出政策偏多

由于层层授权,全国人民代表大会及其常务委员会、国务院、财政部国家税务总局及其所属的省级国家税务局、海关总署、国务院关税税则委员会、省级人民政府及其所属的财政厅（局）、地方税务局都有权做出一些税收优惠规定,几乎涉及所有的税种,税制要素和政治、经济、文化、教育、科技、卫生、体育、民政,司法、军事、外交等各个领域,使得中国现行税制的税收优惠十分庞杂。

2. 税制支出政策偏乱

缺乏总体规划和设计,方向不够明确,重点不够突出。例如,有些税收优惠交叉、重复;有些税收优惠政策上有矛盾、制度上有漏洞;一些不适当的税收优惠被清理了,有些还存在,等等。有些省以下地方政府和税务机关出于地方利益的考虑,越权制定了一些税收优惠政策。

3. 管理不规范,降低了税式支出的效益

在税收优惠的实施过程中,有关项目的审批、项目执行情况的检查、项目最终成本与效益（结果）的考核（评价）、有关数据的统计与公布等,都没有统一的制度和规范。上级税务机关、财政部门、审计部门、各级政府和人民代表大会对此的监督也不够。因此,有些项目成本过高,效益不佳。

4. 税式支出的形式比较单一,削弱了政策的实效

目前我国主要采用减免税等直接税收优惠形式,较少采用加速折旧、投资税收抵免、税收扣除、加速折旧、延期纳税等间接税收优惠形式。税式支出形式过于单一不仅容易造成财政收入大幅度下降,而且不易控制减免税金的使用方向,不利于提高税式支出的效果。

5. 税式支出立法层次低,缺乏统一、规范、透明的税式支出法规,不利于加强税收征管

现行的税式支出政策与各个单行法规相联系,除个别税法或条例和细则中做出原则性的规定外,具体的一些税式支出项目大多散见于各种通知、规定中,缺乏明确的标准和认定方法。税式支出的规模虽然得到初步控制,税式支出的管理权限也规定集中于中央,但在实际运作中,地方各级政府仍以种种形式和手段越权减免税收。因此,税式支出法规的统一性、规范性、透明度较差,这在一定程度上增加了税收法规的主观随意性。

二、改进中国税式支出管理的建议

在我国,构建一个科学规范的税式支出管理制度是一项十分艰巨的工作,为此,既要借鉴其他国家的做法和成功经验,也要结合我国目前的实际。当前,应主要做好以下几方面的工作。

（一）将税式支出纳入财政预算范围

将税式支出列入政府的财政支出系列，按照管理财政支出的方式予以量化和监督，是科学合理地管理税式支出的有效途径。国际税收实践表明，将税式支出纳入财政预算管理，不仅有利于加强对各种税式支出的控制，增加国家财政收入，有效控制税款的使用方向；还有利于政府在税式支出与财政支出之间进行比较，选择较为恰当或最佳的财政援助方式；又有利于政府正确评价各种税式支出形式的实际效果，确定切合实际的改进措施，提高税收优惠政策的效率；也有利于完善政府的财政预算制度。考虑到我国现阶段税式支出的范围宽、规模大，且从中央到地方的各级政府均没有编制税式支出预算的经验，在编制税式支出预算时，要采取先易后难、先宽后严、先试点后实施的分阶段推进的方法。具体来说，可考虑首先对某一部门或某一支出项目进行税式支出的成本预测，然后扩大到主要税种和重点项目的税式支出，最后编制出全面的税式支出预算，将其纳入政府的预算管理体系。

（二）科学合理地界定税式支出范围

在市场经济条件下，政府的主要职能是提供公共产品，创造经济、社会安全和协调发展的外部环境。市场经济中的政府具有经济管理职能，但要锁定在市场失灵领域，并主要运用经济手段进行调节。由此所决定，税收的主要职能是取得财政收入，保证政府提供公共物品的财力需要。税收具有调节经济的职能，但要将调节的范围锁定在市场失灵领域。科学界定税式支出的范围，可以从明确税式支出政策范围、规范税式支出税种范围以及优化税式支出形式几方面入手[①]。

首先，明确税式支出的政策范围。税式支出的作用在于对特定的行业、活动和阶层进行鼓励或照顾，但更重要的还在于以此达到对经济和社会进行宏观调控，促进社会、经济的全面发展。根据我国当前政府宏观政策目标和宏观调控任务，我国税式支出政策范围应包括：① 鼓励特定产业的税式支出政策（如农业、能源、交通、基础设施建设）。② 强化推动科技进步的税式支出政策（如科技发明、科技转让、科技人员）。③ 促进区域经济协调发展的税式支出政策（如西部开发）。④ 调节社会生活及稳定社会的税式支出政策（如社会保障、收入调节）。

其次，规范税式支出税种范围。所得税的多少直接决定了纳税人的税后所得额的大小，一般说来，所得税、财产税等直接税作为税式支出的税种范围比较适宜，许多国家也有这方面的经验。但是，考虑到我国商品和劳务税比重较大，涉及的税收优惠较多的现实，短时间内可选择流转税和所得税相结合的模式。随着我国税制改革的日益深入，税种结构的不断优化，所得税地位的逐步提高，应逐步缩小流转税税式支出的范围与规模，将所得税作为我国税式支出的主体。

再次，优化税式支出方式。各种税式支出方式对经济的效应在时间、范围、程度上不尽相同。一般说来，直接的税式支出方式，直接降低了纳税人的税收负担，具有很强的经济政策导向，且管理上简便易行，但直接减少了财政收入，同时对政府让渡的税款使用方向难以控制。间接的税式支出方式，并不减少政府的税收收入，更有利于刺激投资，而且对政府让渡的税款使用方向能够有效控制。因此，在税式支出形式的选择上，应根据我国当前的政策导向，进行税式支出形式的优化选择。总体上说，应借鉴国际惯例，减少和控制税收减

---

① 苑新丽：《税式支出管理的国际经验与我国的选择》，《财经问题研究》2005 年第 9 期。

免、优惠税率等直接形式的使用,适当增加加速折旧、盈亏抵补、投资抵免等间接形式的使用。

（三）逐步规范和完善税式支出管理模式

就目前存在的三种税式支出管理模式,据国际经验表明,全面预算管理模式效果最为理想。然而,税式支出管理模式的选择应结合国情考虑。鉴于目前我国的财税管理水平及缺乏高效的现代化处理系统和技术,我国的税式支出管理模式应由易到难、由简到繁、逐步规范。具体说来,可先从某一部门（如高新技术产业）或某些支出项目（如减免税、优惠税率）开始进行税式支出的统计、测算、分析和评估,并编制简单的税式支出报表。待积累一定经验后,再对主要部门、行业的主要税种（如增值税、个人所得税和企业所得税等）和重点项目的税式支出进行统计、测算、分析和评估,做出较确切的定量分析,形成较为正规、系统的税式支出预算表,附在年度预算表之后。随着财政能力和管理技术水平的逐步改善,再编制全面的税式支出预算,将其作为国家复式预算体系的重要组成部分,按法定程序审核批准,最终将其纳入法制化、规范化的轨道。

我国税式支出的管理尚处于起步阶段,除了上述几点建议外,还需进一步加强税式支出的法制化和规范化建设,建立完善的税式支出数据采集和统计系统,为建立和完善我国的税式支出管理制度做好保障工作。

三、中国税式支出制度建设应注意的问题

税式支出管理制度是一项系统工程,目前,我国尚无这方面的建设经验。因此,中国税式支出制度建设既要借鉴其他国家的做法和经验,也要结合我国目前实际。为保障税式支出制度建设的合理性和有序性,在具体建设过程中,应把握好以下几点。

1. 税式支出管理的总目标应保持总量适度、结构优化

总量适度是指税式支出安排要考虑财政的总体承受能力,使预算直接支出和税式支出的总规模控制在适度、合理的范围内;结构优化是指在总量控制的前提下做到直接支出和税式支出的相互协调、平衡。而且,各类、各项税式支出的安排也要适当和妥帖。

2. 税式支出管理应加强成本收益分析

税式支出是国家对税收收入的一种主动放弃,同时又是国家的一种隐蔽的、间接的支出。我国长期以来在广泛运用税式支出政策的同时忽视了对其效果的反馈和监督考核,缺乏对税式支出的统计分析,更谈不上绩效考核。因而对多数税式支出政策的效果如何往往心中无数,从而也难以取舍。因此,应加强税式支出的成本收益分析,使得税式支出政策符合效益原则。在具体实践过程中,要加强税式支出的统计分析和评估工作,并根据评估的结果做出保留、扩大、缩减、取消某项税式支出的决定。在此基础上,还要按照成本效益分析的原则将税式支出与预算直接支出加以比较,综合考虑多层次的效益目标,平衡好宏观效益和微观效益、社会效益和经济效益、长远效益和当前效益的关系。最终改善整体的支出结构,提高税式支出的整体效率。

3. 税式支出政策应注意时效性

税式支出是一国政府出于特定目的主动无偿地让渡税收收入给特定的纳税人的财政支出形式。税式支出目的和受益人群的特定性决定了税式支出的时效性。即税式支出政策要与客观经济形势相适应,政策制定应紧密联系国家宏观调控目标和经济形势的发展变

化,优惠的重点、优惠的形式、优惠的范围要适时调整,避免过分超越或滞后于经济形势的发展,以充分体现其时效性。

4. 税式支出应遵循税收法定原则

税式支出的具体形式税收优惠是税收的要素之一,因此,税式支出同样也要保持税收法定原则。税式支出的法定原则体现贯穿在税式支出管理的全过程。政府不得随意减征、停征或免征,无法律依据不随意进行税式支出。

本 章 小 结

1. 税式支出是财政支出的一种特殊形式,也是各国政府制定税收政策必须考虑的重要内容之一,它的出现被西方财政经济学家誉为"过去二三十年来财政领域中的主要革命"。税式支出造成了政府收入的减少和政府隐性财政支出的增加,是对标准税制结构运行的偏离。因此,税式支出的大小不仅对一国税收负担的分布情况、财政支出规模以及微观经济主体的行为产生不同的影响,而且还对一国乃至国际社会、政治和经济产生直接或间接的影响。

2. 税式支出是指一国政府基于特定的经济社会政策目标,通过采取与基准税制或规定相背离的税收法律制度,将按基准税制规定应收的税款间接无偿地让渡给特定的纳税人,以实现其税收照顾和激励作用的间接财政支出。

3. 税式支出具有财政转移性、间接性和隐蔽性、灵活性和及时性、非中性等基本特征。

4. 税式支出是一柄典型的"双刃剑",它有利于国家经济和社会政策的贯彻实施,但又有其自身难以消除的负效应。为保证税式支出正面效应的有效发挥,需减少行政干预对资源配置的扭曲,尽量将税式支出政策的实施用于市场失灵且政府调控更有效果的领域,以最大限度的发挥税式支出的正面效应,降低其负面效应。

5. 根据税式支出的意图划分,税式支出可分为鼓励性税式支出和照顾性税式支出两种。根据税式支出的实现工具来划分,税式支出可分为税基式税式支出、税率式税式支出、税额式税式支出三种基本类型。

6. 税式支出的具体形式有税前扣除、盈亏互抵、税收减免、税收抵免、优惠退税、税收豁免、税收饶让、延期纳税、加速折旧。

7. 目前,世界各国税式支出预算制度大致可分为全面预算模式、重点项目预算模式、非制度化的临时监督与控制模式三种。

8. OECD 国家估算税式支出成本的方法主要有三种:收入放弃法、收入获得法及等额支出法。

9. 预算的编制、审批与执行程序是:税式支出预算总额的确定;编列统一支出账目;纳入预算控制程序;立法机关审议监督。

10. 中国现行税式支出制度的缺陷主要有:税式支出政策偏多,政策意图不显著。税式支出管理不规范,降低了税式支出的效益。税式支出的形式比较单一,削弱了政策的实效。税式支出立法层次低,缺乏统一、规范、透明的税式支出法规,在一定程度上增加了税收法规的主观随意性。

练 习 题

一、名词解释

税式支出　鼓励性税式支出　照顾性税式支出　税基式税式支出　税率式税式支出　税额式税式支出　税前扣除　盈亏互抵　税收减免　税收抵免　优惠退税　税收豁免　税收饶让　延期纳税　加速折旧　全面预算模式　重点项目预算模式　非制度化的临时监督与控制模式　收入放弃法　收入获得法　等额支出法

二、单项选择题

1. 关于税式支出的理解，下列表述中，错误的是（　　）。

A. 税式支出本质上造成了国民收入的再分配

B. 税式支出是通过税收制度的安排实现的一种财政支出方式

C. 税式支出等同于税收优惠

D. 税式支出具有间接性和隐蔽性的特点

2. 税式支出概念的内涵不包括（　　）。

A. 税式支出是通过税收制度的安排实现的一种财政支出方式

B. 税式支出是以某种税法中的规范条款为基准，再根据税法中偏离规范条款的特殊条款（优惠或减免规定）作为支出的依据

C. 税式支出必须有明确的社会经济政策目的，通过减少国家税收收入及减轻纳税人的纳税义务达到政府的预期目标

D. 税式支出是其他财政支出形式不可替代的

3. 以下不属于税式支出的是（　　）。

A. 加速折旧　　　　　　　　　　B. 税收抵免

C. 税率优惠　　　　　　　　　　D. 税务局返回多征税款

4. 依据我国财税〔2009〕70号文规定，企业安置残疾人员所支付的工资，在按照支付给残疾职工工资据实扣除的基础上，按照支付给残疾职工工资的100%加计扣除。这项规定属于（　　）税式支出。

A. 税基式　　　　B. 税额式　　　　C. 税率式　　　　D. 其他

5. 目前，世界各国税式支出预算制度大致可分为全面预算模式、重点项目预算模式、非制度化的临时监督与控制模式三种。以下采用全面预算模式的国家是（　　）。

A. 美国　　　　　B. 中国　　　　　C. 意大利　　　　D. 荷兰

三、多项选择题

1. 以下属于税式支出特征的有（　　）。

A. 灵活性　　　　　　　　　　　B. 及时性

C. 间接性和隐蔽性　　　　　　　D. 支出的行政费用高

E. 非中性　　　　　　　　　　　F. 财政转移性

2. 税式支出的正面效应有(　　　)。

A. 鼓励微利有益和具有外部正效益的商品和服务的生产和提供

B. 鼓励高新技术产业的发展和风险项目投资

C. 促进产业结构调整和地区经济协调发展

D. 照顾弱势群体,缩小贫富差距

E. 有利于吸引外资和引进先进技术,正确处理国际的税收争端

3. 以下税收政策属于税式支出政策的有(　　　)。

A. 我国增值税的即征即退　　　　　　　B. 我国增值税的先征后退

C. 我国增值税的出口退税　　　　　　　D. 延期纳税

4. 税式支出的估算方法有(　　　)。

A. 收入放弃法　　　　　　　　　　　　B. 收入获得法

C. 等额支出法　　　　　　　　　　　　D. 分项汇总法

5. 以下国家采用重点项目预算模式有(　　　)。

A. 美国　　　　　　　　　　　　　　　B. 加拿大

C. 意大利　　　　　　　　　　　　　　D. 荷兰

四、简答题

1. 税式支出的基本特征是什么?

2. 如何认识税式支出的正、负经济效应?

3. 税式支出的具体形式是什么?

4. 税式支出可以划分为哪些类别? 各种类别的划分依据是什么?

5. 税式支出成本的估算方法有哪些?

五、论述题

1. 如何对税式支出项目进行预算控制,对税式支出的实效进行分析和评价?

2. 中国现行税式支出存在哪些缺陷,如何建立和完善中国的税式支出管理制度?

六、案例分析题

【案例资料】

我国于 2019 年 3 月正式提出"研究探索建立税式支出制度"。税式支出是指政府为实现特定政策目标,依法对特定纳税人作出的包括加计扣除、税收抵免或税收优惠等税收减让措施,是政府财政的一种间接支出。税式支出是我国政府激励科技创新的一个重要工具。我国已建立以支出为基础的研发投入税收抵扣、以收入为基础的技术转让税收优惠和综合性的高新技术企业税收优惠等全方位的激励制度。

以支出为基础的激励制度:研发投入的税收抵扣

以支出为基础的激励制度,可称为"研发税收激励",就是给予进行研发投入(即研发支出)的企业有利的税收待遇,是指企业开展科技创新研发活动时所投入的人财物支出,在计算企业应税所得额中可以加计扣除,达到以少缴或不缴税款方式激励科技创新的税式支出制度。激励手段有费用加计扣除、加速折旧等方式,扣除范围包括研发人员人工费用、直接

投入费用、折旧费用、无形资产摊销费用、试验费和其他相关费用。

我国以支出为基础的激励制度从 2008 年至今逐渐体系化,扣除范围逐渐扩大,程序不断简化。2008 年实施的《中华人民共和国企业所得税法》(以下简称《企业所得税法》)第 30 条与《中华人民共和国企业所得税法实施条例》(以下简称《企业所得税法实施条例》)第 95 条从法律和行政法规层面对该种激励制度进行了确认与细化。随后,2017 年施行的《关于提高科技型中小企业研究开发费用税前加计扣除比例的通知》(财税〔2017〕34 号)、《关于提高科技型中小企业研究开发费用税前加计扣除比例有关问题的公告》(国家税务总局公告 2017 年第 18 号)和 2018 年施行的《关于提高研究开发费用税前加计扣除比例的通知》(财税〔2018〕99 号)将原加计扣除和摊销比例进一步提高:未形成无形资产的,由 50% 提高到 75%(2021 年 1 月 1 日起,制造业企业研发费用从 75% 提高到 100%);形成无形资产的,按照无形资产成本的 175% 摊销(2021 年 1 月 1 日起,制造业企业按照 200% 摊销)。

以收入为基础的激励制度:技术转让的税收优惠

以收入为基础的激励制度,也可称为"专利盒税制激励",是对企业符合条件的技术转让(或技术产品转让)收入,免征或减征企业所得税、增值税等,以实现激励创新的税式支出制度。我国技术转让中的"技术"包括专利,类似于欧盟一些国家推行的"专利盒"税制,因此也被国际上称为中国"专利盒"制度。"专利盒"税制为专利、专利产品等无形资产转让收益规定了优惠的税率,目前欧盟已有 14 个国家采用此税制。"专利盒税制激励"以收入为基础,主要通过所得税优惠或减免方式进行激励。以支出为基础与以收入为基础的两种激励制度之间的区别在于:一是激励的时机不同。前者是在研发投入发生时对科技创新研发的激励,即前端激励;而后者是当技术转让收益发生时对科技成果商业化、产业化的激励,即中后端激励。二是激励方式不同。前者主要采用计税时费用加计扣除,而后者主要采用优惠税率或税收减免。

《企业所得税法》第 27 条和《企业所得税法实施条例》第 90 条,明确了技术转让所得的税收优惠问题。技术转让所得可以减半征收(一个纳税年度,技术转让所得超过 500 万元的部分按 12.5% 征税)和免征(一个纳税年度,技术转让所得不超过 500 万元的部分)企业所得税。国家税务总局发布的《关于技术转让所得减免企业所得税有关问题的通知》(国税函〔2019〕212 号)和《关于居民企业技术转让有关企业所得税政策问题的通知》(财税〔2010〕111 号)对居民企业的技术转让条件、技术范围等进行了明确。2015 年国家税务总局发布的《关于许可使用权技术转让所得企业所得税有关问题的公告》(2015 年第 82 号公告)进一步明确居民企业转让 5 年以上非独占许可使用权(但拥有所有权)取得的技术转让所得适用优惠税率。

综合激励制度:高新技术企业的税收优惠

综合激励制度可称为"先进制造业税制激励",是指为吸引先进制造业,对经过认定的先进制造企业给予优惠的企业所得税税率,从而达到激励创新的税式支出制度。无论是企业经营所得还是转让无形资产所得,或其他一切所得都享有一个综合的优惠所得税税率,对科技创新企业而言是一个综合激励制度。尽管有科技创新的前端激励、中端和后端激励,但有些科技创新行为难免仍会被遗漏。许多国家建立了综合激励制度——对先进制造业给予全方位企业所得税激励,在我国集中体现在高新技术企业的税收优惠制度上。

《企业所得税法》第 28 条和《企业所得税法实施条例》第 93 条规定了高新技术企业优惠

税率和认定条件。2016 年科技部等三部委颁布的《高新技术企业认定管理办法》（以下简称《管理办法》）以及《高新技术企业认定管理工作指引》对高新技术企业认定的组织与实施、认定程序等方面作出了系统的规定。

　　然而，税式支出激励制度并未达到预期目标，出现专利量多质低、税收不公平与增加税收成本等问题。

　　资料来源：节选自付大学：《激励科技创新税式支出制度的缺陷及立法完善——以组织理论为切入点》，《法商研究》2019 年第 5 期。

　　请根据以上资料，结合税收学理论，回答以下问题：

　　（1）为什么要建立税式支出制度？

　　（2）建立政府激励科技创新的税式支出其意义是什么？

　　（3）以支出为基础的研发投入税收抵扣、以收入为基础的技术转让税收优惠和综合性的高新技术企业税收优惠，分别有何优势与不足？

　　（4）为什么激励科技创新的税式支出没有达到预期目标？你认为应该如何改进？

第十章　税收管理和税收遵从

【知识要点】

本章介绍了税收管理的含义、内容及原则,并回顾了新中国成立以来我国的税收管理体制在几次调整中由分散管理到高度集中统一、再由高度集中统一逐步过渡到中央统一领导下的分级管理的过程;本章还介绍了税收遵从的内涵和外延、类型、成本及其测算,分析了我国当前税收遵从的现状、其他国家或地区提高税收遵从度的做法和经验以及对我国的借鉴。

第一节　税收管理的含义、内容及原则

一、税收管理的含义

从广义上讲,税收管理是国家以法律为依据,根据税收的特点及其客观规律,对税收参与社会分配活动全过程进行决策、计划、组织、协调和监督控制,以保证税收职能作用得以实现的一种管理活动,也是政府通过税收满足自身需求,促进经济结构合理化的一种活动。

从狭义上讲,税收管理是税务机关依据国家税收政策法规所进行的税款征收活动,是国家及其税务机关依据客观经济规律和税收分配的特点,对税收分配过程进行决策、计划、组织、监督和协调,以保证税收职能得以实现的一种管理活动。

理解税收管理的含义可以从以下几个方面把握。

1. 税收管理的主体是国家及其征税机关

税收是国家参与社会产品分配的一种特殊形式,税收管理是国家管理体系的组成部分,征税机关是代表国家行使税收管理的工作机构。从狭义角度看,征税机关是通常所指的各级税务机关;从广义角度看,除税务机关外,还包括财政部门和海关。海关总署及其所属机构负责关税、船舶吨税以及进口商品所缴纳的增值税、消费税的征收管理;随着财税体制改革不断深化,财政部门的职能重心回归到预算安排和财政监督,逐步不再参与税收管理活动。

国家组织整个税收分配活动并制定基本政策、制度及各项税收法律。征税机关则具体管理税收工作及执行有关法律、法规和政策,实现税收分配活动。

2. 税收管理的客体是税收分配全过程

从宏观角度分析,税收分配涉及国家与企业、中央与地方等的分配关系;从微观角度分析,税收分配是指各级税务机关与纳税人之间的征纳关系。前者构成税收管理体制问题;

后者形成税收征收管理的重要内容。从狭义的角度讲,税收管理的客体主要是指税收的征收管理过程。

3. 税收管理的依据是法律和税收的特点、规律

依法治税是进行税收管理的基本要求,国家征税需要借助法律的形式。法律是国家意志的体现,强制地调整人们行为规范,体现强制性、公正性和普遍性的特点。税收管理还必须根据税收分配的特点和规律进行,确保税收管理的科学有效。

4. 税收管理的基本职能是决策、计划、组织、协调、监督和服务

税收管理作为一种管理活动,其实质是在税收分配过程中妥善处理各种利益关系,对管理要素进行合理配置并使之协调,以保证税收分配活动有序进行。税收管理是税收决策、计划、组织、协调、服务和监督等活动有机结合的整体。国家为达到既定的税收目标,就必须制定税收政策,并通过立法机关制定一系列的税收法律、法规,为税收分配活动提供法律保证。同时,如何贯彻执行税收政策和税收法规,又需要国家的有关职能部门进行具体的决策和计划。为了使这些决策和计划付诸实施,必须合理设置管理机构,配置相应的人员,明确各自的责任和应承担的义务,运用可以借助的管理方法和手段,对税收管理活动进行组织和指挥,使税收管理活动的各个环节紧密地联系在一起,以确保税收目标的实现。在税收管理活动中,还会经常遇到一些矛盾和违反税法、违反财经纪律等问题,为了正确处理各方面的关系,维护税法的严肃性,必须处理好各方面的矛盾,及时纠正和制止各种偏差和违法乱纪行为,及进行必要的协调和监督。

5. 税收管理的目标是保证税收基本职能的顺利实现

税收分配的目标也就是税收管理的目标。税收分配的目标通常表现在两个方面:一是财政目标,即筹集收入的目标;二是调节经济的目标,即实现宏观调控、促进经济稳定和发展的目标。在日常工作中,税收管理的目标又具体表现在各项管理活动中。税收管理的目标就是通过其具体的活动,使税收所具有的职能作用得以顺利实现,确保整个税收活动有序地运转,以取得最佳效益。

二、税收管理的内容

(一) 税收法制管理

税收法制管理是指税法的制定和实施,具体包括税收立法、税收执法和税收司法的全过程。税法是国家法律的组成部分,是整个国家税收制度的核心,是税收分配活动的准则和规范。税收立法工作由国家立法机关负责,税收执法工作由各级税务机关承担,税收司法工作由国家司法机关来执行。

税收立法是由制定、修改和废止税收法律、法规的一系列活动构成的,主要包括税收立法体制和税收立法程序两大方面。广义的税收立法指国家机关依照法定权限和程序,制定各种不同规范等级和效力等级的税收规范性文件的活动。狭义的税收立法则是指立法机关制定税收法律的活动。

税收立法权限一般包括国家立法、地方立法、授权立法和行政立法。由于各级机构的税收立法不同,因此,所制定的税收法律规定的级次、效力也不同。

(二) 税收征收管理

税收征收管理是一种执行性管理,是指税法制定之后,税务机关组织、计划、协调、指挥

税务人员,将税法具体实施的过程。具体包括税务登记管理、纳税申报管理、税款征收管理、减税免税及退税管理、税收票证管理、纳税检查和税务稽查、纳税档案资料管理。

（三）税收计划管理

税收计划管理主要包括税收重点税源管理、税收会计管理、税收统计管理。

（四）税务行政管理

税务行政管理,又称税务组织管理,是对税务机关内部的机构设置和人员配备进行的管理。具体包括税务机构的设置管理、征收机关的组织与分工管理、税务工作的程序管理、税务人员的组织建设与思想建设管理、对税务人员的监督与考核、税务行政复议与诉讼的管理。

三、税收管理的原则

税收管理的原则是税收管理活动必须遵循的基本准则。税收管理活动不仅涉及面广,而且政策性强,直接关系到税收法律、法规、政策、制度的正确贯彻执行,关系到税收收入能否及时足额入库,关系到税收职能作用的正确发挥。为了保证税收管理活动有序地进行,正确处理各方面的关系,提高税收管理水平,必须有一定的指导原则。

（一）依法治税原则

税收是国家通过法律程序参与社会产品或国民收入分配的一种形式,税收的本质就是要求必须依法治税。税法是国家法律的重要组成部分,国家通过制定税收法律、法规明确规定了纳税人应履行的纳税义务,同时也要求税务机关严格执行国家税收法律、法规,秉公执法。依法治税原则要求税收管理活动必须以法律为准绳,做到依法办事。

坚持依法治税原则,涉及立法、执法和司法等方面。从立法方面来说,加强税法建设,健全税法是依法治税的关键。只有税收法制健全,才能做到有法可依。从执法方面来说,在法制健全的前提下,要有法必依,不论任何单位和个人,在法律面前人人平等,如果违反了税收法律、法规,就应严肃处理。从司法方面来说,要发挥税法的权威性,就必须对税务纠纷案件和违反税法案件进行公正的调解、仲裁和判决,使税务机关在行使执法权力方面,排除行政干扰,防止以权代法、以言代法等现象。依法治税涵盖了税收工作的方方面面,税收执法的每一个环节,体现在各项具体的业务工作之中,不是抽象的,而是具体的。既要善于从宏观上把握依法治税的精神,又要善于从微观上体现依法治税的要求。

（二）集权与分权相结合原则

税收是国民经济中一种重要的分配关系,它的一征一免都关系到国家税收政策的贯彻和纳税人的切身利益,也关系到中央与地方的分配关系。税收分配是国家的集中性分配,税收管理必须实行国家的统一领导,按照国家统一的税收政策、税收法规、税收制度和计划安排进行,绝不能由地方和部门各行其是,擅自征税或者减免。由于我国地域辽阔,幅员广大,人口众多,各地区各部门经济发展很不平衡,许多事情不能强求一致,必须从实际出发,在统一领导的前提下给各地方政府及其相关部门一定的机动权力,因地制宜管理税收,处理本地区的特殊问题,发展地方经济,使地方和部门在国家统一的政策、法律、制度允许的范围内,根据自身的实际情况和特点,适时制定税收管理形式和方法等。税收管理必须把集中统一和因地制宜有机地结合起来,正确处理好统一领导与分级管理相结合的原则。

（三）组织收入与促进经济发展相结合原则

税收作为一种分配形式,与社会再生产有着密切的联系。经济决定税收,税收又影响经济。税收的最终来源是社会再生产过程中创造的社会产品或国民收入,国民经济的发展是税收不断扩大的根基和源泉。科学发展观的第一要义是发展。税收工作必须始终把坚持税收与经济的和谐发展作为整个税收工作的出发点和根本归宿。税收与经济发展相和谐包括两个方面内容:一是实现税收收入与经济规模的协调增长,提高组织收入能力,为构建和谐社会提供坚实的财力保障。税收收入的持续快速增长,可以有效地提高政府的可支配财力,提升政府公共管理和公共服务水平,促进经济社会全面、协调、可持续发展,加快和谐社会建设进程。二是充分发挥税收的职能作用,更好地服务经济社会发展大局。税收工作要服从服务于发展,在税收管理权限范围内,落实好各项税收政策,用足用好各项税收优惠政策,构建良好的征纳关系,维护公平的税收秩序,营造有利于又好又快发展的税收环境。

（四）效率原则

税收管理的效率原则是以较少的人力、物力和财力取得较好的管理效果。税收管理中尽量减少人力、物力和财力的耗费,既是税收管理的目的,也是税收管理的基本要求。提高税收管理工作的效率,必须精兵简政,节省征纳费用,提高税收管理人员的政治、业务素质,配备先进的管理工具,提高管理工作的科学性。

衡量税收管理效率的一个重要指标就是税收成本。税收成本是指税收管理过程中的耗费,它包括征收机关的人员经费、办公用具或设施的支出以及征税过程中各项措施所付出的代价等,一般称为征收费用。此外,还包括纳税人为缴纳税款所花费的各项支出,如申报、计算税款、聘请代理人、进行咨询及其行政诉讼等人力、物力、财力消耗以及缴纳实物的保管、运输费用等。税收成本的高低,表明税收管理效率的高低。税收成本的高低程度,可以用税收成本占税收总收入的比例等指标来表示。核算与降低税收成本是提高税收管理效率的一个重要内容。

税收成本率的计算公式为:

$$税收成本率 = \frac{税收成本}{税收总收入} \times 100\%$$

（五）专业管理与群众管理相结合原则

税收专业管理是指由国家税务机关和税务人员对税收征纳活动进行的管理。税收群众管理是指由社会群众组织组成的协税、护税组织和人员以及与税收征纳活动有密切联系的专业组织对税收征纳活动进行的管理。税收专业管理是税收管理的主要形式。但是,税务管理活动是一项涉及面广、群众性很强的工作,如果没有社会各界和人民群众对税务管理工作的参与和支持,单靠税务机关的力量进行专业管理,是不可能提高质量和全面完成税收任务的。因此,在税收管理工作中,必须贯彻专业管理与群众管理相结合的原则。

我国目前的专业管理和群众管理都存在着一些问题,如一些地方的协税护税流于形式,没有发挥其应有的作用;有些专业管理机构设置不够合理;专业人员的业务水平不高;有的地方的专业管理和群众管理结合得不好或者根本没有结合起来等。因此,坚持这一原则,就必须解决上述存在的问题,并切实抓好专业管理,充分发挥专业管理的主导作用。同时,健全公安、检察、法院、工商管理、物价、银行、海关、财政、交通、邮电、服务行业为主的协税护税组织,以及街道、乡村组织和居民参加的群众性的来信来访和举报为主的协税护税体系,以发挥群众管理的基础作用。

第二节　中国的税收管理体制

一、税收管理体制

税收管理体制是在各级国家机构之间划分税权的制度。税权的划分有纵向划分和横向划分的区别。纵向划分是指税权在中央与地方国家机构之间的划分;横向划分是指税权在同级立法、司法、行政等国家机构之间的划分。

我国的税收管理体制,是税收制度的重要组成部分,也是财政管理体制的重要内容。税权,包括税收立法权、税收法律法规的解释权、税种的开征或停征权、税目和税率的调整权、税收的加征和减免权等。如果按大类划分,可以简单地将税收管理权限划分为税收立法权和税收执法权两类。

二、我国税收管理体制建立的原则

税收管理体制与所有经济管理体制一样,都必须与经济基础相适应,并为经济基础服务,随着经济的发展变化而不断调整。税收管理体制又是国家经济管理体制、财政管理体制的一部分,也必须与各级经济管理体制相配套。

税收管理体制涉及正确处理中央集权与地方分权的关系,涉及中央与地方政府以及各级地方政府之间的责、权、利关系。因此,正确处理这种关系必须适应政治经济发展变化的要求,遵循一定的原则。

1. 统一领导、分级管理

统一领导、分级管理是建立税收管理体制的基本原则。我国宪法规定"中央和地方的国家机构职权的制定,遵循在中央的统一领导下,充分发挥地方的主动性、积极性的原则"。这条原则是制定各项经济管理体制,包括税收管理体制的基本原则。

统一领导,就是属于国民经济宏观调控的税收方针、政策由中央制定,并要求地方贯彻执行。分级领导是指具体税种由中央和地方分权管理。在社会主义市场经济条件下,国家管理经济以直接调控为主转向间接调控为主,税收作为国家从宏观上引导、调节国民经济正常运行的重要手段,税收管理必须有较多的集中。属于国民经济宏观调控的税收方针、政策必须由中央制定,并监督地方贯彻执行,全国的税收工作必须在中央统一领导下进行。由于我国地区经济发展不平衡,经济效益和税收负担能力有很大差异,为便于地方因地制宜处理一些地区性税收问题,更好地组织收入和发挥调节经济的作用,也应给地方必要的税收管理权。

2. 责、权、利相结合

责,就是责任,指与权利相对应的各级政府应负的职责;权,就是权利,指各级政府处理本级政府范围内行政事务的法定许可;利,就是利益,指各级政府在履行其责、权过程中所得到的回报和与责任相联系的财力保证。

建立税收管理体制在于实现合理分权,而合理分权归根结底是为了正确处理中央与地方各级之间的分配关系。因此,不能把税收管理体制仅仅归结为一种行政管理手段,它体现的是一种经济关系,并首先作为利益表现出来。只规定国家或地方政府担负的责任,而无相应的权利,没有适当的利益驱动,势必挫伤各级政府及职能机构的积极性和主动性;反之,仅规定政府及职能机构享有权力,缺乏行使权力的责任约束,也必然导致权力的滥用。确立税收管理体制必须遵循责、权、利相结合的原则。

3. 按收入归属划分税收管理权限

按收入归属划分税收管理权限是指凡属中央财政的固定收入以及共享收入,管理权限在中央政府;凡属地方财政的固定收入,管理权限在地方政府。

税收管理权限的明确划分,是税收管理体制的首要问题。如果权限划分不清,在税收管理上责、权、利统一的原则就不可能完整、准确地体现出来,统一领导、分级管理就成了一句空话。因此,哪些管理权限由中央行使,哪些由地方行使,都应规定清楚,避免越权行使和互相扯皮现象的发生。

三、我国税收管理体制的历史演变

新中国成立以来,按照"统一领导、分级管理"和适应经济发展变化需要的原则,根据不同时期国家的政治、经济情况,并同整个经济、财政管理体制相适应,我国的税收管理体制进行了多次调整改革,我们将它划分为三个时期:一是计划经济时期;二是经济体制转轨时期;三是社会主义市场经济时期。

(一)计划经济时期(1949—1978)的税收管理体制

从 1949 年到 1978 年改革开放前近 30 年的计划经济时期,我国的税收管理体制大体经历了一个由集权到放权、再到集权的过程。

1. 1950 年建立高度集中统一的税收管理体制

新中国建立初期,我国的财政经济存在着巨大的困难,为了平衡财政收支,稳定金融物价,迅速恢复和发展国民经济,实行了与国家整个财政经济相适应的高度集中统一的税收管理体制。

1950 年 1 月,中央人民政府政务院颁发的《全国税收实施要则》规定,实行全国税政统一,建立统一的税收制度,全国统一征税 14 个税种,规定了税政、税种、税目和税率达到全国统一,规定各项税法包括税收条例和实施细则以及全国性税收法令,均由中央人民政府政务院统一制定颁布实施。税种的开征、停征,税率的增减调整,都由中央集中掌握;一定金额以上的减税、免税,以及属于全国性和政策性较大的税收问题,权限都属于中央。地方性的税收立法,要呈报中央备案,一般只对地方性税收的减税、免税,授权各地在全国统一的税法范围内具体确定。

这种体制,基本上适应了当时的客观条件,对于恢复国民经济、平衡财政收支、争取国家财政经济状况的根本好转,以及实现第一个五年计划的经济建设任务,起了重要作用。

2. 1958 年下放部分税收管理权限

1958 年生产资料私有制的社会主义改造基本完成,我国进入了第二个五年计划时期,经济建设出现蓬勃发展的局面。为了进一步解放生产力,中央决定把一部分中央企业下放给地方管理,工商管理体制、财政管理体制相继作了改革。在税收管理体制方面,总的精神是要在税收工作上给地方以较大的机动权力,使税收工作能更好地为发展生产服务。

1958 年 6 月,国务院发布了《关于改进税收管理体制的规定》,规定凡属可以由省、市、自治区管理的税收,都交给省、市、自治区管理;仍由中央管理的税收,在一定范围内,给省、市、自治区以机动调整的权限，允许开征部分地方税收。具体下放的税收管理权限主要有：

（1）下放印花税、利息所得税、屠宰税、牲畜交易税、城市房地产税、文化娱乐税、车船使用牌照税7个收入较小的税种的管理权限，由省、市、自治区掌握。

（2）允许省、市、自治区对商品流通税、货物税、营业税、所得税等主要税种，在规定范围内实行减免税和加成征税措施。

（3）对盐税税额，省、市、自治区可作必要的调整，报国务院备案。

（4）少数收入较多的个体手工业者和商贩可由省、市、自治区实行加成征税。

（5）允许省、市、自治区对某些利润较大的土特产品和副业产品开征地方税收。

通过这次大幅度下放税收管理权限后，中央除掌握全国性的税收政策制定权和税收立法权外，其他各项管理权限基本上都下放给地方政府。在当时的形势下，这种税收管理体制对于促进地方经济的发展起到了一定的作用。但由于地方的管理权限过大，在实际执行中出现了地方各自为政，影响全国统一税收政策法令的执行及国家财政收入等问题。

3. 1961年中央适当收回部分税收管理权限

1961年我国处于国民经济调整时期，为了克服当时的经济困难，根据"调整、巩固、充实、提高"的八字方针，中央重申经济管理大权必须集中的规定，要求调整税收管理体制。中央在1961年1月15日批转了财政部《关于改进财政管理体制加强财政管理的报告》，对税收管理体制作了适当的调整，中央适当收回了部分税收管理权限。主要内容有：

（1）工商统一税税目的增减和税率的调整及盐税税额的调整，应报经中央批准。

（2）工商统一税纳税环节的变动，牵涉一个大区内两个省、市、自治区以上的，应报大区批准；牵涉两个大区的，应报经中央批准。

（3）开征地区性的税收，地方各税税目税率的变动，以及在中央规定的所得税税率等范围内确定具体税率，必须报大区批准。这次调整，中央适当收回了部分税收管理权限，对于贯彻执行当时国家的调整方针，加强税收管理工作，增加财政收入，保证国民经济的发展起到了一定的作用。

4. 1973年再次下放税收管理权限

1970年进入第四个五年计划时期，我国对经济管理体制进行了重大改革，当时大批中央企业下放给地方管理，要求税收管理体制相应作调整。为适应这种情况，中央将国营企业、手工业合作社等纳税人的减税、免税的权限下放给省、直辖市、自治区，并规定省、直辖市、自治区有权制定农村人民公社工商统一税的征收办法等。

1973年在全国试行的《中华人民共和国工商税条例（草案）》中规定：税目的增减、税率的调整、全国统一的减免税规定等权限，仍集中于中央；核定纳税单位的税目和税率、批准个别纳税单位的减免税、规定对农村人民公社征税的具体办法等权限，属于省、市、自治区。

由于税收管理体制权限一再下放，在实际执行中产生了许多矛盾和问题，特别是任意减免税，不仅给国家财政收入带来影响，而且造成了地区间税负不平。

5. 1977年集中部分税收管理权限

1977年11月，国务院批转了财政部《关于税收管理体制的请示报告》和《关于税收管理

体制的规定》,对税收管理体制作了进一步明确的划分,将部分税收管理权限收回中央。主要内容有:

(1) 属于国务院的管理权限:国家税收政策的改变,税法的颁布实施,税种的开征停征,税目的增减和税率的调整等。

(2) 属于财政部的管理权限:在全省、自治区、直辖市范围内的停征、免征或开征某一种税;在全省、自治区、直辖市范围内对某种应税产品或某个行业进行减税、免税;对工商税中的烟、酒、糖、手表4种产品的减税、免税;盐税税率的调整及非生产用盐的减税、免税;有关涉及外交关系和外商征税问题。

(3) 属于省、自治区、直辖市的管理权限:对个别纳税单位生产的产品或经营的业务,因生产、经营、价格等客观条件发生较大变化,需减免税照顾的;直接为农业生产服务的县办"五小"企业、社队企业纳税困难,需要予以照顾的;对于违法经营的单位和个人,需以税收加以限制的;对于投机倒把活动,需用税收加以打击的;为贯彻中央的统一税法,可以制定具体征收办法;民族自治区对少数民族聚居的地区,可以根据全国税法制定的原则,制定征税办法,报国务院备案。

(4) 除上述规定的权限外,任何地方、部门和单位都无权自行决定减免税,或下达同税法相抵触的文件。

(二) 经济体制转轨时期(1978—1992)的税收管理体制

从1978年改革开放到1992年建立社会主义市场经济体制目标的确立,中国处于计划经济体制向社会主义市场经济体制转轨时期。与"放权让利"的经济体制改革相适应,中国开始逐步改革财税体制。

1. 基于"超收分成"的中央与地方政府间税收收入分配关系

1979年,除了继续实行民族自治地方财政管理体制的7个省、自治区和继续实行固定比例包干办法的江苏省以外,中央对其他21个省、自治区、直辖市均实行"收支挂钩、超收分成"的办法,地方超收分成比例在50%以下的按照50%的比例分成,在50%以上的在确定的分成比例的基础上增加10%。

2. 基于"分级包干"的中央与地方政府间税收收入分配关系

为了改革集中的财政、税收管理体制,1980年2月1日,国务院发出《关于实行"划分收支、分级包干"财政管理体制的通知》;同年4月1日,财政部发出《关于实行"划分收支、分级包干"财政管理体制若干问题的补充规定的通知》。通知中规定:除了实行大包干、固定比例包干和总额分成办法的省(市)、自治区外,其他各省、自治区实行"划分收支,分级包干"的财政分配制度。将全部税种划分为中央固定收入、地方固定收入、中央和地方调剂收入。

为适应国营企业"利改税"的需要,1985年3月21日,国务院发布《关于实行"划分税种、核定收支、分级包干"财政管理体制的规定》,对广东、福建以外的其他各省、自治区、直辖市实施。将税种划分为中央固定收入、地方固定收入、中央与地方共享收入。共享税为13种,其中,海关代征的产品税、增值税,石油部、电力部、中国石油化学工业总公司、中国有色金属工业总公司所属企业缴纳的产品税、增值税、营业税的70%,铁道部、各银行总行、保险公司缴纳的营业税,中央国营企业缴纳的所得税、调节税,海洋石油外资企业、中外合资企业缴纳的工商统一税、所得税,列为中央固定收入。

3. 基于多种财政包干办法的中央与地方政府间税收收入分配关系

为进一步调动地方的积极性，1988 年 7 月 28 日，国务院发布《关于地方实行财政包干办法的决定》，1988—1993 年期间，对全国 37 个省、自治区、直辖市和计划单列市分别实行 6 种形式的包干办法："收入递增包干""总额分成""总额分成加增长分成""上解额递增包干""定额上解"和"定额补助"法①。

（三）社会主义市场经济时期（1992—）的税收管理体制

从 1992 年 10 月起，中国正式进入了社会主义市场经济体制的建设时期。与社会主义市场经济体制的框架确立与完善的两阶段相适应，这一时期的税收管理体制也可以分为两阶段。

1. 1992—2000 年：建立分税制财政管理体制

1993 年 12 月 15 日，国务院发布《关于实行分税制财政管理体制的决定》，从 1994 年 1 月 1 日起，在全国实行分税制财政管理体制。将税收立法权高度集中于中央。

中央税、共享税以及地方税的立法权都要集中在中央，以保证中央政令统一，维护全国统一市场和企业平等竞争。中央与地方政府间税种的划分根据事权与财权相结合的原则，将税种统一划分为中央税、地方税和中央与地方共享税。

中央与地方政府间按税种划分收入，明确中央与地方的收入范围，并建立中央税收和地方税收体系。

1996 年 3 月 26 日，财政部发布《关于完善省以下分税制财政管理体制意见的通知》。通知中规定各地区要参照中央对省级分税制模式，结合本地实际，将分税制体制落实到市、县级或乡级，进一步完善了省以下分税制财政管理体制。

在此阶段国家还对分税制框架下中央与地方政府间税收收入分配关系进行了调整。包括：① 税种配置关系的调整。1994 年以后基本停征筵席税，1999 年 11 月起个人所得税由地方税调整为共享税，2000 年起暂停征收固定资产投资方向调节税。税种总量不变，地方税种减少到 13 种，共享税种增加到 8 种。② 共享税收入分配关系的局部调整。证券交易印花税的分享比例，1997 年、2000 年分别调整为 88∶12 和 91∶9；1999 年 11 月起，对储蓄存款利息征收个人所得税，所得收入归中央。

2. 2001 年后：分税制财政管理体制的改进

2002 年 12 月 26 日，国务院批转财政部报送的《关于完善省以下财政管理体制有关问题的意见》，提出要进一步完善省以下财税体制。省以下政府间财政收入的划分，要采用按税种或按比例分享等规范办法；年度间波动幅度大、流动性强、地区之间税基分布悬殊的税种由省、市级财政分享；省以下地区间人均财力差距较小的地区，要适当降低省、市级财政收入比重，反之亦然。

与此同时，加强了分税制财政管理体制框架下中央与地方政府间税收收入分配关系的全面调整。在税种配置关系的调整方面，中央税种增加两种，2001 年起开征车辆购置税，船舶吨税重新纳入预算管理。地方税种减少 5 种，2005 年起取消牧业税，2006 年起分别取消农业税和屠宰税，2008 年、2009 年起分别取消筵席税和城市房地产税。共享税种减少 1 种，2008 年起，外商投资企业和外国企业所得税合并为企业所得税。另外，2006 年 4 月 28 日

① 霍军：《新中国 60 年税收管理体制的变迁》，中华人民共和国国史网，http://www.hprc.org.cn/gsyj/jjs/jjtzggs/201006/t20100618_54100_1.html。

起,将原农业特产税中的烟叶税目改为烟叶税;2007年起将车船使用牌照税和车船使用税合并为车船税;从2007年起外商投资企业、外国企业、外籍个人在华用地开始征收城镇土地使用税;从2008年起外商投资企业、外国企业、外籍个人开始征收耕地占用税;储蓄存款利息所得个人所得税的适用税率自2007年8月15日起由20%调减为5%,自2008年10月9日起,国务院决定暂免征收储蓄存款利息的个人所得税;从2010年12月1日起,对外商投资企业、外国企业及外籍个人开始征收城市维护建设税和教育费附加。

2012年1月1日开始,我国率先在上海进行"营改增"试点,之后试点工作陆续在全国范围内铺开。2016年5月1日,全面实施"营改增"后,营业税正式退出历史舞台。

2014年6月30日,中共中央政治局会议审议通过《深化财税体制改革总体方案》,改革的目标是建立现代财政制度,重点是改进预算管理制度、深化税收制度改革、建立事权和支出责任相适应的制度。

2018年1月1日起我国开征环境保护税。

2018年6月11日,中共中央办公厅、国务院办公厅印发的《国税地税征管体制改革方案》提出,改革国税地税征管体制,合并省级和省级以下国税地税机构。

2019年1月1日,我国开始全面实施综合与分类相结合的个人所得税改革。

2019年9月,国务院对外公布《实施更大规模减税降费后调整中央与地方收入划分改革推进方案》,主要改革措施包括:保持增值税"五五分成"比例稳定;调整完善增值税留抵退税分摊机制;后移消费税征收环节并稳步下划地方。

新中国成立以来,税收管理体制的几次较大变动,虽然都是为了适应当时整个政治经济形势发展的情况,配合各个时期中央集权与地方分权的需要。但实践证明,在税收管理权限较为集中的时期,全国统一的税收政策法令就贯彻得比较顺利,中央与地方、国家与企业之间的利益关系安排得较为适当,国家财政收入也能得到保障。而在税收管理权限下放过多的时期,各自为政、各行其是的矛盾往往比较突出,有些地方从本位利益出发,随意减税免税,影响统一的税收政策法令的贯彻,给税收工作造成紊乱的局面。从中我们认识到,要摆脱这种局面,必须遵循在市场经济条件下建立社会主义税收管理体制的原则,坚持中央的集中统一领导和地方的分级管理相结合的原则。适当下放部分税收管理权限由省、市、自治区掌握是必要的,但必须在坚持中央集中统一领导的前提下进行。随着我国社会主义市场经济的深入发展,税收由中央集中统一管理的范围和程度、地方管理权限的范围也会发生相应的变化。

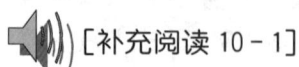

[补充阅读 10-1]

融入国家治理大局,税收征管插上数字化、智能化翅膀

党的十八大以来,我国税收征管体制经历了三次大的变革。2015年中共中央办公厅、国务院办公厅印发的《深化国税、地税征管体制改革方案》实现了国税地税"合作",2018年中共中央办公厅、国务院办公厅印发的《国税地税征管体制改革方案》实现了国税地税"合并"。"十四五"开局之年,中共中央办公厅、国务院办公厅印发的《关于进一步深化税收征管改革的意见》将推动税收征管的第三次变革,其特征可概括为"合成",体现了税收征管从渐进式改革到全面深化改革的理念跃迁,是在全面依法治国框架下推动税务执法、服务、监

管的系统性全方位优化,也是深度融入"放管服"改革、贯彻落实依法治税要求的重大决策部署,必将进一步夯实税收在国家治理中的基础性、支柱性、保障性作用。

数字经济对国家治理既是新挑战,也是新机遇。在《国民经济和社会发展第十四个五年规划和 2035 年远景目标纲要》中,加快数字化发展被提升到重要位置。加强数字政府建设,提升公共服务、社会治理等数字化智能化水平,也是贯彻落实《关于进一步深化税收征管改革的意见》,推动税收治理现代化的必然目标。

(1)强化数据互通。破解"数据孤岛",建立常态化、制度化数据共享协调机制。优化重大涉税信息系统,包括全国统一的电子税务局、税收征管信息库、涉税信息共享平台、电子发票服务平台等,实现涉税信息"一户式""一人式"归集,让大数据、云计算、人工智能等信息技术成为税收征管的有力抓手。

(2)优化数据应用。以发票电子化改革为突破口,推动智慧税务建设,实现"以票管税"向"以数治税"转变。运用税收大数据智能分析,为纳税人缴费人提供个性化服务,实施差别化精准监管,精确落实税收优惠政策。提升 12366 纳税服务热线功能,尽快实现全国咨询"一线通答",推行"非接触式""不见面"办税缴费服务。同时,积极参与数字经济领域的国际税收规则制定。

(3)保障数据安全。强化税收征管法与数据安全法、网络安全法、个人信息保护法的立法联动,一方面探索建立涉税数据产权制度,明晰控制权、运营权、使用权、收益权等权能归属;另一方面强化涉税数据安全保护,完善纳税人缴费人信息的收集、应用、保密等制度,严厉打击滥用、泄露及倒卖等侵害纳税人缴费人数据权益的违法犯罪行为,促进数据安全流动、合法利用。

税收治理应在改革中自新,在改革中奋进,我们要处理好改革与立法、改革与人民群众获得感增强等关系,服务国家治理现代化,开启全面建设社会主义现代化国家新征程。

资料来源:刘剑文:《深化税收征管改革 服务国家治理大局》,http://www.chinatax.gov.cn/chinatax/n810219/n810724/c5164445/content.html,节选。

四、分税制下的税收管理体制

分税制是按税种划分中央和地方收入来源的一种财政管理体制。实行分税制,要求按照税种实现"三分":即分权、分税、分管。分税制实质上就是为了有效地处理中央政府和地方政府之间的事权和财权关系,通过划分税权,将税权按照税种分为中央税、地方税、中央和地方共享税进行管理而形成的一种财政管理体制。

1994 年我国全面推行了分税制财政管理体制。为适应分税制的要求,我国税收管理体制也作了相应的改革。改革的重点主要放在税收管理机构设置和征管权限的划分上,其他的税收管理权限,例如,税收立法权、税收解释权、税种的开征停征权、税率税目的调整权和税收的减免权等主要集中在中央。

(一)税收立法权的划分

税收立法权是制定、修改、解释或废止税收法律、法规、规章和规范性文件的权力。它包括两方面的内容:一是什么机关有税收立法权;二是各级机关的税收立法权是如何划分的。税收立法权的明确有利于保证国家税法的统一制定和贯彻执行,充分、准确地发挥各级有权机关管理税收的职能作用,防止各种越权自定章法、随意减免税收现象的发生。

在税收立法和税收政策制定方面,我国一直强调税权集中,税政统一。目前有权制定税法或者税收政策的国家机关有全国人民代表大会及其常务委员会、国务院、财政部、国家税务总局、海关总署、国务院关税税则委员会等。

此外,根据我国法律的规定,省、自治区、直辖市人民代表大会及其常务委员会、民族自治人民代表大会和省级人民政府,在不与国家的税收法律、法规相抵触的前提下,可以制定某些地方性的税收法规和规章。

税收法律的制定要经过提出立法议案、审议、表决通过和公布四道程序,税收行政法规和规章的制定要经过规划、起草、审定和发布四道程序。上述程序都应当按照法律、法规和制度进行。

具体地说,我国税收立法权划分的层次是:

(1) 全国性税种的立法权,即包括全部中央税、中央与地方共享税和在全国范围内征收的地方税税法的制定、公布和税种的开征、停征权,属于全国人民代表大会(以下简称“全国人大”)及其常务委员会(以下简称“常委会”)。

(2) 经全国人大及其常委会授权,全国性税种可先由国务院以“条例”或“暂行条例”的形式发布实行。经过一段时间后,再行修订并通过立法程序,由全国人大及其常委会正式立法。

(3) 经全国人大及其常委会授权,国务院有制定税法实施细则,增减税目和调整税率的权力。

(4) 经全国人大及其常委会的授权,国务院有税法的解释权;经国务院授权,国家税务主管部门(财政部和国家税务总局)有税收条例的解释权和制定税收条例实施细则的权力。

(5) 省级人民代表大会及其常务委员会有根据本地区经济发展的具体情况和实际需要,在不违背国家统一税法,不影响中央的财政收入,不妨碍我国统一市场的前提下,开征全国性税种以外的地方税种的税收立法权。税法的公布,税种的开征、停征,由省级人大及其常务委员会统一规定,所立税法在公布实施前须报全国人大常务委员会备案。

(6) 经省级人民代表大会及其常务委员会授权,省级人民政府有本地区地方税法的解释权和制定税法实施细则、调整税目、税率的权力,也可在上述规定的前提下,制定一些税收征收办法,还可以在全国性地方税条例规定的幅度内,确定本地区适用的税率或税额。上述权力除税法解释权外,在行使后和发布实施前须报国务院备案。

(二) 税收执法权的划分

我国税收执法机构主要有财政部、国家税务总局和海关总署。根据国务院《关于实行财政分税制有关问题的通知》等有关法律、法规的规定,我国新税制下税收执法管理权限的划分如下:

(1) 按税种划分中央和地方的收入。将维护国家权益、实施宏观调控所必需的税种划为中央税;将同国民经济发展直接相关的主要税种划为中央与地方共享税;将适合地方征管的税种划为地方税,并充实地方税税种,增加地方税收收入。同时根据按收入归属划分税收管理权限的原则,对中央税,其税收管理权由国务院及其税务主管部门(财政部和国家税务总局)掌握,由中央税务机构负责征收;对地方税,其管理权由地方人民政府及其税务主管部门掌握,由地方税务机构负责征收;对中央与地方共享税,其管理权限按中央和地方政府的收入归属划分,由中央税务机构负责征收,共享税中地方分享的部分,由中央税务机构直接划入地方金库。

（2）地方自行立法的地区性税种，其管理权由省级人民政府及其税务主管部门掌握。

（3）属于地方税收管理权限，在省级及其以下的地区如何划分，由省级人民代表大会或省级人民政府决定。

（4）除少数民族自治区和经济特区外，各地均不得擅自停征全国性的地方税种。

（5）经全国人大及其常委会和国务院的批准，民族自治地方可以拥有某些特殊的税收管理权，如全国性地方税种某些税目税率的调整权以及一般地方税收管理权以外的其他一些管理权等。

（6）经全国人大及其常委会和国务院的批准，经济特区也可以在享有一般地方税收管理权以外，拥有一些特殊的税收管理权。

（7）上述地方（包括少数民族自治地区和经济特区）的税收管理权的行使，必须以不影响国家宏观调控和中央财政收入为前提。

（8）涉外税收必须执行国家的统一税法，涉外税收政策的调整集中在全国人大常委会和国务院，各地一律不得自行制定涉外税收的优惠措施。

（9）为了更好地体现公平税负、促进竞争的原则，保护社会主义统一市场的正常发育，在税法规定之外，一律不得减免税，也不得采取先征后返的形式变相减免税。

第三节　税收遵从概论

一、税收遵从概念的内涵和外延

税收遵从有着非常久远的历史，可以说有了税收本身，就产生了税收遵从问题，也就有了税收遵从与不遵从的分野。但对税收遵从问题的关注和系统研究兴起的时间并不长，一般以 20 世纪 70 年代美国对税收遵从问题的关注以及随后其国家税务局（IRS）推行的纳税人遵从测度项目（TCMP）为标志。

（一）税收遵从概念的内涵

税收遵从（tax compliance）的定义有狭义和广义之分。通常税收遵从被理解为纳税人是否依照税法履行纳税义务的问题，这可以算作狭义的税收遵从定义。划分税收遵从与税收不遵从的界限就是纳税人是否依法履行纳税义务，这里的纳税义务主要依据税法确定，它除了确认负有某种抽象或具体的税收债务外，还附带着给付义务（税收缴纳义务）、作为义务（履行申报、交付文件、记账等义务）、不作为义务、忍受义务（不可抵抗公权，如检查权、查封财产权）等。如果不认真履行或设法逃避这些义务就是税收不遵从。按照这个定义，以"税收缺口"概念来衡量税收遵从是恰当的。税收缺口指的是在一定时期内按照税法规定，纳税人应该缴纳的税款与实际缴纳的税款之间的差额。理论上，如果纳税人应当缴纳的税额与实际缴纳的税额相等，就表明达到了完全的、百分之百的税收遵从。而在现实中，完全的税收遵从近乎是一个难以企及的目标，也就是说税收缺口总是存在。

广义的税收遵从包括遵从立法机关的税收法律意图、立法精神以及税收政策目标等。在广义的税收遵从定义下，如果纳税人采取合法的或非法的手段设法减轻纳税义务、致使税收收入减少，也会被视为税收不遵从。可见，在这里，所谓的避税是广义的税收遵从所不提倡的。

此外,OECD 税收政策与管理中心认为在考虑税收遵从的定义时,应当把税收遵从划分为两类:管理性遵从和技术性遵从。管理性遵从指按照税收管理的有关规定办理税务登记、按时纳税等,其中包括按章申报遵从、程序性遵从和制度性遵从等。技术性遵从指按照税法条款的要求计算并缴纳税款。判断技术性遵从首先要确定应纳税款的准确数额。

(二)税收遵从(不遵从)的外延:不遵从的主要表现形式

1. 偷税

2001 年 5 月 1 日起实施的《税收征收管理法》第 63 条规定,纳税人伪造、变造、隐匿、擅自销毁账簿、记账凭证,或者在账簿上多列支出或者不列、少列收入,或者经税务机关通知申报而拒不申报或者进行虚假的纳税申报,不缴或者少缴应纳税款的,是偷税。偷税是纳税人采用非法手段减轻自身纳税义务的一种税收不遵从行为,是税收不遵从的最主要形式之一。

2. 逃税

逃税是指纳税人在应税经济行为和纳税义务发生之前,利用非法的经济手段单方面减轻或者免除税收负担的行为。逃税是税收遵从理论集中研究的问题。

3. 骗税

骗税是纳税人伙同政府有关部门工作人员利用非法手段骗取国家退税款的行为,主要指的是骗取出口产品的增值税退税款的行为。

4. 避税

避税是纳税人在没有直接违反税法的条件下,采取各种手段以达到逃避或减轻税收负担的目的。

结合税收遵从的定义来看,狭义的税收遵从主要是指纳税人按照税法规定及时、正确地履行其纳税义务,而避税者正是在难以作出准确判断的模糊地带行事而又不违反税法,因此不在不遵从之列;但如果从广义的税收遵从定义出发,税收遵从不仅指遵从税法规定履行纳税义务,还包括遵从立法机关的税收法律意图、立法精神以及税收政策目标等,那么避税就应该被列入不遵从的范围了。

5. 漏税

漏税是纳税人由于不知道或者不熟悉税法的有关规定,或是由于工作中粗心大意和财务制度不健全而无意识地不缴税或少缴税。

6. 欠税

欠税是指纳税人或扣缴义务人超过税务机关核定的纳税期限,没有按时足额缴纳税款而拖欠税款的行为。

7. 抗税

抗税是纳税人或扣缴义务人以暴力、威胁方法拒不缴纳税款的行为。

二、税收遵从和税收不遵从的类型

常见的税收遵从与税收不遵从的分类如下:

(一)税收遵从的类型

根据不同的表现形式及其形成原因,税收遵从主要有以下几种类型。

1. 防卫性遵从

防卫性遵从是指由于税法威慑力量的存在，出于防卫动机而申报所有所得或采取适当扣除的税收遵从行为。尽管纳税人可能有逃避纳税的企图，但由于对逃避纳税被发现的概率估计较高，出于对逃避纳税可能受到的惩罚的畏惧，纳税人会选择税收遵从。

2. 制度性遵从

制度性遵从是指由于制度设计和管理的严密促使纳税人选择遵从行为。具体表现为纳税人有逃税企图并且无视处罚的威慑，但因制度和管理的严密不给予纳税人以逃税的机会，从而选择了遵从。

3. 自我服务性遵从

自我服务性遵从是指以追求自身支付税款最小化为目的，进行税收筹划的一种纳税人遵从行为方式。

4. 习惯性遵从

习惯性遵从是指由于长期以来形成的良好习惯的作用而导致的纳税人对税法的遵从。

5. 忠诚性遵从

忠诚性遵从是指纳税人因负有道德上的义务而积极、自觉地支付应付税额的遵从方式。

6. 代理性遵从

代理性遵从是指由律师、会计师等中介方式代纳税人填写纳税申报表、履行纳税义务的遵从方式。

7. 懒惰性遵从

懒惰性遵从表现为出于"懒惰"，纳税人不愿全面学习复杂多变的法规，理解复杂的表格并保存完好的记录，而是只认定某一特定的申报表格和相应的要求，采取最简单的形式来填写申报表。

（二）税收不遵从的类型

同样的，根据表现形式以及诱因的不同，税收不遵从被划分为以下几种类型。

1. 程序性不遵从

纳税人未按照税收管理制度规定的程序申报和缴纳税款。

2. 无知性不遵从

由于对税法规定的纳税义务和履行义务的程序缺乏应有的了解而导致纳税人不能及时、准确履行纳税义务的不遵从行为。在这种不遵从行为下，纳税人主观上不存在故意偷逃税的企图，只是由于税制的复杂多变、法规条款的意义不明确等客观因素使纳税人产生行为不遵从的结果。

3. 懒惰性不遵从

出于不愿意受到烦扰或不愿意花费时间等原因，纳税人未按照法律要求保存有关记录的一种不遵从形式。

4. 自私性不遵从

纳税人为追逐自身利益，通过财务或账目上的安排，有意减少支付税款的行为。

5. 象征性不遵从

当税法中存在不公平时，为表示反对，社会上一些团体或个人公开抵制支付税款的行为。

6. 社会性不遵从

在特定的社会氛围下,因社会成员普遍赞同或认可而导致的税收不遵从行为。

7. 代理人不遵从

由于税务代理人提供的错误信息而导致的税收不遵从形式。

8. 习惯性不遵从

由于纳税人已经建立了固定的收入申报和费用扣除模式,在税法变动后还不能及时调整而导致的不遵从。

另外,还有学者把税收遵从归纳为防卫性遵从、制度性遵从和忠诚性遵从三类,把税收不遵从归纳为自私性不遵从、无知性不遵从和情感性不遵从三类,其中情感性不遵从指的是纳税义务人对政府行为不满意,对财政支出的使用方向不满意,对税收制度和税收管理的不公平方面不满意,对纳税人权利缺乏保证不满意,为发泄不满情绪而采取的有意识的税收不遵从行为。

三、税收遵从的成本

(一)税收遵从成本的概念和构成

税收遵从成本是税收成本的重要组成部分,它与经济成本、管理成本共同构成税收成本。税收遵从成本是指纳税人为遵从税法和税务机关的要求,在办理纳税事宜时发生的除税款和税收的经济扭曲成本以外的费用支出。值得注意的是,遵从成本不同于税务当局和其他税务机构征税时发生的费用(这些费用称之为管理成本);也不同于因征税而引起的对资源配置扭曲的成本,即税收的经济成本,比如对工作与闲暇选择的扭曲、对消费与生产选择的扭曲等。

最常见的税收遵从成本是纳税人为完成纳税申报表的填写,保持有关记录需要投入的时间和精力。面对复杂难懂的税收制度,纳税人只好求助于税务代理人帮助他履行纳税义务,代理费用的支出也是一笔遵从成本。此外,纳税人在缴纳税款的整个过程中还不免要遭受精神上的烦扰,付出心理上的代价,因此精神或心理成本也是遵从成本的组成部分。归纳起来,税收遵从成本主要包括货币成本、时间成本、非劳务成本和心理成本。

1. 货币成本

货币成本(money costs)是指纳税人在纳税过程中向税务顾问进行咨询所支付的咨询费用,或者交由税务代理等中介机构办理纳税事宜所支付的中介费用等。在税制比较复杂的情况下,纳税人如果不聘请专业的会计师或税务师,就很难正确填写纳税申报表,因此税收遵从必然会产生直接的货币成本。这类成本可以通过调查计算测定。

2. 时间成本

时间成本(time costs)是指纳税人收集保存必要的资料和收据、填写纳税申报表所耗费的时间价值。时间成本的计量分为两类:个人纳税人的时间成本和公司纳税人的时间成本。个人纳税人的时间成本表现为个人纳税人以及无偿帮助个人纳税人的人在办理纳税事宜中所花费的和时间数量和单位时间价值的乘积。由于把税收遵从活动看作是对闲暇的替代,因此通常以平均税收工资率来表示单位时间价值。公司纳税人的时间成本表现为公司雇员办理纳税事宜花费的时间数量和单位时间价值的乘积。由于公司部门众多,且工资可以在税前列支,所以通常用特定部门(如财会部门)的税前工资率来表示单位时间价值。时间成本通过细化分类也是可以计算测定的。

3. 非劳务成本

非劳务成本(non-labor costs)是指纳税活动中发生的如计算机、复印机、电话、传真、信笺、邮票等通信设备、办公用品的成本以及专门拜访税务机关所花费的交通费用等。实际上,很难将这些成本中属于税收目的的遵从成本部分区分出来,因此非劳务成本既难以测算,也很容易被忽视。

4. 心理成本

心理成本(physical costs)是指纳税人因担心误解税收规定可能会遭受处罚而产生的焦虑情绪,或者认为自己纳税并未得到相应报酬而产生的不满情绪等。对纳税人来讲这也是一种付出,是纳税人遭受的精神的或心理的损失。与非劳务成本比较,心理成本更难测定,但这并不意味着心理成本就不重要。比如在税收征管由源泉扣缴向纳税申报转变的过程中,心理成本表现得尤其明显:很多纳税人由于以前没有办理过纳税申报,所以感到处理纳税事宜非常困难,由此产生的焦虑情绪也就愈发严重。当心理成本很大时,纳税人就会雇佣代理人,心理成本将转变为货币成本。

(二)税收遵从成本的类别

1. 社会遵从成本和纳税人遵从成本

社会遵从成本是整个社会为税收遵从所付出的代价,在数量上它等于纳税人的直接货币开支和办理纳税事宜所花费的时间和资源成本,再扣除纳税人的管理收益。纳税人遵从成本表示纳税主体为税收遵从所付出的代价,它等于社会遵从成本减去现金流量收益和税收扣除收益。

2. 初始遵从成本和经常遵从成本

初始遵从成本是指在某一新税种或某一现行税制的大规模变动时产生的一次性成本。税制变动越频繁,纳税人为适应新的税收法规所花费的成本也就越高。初始遵从成本在不同的纳税人之间的分布是不均衡的。纳税人对税收法规越不熟悉,纳税经验越不丰富,他们学习新税收法规的时间也就越长,相应的初始遵从成本也就越高。经常遵从成本是纳税人处理日常必要的记录和填制纳税申报表格等纳税事项发生的成本。经常遵从成本的高低主要取决于税制起征点的高低、税率档次的多少以及申报表格设计的复杂程度等。税制设计越简化、申报表格越简单,经常遵从成本也就越低。

3. 可计算成本和税收筹划成本

可计算成本是用以测量纳税人表明遵从成本时所用的成本概念。税收筹划成本是指纳税人为减轻纳税义务进行税收筹划后实际发生的遵从成本。从社会角度看,税收筹划是浪费行为,因为纳税人税收筹划所得即是政府税收所失。尽管社会遵从成本不会受到税收筹划的影响,但纳税人遵从成本会由于税收筹划增加现金流量和税收扣除等遵从收益而相应降低。

4. 相机抉择成本和非相机抉择成本

相机抉择成本是指纳税人为了合法地减轻其纳税义务而花费的选择成本,如雇用会计师来填报其纳税申报表,或组织人力进行税务筹划,实现税收义务最小化;非相机抉择成本是指纳税人认真遵守税法所必须发生的成本。

5. 净遵从成本和总遵从成本

净遵从成本是总遵从成本扣除遵从收益后的遵从成本。遵从收益是指纳税人在纳税活动中得到的一些补偿性利益。通常这些收益主要和企业相关,主要包括管理收益、现金流量收益和税收扣除收益三部分。管理收益是企业或个人为满足纳税要求建立严格的会计账簿、保持真实的会计记录,从而给企业或个人在经营管理和决策制定上提供的好处。现金流量收益产生于企业在向税务机关缴纳税款前对税款的占用,这部分收益通常可使企业减少借款或用于短期借贷。如果企业此前已向税务机关预缴税款,那么现金流量收益就是负数,表现为现金流量成本。税收扣除收益,根据大多数国家的所得税制度规定,纳税人在履行纳税义务过程中发生的一些成本可以作为合法的可扣除费用列支,纳税人因此得到的就是税收扣除收益。

(三)度量税收遵从成本常用的指标

1. 遵从成本率

遵从成本率是指一定时期内遵从成本占税收收入的比重。计算公式为:

$$遵从成本率 = 遵从成本 / 税收收入$$

该指标反映政府为获得每单位税收收入需要纳税人付出的除税款和经济成本以外的代价。

2. 每次纳税平均占用时间

该指标的统计和计量相对简单,可以在一定程度上反映税收制度的效率。当然在税制一定的情况下,同行业纳税人之间的纳税时间比较可以反映纳税人的纳税效率。

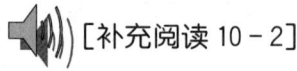 [补充阅读 10 - 2]

国际税收遵从保障项目

国际税收遵从保障项目(International Compliance Assurance Program,ICAP)是跨国公司和税务机关通过开展多边税收合作,自愿对跨国公司进行税收风险评估和保障的试点项目,其目的是以高效的协调方式为参加试点的跨国公司提供某些活动和交易的税收确定性。ICAP 由经济合作与发展组织(OECD)下设的税收征管论坛(Forum on Tax Administration,FTA)于 2018 年 1 月首次启动试点,在受到 FTA 成员和跨国公司的普遍欢迎之后,于 2019 年 3 月开始实施二次试点。截至目前,ICAP 成员已扩大至 17 个国家和地区。

资料来源:梁若莲:《多边税收事先裁定的"试验田"——国际税收遵从保障项目简介与述评》,《税务研究》2021 年第 3 期。

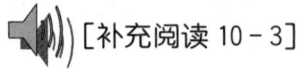 [补充阅读 10 - 3]

我国样本企业税收遵从总成本构成

从图 10 - 1 中可以看出,在样本企业中组成我国企业的税收遵从总成本的五种成本中,分配比例相对比较平均,其中份额最大的是接待支出。究其原因,主要是由于企业的生存环境依然不容乐观,为了解决税收问题,要和各级部门及税务机关进行协调。

税收遵从总成本构成

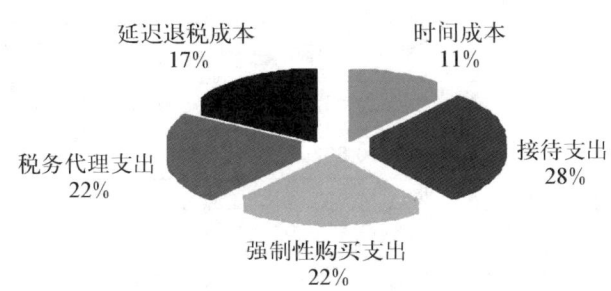

图 10-1　我国样本企业税收遵从总成本构成

在样本企业税收遵从总成本构成中居于第二位是强制性购买和税务代理支出。强制性购买支出主要是因为随着近年来我国税收征管信息化加快,在相当程度上增加了纳税人的遵从成本,特别是各种软、硬件的购置费、培训费和维护费,包括增值税防伪税控系统的开票费培训费、维护费以及购置其他各种税控装置、税控 IC 卡、专用申报器及专用票据打印机等支出。税务代理支出也居于第二位置,这与我国税法渐趋复杂有一定的关系,因为样本企业的税务代理支出主要用于税收筹划方面的支出。

在样本企业税收遵从总成本中居于第三位的是延迟退税成本支出。虽然近年来我国的退税管理有所改善,但是企业的退税依然受到国家退税指标的制约,而且受到退税时繁杂手续的影响。企业的退税经常会被延迟,再加上由于企业本身和税务机构的工作效率可能并不很高,这也大大加大了样本企业延迟退税成本。

在样本企业税收遵从总成本中居于第四位的是办税时间成本。从样本企业来看,虽然企业的时间成本,在遵从总成本中是第四位,但是样本企业花在办理纳税事宜的绝对时间确实不低。样本企业中,办税时间最高的是 609 个小时,最低的是 33 个小时,样本的平均值是 200 个小时。

资料来源:朱宁辉:《我国企业税收遵从成本问题研究》,厦门大学硕士学位论文,2007 年。

第四节　我国税收遵从的现状及国外实践对我国的借鉴

一、我国税收遵从的现状及问题

我国的纳税人在纳税遵从方面存在突出的问题,主要是不按税收法律法规的规定履行纳税义务。其表现较为集中地主要体现在自私性不遵从和无知性不遵从等方面。欠税、逃税、骗税等纳税不遵从现象普遍存在。从不遵从的手法看,纳税不遵从的花样很多。许多纳税人为了逃缴税款,采取多头开户、隐瞒收入、采取违规现金交易、账外经营、销毁账证、虚假申报、不申报、不纳税、报假停业、假注销、有的干脆以倒闭破产方式等来逃避税务机关的管理。我国税收流失规模如表 10-1、表 10-2 所示。

表 10 - 1

1996—2006 年我国地下经济导致的税收流失规模估测

金额单位：亿元

年份	GDP	实际征收额	宏观税率	地下经济规模	税收流失额	税收流失率
1996	71 176.6	6 909.82	9.9%	20 749.55	2 044.06	22.8%
1997	78 973.0	8 234.04	10.5%	24 402.83	2 574.07	23.8%
1998	84 402.3	9 262.80	11.2%	24 224.21	2 702.63	22.6%
1999	89 677.1	10 682.58	12.1%	27 580.11	3 329.90	23.8%
2000	99 214.6	12 581.51	12.8%	33 207.37	4 263.23	25.3%
2001	109 655.2	15 301.38	14.2%	32 753.54	4 637.57	23.3%
2002	120 332.7	17 636.45	14.8%	5 528.55	37 333.26	23.9%
2003	135 822.8	20 017.31	14.8%	41 546.38	6 152.42	23.5%
2004	159 878.3	24 165.68	15.1%	48 188.43	7 297.01	23.2%
2005	183 867.9	28 778.54	15.6%	48 807.18	7 603.15	20.9%
2006	210 871.0	34 809.72	16.4%	58 317.16	9 584.17	21.6%

数据来源：伍云峰：《我国税收流失规模测算》，《当代财经》2008 年第 5 期。

表 10 - 2

2011—2015 年全国个人所得税收入能力与流失测算

单位：亿元

指标	2011 年	2012 年	2013 年	2014 年	2015 年
公开经济个税潜在收入能力	9 073.45	6 781.23	9 143.67	10 288.58	11 553.83
地下经济个税潜在收入能力（流失额）	4 131.66	2 470.11	3 323.60	2 929.95	3435.37
个税潜在收入能力	13 205.11	9 251.34	12 467.27	13 218.53	14 989.20
公开经济个税流失额	3 019.37	960.91	2 612.14	2 911.98	2 936.56
个人所得税流失总额	7 151.03	3 431.02	5 935.74	5 841.93	6 371.93
公开经济个税流失率(%)	22.87	10.39	20.95	22.03	19.59
地下经济个税流失率(%)	31.29	26.70	26.66	22.17	22.92
总流失率(%)	54.14	37.09	47.61	44.20	42.51

数据来源：牛力：《我国个人所得税收入能力与流失规模的测算分析》，《财政经济评论》2017 年第 6 月 30 日。

（一）纳税人方面

1. 纳税意识不强

近年来随着税收宣传不断深入，国民纳税意识不断增强，税法遵从度也呈逐年上升趋势，但客观来看一个国家的公民纳税意识是同文化水平社会经济发展程度、历史习惯及法律意识等因素密切相关的。当前我们经济发展水平还处于较低层次，国民纳税意识较差，政策法律意识也不强。

2. 税收遵从成本高

税收遵从的货币成本不断提高。我国企业的税收遵从成本中占最大比例的是强制性购买支出,包括办理、变更、注销税务登记的工本费;获取发票和其他税务票、证、表、单的工本费;参加税务培训的费用;订购税收法规、刊物等的信息资料费;购置用于办税的有关软硬件设备支出及其维护维修费等。这部分成本占了企业税收遵从总成本的一半以上。税收遵从的时间成本较高。从国际上已有的遵从成本研究看,通常办税时间成本占最大比重,但在我国由于购置支出和代理支出所占的份额比较大,使得办税时间成本的相对比重并不是很高。然而,从绝对数量看,企业花费在办理涉税事项上的时间还是相当多的。税收遵从的心理成本有不断增大的趋势。随着经济的不断发展与完善,税收法律法规将变得更加纷繁复杂,纳税人知晓税法难度增大,加之一些地区和税务部门的不正之风较为严重,纳税人产生的焦虑及不满情绪也愈发严重,纳税遵从心理成本必然增加。

(二)征管方面

1. 纳税服务有待提高

随着我国经济的发展,不仅税收收入受到人们的重视,而且纳税服务也越来越受到人们的关注,尤其是在我国由计划经济向市场经济转型的关键时期,加强税收服务研究,进一步完善税收服务体系,提升服务的质量和水平,具有重要而深远的意义。新《税收征收管理法》的颁布和实施,进一步强调了对纳税人权益的保护,以法律形式提出"为纳税人服务"的理念,在税收征管上,本着征纳双方合作信赖原则,税务机关实施了一系列旨在改进工作态度、转变工作作风的具体措施,包括纳税宣传月、微笑服务、公开办税、对外承诺办事期限、首问负责制等多种形式,这些服务形式,虽然一定程度上为纳税人提供了便利,但服务的深度和广度还不够,没有形成为纳税人提供全方位便捷、规范的服务工作模式。以下是我国纳税服务的现状:

(1)对纳税服务的内涵领会不深,重形式,轻实效。不少税务机关和税务人员把纳税服务等同于行风建设,过分注重纳税服务的形式,忽略了纳税服务措施的实际效能。表现在税务机关内部工作流程没有彻底从方便纳税人考虑,为纳税人提供的服务更多地从方便税务机关管理的角度出发,没有建立以纳税人为中心的服务体系,不能真正满足纳税人的需要。

(2)纳税服务缺乏统一标准,不利于全面量化考核。近些年来各地税务机关结合自身的征管情况,相继推出了一些纳税服务举措,但这些方式方法自成格局,纳税服务的内容也不尽相同,因此目前在全国范围内纳税服务缺乏统一标准,没有形成完备的税收服务体系,如办税服务厅内部窗口设置、功能、定位不统一,涉税事项受理内容、标准、要素不统一,接受涉税事项受理的途径及内部处理流程不统一。在这种情况下,全国税务系统对纳税服务工作难以进行全面量化的考核。此外,社会各界和纳税人参与的外部评价机制也不完善,不能全面、客观地衡量税收服务工作。

(3)纳税服务在基层单位还没有设立专门的机构,也没有完善的运行机制。目前省以下税务机关没有专司税收服务的机构和人员,税收服务职能由各级业务部门根据职责分工分散承担,没有完整、规范、稳固的依托体,无法连续地、系统地接收纳税人的需求信号,无法形成完整的服务链条。

2. 税收制度有待完善

制度经济学告诉我们制度是一种广为人知的、由人创立的规则,它是为了抑制人类可能的机会主义行为。制度要有效率,就必须易于理解,就应该简单、确切、抽象、开放和适度稳定。也就说较低交易成本的制度才是较好的制度。我国1994年开始实施的新税制,总体上体现了公平税收负担的要求,但也存在某些不够合理的地方。主要有以下一些问题:

(1)税收立法级次相对较低,影响税收遵从。改革开放以来,我国政治、经济、社会发生了较大的变化,为了适应较快变化的国内国际形势,我国税收领域内的法律法规很长一段时间保持了较低的立法级次,主要税种中完成立法的税种为少数,暂行条例、部门规章等长期占据主导位置,征纳双方对政策的理解与把握存在随意性,导致税收流失大,税收遵从成本高。自从党的十八届三中全会将"落实税收法定原则"作为财税改革的目标之一以来,税收立法进入了快车道,我国现行18个税种中大多数税种已经完成立法工作,税收征管法的修订完善亦提上议事日程。税收法定原则的落实将极大地改善税收营商环境,提高纳税人的税收遵从度。

(2)税制缺乏相对稳定性,影响税收遵从。由于制度设计者对经济形势估计不足,缺乏深入地调查研究和论证,税制的调整和改革频繁。而每一次税制的调整、改革,不仅使税务机关的税收调研成本、税收立法成本法律草拟以及新税制出来后的宣传成本支出大大增加,也使纳税人为理解和执行新税法的财力、精力和时间花费大大增加,从而使税收遵从成本大大提高。

(3)税种复杂,多头管理,影响税收遵从。我国现行税制包括货物与劳务税、所得税、财产税、行为目的税、资源税五大类共有18个税种。各税种在税基、税率、纳税期限、缴纳方式、征收机关等都有很大差异,导致纳税人的遵从成本增加。上述18个税种中,关税、船舶吨税、进口环节增值税和消费税由海关负责征收管理,其他税种由税务机关征收。纳税人面对不同征收部门的管理,加大了其遵从成本。

(4)税基税率设计不科学,影响税收遵从。现行税制税基过窄,为了保证一定的财政税收,必然要求高税率,而较高的税率必然加重纳税人负担,影响税收遵从。与此同时,我国现行税制还存在名义税率较高,实际税负低的问题,造成税负不公平,影响纳税的情绪,导致纳税人情感性不遵从。

(5)税收优惠政策不合理,影响税收遵从。不同性质的企业,其所得税优惠政策措施遍及税率、减免税、应税所得计算扣除等各个方面,税收优惠多而且乱。区域税收优惠力度大、层次多。产业优惠相对较弱且导向不够清晰。

以上种种税收制度上的不完善或制度设计上的不合理,导致我国税收制度与制度的效率要求相去甚远。制度设计的繁杂、税法条例的不明晰,导致纳税人无所适从,税收遵从成本加大,遵从度降低。

二、各国提高税收遵从度的相关做法对我国的借鉴

(一)国外税源监控的概况及借鉴

1. 第三方信息报告及资源共享制度

这一制度现已被许多国家采用,被证明为可以从源泉提高纳税人遵从度的一个有效的办法。

美国是执行这一制度的最有代表性的国家之一。美国法律明确规定了应履行第三方报告制度的个人及相关组织,这些个人及相关组织如不履行信息报告义务将受到严厉的处罚。通过几十年的发展,美国的第三方信息报告制度已形成了一个完善有效的监控体系。但这一制度有效实施的一个前提条件就是要统一纳税人的税务代码。美国把社会保障号码作为税务代码,这一代码从每个人一出生就可以获得,且将伴随每个美国人一生。这一代码几乎包含了每个美国人的一切信息,如个人基本资料、工资薪金收入、银行交易信息、社会保障信息以及由此产生的纳税人信誉状况,所以可以说纳税人的大部分日常行为都可以通过这一代码来记录,其中就包括纳税人的各项收入。这一代码的实施本身就从一定程度约束了纳税人的行为,使得人们普遍的税收遵从度提高。因为一旦少报、瞒报收入都将反映在这个代码记录中,由此产生的不良信誉将使纳税人很难在社会上获得别人的信任。同时,纳税人的统一代码也为第三方履行报告义务奠定了基础。美国法律规定的"第三方"包括支付工薪的雇主、利息股息的支付方、支付救济金和各种补贴的政府部门、支付特许权使用费、演讲费、稿酬、赡养费、小费、佣金以及承包费等的支付方、还包括股票经纪人和不动产交易机构等,他们都需要报告接受者的姓名、纳税人代码和金额等信息。第三方把信息传递给税务部门的同时,也传递给纳税人,这样就形成三方即纳税人、第三方和税务部门的相互监督,这样不仅减轻了税务机关的工作量,也有效地对税源进行了监控,使得自私性不遵从和无知性不遵从的比例大大降低。

收集好的信息资料需要运用计算机进行归集比对。这对税务信息化提出了很高的技术要求,假如收集到的信息用人力来处理将是庞大的工程,若技术水平不高,也无法将海量的信息进行高效的处理。美国高水平的税务信息化对第三方信息报告制度的效果发挥起到了举足轻重的作用。为了更好地发挥第三方信息报告制度对提高纳税遵从度的作用,美国还依靠先进技术设立了"支付方原始档案",这样不仅通过比对分析可以得出少报收入的纳税人,而且通过"支付方原始档案"还可以发现根本没有申报的纳税者,双层防线使得美国在税源监控方面取得很大成果。

美国税法多次提高了对于不履行或不真实履行报告义务的人或机构的处罚标准,其威慑作用大大降低了第三方和纳税人不实申报的行为。美国根据税收遵从测度项目(TCMP)的统计发现对于收入来源于农场、个人独资企业的纳税人平均少报的税额要大大高于全部人口平均少报税额。美国的信息共享水平也达到了很高的程度。大多数州的地方政府机构和联邦政府机构实现了数据共享,为工作提供了更加便利的渠道,从而使纳税人对税收不遵从的程度尽可能降到最低。

除了美国,现在世界上许多国家税务机关都非常重视与其他部门的资源共享。如加拿大就建立了信息共享网络,把银行、保险、业主单位等紧密联系起来,其中就规定银行要向税务机关提供纳税人的资金往来资料,否则就要接受税务机关的处罚。

澳大利亚也非常重视与外部的信息交换,税务局与澳洲联邦警察局、打击犯罪委员会、证券和投资委员会等进行数据共享与协作,大额可疑现金交易、国际资金转移等信息会快速地提供给税务局。

2. 税务审计选案

税务审计是指税务机关出于管理目的对纳税人进行日常检查和专项检查。因此如何确定审计对象至关重要,面对数量众多的纳税者,只有有目的、有针对性地选择有审计价值的对象,才能达到税源监控的目的,更有效地提高查获率,提高纳税遵从度。税务机关会通过强大的计算机系统对所掌握的数据进行前期稽核,在此基础上选择有审计价值的企业或个人进行税务审计。

美国就有专门的审计选案系统,该系统通过对不同类别纳税人所设计的数学公式对纳税人申报表上的各项数据进行加权平均,最终通过该平均值与标准值的偏差大小来确定是否有审计价值。

新加坡主要依托评税系统对输入的纳税人申报信息与评税情报库中数据进行比对,找出偏离标准值的纳税人对其进行审计,评税情报库中的数据是评税师根据来自不同行业的数据资料进行财务指标分析,最终得出的财务指标平均值。

奥地利对于增值税运用了风险分析选案系统。这一选案系统的最大优点是在有整体评估风险指标的前提下,针对具体案例运用不同的客观风险因素指标,并更新风险分值来对纳税人进行风险评估。

澳大利亚的风险评估工具是针对个人所得税指标自动审核退税申请确定重点审计对象,这样不仅可以筛选出有退税疑点的申请人,还可以甄别出当年的高风险领域,为税务机关更精准地打击不遵从行为提供最好的依据。

除此以外,各国对检查面的选择也很有策略。检查面的大小也是直接关系到纳税人遵从度的因素之一。虽然理论上检查面的提高有助于纳税遵从度的提高,但实践中由于人员、时间问题,检查面不可能非常大,所以这就需要对检查面进行有策略的选择。大多数发达国家的做法是针对有不同审计潜力的纳税人实施不同的审计率。如美国每年就对不同规模的公司运用不同的审计率,占全部公司所得税70%以上的1 500多家最大的公司,其审计率为100%;对不在上述范围内,但资产总额在1 000万美元以上的公司,其审计率为30%～50%;对资产总额在1 000万美元以下的中小公司,运用计算机系统选择进行审计。这种做法使美国在很大程度上提高了检查对象的针对性和有效性。

3. 对于我国的借鉴

我国在对税源监控方面也做了很大的努力,如在一些税种中规定了扣缴义务人,实行代扣代缴制度。金税工程的建立也在很大程度上对增值税的税源监控起到了作用,但是与发达国家相比,我们还有很大差距。

与国外证明比较有效的做法相比,我国在税源监控方面还存在许多问题。首先,我国对于扣缴制度没有专门的法律作为依据,没有法律来明确需要履行扣缴义务的人,以及对相关人员的惩罚措施和激励措施,这必然会降低对纳税者及扣缴义务人的约束力度。其次,规定扣缴义务人履行扣缴义务并报告的范围有限,以全员全额扣缴明细申报为例,对于真正有除工薪收入外的收入群体来说,即使纳税人的单位如实对工薪扣缴进行申报,但其他途径的收入是单位所不能掌握的。最后,我国税务机关目前在通过资源共享获取信息方面还有很大的限制,这对税源监控有很大的阻碍。

此外,要加强对计算机评估比对系统的开发与利用,开发比较有效的审计选案分析系统,而且系统的开发还要适合我国的税制结构,这样有效的系统也是我们提高查获率的重要前提。先进的技术支持可以使税务机关充分利用所能利用的资源有效地对纳税人情况进行比对分析,尽量避免使纳税人花费时间、精力去提供资料,这将会降低纳税人的遵从成本,一定程度上提高纳税人的遵从度。

（二）国外及我国台湾地区税务处罚的概况及借鉴

1. 国外及我国台湾地区税务处罚的概况

在通过计算机系统对纳税人信息进行比对分析后，以及在税务征管机关进行税务审计后，必然要对不遵从的纳税人进行相应的处罚，然而处罚率与检查面一样，并不是越高越好，但许多学者指出严厉的处罚措施相反会恶化社会公平、司法公平甚至不利于社会福利水平的提高。国外一些国家的实践经验也证实，严厉的处罚措施并没有对纳税人起到相应的威慑作用，同时还伴随着一些意想不到的负面后果发生。国外的处罚措施有：

第一，从罚款及罚金来看，美国对少报应纳税额，情节轻微的处少缴税款20％的罚款；对逾期申报纳税的企业纳税人，处以应缴税款5％～25％罚款；最高的处罚率是对偷税且故意舞弊者处以偷税额的罚款，"重罪"个人处10万美元以内，公司处50万美元以内罚款；一个年度内累计罚款额有最高限额。法国对纳税人延期申报加收10％的税款；对于经过催报，30日内还没有申报的纳税人加收40％的税款。日本对于少报应纳税额的处以少缴10％～15％的罚款；对不申报或逾期申报的，处以15％的罚款；对偷逃税行为处35％～40％的罚款。西班牙对偷逃税罚款比例最高为50％。中国台湾地区对少缴税款的纳税人最高处所逃税款2倍的罚款，但若不进行申报则处3倍的罚款。

第二，从滞纳金利息率看，美国的滞纳金一般是联邦短期贷款利率加上3％，这一利息率比市场利率略高，但美国国税局每一季度会对滞纳金利息率进行一次调整，纳税人申请的延期纳税期间也要计征滞纳金。中国台湾地区的利率为银行1年期储蓄存款的市场利率。

第三，从对人身处罚的年限和力度来看，美国对于偷逃税情节严重的纳税人处以罚金或5年以内的有期徒刑，或两者并罚。日本对不提交税务机关所需资料、变造或伪造纳税相关凭据、拒绝税务机关检查的纳税人最高处1年有期徒刑。

第四，德国对逃税企业的负责人进行处罚。并在税务警察的协助下得以有效执行。

第五，从处罚方式上看，中国台湾地区的行政处罚除了罚款、滞纳金、停止营业等，还包括停止奖励。法国的处罚方式有10多种，其中包括解散法人组织、接受相关部门监督、禁止从事职业性或社会性活动、禁止进入公开市场、禁止签支票、通过媒体公开处罚等。

2. 对我国的借鉴

通过与上述国外税务处罚的对比，我国目前有以下几个问题值得关注。处罚措施制定上还存在许多不合理的地方，如处罚上下限跨度大，由此导致税务机关自由裁定权很大，可以适当缩小处罚上下限跨度。对人身权利的处罚相对来说很严厉，但有些设置形同虚设，不如加重具体明确的经济处罚。处罚方式单一，仅是传统上的行政处罚、刑事处罚等，力度不够，应探索更加行之有效的处罚方式。

（三）国外纳税服务的概况及对我国的借鉴

1. 国外纳税服务概况

从20世纪50年代美国最早提出为纳税人服务的理念开始，"为纳税人服务"已受到西方发达国家的广泛关注与提倡，越来越多的国家意识到纳税服务是征管的第一步，也是提高纳税遵从度的核心。伴随着经济全球化的日益深入，纳税服务更成为全球的一种潮流，许多国家由"以税务机关为中心"的理念转变为"以纳税人为中心"，更重视满足纳税人的需求，为纳税人提供纳税便利，使纳税人成本降到最低，并逐渐使纳税服务贯穿于征管全程。

纳税遵从度在这些有完善纳税服务体系的国家有显著提高。

（1）美国的纳税服务。美国税务局为纳税人提供优质的服务已成为美国税务当局的工作宗旨，真正使纳税人的权益受到保护和尊重。美国的纳税服务有以下几个特点：

第一，纳税人权利法制化。在法制化程度很高的美国，早在1988年就颁布了《纳税人权利法案》，并辅之制定了"纳税人援助制度"。税务机关必须接受该法案赋予纳税人的权利，接受纳税服务的培训并接受纳税人监督。美国在每个州和市设有纳税人辩护律师，为纳税人公平地处理通常渠道未能解决的纳税问题，根据问题的根源，提交管理当局注意，并在必要时为修改税法提出建议。由于辩护律师是独立于税务当局的，所以这一制度是完善税法的有利途径。而税收志愿者更是对老年人等不方便出门或不熟悉网上申报的人提供免费的税务咨询。

第二，税务当局本着为纳税人服务的宗旨对机构设置进行调整，并配备专业的税务人员。美国联邦税务局按纳税人类型设置了四个业务局，不同的业务局内部又针对纳税人的规模特点，设置了不同的内设机构和派出机构，并且派出机构覆盖地区很广泛，为处于边远地区纳税人提供专业且便利的服务，并及时发现税制及征管上的不足而采取相应的措施。

第三，重视税收法规、纳税申报流程的宣传和讲解。美国每一项新的税法出台，都会有简明生动的刊物出版，这些刊物不仅可以从税务办理处获得，还可在许多公共场所获得，如图书馆、银行、邮局等。税务局还通过各种渠道宣传税法，告诉纳税人如何填报纳税申报表，如对小型企业召开座谈会、发行税务刊物、借助公共电视频道和有线电视网向全国直播涉税服务节目、通过播放广告以及金融信息网络播报税务信息。纳税申报表的设计通俗易懂，13岁左右学生的文化程度可以完全理解，这样能使纳税人的纳税意识增强，更使纳税人以最简单快捷方式受到了税法方面的教育，增强了纳税人的参与性，税收变成了纳税人日常经常关注、谈论的话题。

第四，对纳税服务标准进行量化性规范，将税务人员的纳税服务计入日常工作考核中。美国的一些税务局规定了电话答复问题的时间标准，将答复问题的态度及准确性作为衡量工作质量的重要标准，有统计显示一些税务局95%的客户服务热线电话能在30秒内答复。

（2）澳大利亚的纳税服务。澳大利亚近年来的纳税服务理念是"让纳税遵从更容易"，这里的"易"是指"法易懂""税易办"。一个"易"字使澳大利亚的纳税服务贯穿于税收征管的全过程。

第一，开展纳税服务满意度调查，倾听纳税人意见，改善纳税服务。澳大利亚税务局每两年进行一次民意调查，并把调查结果与税务局局长的选任、单位及个人的业绩考核挂钩。税务局内部的专门机构和人员还会定期走访纳税人，倾听意见和建议。除了纳税人的意见，税务机关还广泛听取税务中介的建议，根据意见和建议制定并公开遵从工作规划，总结回顾每年的实施情况，然后再次倾听，再次修订下一年的遵从规划，这样使得修改更有针对性，也逐渐形成了良好的征纳关系。

第二，做好信息的公开、透明，最大限度地提升纳税遵从，为公众树立了信心。公众通过每年公布的《遵从规划》《让纳税遵从更容易》和《年度报告》，不仅可以充分了解到税务局每年关注的纳税风险点及相应地征管措施，而且可以了解为优化服务税务局所采取的征管措施以及取得的成效，使纳税人可以及时自我修正并监督税务机关的行为。信息的公开，尤其是遵从风险点的公开，有效地提醒了有类似逃税点的纳税人自觉改正，有效做好防范工作,这要比纳税人逃税后再进行纠正的成本低得多。

第三,澳大利亚的电话咨询系统非常先进。纳税人统一的纳税编码使纳税人在打进咨询电话时,服务人员会第一时间了解纳税人的基本情况、所在行业和以往咨询问题,这样可以节省双方的时间,提高问题解答的效率。另外,纳税人可以拨打按行业分类的咨询电话,并可选择固定由同一熟悉自身业务或行业特点的服务人员为其服务,使纳税人可以在最短的时间内得到更满意的答复,同样的税务局也为税务中介提供各自的固定客户代理经理。纳税人和税务中介还可以通过网络查看电话咨询的高峰期,节省了他们的时间。

第四,为纳税人设计资料自动保存系统。为中等税务复杂程度的纳税人记录一年的收入、扣减项目和自有资产,从而减少了委托税务代理的遵从成本。同时为企业进行会计软件与申报软件的融合,使企业在平时记账过程中就可以储存数据为纳税申报做准备,降低纳税成本,提高纳税遵从度。

(3)日本的纳税服务。日本的纳税服务最突出的体现为注重从学生时代开始培养纳税意识,把税收知识编入教材。另外,日本是最早出现税务代理的国家,如今成熟的税务代理制度也为纳税遵从度的提高发挥了功不可没的作用。

日本的纳税教育从小学就开始了,日本当局把税务知识编入普通学校教科书,使国民从小就接受税收教育,同时大量的广播宣传、税收知识手册、公共场所的张贴海报都成为税务局向国民宣传税收的手段,并随时更新宣传内容和画面,为培养国民纳税意识打下了良好的基础。

日本于1942年和1951年就颁布了《税务代理士法》和《税理士法》。税务代理机构不仅包括律师、会计师事务所,还包括各种各样的民间协会组织,像税制调查会、租税研究所、法人会、间接税协会等,他们不仅指导纳税人报税,还随时对税制修改提出意见并监督税务机关的执法行为。在日本,税务代理制度被称为税理士制度,税理士都是有一定年限相关职业经验。通过国家税理士资格考试的专业人员,他们为纳税人提供税务文书填报、咨询等相关代理服务,站在公正的立场上协调征纳关系,因此也受到了纳税者的信任。日本有85%以上的企业委托税理士办理纳税事宜,在东京这一比例更是达到了95%。税理士分担了许多税务机关的前期工作,使税务机关集中一切力量进行征收及检查工作,提高了税务机关的工作效率,也大大降低了纳税人错报、漏报的概率,提高了纳税遵从度。

同时,日本也重视对税务人员的录用和培训。税务人员录用有两个途径:若是高中毕业生通过考试后要先到税务大学中专部学习1年,毕业后还要上岗实习3个月;若是大学毕业生经考试后到税务大学进行研修,经3年的工作实践才可以担任官职。这样的录用体制保证了税务人员的业务素质是非常高的。

2.对我国的借鉴

首先,要把保护纳税人权利以及如何提供优质的纳税服务从法律高度进行明确与规范。法律的保护使纳税人可以有安全感,这样才能自愿纳税而减少后顾之忧,一旦切身利益受到损害,可以拿起法律的武器保护自己;也使纳税人明确接受纳税服务是他们的权利,要转变税务机关在纳税人心中管理者高高在上的地位。同时,对纳税服务有规范可循,才会对税务机关及税务人员有约束力,根据规定及时修正自身服务态度及质量,也同时接受纳税人的监督。

其次,加大投入力度和精力对专门税务服务人员进行培训,并有效地分配人力,设置专门的纳税服务部门或机构。做好税务机关与纳税人沟通的第一步,并逐渐使纳税服务贯穿于征管的整个过程。如澳大利亚设立的独立于联邦税务局的投诉服务部、新加坡的纳税人服务办公室,以及韩国的纳税人律师服务中心都是针对纳税人需求设置的机构。

最后,重视纳税人与中介机构对服务的反馈,并把此反馈作为税务人员工作考核的标准和税务官员任命的评价指标。定期开展纳税人满意度调查,收集纳税人及税务代理机构的建议和意见并进行分析,根据纳税人需求改进工作方式方法,及时弥补制度和法律中的不完善之处。因为需求是纳税人行为的动机,认真研究纳税人需求有助于发现纳税不遵从的深层原因。借鉴澳大利亚的经验形成循环不断的一个链条:倾听纳税人声音—改进服务规划—再倾听改进意见和建议—再修改服务方式,以求不断地进步和完善。由此拉近与纳税人的关系,才能取得纳税人的信任,使纳税人自愿遵从。

本 章 小 结

1. 广义的税收管理是国家以法律为依据,根据税收的特点及其客观规律,对税收参与社会分配活动全过程进行决策、计划、组织、协调和监督控制,以保证税收职能作用得以实现的一种管理活动,也是政府通过税收满足自身需求,促进经济结构合理化的一种活动。

2. 狭义的税收管理是税务机关依据国家税收政策法规所进行的税款征收活动,是国家及其税务机关,依据客观经济规律和税收分配特点,对税收分配过程进行决策、计划、组织、监督和协调,以保证税收职能得以实现的一种管理活动。

3. 税收管理的具体内容包括税收法制管理、税收征收管理、税收计划管理和税收行政管理。

4. 税收管理体制是在各级国家机构之间划分税权的制度。

5. 新中国成立以来,我国的税收管理体制进行了多次调整改革,大体经历了一个由分散管理到高度集中统一、再由高度集中统一逐步过渡到中央统一领导下的分级管理的过程。

6. 狭义的税收遵从是指纳税人是否依照税法履行纳税义务的问题;而广义的税收遵从则包括纳税人对立法机关的税收法律意图、立法精神以及税收政策目标等的遵从。

7. 税收遵从的类型主要包括防卫性遵从、制度性遵从、自我服务性遵从、习惯性遵从、忠诚性遵从、代理性遵从、懒惰性遵从。

8. 税收遵从成本是指纳税人为遵从税法和税务机关的要求,在办理纳税事宜时发生的除税款和税收的经济扭曲成本以外的费用支出。

9. 我国的税收遵从情况不尽如人意,要提高我国的税收遵从度,世界上许多国家或地区的先进做法给我们提供了有用的借鉴。

练 习 题

一、名词解释

税收管理　　税收管理体制　　税收遵从　　税收遵从成本　　制度性遵从　　自私性不遵从

无知性不遵从

二、单项选择题

1. 税收管理的主体是（　　）。

A. 国家及其征税机关　　　　　　　　B. 全体人民

C. 全国人民代表大会　　　　　　　　D. 财政部

2. 税收立法主要包括税收立法体制和（　　）两大方面。

A. 税收征收管理　　　　　　　　　　B. 税收立法程序

C. 税收计划管理　　　　　　　　　　D. 税收稽查

3. 下面不属于税收征收管理的是（　　）。

A. 税务登记管理　　　　　　　　　　B. 税收重点税源管理

C. 纳税申报管理　　　　　　　　　　D. 税款征收管理

4. 从狭义的税收遵从来看,下列属于税收遵从的是（　　）。

A. 逃税　　　　　　B. 漏税　　　　　　C. 欠税　　　　　　D. 避税

5. 在预扣制度下,纳税人只有选择履行纳税义务。这种情况属于（　　）。

A. 忠诚性遵从　　　　　　　　　　　B. 自觉性遵从

C. 制度性遵从　　　　　　　　　　　D. 习惯性遵从

三、多项选择题

1. 税收管理的内容包括（　　）。

A. 税收法制管理　　　　　　　　　　B. 税收征收管理

C. 税收计划管理　　　　　　　　　　D. 税收行政管理

2. 实行分税制,要求按照税种实现"三分",是指（　　）。

A. 分管　　　　　　B. 分权　　　　　　C. 分税　　　　　　D. 分治

3. 1994 年我国的分税制改革,重点放在（　　）。

A. 税收管理机构设置征管权限的划分

B. 税种的开征停征权的划分

C. 税率税目的调整权的划分

D. 征管权限的划分

4. 税收遵从的类型包括:防卫性遵从、忠诚性遵从、代理性遵从和（　　）。

A. 制度性遵从　　　　　　　　　　　B. 习惯性遵从

C. 自我服务性遵从　　　　　　　　　D. 懒惰性遵从

5. 税收遵从的成本包括（　　）。

A. 货币成本　　　　　　　　　　　　B. 时间成本

C. 非劳务成本　　　　　　　　　　　D. 心理成本

四、简答题

1. 如何理解税收管理的基本职能?

2. 税收管理的基本原则是什么?

五、论述题

1. 简要论述分税制下我国的税收管理体制。

2. 从其他国家或地区的经验和做法来看,如何提高我国纳税人的税收遵从度?

六、案例分析题

根据[补充阅读 10-1]的内容,结合税收学原理,回答以下问题:

(1) 税收管理的内容包括什么?

(2) 税收管理应该遵循什么原则?

(3) 近年来我国在税收管理方面采取了哪些措施? 请对这些措施进行评价。

(4) 税收管理水平与一国的营商环境有何关系? 请给出你的个人观点。

第十一章　国际税收问题

【知识要点】

本章介绍了国际税收的概念、存在的问题及解决措施。重点介绍了税收管辖权的概念、原则、各国的选择和实施，以及国际重复征税、国际逃避税的产生、避免和防范。最后，介绍了为解决国际税收中存在的问题，在国际经济交往中形成的国际税收协定，以及我国签订国际税收协定的大致情况。

第一节　国际税收的概念及研究内容

一、国际税收的概念

从概念上看，国际税收有广义和狭义之分。广义的国际税收是指国家与国家之间的一切税收关系，它既包括国家之间的税收分配关系，又包括国家之间的税务协调关系。狭义的国际税收是指两个或两个以上国家对跨国纳税人的跨国所得或跨国财产共同享有征税权所形成的国家与国家之间的权益关系。理解国际税收的概念，应着重把握以下几点：

（1）两个或两个以上的国家对同一跨国纳税人的同一跨国课税对象共同享有征税权，是国家之间税收分配关系产生的前提。所谓跨国课税对象是指由某一国所有但来源于或存在于另一国的所得或财产。所谓跨国纳税人是指在两个或两个以上国家同时负有纳税义务的纳税人。只有两个或两个以上国家的征税权在同一跨国纳税人的同一跨国课税对象上交叉重叠时，国与国之间才有可能出现对同一课税对象征税的权益划分问题。

（2）在国家之间的税收关系中，国际税收是指对同一课税对象由哪国征税或各征多少的国家之间的税收分配关系，它直接关系到相关国家权益的划分问题。

（3）国际税收不是一种独立于国家税收之外、以超国家的国际政治权力为依托的强制课征形式，而是建立在各相关国家的国家税收基础之上的国与国之间的税收关系。

二、国际税收的研究对象

总的来说，国际税收的研究对象就是国家之间税收分配关系的形成，以及处理和协调这种关系的准则和规范。具体来说，国际税收的研究对象如下。

1. 税收管辖权问题

税收管辖权是国家税收问题产生的基础。国家间税收分配关系的协调，就是从税收管辖权的协调入手。要研究税收管辖权的理论依据。从各种税收管辖权的合理性及其相互间的矛盾入手，探讨如何协调有关国家间税收管辖权的行使，来协调或解决国家间税收权益分配的矛盾。

2. 国际重复征税及其消除问题

通过对国际重复征税问题产生原因的分析,寻求消除国际重复征税的方式与切实可行的办法,争取从根本上解决国际重复征税问题。

3. 国际避税和逃税及其防范问题

研究国际避税和逃税问题产生的客观原因或条件、国际避税和逃税的具体方式和方法。在此基础上,重点研究国际反避税和反逃税的具体措施,包括一个国家所采取的有效措施和国家间税收合作的途径与方式等。

4. 国际税收协定问题

国家税收协定是处理和协调有关国家之间税收权益矛盾,促进国际经济交往与发展的有效途径和法律形式。研究国际税收协定的性质、内容及其与各国国内税法的关系,重点探讨总结解决国际税收问题的措施与方法,以及处理和协调国际税收分配关系的准则和规范,以期逐步形成公平、合理调整国家间税收分配关系的国际税收公约。

第二节　税收管辖权

一、税收管辖权的概念及其特征

税收管辖权是国家主权在税收领域中的体现,它表现为一国政府在税收方面所行使的立法权和征收管理权。由于税收管辖权来源于国家主权,因而它也具有类似于国家主权的固有属性:独立性和排他性。这意味着一国在征税方面行使权力的完全独立自主,在处理本国税收事务时不受外来干涉和控制;所有主权国家在其管辖范围内均有根据其政治经济政策和本国税法进行征税的权力,即有权自行决定对哪些人课税,对什么课税和课多少税。目前,还没有任何一个国际公约对各个主权国家的税收管辖权施加任何限制。因此,税收管辖权是一个主权国家在征税方面所拥有的不受任何限制和约束的权力。当然,所谓"不受任何限制和约束"并不是绝对的。因为在确定纳税人方面,任何国家都无权对那些同本国毫无关系的人征税;在确定征税对象或征税范围方面,一个国家也不可能漫无边际地巧立名目,毫无根据地任意设置税种;同时,在税率的高低方面,一个国家也不能毫无原则,不考虑纳税人的负担能力。因此,不受任何限制和约束的真正含义在于:任何主权国家的税收管辖权都是独立自主的,纳税人、税种和税率都由各国政府根据本国国情并参照国际惯例自行规定,任何外力都不得干涉和控制。正是由于世界各国都拥有不受任何外来权力干涉和控制的税收管辖权,各国都可以按照本国需要制定本国税法。因此,各国有关涉外税收的部分就难免发生冲突,并引起国家之间的税收分配关系的矛盾,这就是人们研究税收管辖权的原因。由于国际税收是不同国家对跨国纳税人的跨国所得进行交叉重叠征税所形成的国家与国家之间的税收分配关系,所以,国际税收中的税收管辖权也就是指主权国家在对跨国纳税人的跨国所得征税方面所拥有的权力。

二、税收管辖权的确立原则

税收是国家凭借政治权力征收的,这一本质决定了一个国家行使课税权力不能超越其政治权力所能达到的范围。也就是说,税收管辖权要受国家政治权力所能达到的范围的制约。一般来说,一个主权国家的政治权力所能达到的范围,主要包括两个方面:一方面,从地域概念上讲,一个主权国家可以在该国疆界内所属领土的全部空间行使其政治权力,超出其领土范围以外的,则不能行使其政治权力;另一方面,从人员概念上讲,一个主权国家可以对该国的全部公民和居民行使政治权力,对不属于本国的公民和居民,则不能行使其政治权力。居民是指居住在本国境内并受本国法律管辖的一切人;而公民则是具有本国国籍,在法律上享有权利和承担义务的人。选择这两种概念作为一国确立税收管辖权范围所遵循的原则便是属地和属人原则。

（一）属地原则

属地原则是指一个主权国家以地域的概念作为其行使征税权力的指导原则,按属地原则,一国政府行使其征税权力时,必须受这个国家的领土疆界内的全部空间范围(包括领陆、领空和领海)的制约。一国政府只能对在上述空间范围内发生的所得和应税行为行使征税权力,而不论纳税人是否是该国的公民或居民。

（二）属人原则

属人原则是指一个主权国家以人员的概念作为其行使征税权力的指导原则。按属人原则,一国政府在行使其征税权力时必须受人的概念范围制约,即只能对该国的居民或公民(包括自然人和法人)获取的所得行使征税权力,而不论这些居民或公民的经济活动是否发生在该国领土疆域以内。

三、税收管辖权的类型

按照属地原则和属人原则所确立的税收管辖权分为三种:即地域管辖权、居民管辖权和公民管辖权。

（一）地域管辖权

地域管辖权又称收入来源地管辖权,是按照属地原则确立的税收管辖权。它是指一国政府对发生于本国境内的一切应税活动和来源于或被认为是来源于其境内的全部所得行使的征税权力。地域管辖权的行使的关键在于收入来源地的确定,即以纳税人的收入来源地为依据,确定征税与不征税,而与纳税人的居民或公民身份无关。

（二）居民管辖权

居民管辖权又称居住管辖权,是按照属人原则确立的税收管辖权。它是指一国政府对本国居民来自世界范围的全部所得行使的征税权力。居民管辖权行使的关键是确定纳税人(包括自然人和法人)的居民身份,只要纳税人符合一国的居民身份判定标准,该国就有权对它来自国内外的全部所得征税。即使其居民在本国无所得而仅在外国有所得,也要向本国履行纳税义务。

（三）公民管辖权

公民管辖权又称国籍管辖权,是按照属人原则确立的税收管辖权。它是指一国政府对本国公民来自世界范围的全部所得行使的征税权力。公民管辖权行使的关键是确定纳税人(包括自然人和法人)的公民身份,一个纳税人只要具有一国的公民身份,这个国家,即国籍国就有权对其来自国内外的全部所得征税。即使其公民在国内无所得或在本国不居住,而仅在其他国家居住或在他国取得所得,都要征税。

四、税收管辖权的选择和实施

（一）各国对税收管辖权的选择

税收管辖权作为国家主权的组成部分,任何一个国家都有权根据本国经济、政治、法律、社会状况、税收制度的特点选择税收管辖权的类型。目前,几乎所有的国家都按属地原则实行收入来源地管辖权,即都在收入来源基础上"从源征税"。因此,各国对收入来源地管辖权的认识比较一致,要求跨国纳税人对"经济税收事项发生地"所在国承担有限的纳税义务。但多数国家又都是按照属地原则和属人原则同时实行收入来源地管辖权和居民管辖权,一方面作为收入来源国要求从境内获得各种所得或在境内拥有财产的非居民纳税人承担纳税责任;另一方面作为居住国要求本国的居民纳税人就其从世界范围获得的所得或拥有的财产承担纳税义务。

对于收入来源地管辖权和居民管辖权这两种基本的税收管辖权,世界各主权国家都可以根据本国的政治、经济和财政政策来自行选择采用,也可以兼用。一个国家究竟行使哪一种税收管辖权,以及行使范围如何,国际法中并无任何规定,这纯属一个国家的主权问题。因此,各国都根据本国的特点,从各自的社会和经济状况出发,要求扩大对本国有利的税收管辖权的实施范围。而出于国际利益对等原则,大多数国家也要同时行使这两种基本的税收管辖权。也就是说,各国在行使收入来源地管辖权和居民管辖权的同时,常常会侧重其中的某一种税收管辖权。这种情况,在发达国家与发展中国家之间表现得比较突出。

不同的税收管辖权体现了不同国家的财权利益,因而这些国家就会要求扩大对其有利的税收管辖权的行使范围。一般来说,经济发达国家因为资本和技术输出规模较大,相应的人员流出也较多,其居民(或公民)来自本国境外的收入或存在于本国境外的财产也较多,所以比较倾向于要求承认和扩大居民管辖权或公民管辖权的实施范围,限制别国的收入来源地管辖权的实施范围。当然,出于国家利益对等原则,这些国家也要坚持本国的收入来源地管辖权。对发展中国家而言,由于经济发展相对落后,资本和技术输出较少,相反,从经济发达国家引进的资本和技术则较多,外国居民(或公民)取自本国的收入和位于本国的财产也较多,因此这些国家倾向于承认和扩大本国的收入来源地管辖权实施范围,限制其他国家的居民(或公民)管辖权实施范围,以维护本国利益,但出于国家间利益对等原则,这些国家也要同时行使居民管辖权。

尽管世界上许多国家同时实行居民(或公民)管辖权和收入来源地管辖权,但大多数国家都同意并遵循收入来源地管辖权优先征税的原则。即对同一笔跨国所得,收入来源地国家具有优先征税的权利,也就是说,跨国纳税人从哪个国家或地区取得收入,首先就应向哪个国家纳税。如果不允许所得来源国优先征税,所得来源国就不会同意其他国家的居民(或公民)在其境内从事经济活动。同时,世界上许多国家,特别是发达国家,也希望通过投资、技术转入与国际贸易,从其他国家赚取所得,那么它们就不能不承认收入来源地国家在征税上的优先权。另外,收入来源地管辖权实施范围是一国对本国境内发生的收入征税,比较容易控制,征收管理也较为简单易行。当然,收入来源地管辖权的优先地位并不等于独占,而是要受到一定限制。这表现在:一方面,收入来源国不能对一切非居民的所得都从源课税,而只能对在其境内居住一定期限的自然人和非居民的所得都从源课税;另一方面,收入来源地管辖权优先不能完全排斥纳税人居住国的税收管辖权。居住国在收入来源国优先征税后,仍可根据不同情况对跨国纳税人行使居民(或公民)税收管辖权征税。

总之,收入来源地管辖权优先征税地位,就是对跨国纳税人的跨国所得,其来源国可以先行征税,然后,该纳税人的居住国才能行使其居民(或公民)税收管辖权征税。目前,这一原则已成为国际公认的准则。

(二)各国对税收管辖权的实施

总的来说,大多数国家都兼用属地原则和属人原则,实行双重税收管辖权,以其中一种税收管辖权为主,而以另一种税收管辖权为辅。对来自本国境内的所得,不论是本国居民还是非居民,本国政府都要行使收入来源地管辖权,而对本国居民的所得不论其来源于本国还是外国,也都要行使居民管辖权进行征税。但是,各国实施的税收管辖权也不尽相同。现将世界主要国家或地区对税收管辖权的实施情况如下表所示。

从表11-1中可见,亚洲、欧洲、大洋洲的大多数国家和地区都同时行使收入来源地管辖权和居民管辖权,单一行使收入来源地管辖权的国家和地区多为拉丁美洲国家和地区,同时行使收入来源地管辖权和公民管辖权的国家为数很少,同时行使收入来源地管辖权、居民管辖权和公民管辖权的国家也很少。至于单一行使居民管辖权则可能会在区域性(如欧盟的成员国之间)税收同盟中出现。

表11-1

世界主要国家(地区)税收管辖权情况一览表

税收管辖权	国 家 或 地 区
同时行使收入来源地管辖权和居民管辖权	中国、阿富汗、澳大利亚、孟加拉国、印度、斐济、印度尼西亚、日本、韩国、马来西亚、新西兰、巴基斯坦、新加坡、泰国、斯里兰卡、西萨摩亚、哥伦比亚、萨尔瓦多、洪都拉斯、秘鲁、奥地利、比利时、希腊、西班牙、瑞典、瑞士、土耳其、英国、爱尔兰、卢森堡、摩洛哥、荷兰、法国、俄罗斯、加拿大等
单一行使收入来源地管辖权	中国香港、文莱、阿根廷、玻利维亚、巴西、多米尼亚、厄瓜多尔、危地马拉、尼加拉瓜、巴拿马、巴拉圭、委内瑞拉等
同时行使收入来源地管辖权和公民管辖权	罗马尼亚、菲律宾
同时行使收入来源地管辖权、居民管辖权和公民管辖权	美国、墨西哥

资料来源:邓力平:《国际税收学》,清华大学出版社2005年版,第16页。

 [补充阅读11-1]

我国税收管辖权的选择

我国《个人所得税法》规定,在中国境内有住所,或者无住所而一个纳税年度内在中国境内居住累计满183天的个人,为居民个人。居民个人从中国境内和境外取得的所得,依据我国《个人所得税法》规定缴纳个人所得税;在中国境内无住所又不居住,或者无住所而一个纳税年度内在中国境内居住累计不满 183 天的个人,为非居民个人。非居民个人从中国境内取得的所得,依据我国《个人所得税法》规定缴纳个人所得税。又如我国《企业所得税法》规定,居民企业应当就其来源于中国境内、境外的所得缴纳企业所得税;非居民企业在中国境内设立机构、场所的,应当就其所设机构、场所取得的来源于中国境内的所得,以及发生在中国境外但与其所设机构、场所有实际联系的所得,缴纳企业所得税;非居民企业在中国境内未设立机构、场所的,或者虽设立机构、场所但取得的所得与其所设机构、场所没有实际联系的,应当就其来源于中国境内的所得缴纳企业所得税。

资料来源:根据《中华人民共和国个人所得税法》《中华人民共和国企业所得税法》整理。

第三节 国际重复征税及其避免

一、国际重复征税的概念、产生及影响

(一) 国际重复征税的概念与类型

所谓重复征税,是指同一课税对象在同一时期被相同或类似的税种课征了两次或两次以上。重复征税问题既可以发生在一国之内,也可以发生在国与国之间。国际重复征税是指两个或两个以上国家的不同课税权主体,在同一时期内对同一或不同跨国纳税人的同一征税对象或税源所进行的重复征税。

国际重复征税一般包括法律性重复征税和经济性重复征税两种类型。具体如下:

(1) 法律性国际重复征税。它是指两个或两个以上国家在同一时期对同一跨国纳税人的同一课税对象所进行的重复征税,它强调纳税主体和纳税客体都具有同一性。鉴于不同国家税收管辖权的重叠和冲突所造成的重复课税是国际正常经济交往的主要障碍,也是协调国际税收权益关系所要解决的主要矛盾,因而大部分国际税收和国际法专家倾向于将国际重复课税用语的实质内容限定在法律性重复课税的范围内。

(2) 经济性重复课税。它是指两个或两个以上的国家在同一时期内对不同纳税人的属于同一税源的课税对象进行交叉重叠征税。最为典型的是有关国家对公司利润和股东利息的重复征税。随着跨国股份公司的发展,经济性重复征税已成为国际税收中应该研究和解决的重要问题。

(二) 国际重复征税的产生

1. 法律性国际重复征税的产生原因

目前世界各国行使的税收管辖权有收入来源地管辖权、居民管辖权和公民管辖权。当一国跨国纳税人有来源于两个或两个以上国家的收入时,有关国家的税务当局都有权根据各自的税收管辖权对这笔收入征税,这样就不可避免地会发生国际税收管辖权的交叉重叠。由于税收管辖权的相互重叠而产生的国际重复征税,主要有以下三种情形。

(1) 居民(公民)管辖权与收入来源地管辖权的重叠。如果世界各国都行使同一种税收管辖权,或者纳税人只在居住国或国籍国取得收入或拥有财产,只向居住国或国籍国纳税,就不会产生国际重复征税。然而世界上大多数国家都同时行使收入来源地管辖权和居民(公民)管辖权,这就使一个具有跨国收入的纳税人,一方面要作为居民(公民)纳税人向其

居住国(国籍国)就来源于世界范围内的收入承担纳税义务;另一方面,要作为非居民纳税人向收入来源国就其在该国境内取得的收入承担纳税义务,由此便产生国际重复征税。例如,甲、乙两国都同时行使收入来源地管辖权和居民管辖权,甲国一居民到乙国从事经营活动,在乙国取得了一笔收入,乙国要对这笔所得行使收入来源地管辖权并对之征税,而甲国根据该国的居民管辖权,要对本国居民来自世界范围的收入征税。这样,由于甲、乙两国对同一笔所得同时行使两种不同的税收管辖权,从而发生了国际重复征税。由于目前世界上大部分国家都同时行使收入来源地管辖权和居民(公民)管辖权,因此居民(公民)管辖权和收入来源地管辖权的重叠是产生国际重复征税的基本原因。

(2)居民管辖权与居民管辖权的重叠。这种情形主要是由于各国所采取的约束居民管辖权的规范不同而造成的,即各国实行的确定居民身份的标准不同。例如,在自然人居民身份的确认上,有的国家采取住所标准,有的国家采取居所和居住时间标准。如果一个人在甲国有永久性住所,又在乙国停留183天以上,那么,甲国根据住所标准确定这个人是本国居民,乙国根据居所和居住时间标准确定此人为本国居民,甲乙两国同时依法认定这个人是本国居民,都要对其全世界收入征税,从而导致国际重复征税。又如,对法人居民身份的确定,有的国家采取注册登记地标准,有的国家采取管理机构所在地标准。如果某公司在甲国依法注册登记成立,但其主要管理控制中心设在乙国,甲国根据公司的注册登记地标准确定该公司的居民身份,乙国又依据管理机构所在地标准确定该公司的居民身份,于是,该公司被甲乙两国同时认定为本国居民,都要对该公司的全世界收入征税,从而产生国际重复征税。

(3)收入来源地管辖权与收入来源地管辖权的重叠。一般来说,一个国家所管辖的地域界限是十分清楚的,不大可能出现两个或多个国家同时行使收入来源地管辖权而产生国际重复征税问题。但在行使收入来源地管辖权的过程中,由于不同的国家对收入来源地确定标准不同,就往往会造成国际重复征税。如确定劳务所得来源地标准,有的国家以劳务所得支付地作为标准,有的国家以劳务提供地为标准,这样对同一笔所得同样会发生国际重复征税。例如,甲国居民 A 受其甲国雇主委托,在乙国为某公司提供技术咨询服务,每月的工资报酬由其甲国雇主支付。因此,甲国政府因该项报酬的支付者在甲国而认定该项所得来源于甲国,并对该项所得行使收入来源地管辖权进行征税。而乙国政府则因取得这笔报酬的收入者在乙国从事劳务活动,认定该项报酬来源于乙国,因而也要对该项所得行使收入来源地管辖权并对之征税。这样,由于对同一笔跨国所得的来源地确定标准不同,就出现了两个国家所行使的收入来源地管辖权的交叉或冲突,从而产生国际重复征税问题。

以上三种类型的国际重复征税,都是由于税收管辖权的不统一造成的。第一种类型的国际重复征税是由于两种不同税收管辖权之间的不统一造成的,可以把它称作外延的国际重复征税。第二、第三种类型的国际重复征税是由于同一税收管辖权内部判定标准的不同而造成的,可以把其称作内涵的国际重复征税。内涵的国际重复征税,一般情况下是不可避免的,不能通过事先的约束来防范,只能事后采取某些方法来减轻或消除。

2. 经济性国际重复征税产生的原因

(1)税制上的原因。许多国家税法都规定,公司要就其全部利润向居住国缴纳公司所得税;公司将税后利润以股息、红利形式分配给居住在不同国家的股东时,股东要将所分到的股息、红利与其他所得合并向其居住国交纳公司所得税(股东为法人时)或个人所得税

（股东为自然人时）。这里的纳税人虽然不是同一个人，但公司与股东在经济上是有联系的，从征税对象来看，公司是其利润，股东是其股息红利，但其来源都是公司取得的利润。这笔已纳公司所得税的利润再次承担股东的纳税义务，导致了重复征税。

（2）经济上的原因。经济全球化使股份公司的控股关系超越了国界。例如，甲国的控股公司控制乙国的子公司，乙国的子公司又控制丙国的孙公司，这就使同一笔所得在不同的纳税人手中被不同国家多次征收，且征税的重叠程度随控股层次的增加而增加。

（3）国际重复征税对经济的影响。国际重复征税时国际经济交往中频繁发生的比较普遍的现象。它的存在，对投资者的利益、税收公平原则、国际经济交往以及国家间税收权益无疑会产生各种消极影响。其消极影响主要表现在以下几个方面。

第一，加重了跨国纳税人的税收负担，影响投资者对外投资的积极性。国际重复征税造成跨国纳税人要向两个甚至两个以上国家纳税，加重了跨国纳税人的税收负担。对直接投资者加大其生产成本，影响其产品的价格，进而影响到投资者投资的积极性；对证券投资者会直接减少其投资所得，加大其投资风险。总之，国际重复征税削弱了跨国纳税人在国际竞争中的地位。

第二，违背了税收公平原则。税收公平就是使纳税人承担的税负与其纳税能力相适应。对于跨国投资者来说，税收公平原则体现为投资者在国内投资和在国外投资承担的税负应公平合理，但是国际重复征税的存在，加重了跨国纳税人的税收负担，使跨国投资与国内投资所承担的税负明显不公平，影响了税收公平原则的实现。

第三，阻碍国际经济合作与发展。跨国投资者将资本投资到境外，所冒的风险大于国内，希望获得的利润比国内高。但是，国际重复征税使他的所得同时承担了两次或多次纳税义务，额外地加重了他的税收负担，减少了投资利润。这样，重复征税的结果与获取高额回报的愿望就会背道而驰，这无疑将极大地打击跨国投资者的投资愿望，阻碍国际经济、技术、文化的相互交流和合作，也给商品、劳务、资金、人才的国际流动带来障碍，最终将制约世界经济的发展。

第四，影响有关国家之间的税收权益关系。国际重复征税会引起国家与国家之间的税收权利和利益的冲突。当两个或两个以上国家同时对同一笔跨国所得征税时，必然产生税收权益的冲突。一国认为自己有权对某纳税人的所得征税，而另一国则认为对方国家的征税是对自己权利和利益的侵犯。当各国互不相让无法协调时，利益冲突便不可避免。不仅如此，由于重复征税给纳税人带来沉重负担，他们就会千方百计去规避纳税义务，利用各国税收管辖权的摩擦和税制的差异，减轻或消除在有关国家的纳税义务。这种直接侵犯国家利益的行为，同样也会导致国家之间的税收矛盾。

由此可见，国际重复征税给世界经济带来了极为不利的消极影响。国际重复征税的弊端已引起了各国政府、经济学家和国际经济组织的高度重视。避免或减轻国际重复征税，是国际税收权益分配关系的核心问题，世界各国都在积极寻求减轻国际重复征税的途径和方法。

二、国际重复征税的避免

由于各国经济发展水平不一致，各国在国际经济中的地位也各不相同，各种税收管辖权的并存是难以消除的长期趋势，因此处理国际重复征税问题只能在各种类型税收管辖权并存的条件下，由各国政府通过一定的方式与方法来限制各自行使的税收管辖权的实施范围来达到，不能奢望各国都行使统一的税收管辖权。各国按照属人原则行使居民管辖权或公民管辖权，同时又按照属地原则行使收入来源地管辖权，要避免由此引起的国际重复征税，至少应在它们之间承认某种管辖权是居于优先地位。收入来源地管辖权显然是优先于其他两种税收管辖权的，这是大多数国家都同意并遵循的原则，它不仅体现了国际税收权益分配的客观性，而且体现了税收管理的方便性。所谓"收入来源地管辖权优先征税原则"就是指当一国政府行使居民（公民）管辖权对本国居民（公民）纳税人的世界范围的所得或财产课税时，对其中来源于外国的所得或位于外国的财产应优先考虑有关国家政府行使收入来源地管辖权对此已征税的事实，允许这部分已在外国纳税的所得或财产免征或减征本国税收。从世界各国的实践考察，目前主要有以下四种方法。

（一）扣除法

扣除法是指一国政府在对本国居民的国外所得征税时，允许其将该所得负担的外国税款作为费用从应税国外所得中扣除，只对扣除后的余额征税。例如，假设 A 国某纳税人在 B 国有营业所得 100 万元，且该所得已按 B 国税法交缴所得税 30 万元，则 A 国政府在征税时，先从 100 万美元所得中扣除 30 万美元，就余下的 70 万美元征税。显然，根据扣除法，一国政府对本国居民已负担国外税收的跨国所得仍要按本国税率征税，只是应税所得可被外国税款冲减一部分，因此，扣除法只能减轻而不能免除国际重复征税。

（二）低税法

低税法是指一国政府对本国居民的国外所得按单独制定的较低税率征税。一国对本国居民来源于国外的所得征税的税率越低，越有利于缓解国际重复征税。由于低税法仍要求居住国政府按一定的税率对本国居民的跨国所得征税，所以它与扣除法一样，也只能减轻而不能免除国际重复征税。

（三）免税法

免税法是指一国政府对本国居民的国外所得不予征税，而仅对其来源于国内的所得征税。它是一国政府单方面放弃对本国纳税人国外所得的征税权力，以消除国际重复征税的方法。免税法在实行累进所得税的国家有两种具体的做法：一是全部免税法，即一国政府对本国居民的国外所得不予征税，并且在确定对其国内所得征税的税率时也不考虑这笔免于征税的国外所得。二是累进免税法，即一国政府对本国居民的国外所得不予征税，但在确定对其国内所得征税的税率时，要将这笔免于征税的国外所得与其国内所得汇总一并考虑。免税法使实行居民管辖权的国家完全放弃对本国居民国外所得的征税权，因而可以有效地避免和消除国际重复征税。但免税法对本国经济权益影响较大，事实上造成本国应得税收的丧失和外流。

（四）抵免法

抵免法是指一国政府在优先承认其他国家的地域税收管辖权的前提下，在对本国纳税人来源于国外的所得征税时，以本国纳税人在国外缴纳税款冲抵本国税收的方法。显然，抵免法也可以有效地免除国际重复征税。由于抵免法既承认所得来源国的优先征税地位，又不要求居住国放弃对本国居民国外所得的征税权，有利于维护各国的税收权益，因而得到了世界各国的普遍采用。

抵免法又可分为直接抵免和间接抵免两种。

1. 直接抵免

直接抵免是指直接对本国纳税人在国外已经缴纳的所得税的抵免。它一般适用于统一核算的经济实体的抵免。如对个人在国外缴纳的所得税和公司、企业的国外分支机构缴纳的所得税的抵免，就是直接抵免。计算公式为：

$$\text{居住国应征所得税} = \left(\frac{\text{跨国纳税人}}{\text{居住国所得}} + \frac{\text{跨国纳税人}}{\text{非居住国所得}}\right) \times \text{居住国税率} - \text{允许抵免额}$$

其中的允许抵免额，是居住国政府税法规定的，允许跨国纳税人抵免的在非居住国已纳的所得税额。居住国政府为了维护本国权益，对于本国纳税人在外国缴纳的所得税一般并非全部给予抵免，而是依据本国税法规定的抵免限额给予抵免。抵免限额就是在国外缴纳的所得税在本国可以抵免的最高额度。计算公式为：

$$\text{抵免限额} = \left(\text{居住国所得} + \text{非居住国所得}\right) \times \text{居住国税率} \times \frac{\text{非居住国所得}}{\text{居住国所得} + \text{非居住国所得}}$$

上述计算公式适用于居住国的所得税是采用累进税率的情况，当居住国实行比例税率时，该公式可简化为：

$$\text{抵免限额} = \text{非居住国所得} \times \text{居住国税率}$$

当纳税人仅在一个非居住国缴纳税款，要求居住国给予税收抵免时，可按上述方法计算。如果纳税人同时在多国缴纳所得税，并向居住国要求抵免时，可分别采用分国限额法和综合限额法计算。

分国限额法对来自每个国家的所得，分别计算抵免限额，计算公式为：

$$\text{抵免限额} = \text{按全部所得计算的应纳本国所得税} \times \frac{\text{来自某一外国的所得}}{\text{来自本国和所有外国的全部所得}}$$

综合计算法是按来自所有外国的所得，综合计算一个统一的限额，计算公式为：

$$\text{抵免限额} = \text{按全部所得计算的应纳本国所得税} \times \frac{\text{来自所有外国的所得}}{\text{来自本国和所有外国的全部所得}}$$

其他具体抵免计算方法与前述税收抵免计算方法相同。

2. 间接抵免

间接抵免一般适用于对公司、企业的国外子公司所缴纳的所得税的抵免。子公司不同于分公司，它是母公司的投资单位，不是统一核算的同一经济实体，因而是两个不同的缴纳人。母公司从子公司得到的只是子公司缴纳所得税后按照股份分配的一部分股息。因此，对母公司从子公司取得股息计征所得税时，应该予以抵免的不能是子公司缴纳的全部所得税，只能是这部分股息所分担的所得税额。这种抵免不是根据实纳税额直接进行，而是按换算的股息应分担的税额进行间接抵免。

在母公司向本国政府缴纳所得税时，不能把外国子公司的所得全部并入计算，而是把来自外国子公司股息还原出来的外国子公司所得汇总纳税，计算公式为：

$$\text{属于母公司的外国子公司所得} = \text{母公司股息} + \left(\text{外国子公司所得税} + \frac{\text{母公司股息}}{\text{外国子公司税后所得}}\right)$$

在母公司向本国政府申请税收抵免时,可以直接抵免的不是外国子公司缴纳的外国所得税的全部,而是按其取得的股息占外国子公司纳税所得的比例推算出来的已纳所得税款的一部分,计算公式为:

$$母公司承担的外国子公司税收 = 外国子公司所得税 \times \frac{母公司股息}{外国子公司税后所得}$$

对于母公司所承担的外国子公司所得税,也不一定全部给予抵免,因为间接抵免也规定了抵免限额,只能在这一限额范围内进行抵免,计算公式为:

$$抵免限额 = \left[\left(\frac{母公司}{所得} + \frac{属于母公司的}{外国子公司所得}\right) \times \frac{母公司}{所在国税率}\right] \times \frac{属于母公司的外国子公司所得}{母公司所得 + 属于母公司的外国子公司所得}$$

当母公司所在国实行比例税率时,该公式可简化为:

$$抵免税额 = \frac{属于母公司的}{外国子公司所得} \times \frac{母公司}{所在国税率}$$

根据抵免限额确定允许抵免额,并按实际进行税收抵免。

此外,税收抵免还包括一个特殊部分——税收饶让。它是抵免的延伸或扩展,与税收抵免有着极为密切的关系,因而,在研究税收抵免时必须涉及税收饶让。

税收饶让是指一国政府对本国纳税人在国外享受的所得税减免税款,视同在国外实际缴纳的税款准予抵免的优惠措施。它实际上是将纳税人因减免税少纳、未纳的税款视同已纳税款给予抵免。如甲国某总公司在乙国设立一个分公司,该分公司来源于乙国的所得为100万元,乙公司所得税税率为40%。但乙国政府为了鼓励外来投资,决定对该分公司减按20%的税率征收所得税。这样,该分公司在乙国的实际缴纳20万元。甲国政府对本国的总公司征收所得税时,对其分公司在乙国缴纳的所得税,不按20万元进行抵免,而仍按税法规定的税率计算的应纳税额40万元给予抵免。

在国际经济领域中,许多国家,特别是发展中国家,为了更好地吸引利用外资,往往采取税收优惠措施,给予减征或免征所得税的照顾。居住国政府如果采用免税法来免除国际重复征税,则对来源国采取的税收优惠不会产生消极影响。但当居住国采取抵免法时,来源国对居住国投资者所采取的税收优惠作用就会被抵消,即来源国对外国投资者所给予的好处,不能使投资者得到益处,而转入居住国的国库。为了保证税收抵免不至于抵消税收优惠的作用,许多国家采取了税收饶让措施。

一般说来,税收饶让对收入来源国一方是有利的,它丝毫不影响居住国行使居民税收管辖权的正当权益。因为饶让抵免的税款,本来就属于非居住国政府行使地域税收管辖权范围内的应征税款,只是为了某项政策的需要,才给予纳税人优惠待遇。在实践中,凡在经济上奉行鼓励本国过剩资本和技术输出的,一般都对税收饶让采取积极的态度。但也有少数国家对税收饶让采取消极的态度。

(五)几种方法的比较

上述四种避免国际重复征税的方法各有利弊,究竟采用哪种方法比价适当,取决于各国的税制结构和税收政策,最根本的还在于居住国和收入来源国的税收管理权是否得到考虑和维护,以及跨国纳税人的国际负担重叠问题是否得到基本解决。

1. 抵免法与免税法的比较

抵免法是在确认收入来源地管辖权优先的前提下,居住国行使居民管辖权,在课税时对其居民已缴国外所得税款给予抵免。而免税法则是在承认收入来源地管辖权独占地位的前提下,对本国居民来源于国外的所得完全放弃居民管辖权。对于全部免税法来说,居住国政府完全承认了收入来源地管辖权的独占地位,放弃了居民管辖权。而累进免税法虽然在表面上也承认了收入来源地管辖权的独占地位,放弃了居民管辖权,但是居住国政府在对跨国纳税人的国外所得全部免税而仅对其国内应税所得额征税时,将免税的国外所得并入国内所得确定适用税率,还可以从较高税率上取回一部分收益,因而实际上也是对居住国税收权益的一种维护。

2. 抵免法与扣除法的比较

抵免法完全承认收入来源地管辖权的优先地位,对国外所得已缴外国所得税款,在本国税法规定限度内给予抵免,基本免除了跨国纳税人的双重国际税负。而扣除法没有完全承认收入来源地管辖权的优先地位,对国外已征本国居民的所得税款,只给予了一部分减免优惠,因此它不能完全免除跨国纳税人的双重国际税负。从计算方法上看,两种方法对居民在国外已纳税款的扣除方式不同,抵免法是计税后扣除,而扣除非是计税前扣除。

3. 扣除法与免税法的比较

免税法承认收入来源地管辖权的独占地位,扣除法只承认其优先地位;免税法是对跨国纳税人来源于国外的所得免于课税,扣除法则仅对其来源于国外的所得已纳所得税款给予部分减免;免税法是对国际重复课税的完全免除,而扣除法只给予部分免除。因此,扣除法的税收负担高于免税法,对跨国纳税人不利。

低税法与扣除法虽然计算方法不同,但指导原则和效果基本上是一致的,因此,它与免税法、抵免法的比较,正如扣除法和免税法、抵免法的比较是一样的。

如表 11 - 2 所示,从居住国政府、来源国政府和跨国纳税人三方利益来对以上四种方式进行比较和衡量。由此可见,抵免法和累进免税法,既对居住国政府居民管辖权给予了考虑(其中累进免税法主要侧重对居住国政府税收利益的维护),又对来源国政府收入来源地管辖权予以承认,还对跨国纳税人国际税负重叠问题做到了妥善解决,即同时兼顾了所有三方面的利益。因此,抵免法和累进免税法是大多数国家采用的避免国际重复征税的办法。

表 11 - 2

各种避免国际重复征税方法的比较

处理方法　　　三者利益		居住国政府居民管辖权是否得到考虑	来源国政府收入来源地管辖权是否得到承认	跨国纳税人国际税负重叠问题是否得到基本解决
免税法	全部免税法	否	是	是
	累进免税法	是	是	是
扣除法		是	部分承认	部分免除
抵免法		是	是	是
低税法		是	部分承认	部分免除

资料来源:邓力平:《国际税收学》,清华大学出版社 2005 年版,第 27 页。

第四节　国际逃避税与反逃避税

一、国际避税、国际逃税和国际节税

（一）国际避税的概念

国际避税（international tax avoidance）是指纳税人利用两个或两个以上国家的税法和国家间的税收协定的差别、漏洞、特例和缺陷，规避或减轻其全球总纳税义务的行为。其中，税法和税收协定差别是指各国的税法和税收协定对税种、税法要素等规定的差别；税法漏洞是指大多数国家税法和大多数双边税收协定应有或一般都有而某国税法或某个双边税收协定里遗漏或不完善的规定；税法特例是指某国规范的税法或某个规范的双边税收协定里针对某种极为特殊的情况下才做出的不规范规定；税法缺陷是指某国税法或某个双边税收协定里的规定的错误之处。

（二）国际逃税的概念

国际逃税是指纳税人采取虚报、谎报、隐瞒、伪造等各种跨国非法手段，逃脱或减少其全球总纳税义务的违法行为。

国际逃税与国内逃税相比较，其相同之处是：都采取非法手段减少纳税人的纳税义务，如虚报支出等。其区别是：国际逃税是跨国虚报、谎报、隐瞒、伪造，而国内逃税仅在一个国家范围内虚报、谎报、隐瞒、伪造；国际逃税逃脱或减少了纳税人的全球总纳税义务，但它有时会增加纳税人在有关国家的纳税义务，比如纳税人减少了其在高税国的纳税义务，但增加了其在低税国的纳税义务，而国内逃税只会减少相关国家的税收收入。

（三）国际节税的概念

国际节税是指跨国纳税人在遵循有关国家税收法规和双边、多边税收协定，并恪守有关法律精神的前提下，所选择的合法和合理的手段，减少其全球总纳税义务的行为。国际节税的结果不会减少有关国家的预期税收收入，属于纳税人正常的纳税行为，是有关国家预期范围内的纳税人减少税负行为。

从纳税人角度看，国际节税可以减轻其税收负担，使得纳税人的全球利益最大化。从有关国家角度看，通过取得有关国家税收优惠的国际节税，一方面可以减轻纳税人的税负，影响劳务、技术、资本和货物国际流动，从而影响世界资源的配置；另一方面会引起有关国家的税收收入的减少，对有关国家的经济和社会产生影响，尽管这种减少是有关国家早已预见到的，通常已纳入有关国家的综合财政预算或单独的税式支出预算中，这是有关国家预期范围内的税收收入减少。从全球角度看，国际节税还可以促进各国税收制度的完善和协调，有利于反对有些国家和地区的"有害税收行为"，在全球范围内形成一个更完善、更协调的市场竞争机制，有利于世界资源的合理配置。

国际税收筹划是指跨国纳税人事先制定的，用于减少国际纳税义务的跨国投资经营计划。虽然国际节税原理和技术被国际税收筹划人广泛运用，并以此来达到减轻纳税人世界范围总纳税义务的目的。但国际税收筹划不完全等于国际节税。有些国际税收筹划除采用国际节税手段外，还采用国际避税甚至国际逃税的手段。所以，国际上对税收筹划的定义一般都只提及少缴纳税收，而不涉及它是否合法。同时，以遵循税法和反避税法及其政策为基础的税收筹划,已经在实践和理论上发展了多年,并为大多数国家政府所接受和认可。所以,国际税收筹划在实践上几乎已经成了国际节税筹划,或国际节税的代名词。

（四）国际避税与国际逃税的比较

国际避税与国际逃税有相同之处:两者都是跨国纳税人减少其全球纳税义务的税收行为;两者从总体而言,都会减少有关国家的税收收入;从对经济的影响来看,两者都会造成正常经济活动的扭曲。因此,国际避税与国际逃税都是各国政府及其税务当局加以防范和打击的对象。

国际避税与国际逃税的不同之处如下。

1. 两者性质不同

国际避税采取不违法手段,属于"合法"(至少表面上)行为。而国际逃税则是采用非法手段,属于违法行为。

2. 各国对两者的处理方法不同

对于国际避税,许多国家只是采取强制纳税人对其行为的合理性进行解释和举证,对其不合理的收入和费用分配进行调整,对其规避的税收要求其补缴税款等强制性措施。与此同时,修改和完善有关国家国内法和税收协定,制定反避税条款或法律法规。

而各国对于国际逃税,则一般要追究法律责任:不构成刑事犯罪的一般采用追缴税款、处以罚款并加收利息等行政、经济处罚措施;对构成刑事犯罪的国际逃税者,则要追究其行使责任。

3. 两者带给跨国纳税人的风险不同

与国际逃税相比,国际避税手段更为跨国纳税人所倚重。因为逃税活动一旦败露,纳税人不仅要承担支付罚款等经济法律责任,其自身信誉也将受到极大的损害,这些损失往往会远远大于逃税带来的利益,所以纳税人一般不愿轻易采用逃税手段。从事国际经济活动的企业和个人更倾向于研究各国税收制度上的差异以及税法上的漏洞,以合法的方式减轻税负。

二、国际避税的主要方法

在国际税收实践中,跨国纳税人进行国际避税活动所采用的方法千差万别,但都离不开跨国纳税人或跨国课税对象跨越税境或国境的流动,因此国际避税行为可分为主体转移和客体转移两类。

税收主体转移是指跨国纳税人通过本身的国际迁移或为达到相似效果的其他安排来减轻税收负担的避税行为。广义的主体转移包括人的流动和人的非流动。

税收客体转移是指跨国纳税人通过各类所得、财产以及形成最终所得密切相关的要素,如资金、商品、劳务、费用等在国际的流动或为达到相似效果的其他安排来减轻税收负担的避税行为。广义的客体转移也包括物的流动和物的非流动。与主体转移相比,客体转移更为隐蔽,因而是跨国纳税人采取的主要避税方式。

（一）人的流动

人的流动,即税收主体国际转移的国际避税方式,是指一个国家税收管辖权下的税收主体迁移出该国,成为另一个国家税收管辖权的税收主体,或没有称为任何一个国家税收管辖权的税收主体,以规避或减轻其总纳税义务的国际避税方式。

人的流动从所得税、资本利得税、资本税上说，一般是指纳税人居所的迁移；从遗产税、继承税和赠与税上说，一般是指纳税人住所的迁移；而对于同时实行居民管辖权和公民管辖权国家的纳税人，是指该纳税人同时改变其国际。

税收主体国际转移进行的国家避税基本方法主要有三种。

1. 纳税人的真正迁移——成为低税国居民

高税国的税收主体所承担的纳税义务一般要比低税国的税收主体所承担的纳税义务重。税收主体的真正迁移可以使一个高税国的税收主体成为一个低税国的税收主体。在现实生活中，这类避税方法又是多样的。

（1）永久迁移法。即指纳税人通过把其居所（住所）长期迁往低税国的国际避税法。一个居住在高税国的纳税人（包括个人和企业），所要缴纳的公司所得税、个人所得税、资本税、遗产税、继承税、赠与税等税款，相对来说，要比在低税国缴纳的税款多得多。这时，作为一个跨国纳税人，往往可以通过把居所长期迁往低税国，成为低税国居民或居民企业的方式来规避税收，尤其是跨国自然人，还可以用改变其住所的方式来规避税收。

永久迁移加国际改变法是指纳税人通过把其居所（住所）长期迁往低税国的同时，把其高税国国籍改为低税国国籍的国际避税法。它是永久迁移的一种形式。由于目前有少数如美国等国家，同时实行居民管辖权和公民管辖权，所以仅仅迁移居所还规避不了税收，于是就采用永久迁移加国籍改变法进行国际避税。

（2）短期迁移法。短期迁移法是指纳税人通过把其居所迁往低税国一段时间的国际避税法。一个自然人为了规避居住国的某一种税或某一种高税，有时可以把其居所"真正"迁移到低税国一段时间，时间可以是1～3年，有时有时可以不到1年，视不同国家而定。在有关国家税法和国家间税收协定有漏洞的情况下，纳税人将很容易达到国际避税的目的。

（3）部分迁移法。部分迁移法是指纳税人把法律规定构成居所（住所）的部分迁往低税国的国际避税法。各国对构成居所（住所）的条件一般都要在成文法或案例法中规定，但每个国家的规定都有所不同。这里所说的部分迁移，是指纳税人只把凡是法律规定构成居所（住所）条件的部分都迁往低税国，但在高税国最大限度地保留着其他一些构成实际居所（住所）的部分。

如某个高税国和某个低税国对构成居所的条件规定为视其财产和配偶等经济和社会关系。一个高税国纳税人可以把其财产和配偶迁往低税国，在低税国取得法律上的居所，这样就可以规避高税国的税收，尽管在高税国他还有一些像临时居所、临时工作或银行账户等可以被认为构成居所的经济和社会的条件。虽然从理论上讲，高税国是可以把这种情况仍旧视为居所的延续，仍对该纳税人行驶居民管辖权，但实际上并没有那么简单，高税国会缺少行使居民管辖权的足够的证据。此外，各国的税收情报交换也不经常进行，而未签订税收协定的国家间根本就不进行情报交换，根本没有如何处理这类避税行为的方法和程序。

采用部分迁移法避税的纳税人有时还可以利用成为高税国非居民纳税人的方法来进行国际避税。非居民身份有时对跨国纳税人非常有利，因为它意味着跨国纳税人对高税国只负有非居民纳税义务。特别是对那些签订过对非居民纳税人有利的税收协定的国家的居民纳税人，在身份变为非居民后往往有利。

2. 纳税人住所迁移——成为临时纳税人

高税国纳税人居所迁出高税国，从而成为其他国家的临时纳税人。作为临时被派往其他国家工作的跨国自然人,往往能够得到临时工作所在国减免所得税的特殊优惠,或者享受在该国只有临时居所或第二住所的税收待遇。这种待遇在国际上被称为"临时移民"税收待遇。对"临时移民"的特殊税收优惠待遇,一般是作为税收特例在特殊情况下给予特殊人员的,但常常成为一些人国际避税的方法。

这种税收特例在低税国和高税国都存在,在有些国家其适用范围甚至还扩大到非特殊情况和特殊人员,居住期限也扩大到不一定"临时"。因此,成为临时移民更有可能被利用来进行国际避税。

3. 纳税人住所的真正迁移——合并或分立迁移

由于世界各国税法和各国间税收协定对不同组织形式、不同规模、不同资本结构等的企业的税收待遇是不同的,因此很容易被跨国法人利用来进行国际避税。

(1) 合并迁移法。合并迁移法是指一些企业在合并或联合后迁往其他国家的国际避税法。例如,一些国家为鼓励大的跨国公司到它们那里投资,制定了一些对跨国大公司有利的税法,所以一些公司迁往那里前,为了取得这些税收利益往往进行合并、建立联合关系或组成公司集体。又如,间接抵免往往只给予从持有一定比例股份的公司取得的利息,一些公司为了能享受间接抵免,在迁往其他国家时,也往往与一些公司合并,以便使其持有的股息分配公司的股份达到新的居住国规定的比例。

(2) 分立迁移法。分立迁移法是指把一个企业分立成几个企业后迁往其他国家的国际避税法。例如,一些国家对小企业有诸多税收优惠,像较低的税率、较多的扣除、较松的财务制度等,那么跨国公司就可以把一个企业分立成几个满足该国小企业条件的企业后迁往该国。

合并迁移法和分立迁移法都取决于有关国家的税法和有关国家间税收协定的规定。不管是大企业还是小企业,对一个国际避税者来说,都不是关键性的问题,是否能避税才是关键问题。

(二) 人的非流动

人的非流动,即不转移税收主体而规避构成税收主体的国际避税方式,是指一个国家税收管辖权下的税收主体并没有迁出该国,但已不再是该国税收管辖权下的税收主体或税收主体已经改变了性质从而规避或减轻其总纳税义务的国际避税方式。其基本方法有两种。

1. 纳税人居所(住所)虚假迁移

纳税人居所(住所)虚假迁移是指纳税人利用税法的缺陷或漏洞制造已经迁移出居住国的假象,但实际上纳税人仍然留在居住国。

例如,一个高税国的纳税人假装把法律规定构成住所的部分迁往另一国,但实际上并没有在那个国家取得住所,而是在一些国家间不停地流动,在每个国家停留的时间都不长,在每个旅馆住的时间都很短,有时还住在轮船上,甚至常年生活在私人游艇上,有时他有可能在某些国家成为临时纳税人,享受免征所得税优惠。这样就可能规避了高税国的税收,国际上把这种为了避税缘故而不断地从一个国家流动到另一个国家的跨国自然人,称为"税收难民"。

跨国企业也可能通过虚假的国际迁移来避税。例如,一个公司所在高税国是以实际管理机构作为判定居民法人的标准,而法律规定实际管理机构是根据公司的董事会、公司总账、股息分配、损益表、营业报告来判定。那么,这个公司想要通过虚假迁移变成该高税国的非居民公司以达到避税的目的,就可以通过下列做法来实现:① 改由另一国居民担任常务董事,该高税国居民不再参与直接管理,董事会和股东大会迁往另一国召开,经营决策在另一国制定;② 公司总账迁往另一国编制和保存;③ 公司股息分配在另一国进行;④ 公司损益表在另一国编制和公布;⑤ 公司营业报告在另一国公布。

2. 纳税人不迁移居所(住所)

一般地说,一个纳税人要真正把其居所(住所)从高税国迁往低税国,其付出的代价是很大的。不过,高税国的纳税人不迁移出高税国,有时也能够规避或减轻税收主体的纳税义务。

(1)成为低税国非居民。这是指纳税人不迁移出高税国,但成为低税国非居民的国际避税法。如果一个高税国的跨国自然人成为一个低税国的非居民,而这个低税国与这个纳税人所在的高税国又签订有对这个低税国非居民有利的税收协定,那么这个跨国自然人就可以享受这个低税国的许多税收好处,从而达到避税目的。

(2)利用信托方式避税。信托一般是指信托人(包括自然人和法人)把信托财产(资产或权益)委托给受托人(另一自然人或法人),让受托人成为信托财产的独立所有人,并用自己的名义管理和使用信托财产,以利于受益人。这种委托关系可以是一个人,也可以是若干人;可以是第三方,也可以是信托人本人;可以是由信托人制定,也可以由受托人决定(全权信托)。信托可以从法律上改变资产或权益的所有人,让受托人成为该资产或权益的所有人,这意味着要对该资产或权益负有纳税义务的税收主体也会因此改变,原来的资产或权益所有人不再是该项资产或权益的税收主体,而受托人则变成了税收主体。这为纳税人提供了一种避税的可能:一是可能改变税收主体,使高税国的税收主体变成低税国的税收主体;二是可能分割所得和财产,降低累进税的适用税率;三是可能规避遗产税和赠与税。

如果纳税人通过建立信托财产委托别人,尤其是委托低税国居民管理其资产和所得,可能既不用真正迁出高税国,也不用虚假迁移出高税国,而是仍然留在高税国,就可以规避所得税、遗产税和赠与税等税收。因此,这种方法在自然人和企业中广泛运用。建立信托财产不但可以被利用从事消极的规避所得税、遗产税的活动,还可以被利用来掩盖股东在公司的股权,实施积极投资的避税活动。例如,一个高税国的跨国纳税人,在低税国建立了一个持股公司从事海外的积极投资,由于该纳税人在持股公司的股份比较高,因此公司的所得或部分所得还是可能将被高税国视为该纳税人所得而进行征税。这时,该纳税人可以把持股公司信托给一个低税国银行或信托公司来"管理"。这样,持股公司的股权就合法地归银行和信托公司所有,持股公司的所得也不再将被视为高税国纳税人所得。但实际上,持股公司财务利益的真正所有者还是信托人兼受益人的高税国跨国纳税人。这是一种典型的"虚构避税地信托财产"的国际避税法。这种避税的现象在现实生活中大量存在,因为通过信托进行国际避税风险较小、容易管理、费用不高、收效明显。

(三)物的流动

物的流动,即税收客体的国际转移,是指在一个国家税收管辖权下的税收客体转移出该国,成为另一个国家税收管辖权下的税收客体,或没有成为任何一个国家税收管辖权管辖的税收客体,从而来规避或减轻纳税人总纳税义务的国际避税方式。其典型表现是将征税对象从高税国向低税国转移,具体又将征税对象转出高税居住国和高税非居住国两种情况,分别规避居住国的无限纳税义务和非居住国的有限纳税义务。国际避税活动中,物的流动方法更是多见,这是因为人的流动过于明显,容易成为高税国政府反避税措施的主要打击对象。相比之下,资金、商品或劳务的流动更为隐蔽。但物的流动的具体手段也相对复杂得多。

1. 在内部交易中应用转让定价

转让定价是跨国纳税人在国际避税活动中采用广泛、引人注目的一种方式,也是实现物的流动必不可少的手段。

(1) 关联企业与转让定价。所谓关联企业,一般是指在国际和国内经济往来中,在企业管理、控制和资本等方面,存在直接或间接参与,相互有特殊利益关系的企业。

比较常见的企业关联关系有两种:一种是母公司与其子公司以及同一个母公司的各个子公司之间的关联关系;另一种是总公司与其分支机构以及同一个总公司的各分支机构之间的关联关系。在这两种关联企业之间都会发生大量的内部交易,为了反映各企业的经营成果,在以有关国家履行相应的纳税义务或服务员其他目的,必须对这些内部交易进行计价。出于公司集团总体利益最大化的考虑,内部交易的计价往往会偏离正常的市场交易价格,而应用转让定价。

转让定价(transfer pricing)也称转移价格、划拨价格,是跨国公司集团根据其全球经营战略目标,在集团内部关联企业之间销售商品、提供劳务和特许权或进行资金借贷等活动时确定的内部交易价格。与独立企业之间的交易价格不同,转让定价不决定于市场条件和供求关系,只服从于公司集团整体利益的需要。

(2) 转让定价的具体手段。关联企业利用转让定价的手段很多,主要是通过调整影响各关联方的收入和费用的各种因素来进行利润的转移。

其一,通过关联企业固定资产的购置价格来影响其产品成本费用。因为固定资产的价格直接关系到折旧费的大小,从而影响产品成本。在关联企业间固定资产的转让过程中,还可以将资本利得由高税国转移到低税国,以规避税负。

其二,通过零部件和产品的销售价格影响企业的成本和销售收入。例如,为了使利润向子公司转移,可以由母公司向子公司低价销售零部件,或由子公司向母公司高价出售产品。反之,则可以将利润转出子公司。

其三,通过关联公司之间收取较高或较低的租赁费转移利润。例如在固定资产租赁中租赁费的高低一方面影响承租方的成本;另一方面影响出租方的收入,通过调整租赁费则可以实现利润的转移。

其四,通过关联公司之间收取较高或较低的运输费用、保险费、佣金、回扣等转移利润。

其五,通过关联公司之间收取较高或较低的利息、特许权使用费及设计、维护、广告、咨询等劳务费用影响关联公司的产品成本和利润。

其六,通过母公司(总公司)向子公司(分公司)分摊过高或过低的管理费用,影响公司集团内部不同成员的成本与利润。

总体上说,提高由子公司向母公司支付的项目的价格(包括零部件价格、购入固定资产价格、利息、佣金、租金、特许权使用费、劳务费、运费、保险费、分摊的管理费等),降低母公司向子公司支付的项目的价格,可以将利润转移出子公司。反之,则利润向子公司转移。

2.设立避税地公司

利用客体转移进行避税的一个重要环节是在避税地设立具有独立法人地位的关联实体(避税地公司),然后再利用转让定价等手段使各类所得和财产不断从高税国流入并在此积累,从而减低公司集团的总体税负。

(1)基地公司的概念及其基本特征。避税地公司的典型形式是基地公司。所谓基地公司,是指跨国公司出于在低税国或无税国之外经营的目的而在此建立的子公司。这里的低税国或无税国也称为基地国,一般是对本国公司的境外所得和财产免税或课以低税的国家。基地公司的基本特征可以概括为:

第一,具有独立的法人身份,从而使得转移到基地公司的各类所得和财产能够摆脱母公司居住国的税收管辖权管辖。

第二,母公司通过控股等方式保证能对基地公司以至转移到基地公司的各类所得和财产实施有效的控制。

第三,基地公司形式上往往就是一个信箱公司,即只在基地国完成了必要的注册登记手续,租用一间办公用房甚至一张办公桌,设立一个信箱,并不从事真正的工商业活动。

第四,组建基地公司是为在基地国以外进行经营活动提供税收上的便利。实质性的经营活动一般发生在母公司居住国和基地国以外的第三国,也可能发生在母公司的居住国。在这两种情况下组建的基地公司分别被称为典型的基地公司和非典型的基地公司。

(2)基地公司的避税功能。利用基地公司进行避税可分为两个方面:一方面,母公司通过开展中介业务和转让定价等方式将各类所得和财产向基地公司转移;另一方面,基地公司利用积累的资金向母公司或本集团内的其他公司进行贷款或再投资。开展中介业务是各类所得和财产向基地公司转移的基本手段。这又有两种模式:一是在母公司与其在其他国家的所得来源之间插入一个中间环节,增加一笔通过基地公司的交易,将在其他公司的所得向基地公司转移;二是在公司集团内部其他关联公司之间进行的交易中插入一个中间环节,使这一交易通过基地公司转手进行,并与转让定价的手段相配合,将利润从有关的关联公司向基地公司转移。

通过种种途径流入基地公司的利润一般并不向母公司分配。因为一旦这些利润以股息的形式汇回母公司,母公司就必须向其居住国申报纳税,而在居住国采用抵免法(间接抵免法)消除重复课税的情况下,这些利润的最终税负又会由居住国的高税率决定,已经采取的一系列避税措施的效果都会被抵消。因此,基地公司一般把积累起来的资金直接向母公司或本集团内的其他公司进行贷款或在投资,以继续在只需承担较低税负的情况下赚取利润。当母公司或本集团内的其他公司向基地公司支付利息时,还可以获得费用扣除的好处。

在国际经济活动中可能产生各种类型的所得,如股息、营业利润、利息、特许权使用费等,为了有效规避针对这些所得的税收,基地公司可能采取多种多样的形式,包括控股公司、投资公司、金融公司、专利持有公司、贸易公司、航运公司、受控保险公司、服务公司等。

3.滥用税收协定

通过签订税收协定是消除国际重复征税、协调国家间的税收权益分配关系的重要措施。根据税收协定,缔约国的居民纳税人往往可以享受各种税收优惠待遇。然而,为了规避税负,本来没有资格享受该优惠的第三国也会设法利用协定提供税收优惠,这就是滥用税收协定。

　　滥用税收协定与设立避税地公司的做法有许多相似之处,都是通过设立中介公司来规避纳税义务,但两者又有明显区别:在滥用税收协定避税时,中介公司的设立地点必然是根据税收协定提供税收优惠的某一缔约国,这样的缔约国往往并不是避税地,但也有些避税地与其他国家签订了税收协定,这时两种避税方法就基本一致了。

　　(四)物的非流动

　　物的非流动是指跨国纳税不是借助于所得、财产等课税客体及资金、商品、劳务等相关要素在国际流动而避税,而是通过某种特殊安排达到类似效果的避税行为。

　　1. 避免成为常设机构

　　多数国家在判定非居民公司是否有来源于本国的经验所得时都依据其是否在本国设有"常设机构"(permanent establishment)。为了规避非居住国的地域管辖权,跨国公司往往设法避免被认定为在该国设有常设机构。当非居住国税率高于居住国税率时,这种避税手段的意义就更为重要。

　　2. 分支机构或子公司的选择

　　跨国法人在境外进行活动主要可通过建立分支机构和建立子公司两种方式。从税收角度考虑,选择分支机构和子公司各有利弊。选择分支机构的有利条件有:

　　(1) 可以不缴纳资本注册税和印花税。

　　(2) 可以避免对支付利息和特许权使用费征收的预提所得税。

　　(3) 分支机构的经营亏损可以冲抵总机构的利润。

　　(4) 有可能利用本国免除国际重复征税的免税法。

　　选择分支机构的不利条件为:

　　(1) 分支机构在另一股份公司或合伙企业取得的股息收入不能享受间接抵免待遇。

　　(2) 由于分支机构不是独立法人,一般不能享受所在国提供的免税期等税收优惠。

　　(3) 分支机构一经取得利润,总机构在同一纳税年度内,必须就这些所得在居住国纳税,无法获得延期纳税的好处。

　　(4) 分支机构与总机构之间支付的利息、特许权使用费等一般不能作为费用扣除,应用转让定价手段受到一定限制。

　　选择子公司的有利条件和不利条件正好与分支机构相反。另外,两种经营形式的利弊是与居住国与非居住国的税负差异等情况相关的。如只有当居住国采用抵免法消除国际重复征税且居住国税率高于非居住国时,设立子公司的延期纳税好处才会突出出来;若居住国采用免税法消除国际重复征税,则在同样情况下,设立分支机构反而比设立子公司更为有利,因为母公司不必把利润留在境外,就可以承担较低的税负。如居住国税率低于非居住国税率,设立子公司也将无法获取延期纳税的好处。

　　针对以上情况,跨国公司往往综合考虑各方面因素,作出对其最有利的选择。一般比较常见的做法是,在境外经营初期采取分支机构的形式,以便分支机构的亏损冲抵总机构的利润;当分支机构盈利后,再将其转变为子公司,以享受延期纳税等税收优惠。

　　3. 利用延期纳税的规定

　　所谓延期纳税,是指实行居民管辖权的国家对本国居民公司设在境外的子公司取得的利润收入,只有以股息等形式汇回时,才予以征税。针对这种规定,跨国公司往往将境外子公司的税后利润长期积累在公司内部不予分配,或有意识地降低了分配的比例,从而相应地推迟了母公司向居住国缴纳的税收。与此同时,也推迟了母公司向子公司所在国缴纳的预提所得税。延期纳税相当于纳税人获得了一笔长期无息贷款,可以增加公司集团的流动资金。

通过推迟分配股息和少分配股息,还可以使股东获得股权升值的好处。因为子公司可以把未分配利润以公积金的形式积存起来,这部分利润转化为股东所持有的股票的升值额,随着以后年度股票行市上升,股东可以出售股票获得更多的资本利得。而一般情况下,资本利得税要比个人所得税或公司所得税低得多。当然,利用延期纳税规定的前提是纳税人先在低税国设立子公司,并采用转让定价和开展中介业务等手段将利润向子公司转移。

三、国际逃税的方式

国际逃税有以下两种基本方式。

(一)隐瞒实事

隐瞒实事包括纳税人隐瞒其经营活动、所得、收入、经营地址、身份等。为此,纳税人经常采用诸如不进行注册登记和纳税申报,销毁账簿、记账凭证、证件等非法手段。

1. 地下经营

跨国纳税人在没有营业许可、没有注册登记的情况下在某个国家进行经营,不但可以从事一些非法行业,而且由于其所有的经济行为都以隐蔽的方式进行,有关部门根本不知道其身份、地址、收入和经营情况,这样可以逃避有关国家几乎所有的税和费。

2. 隐匿收入

跨国纳税人(包括登记注册的纳税人),往往可以利用一些国家严格的银行保密法,把应税收入转移到这些国家的银行账户中去,销毁所有能证明其有收入的文件、账簿、记账凭证、票据、记录,而不进行任何纳税申报,以逃避税收。

(二)虚报、谎报实事

虚报、谎报实事包括纳税人虚报和谎报其身份、业务、收入、成本费用、地址等。纳税人常采取伪造、变造文件、账簿、记账凭证、证件,在账簿上多列支出、少列收入,进行虚假的纳税申报等非法手段。

1. 虚报实事

一个跨国纳税人可能进行虚假的纳税申报,通过以少报多、虚增其业务、虚增其厂房建筑、机器设备价值,虚列各项折旧费、利息费、福利费、修理费、水电费、租赁费、保险费、特许权使用费、材料费、工资费、运输费、广告费、交际费、包装费、展览费、差旅费等;或以多报少,少报其各项收入,逃避税收。

2. 谎报实事

一个跨国纳税人也可以通过编造事实,谎报业务,谎报固定资产价值,谎报各种成本费用,把产权资本谎报为借入资本,把推销活动谎报为广告活动等,来逃避税收。

四、反国际避税和逃税措施

为了对付国际避税和国际逃税,大多数国家不仅采取了单边的反国际逃避税措施,还与其他国家一起采取国家双边和多边措施反国际避税和逃税,主要规定和方法如下。

（一）对避税性移居的制约

根据国际公法的一般原则，一国政府不应禁止其公民或居民移居出境。有关国家对于有违法逃税和欠税行为的移居者，可以禁止其离境。但是，对于并未违法的有避税意图的移居者，则只能采取其他手段加以制约。

美国《国内收入法典》第 877 节规定，从 1996 年起，如果一个美国人以逃避美国联邦所得税为其主要目的而放弃美国国籍移居他国，美国在此后的 10 年内保留征税权，对其实现的全部美国来源所得和外国的有联系所得，按累进税率纳税。这种规定，使以放弃国籍移居国外来逃避美国税收的做法，受到很大的限制。

德国在"涉外税法"中规定，移居到避税地或不在任何一个国家取得居民身份，并与德国保持实质性经济联系的德国公民，将负有一种扩大的有限纳税义务。其前提条件是：如果这些人在移居前的 10 年中，至少有 5 年是负无限纳税义务的德国居民；移居后在国外不缴纳所得税，或按不超过德国对等所得额适用税率的 2/3 税率缴纳所得税；他们在德国仍保留重要经济利益。那么，这些移居者将从其终止德国居民身份的年度末起的 10 年内，就其德国来源所得负有扩大的有限纳税义务。对这类所得，按适用于全球所得的正常累进税率纳税。

对各种以避税为目的的假移居和临时离境，原居住国一般采取不予承认的方法加以限制。例如，英国财政部曾有非正式的规定，在某些情况下，对一个移居出境者仍可保留其 3 年居民身份，在此期间，将以其保留在英国的居民身份为基础，临时计算其纳税义务。由于跨国自然人往往采用中途离境方式来避免达到法定居住天数，一些国家采取了不予扣除短期离境天数的对策。有的国家则将前一二年实际居住天数，按一定比例加以平均，再与本年居住天数相加，来确定本年是否达到居住天数标准。

跨国法人的避税性移居较少，但有关国家还是采取了一些约束措施。例如，英国规定，一家英国居民公司如果要结束其居民身份迁移出境，必须事先得到财政部的批准，否则将受到严厉的处罚。

（二）对利用避税地积累所得和延期纳税的约束

通过避税地公司避税，又称通过受控外国企业（CFC）避税。多数国家都规定，凡在避税港设立的受控企业，每年所得，不论是否分配，均视为已分配汇回居住国，并已由股东企业收取，就控股股东按持股比例把应分得股息计入当期应税所得，在居住国征税。此类规定一般即称为"CFC 法规"。此法规的制裁范围近年来亦在不断扩大：原只针对母公司控制的外国子公司，现在母子公司均不只局限为公司，合伙、个人均在"CFC 法规"制裁之列；原仅制裁设在避税港的受控企业，现扩大为设在一切低税管辖区的受控企业。

1. 美国对外国个人控股公司和受控外国公司的规定

美国在 1937 年制定了外国个人控股公司的纳税规则。如果一个外国公司在纳税年度中的毛所得至少 60% 是"外国个人控股公司所得"，公司已发行股票价值的 50% 以上直接为五人或更少的美国公民或居民身份的人所拥有，该公司即为一家外国个人控股公司。外国个人控股公司中的美国股东，在该公司未分配所得中所占的份额，应及时计入本人当年应税所得额征收所得税。根据美国 1962 年制定的《国内收入法典》F 分部，一个外国公司 50% 以上有表决权的股票在纳税年度任何时候，被持有至少 10% 表决权股票的美国股东所拥有，该公司即为受控外国公司。受控外国公司按控股比例应分配给美国股东的利润中，属于 F 分部所得的部分,即使当年不分配,不汇回美国,也要计入各美国股东名下,视同当年分配的股息,计入当年的所得征税。以后,当利润实际分配汇回美国时,不再征税。

2. 英国关于享有权的规定

英国《1970 年税收法令》第 478 节规定,凡是对英国境外各类公司和信托所得具有"享有权"的英国居民,应在英国就享有的国外所得纳税。"享有权"所得包括下列情况:

(1) 不论是否以所得的形式表现出来,事实上由某个人支配的所得。

(2) 能够增加个人持有资产的收到或应计的所得。

(3) 个人收到或有权收到的各种所得或货币收益。

(4) 个人能以各种方式直接或间接控制、运用的所得。

有关"享有权"所得的这些规定,使得一个英国居民在许多情况下,要就其境外拥有的所得纳税,不论他的这笔所得是否汇回英国。

3. 法国的有关规定

法国税法规定,法国公司或合伙组织,对直接、间接拥有 10% 以上股份、财权或投票权,或持有股份在 1.5 亿法郎以上,设在"特惠税制"的国家(地区)的实体,均应按"CFC 法规"在法国征税。"特惠税制"的国家(地区)指总税负不超过同一交易在法国实际税负 2/3 的国家(地区)。自 1999 年起更把这一规定扩大到个人,即法国居民个人直接或间接持有境外实体、机构、信托或类似组织的股份占 10% 以上者,也均按"CFC 法规"执行。另外,意大利、墨西哥、巴西等国也均有规定,凡设在避税港的受控企业,对其支付均不得扣除。

(三) 对信托避税的防范

为了防止纳税人滥用信托的可将财产和所得同所有人"分离"的功能,美国《国内收入法典》中列入了"委托人信托"的特殊规定。如果委托人在信托中保留对财产的相当程度的控制与支配权,或在信托中享有一定比例的"将来应享有的利益"等,则该信托被认定为"委托人信托",委托人仍被视为信托财产的所有人,并对信托所得负有纳税义务。所谓"将来应享有的利益",是指在若干年后信托终止时,可返回给委托人的信托资产。

美国还在《国内收入法典》第 679 节中规定,只要外国信托有一个美国受益人,那么,向该外国信托直接或间接转让财产的美国委托人将被视为信托所有人,不论该外国信托的所得当年分配与否,都要就应归属于该美国委托人所转让财产的所得向美国纳税。这些严格的规定,极大地约束了美国纳税人利用虚构信托避税的能力。

(四) 对利用经营形式选择进行避税的防范

许多国家通过制定新的法规,逐步消除可能在分支机构和子公司之间选择有利的境外经营形式而带来的避税。

例如,美国规定对本国公司在境外以分公司形式从事经营的初期损失,允许加以扣除,但若境外分公司盈利后转为子公司,则要退还给以前获得的扣除额,这样就防止了美国公司在损失扣除和延期纳税两方面获利。另外,美国还通过 1986 年新开征的分支机构利润税和二次预提税,平衡了外国公司以分支机构和子公司形式在美国进行经营活动的税收待遇。

又如,英国规定在没有得到财政部允许的情况下,居民公司不能将贸易或经营转让给非居民公司,借以防止英国居民公司将其外国分支机构组建为子公司进行避税。

(五) 反税收协定滥用的措施

针对跨国纳税人滥用税收协定避税的行为,有关国家相应地采取了一些措施,制定了一些规定。主要包括：

（1）尽量避免与低税国尤其是避税地国家签订税收协定。

（2）要享受税收协定待遇，须以获自一个缔约国的所得在另一缔约国承受基本的税负为基础，借以防止跨国公司的同一所得，在缔约国双方均不纳税，而形成双重免税。

（3）要看一个公司是否能够享受税收协定优惠待遇，不仅要看公司的居住国，而且要看其股东的居住国，甚至不考虑公司的名义股东，而是考虑其受益人，即最终接受股息者的居住国。

（4）如果不是出于真实的生产经营目的，而只是为了谋求税收协定优惠的纳税人，不能享受协定利益。为此，须考察公司的建立动机、公司的交易额和纳税额以及公司的股份是否在批准的股票交易所登记等因素。

（六）国际收入与费用的分配和转让定价的调整

转让定价是跨国纳税人进行国际避税的一种最常见的手段，针对转让定价采取的各种措施是各国反避税实践的最重要方面。

1. 国际收入和费用分配的原则

为了反对跨国纳税人通过转让定价从事避税活动，必须建立能为各国政府与跨国公司接受的国际收入和费用的分配原则和标准。这些原则主要有：正常交易原则、总利润原则、合理原则。

（1）正常交易原则。正常交易原则，也称独立交易原则（Arm's Length Principle）、独立竞争原则，是指关联企业之间发生的国际收入与费用应按照没有关联关系的企业之间进行交易所体现的独立竞争的精神进行分配。由于该原则要求对关联企业之间发生的每一笔收入与费用进行逐项直接计算，因此根据这一原则进行分配的方法也称直接法。

（2）总利润原则。总利润原则是指按照一定标准将跨国公司的总利润分配给各关联企业。依照这一原则，相关国家的税务当局并不直接审核关联公司之间发生的每一笔收入和费用，而是在年终把该集团公司中各关联企业的利润汇总相加，然后按各关联企业营业额、工资额或流动资金等在这个集团中所占的比重，重新分配各关联企业的利润，据以征税，这种分配方法也称间接法。

（3）合理原则。合理原则强调在国际收入和费用分配问题上，采取"合理"解决方法的重要性，要求以解决合理性为基础，进行国际收入与费用的分配。该原则虽有一定的道理，但过于笼统，很难确定客观标准，不便于税务当局执行。所以，只是作为一种理论而存在，并未见诸实践。

2. 转让定价的调整方法

（1）货物交易价格。货物交易是关联企业应用转让定价的最主要方面。在不同的具体情况下，确定货物交易的正常交易价格可采用以下多种方法。

其一，可比非受控价格法。可比非受控价格法是指通过参考无关联买卖双方之间非受控销售中的可比价格，来确定关联企业之间的货物交易价格。可资比较的非受控销售包括：公司集团成员对一个无关联方的销售，无关联方对公司集团成员的销售以及无关联方对无关联方的销售。

其二，转售价格法。转售价格法是指对于购自关联企业的产品，按照转售给独立企业的价格，减去适当的毛利额，作为正常交易价格。当所使用的转售价格毛利率依据独立企业的一项交易时,如果关联企业和独立企业从事经营的方式有实质性的差异,那么转售价格的可靠性就可能受到影响,同时这类差异也包括那些影响成本的差异。当转售者没有对产品造成大量的增值时,此时最易于确定一项交易的适当转售价格毛利。当一项交易是在转售者购买货物后不久实现的,转售价格毛利将会更为精确。如果转售者承担了特别风险或对该产品加入了无形资产(如商标)的因素,转售价格毛利就会提高。

其三,成本加价法。成本加价法是指以关联卖主在受控交易中的成本加上合理的利润额,由此确定正常的交易价格。该方法主要适用于在市场上无可比交易的某些独家产品。在使用成本加价法时,关键在于确定合适的利润率。在确定利润率时,应考虑以下因素:货物的种类、卖方履行的职能、无形资产的影响、市场地理位置等。同时,还要注意成本是根据何种会计方法计算出来的。由于它过分强调历史成本,不能反映现实生活中商品无利润或亏损的情况,也难以用一种令人满意的方法,把成本分配给特定产品。因此,成本加价法有一定的局限。

其四,利润分割法。利润分割法是对若干关联企业共同参与的销售交易中产生的净利润,依据各企业履行的职责和贡献,并参考外部市场对同类利润分配比例的标准,在有关企业之间进行分配。典型的利润分配法有贡献分析法和余值分析法。贡献分析法是对某受控交易的综合利润,以每个关联企业在交易中所履行职能的相对价值为基础,在关联企业之间进行分配。余值分析法把某受控交易综合利润的分配分为两个阶段:第一阶段,每个参与企业都分配到一定的利润,以保证其获得一般的基本回报。这种基本回报,是参考独立企业从事相同类型的交易所获得的市场回报确定的;第二阶段,将第一阶段划分后的剩余利润在各方之间分配,这时着重考虑无形资产的贡献等特殊因素。

其五,交易净利率法。交易净利率法是指考察一个纳税人在某一受控交易中实现的净利润率的方法。由于净利润率的确定总是同某一基数相关,如成本、销售额或资产,所以交易净利润率法的操作同成本加价法和转售价格法相似。交易净利润率应当参考同一纳税人在可比非受控交易中所取得的净利润率加以确定。这种方法的优点在于净利润和价格相比,受交易差别的影响较少。因为企业间交易的差异,常常反映为营业费用的不同,各企业可能在毛利额上相差幅度很大,赚取的净利润水平却非常相似。但由于有些因素对价格和毛利额没有影响,对纳税人的净利润却有影响,因此,精确、可靠地确定正常交易净利润变得比较困难。

(2)贷款利息。对国际关联企业间贷款利息的计取,国际上对总、分机构的处理办法与对母、子公司的处理办法是不同的。

对总机构和分支机构以及各分支机构之间所发生的贷款利息支付,国际上一般认为这种利息支付是"虚拟"的,即在计算所得时,不允许总机构和分支机构向关联方支付的利息作为费用扣除,对方收取的利息也不计入应税所得。不过这种规定并不适用于银行及其他金融机构,因为利息支付是这类企业的主要经营项目,他们之间发生的利息应按市场利率确定,并相应计入各方的收入和费用。

对具有独立法人身份的母、子公司之间发生的利息收支,各国一般允许有关企业计入收入和作为费用扣除。关联企业内部借贷的合理利率是按正常交易原则确定的市场利率,即在相同或类似条件下,无关联企业双方发生借贷业务时所确定的利率。按照国际惯例,在借贷双方国家市场利率不同的情况下,应把债权人所在国市场利率作为正常利率。为了方便操作,一些国家还根据市场利率情况制定了一个利率浮动区间,只要关联企业之间的贷款利率落在此区间内,都被认为是合理的。对于关联企业向无关联第三方借款,资金由公司集团共同使用的情况,各国一般规定所支付的利息应按各关联企业的资产占公司集团总资产的比例进行分摊。

(3)特许权使用费。对于总机构与分支机构和各分支机构之间所发生的特许权使用费支付,国际上认为这种支付是"虚构"的,不计入有关方面的收入和费用。

对于母、子公司之间发生的特许权使用费收支,各国则允许有关企业计入收入和费用。但特许权使用费的正常交易价格难以确定,因为专利、专有技术等无形资产的交易往往在市场上没有无关联方的可比交易作比较。为此,比较普遍的做法是以该无形资产的提供方的成本加上一定的合理利润,作为正常交易价格,即参照前述确定货物交易正常价格的"成本加价法"。

向第三方支付利息的情况相似,各国对关联企业由于各方共同受益的无形资产而向第三方支付的特许权使用费,也要按照有关企业的受益情况进行分摊。

(4)劳务收入。总机构与分支机构以及各分支机构之间提供各种劳务,如咨询、广告、代理销售服务等,往往并不收取费用。但是参照独立企业在进行类似活动时通常要收取费用的实际情况,有关国家税务当局对于这类关联企业之间提供劳务所发生的费用在计算应税所得时不予扣除,以使劳务收入在劳务提供方的应税所得中得以反映。

母、子公司之间提供各种劳务一般是要收取费用的,各国对于这类费用支付亦须按正常交易原则进行检验与调整。根据国际惯例,当一方提供的服务是其主营业务时,劳务收费应为包含合理利润的市场价格;在其他情况下,劳务收费可以不包含利润,只反映成本。

3. 广泛开展预约定价安排

所谓预约定价安排(advanced pricing arrangement),又称预约定价协议,是将税务机关对企业转让定价的事后审计变为事前审计,使纳税人和税务机关之间就关联企业间的转让定价方法通过谈判达成一项谅解。该协议一经达成,对征纳双方都有约束力。预约定价安排克服了时候后处理的一些弊端,目前已成为国际上为解决转让定价税务问题的理想方法。

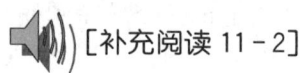 [补充阅读 11-2]

永久迁移法避税的案例

在 20 世纪 90 年代,西班牙著名女子网球运动员桑切斯,把其居所从个人所得税最高边际税率可达 56% 的西班牙迁移到一个避税地——安道尔;德国网球名将贝克尔,把其居所从个人所得税最高边际税率可达 54.5% 的德国迁移到了气候宜人、景色优美、生活国际化、不要缴纳个人所得税(法国人除外)的摩纳哥。前些年,由于法国个人所得税、公司所得税、社会保障税、增值税等都比英国高,成批法国企业家把企业居所迁移到英国,形成史无前例的法国公民"泗海避税"奇观。这些都是典型的永久迁移法国际避税。

美国福特公司董事、艾倍斯公司董事长麦克·汀曼把其美国国籍改为巴哈马国籍,该国与美国佛罗里达州相距 50 英里,风景优美,有很多引人入胜的待售土地,最重要的是不征收所得税和遗产税。美国著名康波食品公司继承人、亿万富翁约翰·多伦斯三世,把其美国国籍改为遗产税只有 2% 的爱尔兰国籍,而当时美国的遗产税税率是 55%。这些都是永久迁移加国籍改变法国际避税的例子。

资料来源:邓力平:《国际税收学》,清华大学出版社 2005 年版,第 52~53 页。

第五节　国际税收协定

一、国际税收协定的含义及分类

国际税收协定,是指两个或两个以上的主权国家,为了协调相互间的税收分配关系,在平等互利的基础上,通过谈判所签订的具有法律效力的书面协定。

在目前已签订的众多税收协定中,按照不同的标准可以进行不同的分类。根据税收协定缔约国的多少可以将其分为双边税收协定和多边税收协定。双边税收协定是指两个国家之间签订的税收协定;多边税收协定是指三个或三个以上的国家签订的税收协定。目前,各国所签订的税收协定中,大多数是双边的,多边税收协定较少。此外,根据国际税收协定所涉及的范围和内容,可以将其分为一般税收协定和特定税收协定。一般税收协定广泛涉及和处理各种税收关系,通常包括缔约国之间的与所得税和一般财产税有关的各种税收问题。特定税收协定是处理某一特定税收关系或税种的协定,范围通常限于某一特定的业务,如对海运、空运及特许权使用费等特定领域避免国际双重征税的协定。

二、国际税收协定的主要内容

目前,世界各国签订的税收协定总体上包括以下几方面的内容。

(一)协定的适用范围

有关国家在签订税收协定时,首先要明确的是协定的适用范围,主要包括人和税种两个方面。

1. 人的范围

经合组织范本和联合国范本都明确规定,适用的纳税人是指成为"缔约国一方或缔约国双方居民的人"。税收协定适用的人,不仅指跨国自然人,而且也包括法人。协定中的居民是指属于一方或双方的居住者。这也就意味着,即使是缔约国一方或同时成为缔约国双方公民的跨国纳税人,只要他们不属于一方或双方的居住者,就不是协定的行使范围,也不能享受协定所规定的各种税收优惠权利。

2. 税种的范围

这主要是税收协定所适用的税种。两个范本都明确规定,通常限于足以引起各国税收管辖权交叉的所得税和一般财产税类的税种,对于其他种类的税种一般不适用。由于缔约国之间的税种存在差别,所以需要进一步明确所适用的具体税种。具体的方法有两种:一种是对适用的税种作出一些原则规定,然后按照这些原则详细列出缔约国各方所适用的具体税种;另一种是对所适用的税种不作原则规定,而是直接列出缔约国各方现行税制中的具体税种。没有列出的税种不适用有关各方签署的协定。

(二)各类所得和一般财产价值适用的税收管辖权

正是由于有关的主权国家对跨国所得和一般财产价值行使的税收管辖权产生重叠和

交叉,才产生了国际重复征税和国家之间的税收分配关系。因此,有关各方对各类跨国所得和一般财产价值征税所行使的税收管辖权进行规定,就成为国际税收协定的主要内容之一。具体地讲,国际税收协定中所涉及的所得大体上可以分为营业所得、资本所得、劳务报酬所得和财产所得等,对于其中的每一种所得由哪个缔约国征税,是优先征收还是独占征收,以及由缔约国共同征税都需要税收协定作出明确的规定。

（三）避免国际双重征税的规定

目前,世界上大多数国家都同时行使居民（公民）和地域税收管辖权。各国签订国际税收协定,确定避免国际重复征税的方法也是以这种现实条件为基础的。在税收协定中,普遍采用的免除方法是抵免法和免税法,在发达国家与发展中国家及发展中国家间的税收处理关系中,税收饶让也具有非常重要的意义。

（四）特别规定

国际税收协定中除包括上述内容外,一般还要进行一些特别规定,包括税收无差别待遇、协定实施中疑义的相互协商程序、实施协定和防止逃避税的情报互换及双方外交官的财政特权等。

三、中国的国际税收协定

随着中国对外经济交往的不断扩大,外国对中国的投资、技术和劳务输出以及中国的对外投资和技术、劳务出口迅速增加,中国与其他国家之间的税收关系也日趋复杂化,国际双重征税和逃避税问题日益突出。在这种情况下,通过单方面的处理来解决国际税收问题是远远不够的。要妥善解决中国与其他国家之间的税收关系,更好地协调相互间的税收权益,有必要与有关的国家签订双边或多边税收协定。

早在 1966 年,中国就同巴基斯坦政府签署了《互免海运企业税收的协定》。1974 年和 1979 年,中国又分别同日本和英国签订了《互免空运企业运输收入税收的协定》。但这些协定主要限于海运和空运等特定领域。改革开放后,中国与其他国家的经济交流不断增加,1980—1981 年间,中国先后颁布了《个人所得税法》《中外合资企业所得税法》和《外国企业所得税法》,基本上形成了中国的涉外税收法律体系。在此基础上,中国与其他国家开始了综合性税收协定的谈判。1983 年,中国与日本政府在北京签订了《中日关于对所得税避免双重征税和防止偷漏税的协定》,这是中国与其他国家缔结的第一个综合性国际税收协定。此后,中国经济飞速发展,与世界其他国家间的经济交流与合作日益频繁,所缔结的税收协定也在不断地增加。从 1984 年 4 月到 2006 年 11 月,我国先后同美国、法国、英国等 89 个国家政府签署了税收协定。

由于各个国家的国情和生产力发展水平及发展阶段的不同,许多国家在遵守国际惯例,坚持平等互利的基础上,往往还有本国自身的考虑和特殊的出发点。中国在与有关国家进行国际税收谈判、缔结国际税收协定时,也应在平等互利与维护中国主权和税收权益的同时,充分考虑中国的国情,做到有利于引进外资和国外的先进技术,提高本国企业在国际竞争中的地位。具体地讲,中国与其他国家进行税收协定谈判主要体现以下原则。

第一,坚持和维护收入来源征税权原则。在国际经济交往中,发达国家的生产力发展水平较高,技术先进,资金充裕,通常有大量的技术和资本输出。而发展中国家生产力比较落后,资本较为短缺,面临着繁重的经济建设任务,一般有大量的资金和技术引进。尽管税收条文表述在很多情况下是对等的,但由于以上差异,条文对等表述并不能给缔约国各方面带来相同的经济利益。因此,发达国家与发展中国家实际所受的税收限制并不对等。中国作为一个发展中国家,吸引外资和引进技术的数量非常大,发达国家来源于中国的营业利润和其他所得非常多。因此,要保证中国的税收权益和经济利益,必须在进行税收协定的谈判时坚持和维护收入来源征税权原则,并将其作为签订税收协定所应遵循的首要原则。从实际情况来看,在同其他国家签订的税收协定中,中国更多地参照照顾收入来源征税权的《联合国范本》,比较明确地强调了收入来源地优先征税的原则。

第二,坚持税收对等待遇和条文对等表达的原则。总体来看,税收对等待遇原则指的是税收协定对缔约国各方具有同等的约束力,无论从实际内容还是条文表达上都要体现这一原则。就实际内容来看,税收协定中的条款凡适用于居住国的,无论缔约国哪一方为居住国都适用该条款,凡适用于收入来源国的,无论是缔约国哪一方为收入来源国都同样适用。再就条文表述上来看,缔结税收协定应坚持条文对等表达原则。由于各国国情和税负规定的不同,一些国家在缔结税收协定时可能会基于国内法的有关规定,提出一些在税收协定中列为特别规定的只适用于对方而不适用于我方或我方并不存在此类问题的一些要求。一般来说,中国可根据对方的实际情况,同意将其作为特殊条款写进税收协定,但条文表达要对等,在税收协定执行过程中一旦中国法律出现了同样的规定,中国即可适用这些特定条款,享有与对方同样的权利。

第三,坚持税收饶让的原则。中国是一个发展中国家,为了吸引外资,引进先进技术,对外国投资者实行了许多优惠政策。如果有关国家不实行税收饶让,对于其投资者在中国享受的税收优惠不视为已税进行扣除,那么中国实行的税收优惠政策就起不到应有的作用。为了使税收优惠政策真正实施于投资者,保证税收优惠政策对外国投资者的吸引力,中国与其他国家进行税收协定的对外谈判时,应坚持税收饶让原则,要求对方缔约国实行税收优惠政策,对本国投资者在中国享受的减免优惠视为已税予以抵免。具体来看,中国作为一个发展中国家,在与发达国家签订税收协定时,一般只是发达国家给予单方面税收饶让抵免,中国并不承担税收饶让义务。在与发展中国家签订税收协定时,由于对方也是发展中国家,缔约国各方的经济发展水平以及在国际经济和税收关系中具有同等的境况和地位,对外来投资都实行税收优惠政策,一般来说,只要双方都同意给缔约国另一方投资者的减免税优惠视为已税予以扣除,中国也承担税收饶让义务。

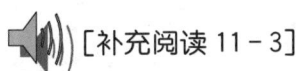 [补充阅读 11 - 3]

Neo-BEPS:提供'一带一路'理念下的国际税改方案

税基侵蚀与利润转移(BEPS)行动计划强调分好蛋糕,在存量竞争中寻求公平;"一带一路"则旨在集中资源做大蛋糕,在合作中寻求增量共享。税基共创与利润共享(Base Expansion and Profit Sharing, Neo-BEPS),为建立与"一带一路"配套的国际税收规则,实现"一带一路"共商、共建、共享原则在国际税收领域的具体化,提供了一种思路和方案。

"一带一路"是中国以"包容性增长"理念推动企业"走出去",构建全方位开放新格局,深度融入世界经济体系发出的重大倡议,肩负着探寻经济增长之道、实现全球化再平衡和开创地区新型合作三大历史使命。在当今时代,人们已经认识到,财政是国家治理的基石和重要支柱,税收是联结国家与社会的关键枢纽,科学的财税体制是优化资源配置、维护市场统一、促进社会公平和实现国家长治久安的制度保障。在国际领域,公平的国际税收秩序成为"一带一路"国家的急需品,如何助力中国对外投资发展,与其他"一带一路"国家有效合作,以解决区域发展乃至全球化困境问题,亟须在国际税收战略方面作出积极探索和精心设计。

BEPS:国际税收应对战略的历史进步性与局限性

国际金融危机之后,为了重构国际税收和经济秩序,应对政府收支失衡,以经济合作与发展组织(OECD)为主导的 BEPS 行动计划应运而生。该行动计划旨在建立一个全球公平和现代化的国际税收体系,其基本框架包括正在推行的应对税基侵蚀和利润转移合作、税收情报交换和税收协定多边工具等。这些对提高税收确定性、保障财政安全具有积极的进步意义。例如,在国际转让定价领域,BEPS 行动计划以"转让定价结果与价值创造相一致"理念而提出的价值创造论具有重大的历史进步性,以"转让定价文档和国别报告"强化全球征管合作,达成税法规范的统一性和一致性,对于全球税收秩序在形式正义和程序价值层面具有重大意义。

然而,BEPS 行动计划继续坚持独立交易原则,仅仅让步承认交易利润分割法并仍然着重强调资本(无形资产)的剩余利润分配权,又不无遗憾地显示出历史局限性。一个典型的案例是,2016 年 8 月,欧盟委员会裁定爱尔兰政府与苹果公司的预约定价安排违反欧盟的禁止"政府补贴"法律,要求爱尔兰政府向苹果公司补征 130 亿欧元税款,招致美国对德意志银行施加 140 亿美元罚款的非对称性报复措施。此等纷纭复杂的案例说明,BEPS 行动计划形成的统一的转让定价报告制度、自动情报交换安排和修订税收协定的多边工具等规则体系初具现代国际税收秩序的形式特征。然而,在非独立不等价与独立不等价的交换普遍存在的境地下,BEPS 行动计划拘泥于存量的竞争和分配,构造的是一种以反避税为主的、扎起篱笆"闭门争税"的相对消极的秩序。

由此可见,虽然 BEPS 行动计划为共同应对国际税收挑战提供了良好范式,但仍存在固守新自由主义思维的弊端。BEPS 行动计划主要是危机应对机制,将主要精力集中于打击避税地,且仍未摆脱固化中心国家地位的惯性思维,不能从根本上调整不平等的国际税收利益分配格局。尤其是,BEPS 行动计划对于帮助发展中国家和低收入国家夯实财政治理基石这一完善全球经济治理关键手段的重视程度不够,不能在根本上助力全球经济走向均衡发展的道路。

Neo-BEPS:国际税收应对战略的升级版与预建构

在一定意义上,"一带一路"是应对国际金融危机导致的经济全球化危机的产物。中国与沿途国家分享优质产能,共商项目投资、共建基础设施、共享合作成果,实现政策沟通、设施联通、贸易畅通、资金融通和民心相通"五通",并最终共同打造政治互信、经济融合、文化包容的利益共同体、命运共同体和责任共同体。因此,应当认识到,"一带一路"开启的不只是中国企业"走出去"的简单历史进程,更是一种区域和全球资源配置新模式,即世界经济和社会的全球化新模式。

如果说 BEPS 行动计划强调分好蛋糕,意在存量竞争中寻求一种形式公平,"一带一路"则旨在集中资源做大蛋糕,在合作中寻求增量共享。笔者认为,由此,税基共创与利润共享(Neo-BEPS)的国际税收新战略呼之欲出。Neo-BEPS 是"一带一路"共商、共建、共享原则在国际税收领域的具体化,应发展成为 BEPS 行动计划的中国升级版。在"一带一路"包容性增长理念推动下,Neo-BEPS 打造的是一种更具主动性的"走出去"、增长型和共享性秩序,其有赖于市场增强型的有为政府的积极财政政策的推行,是以在区域间建立以公平利润原则、公式分配法、地域特殊性优势分配权、行业税收安全港规则和区域税务特区制度等为内容的国际税收创新体系,并将以简单、确定、高效和公平的国际税制推动税基共创、利润共享、经济发展和实质性社会公平正义秩序的实现。

综上,全球化困局将催生国际税收秩序现代化的深刻变革,包括发达国家集团提出的以有限干预、消极权利和形式正义为主要特征的 BEPS 行动计划,也应该包括符合以中国为代表的新兴市场国家以积极秩序和实质正义为特征的 Neo-BEPS 改革方案。递进式、体系性的国际税收秩序重构将进一步表明:税收不应只是竞争的标的,而更应成为合作的推进剂。全球化不应当也不会停滞,而是将以一种崭新的更健康的秩序展开。

资料来源:曹明星,《中国税务报》2017 年 5 月 10 日。

本 章 小 结

1. 当两个或两个以上的国家对同一跨国纳税人的同一跨国课税对象共同享有征税权时,就产生了国际税收问题。国际税收问题直接关系到相关国家之间权益的划分。

2. 税收管辖权确立的原则包括属地原则和属人原则,在这两个原则基础上确立的税收管辖权有三种:地域管辖权、居民管辖权和公民管辖权。目前,多数国家都是同时实行收入来源地管辖权和居民管辖权,但都同意并遵循收入来源地管辖权优先征税的原则,即对同一笔跨国所得,收入来源地国家具有优先征税的权利。

3. 对于国际重复征税,各国主要通过扣除法、低税法、免税法和抵免法来进行减轻或避免,其中抵免法和累进免税法由于同时兼顾了居住国、收入来源国和跨国纳税人的利益而得到了广泛的应用。

4. 国际避税虽不违法,但违背了立法者的立法意图和精神,会对国家的重要政策目标产生负面影响,因此各国政府对国际避税一般都采取反避税措施,包括堵塞本国税法和税收协定中的漏洞,对已发生的国际避税对纳税人进行强制性税收调整,对可能发生的国际避税制定全面的或专门的反避税法律或法规。而国际逃税是违法行为,各国对其都要追究法律责任。

5. 国际税收协定是国家间协调国际税收关系的法律文件,目前绝大多数的国际税收协定采用双边协定的方式。国际税收协定的主要内容包括协定的适用范围、各类所得和一般财产价值适用的税收管辖权、避免国际双重征税的规定,以及一些特别规定。

练 习 题

一、名词解释

国际税收 税收管辖权 国际重复征税 国际避税 国际税收协定 税收饶让

二、单项选择题

1. 目前,世界上大多数国家都同意并遵守的税收管辖权原则是(　　)优先原则。
A. 属地管辖权　　　　　　　　　　　B. 公民管辖权
C. 居民管辖权　　　　　　　　　　　D. 收入来源地管辖权

2. 对于发展中国家来说,更能维护自身在国际税收分配中利益的税收管辖权类型是(　　)。
A. 属地管辖权　　　　　　　　　　　B. 属人管辖权
C. 居民管辖权　　　　　　　　　　　D. 收入来源地管辖权

3. 以下为各国政府所鼓励的行为是(　　)。
A. 国际逃税　　　　　　　　　　　　B. 国际避税
C. 国际节税　　　　　　　　　　　　D. 税收筹划

4. 下列属于国际逃税的是(　　)。
A. 隐匿收入　　　　　　　　　　　　B. 转让定价
C. 改变国籍　　　　　　　　　　　　D. 建立信托财产

5. 跨国集团公司制定公司内部关联企业间的转移价格的依据是(　　)。
A. 交易对象的成本　　　　　　　　　B. 市场供求关系
C. 交易时的市场条件　　　　　　　　D. 集团公司的整体利益

三、多项选择题

1. 法律性国际重复征税包括的类型有(　　)。
A. 居民(公民)管辖权与收入来源地管辖权的重叠
B. 居民管辖权与居民管辖权的重叠
C. 收入来源地管辖权与收入来源地管辖权的重叠
D. 公民管辖权与收入来源地管辖权的重叠

2. 以下避免国际重复征税的方法中,同时兼顾了居住国、收入来源国和跨国纳税人利益的有(　　)。
A. 全部免税法　　　B. 累进免税法　　　C. 低税法　　　D. 抵免法

3. 以下按照属人原则建立的税收管辖权有(　　)。
A. 地域管辖权　　　　　　　　　　　B. 收入来源地管辖权
C. 公民管辖权　　　　　　　　　　　D. 居民管辖权

4. 以下只能减轻国际重复征税而不能消除国际重复征税问题的方法有(　　)。
A. 低税法　　　　　　　　　　　　　B. 免税法
C. 抵免法　　　　　　　　　　　　　D. 扣除法

5. 以下构成国际税收协定主要内容的有(　　)。
A. 协定的适用范围
B. 避免国际双重征税的规定
C. 一些特别规定
D. 各类所得和一般财产价值适用的税收管辖权

6. 以下属于关联企业关系的有( )。

A. 母公司与子公司

B. 总公司与分公司

C. 同一母公司下的子公司之间

D. 同一总公司下的分公司

四、简答题

1. 什么是属人原则和属地原则? 根据这两条原则,可以将税收管辖权分为哪几种类型? 每种类型的含义和特征是什么?

2. 国际重复征税产生的原因是什么?

3. 简述国际税收协定的主要内容。

五、论述题

1. 试对避免国际重复征税的几种方法进行比较。

2. 为了达到国际避税的目的,跨国纳税人如何权衡在其他国家设立分公司和子公司的利弊?

3. 试对不同转让定价调整方法进行比较分析。

六、案例分析题

【案例资料】

我国《个人所得税法》第七条:"居民个人从中国境外取得的所得,可以从其应纳税额中抵免已在境外缴纳的个人所得税税额,但抵免额不得超过该纳税人境外所得依照本法规定计算的应纳税额。"

我国《个人所得税法实施条例》第二十一条:"个人所得税法第七条所称已在境外缴纳的个人所得税税额,是指居民个人来源于中国境外的所得,依照该所得来源国家(地区)的法律应当缴纳并且实际已经缴纳的所得税税额。

个人所得税法第七条所称纳税人境外所得依照本法规定计算的应纳税额,是居民个人抵免已在境外缴纳的综合所得、经营所得以及其他所得的所得税税额的限额(以下简称抵免限额)。除国务院财政、税务主管部门另有规定外,来源于中国境外一个国家(地区)的综合所得抵免限额、经营所得抵免限额以及其他所得抵免限额之和,为来源于该国家(地区)所得的抵免限额。

居民个人在中国境外一个国家(地区)实际已经缴纳的个人所得税税额,低于依照前款规定计算出的来源于该国家(地区)所得的抵免限额的,应当在中国缴纳差额部分的税款;超过来源于该国家(地区)所得的抵免限额的,其超过部分不得在本纳税年度的应纳税额中抵免,但是可以在以后纳税年度来源于该国家(地区)所得的抵免限额的余额中补扣。补扣期限最长不得超过五年。"

请阅读上述资料,应用税收学相关理论,回答以下问题:

(1) 什么是国际重复征税?

(2) 简述国际重复征税产生的原因。

(3) 简述避免国际重复征税的几种常用方法及其优缺点。

(4) 我国现行《个人所得税法》采用了哪种避免国际重复征税的方法?

主要参考文献

[1] 许建国,薛钢.税收学[M].北京:经济科学出版社,2005.

[2] 马国强.税收学原理[M].北京:中国财政经济出版社,1991.

[3] 王成柏,孙文学.中国赋税思想史[M].北京:中国财政经济出版社,1995.

[4] 阮宜胜,王国清,经庭如.税收学原理[M].北京:中国税务出版社,2007.

[5] 王玮.税收学原理[M].北京:清华大学出版社,2010.

[6] 赵迎春,王瑶.税法[M].上海:立信会计出版社,2010.

[7] 甘行琼.西方财税思想史[M].北京:中国财政经济出版社,2007.

[8] 袁振宇,朱青,何乘才,等.税收经济学[M].北京:中国人民大学出版社,1995.

[9] 王国清.税收经济学[M].成都:西南财经大学出版社,2006.

[10] 姜竹,李友元,马乃去,等.税收学[M].北京:机械工业出版社,2007.

[11] 中国注册会计师协会.税法[M].北京:经济科学出版社,2011.

[12] 陈共.财政学[M].北京:中国人民大学出版社,2009.

[13] 郝春虹.税收经济学[M].天津:南开大学出版社,2007.

[14] 胡怡建.税收经济学[M].北京:经济科学出版社,2009.

[15] 安体富,任强.税收在收入分配中的功能与机制研究[J].税务研究,2007(10).

[16] 孙玉霞.税收遵从:理论与实证[M].北京:社会科学文献出版社,2008.

[17] 李林木.税收遵从的理论分析与政策选择[M].北京:中国税务出版社,2005.

[18] 王伟域.税收遵从——从理性到现实的研究[D].2009年华中科技大学博士学位论文.

[19] 董楠.我国税收遵从问题研究[D].2010年首都经济贸易大学硕士学位论文.

[20] 邓力平.国际税收学[M].北京:清华大学出版社,2005.

[21] 国家税务总局教材编写组.国际税收实务[M].北京:中国财政经济出版社,2004.

[22] 王佐云.税收学[M].上海:立信会计出版社,2004.

[23] 黄衍电.国际税收[M].上海:经济科学出版社,2010.

[24] 方卫平.国际税收学[M].上海:上海财经大学出版社,2003.

[25] 安体富,孙玉栋.中国税收负担与税收政策研究[M].北京:中国税务出版社,2006.

[26] 胡怡建.税收学[M].上海:上海财经大学出版社,2008.

[27] 曹立瀛.西方财政理论与政策[M].北京:中国财政经济出版社,1995.

[28] 蒋洪.财政学[M].上海:上海财经大学出版社,2000.

[29] 杨志勇,张馨.公共经济学[M].北京:清华大学出版社,2008.

[30] 王乔,席卫群.比较税制[M].上海:复旦大学出版社,2009.

[31] 国家税务总局税收科学研究所编译.外国税制概览[M].北京:中国税务出版社,
2010.

［32］ 陈志楣.税收制度国际比较研究［M］.北京：经济科学出版社,2007.

［33］ 蒋晓蕙.比较税收教程［M］.北京：中国财政经济出版社,2008.

［34］ 葛惟熹.国际税收学［M］.北京：中国财政经济出版社,2007.

［35］ 王国华.外国税制［M］.北京：中国人民大学出版社,2008.

［36］ 杨春梅.比较税制［M］.北京：中国税务出版社,1999.

［37］ 邓子基.税种结构研究［M］.北京：中国税务出版社,2000.

［38］ 刘心一.税式支出分析［M］.北京：中国财政经济出版社,1996.

［39］ 楼继伟.税式支出理论创新与制度探索［M］.北京：中国财政经济出版社,2003.

［40］ 李艳.税式支出理论与应用——基于制度构建层面的研究［M］.合肥：安徽大学出版
社,2009.

［41］ 张晋武.税式支出分析方法试探［J］.财政研究,2004(2).

［42］ 王玮. 税收学原理［M］. 4 版.北京：清华大学出版社,2020.

［43］ 吴兆莘. 中国税制史［M］. 上海：商务印书馆,1937.

［44］ 亚当・斯密.国民财富性质和原因的研究［M］.北京：商务印书馆,1974.

［45］ 坂入长太郎.欧美财政思想史［M］.北京：中国财政经济出版社,1987.

［46］ 理查・A・马斯格雷夫.美国财政理论与实践［M］.北京：中国财政经济出版社,1987.

［47］ 哈维・罗森.财政学［M］.北京：中国人民大学出版社,2003.

［48］ 哈维・S・罗森,特德・盖业. 财政学［M］. 10 版. 北京：中国人民大学出版社,2015.

［49］ S・詹姆斯,C・诺布斯.税收经济学［M］.北京：中国财政经济出版社,1988.

［50］ 伯纳德・萨拉尼.税收经济学［M］.北京：中国人民大学出版社,2005.